정당·선거·여론

김광웅·이갑윤 엮음

머리말

한국의회발전연구회(의회연)가 창립된 지도 어언 15년이라는 세월이 흘렀다. 국회의 대수로도 5대째를 맞으니 그동안 한국 의회정치의 변화를 옆에서 보고 평가하면서 증인이 되기에 충분한 시간이 흐른 셈이다. 연구회는 그간 관련분야의 연구를 지원하고, '의정논단'이라는 이름으로 심포지엄을 개최하였으며, 석박사과정 학생들의 논문작성을 지원하는 한편, 6개월 과정의 연수 프로그램을 운영하여 한국 대의정치의 현장을 익히는 데 일조를 한 바 있다.

의회연은 또한 금년 들어 처음으로 ≪의정연구≫를 발간하게 되었다. 학술지라고 하지만 연구회의 창립취지를 십분 살려 순수한 연구에 머무르는 것이 아니라 될 수 있으면 현실문제의 해결에 도움이 되는 실천지향적인 성격의 글을 모아 일 년에 두 번씩 발간하는 것이다. 이를 위해 기존의 연구위원회를 확대 개편하여 편집위원회의 기능을 강화하고, 그 일환으로 이번에 연구총서 제4권을 발간하기에 이르렀다. 연구총서는 예전에도 입법과정이며 예산에 관한 총서를 발간한 적이 있었는데 한동안 뜸하다가 본격적인 출간사업에 박차를 가하게 된 것이다. "연구의 결과이자 산물은 결국 글로써 말한다"는 명제를 실천하고 있는 셈이다.

이번에 엮은 글모음은 제목 그대로 주로 정당, 선거, 그리고 여론에 관한 것이다. 그중에는 한국 선거이야기, 의회이야기, 여론조사이야기 등이 주종을 이루지만, 미국이나 독일의 선거와 정당에 관한 이야기도 있다. 글 자체는 연구회의 학술지원비로 연구한 결과의 산물들인데, 그러다 보니 시의에 어긋난다기보다는 시의에 꼭 맞추어 읽을 만한 글이 아닌 예도 있다. 그러나

4

연구는 보편성을 띠고 있는 한 언젠가는 참고가 될 잠재력을 지니고 있다는 믿음하에 이와 같은 작업을 진행하는 것이라는 점을 특히 정치 일선에서 고생하는 분들이 해량해 주었으면 한다.

나아가 이러한 연구총서가 대학이나 그밖의 연구에 좋은 참고자료가 되기를 소망한다. 한국정치의 후진성에 관한 책임이 어느 한 곳에 있는 것이 아니라 우리 모두에게 있다면, 그중 특히 학문적 책임은 대학에서 국제정치나 비교정치와 달리 한국정치, 특히 의회와 정당과 선거, 그리고 이를 촉매하는 언론보도에 관한 깊은 분석연구가 미흡한 데도 있고, 더욱이 대학의 강의에서 이 부분에 대한 강조를 등한시하고 있다는 사실에 있음을 인정하여, 이 점 차제에 크게 반성해야 할 것이다.

다시금 강조하고 싶은 것은 연구회는 글과 행동으로 대의의 장과 일반 국민간의 관계를 좁히려는 노력을 경주하고 있다는 점이다. 정보화로 인해 지식의 시대가 전개되면서 더욱더 직접민주주의에 대한 여망이 높아가는데, 그럴수록 간접민주주의의 장(국회)이 국민의 장임을 확인할 수 있도록 배전의 노력을 기울여야 한다. 학술지나 총서의 발간을 통해 글로, 그리고 연수과정을 통해 참여와 행동으로 그 이념을 실천하려는 것이다. 요즈음 정부와 대학과 언론에서 갑자기 자원봉사를 강조하고 있는데, 그 취지는 매우 좋으나 양태가 미숙하고 전근대적이어서 10년이 넘게 운영하고 있는 우리 연수과정이 하나의 표본이 되었으면 싶다. 마찬가지로 이 총서도 실천의 밑바탕은 반드시 연구여야 한다는 진리를 현현해 나가는 길잡이임을 자임한다.

끝으로 보잘것없는 연구비에 의존하여 연구를 해 낸 필자들에 대한 감사도 감사지만, 논문들을 엄선하는 작업에 노고를 아끼지 않은 편집위원들에게 경의를 표하며, 어려운 여건하에서 출판을 맡아준 도서출판 한울의 편집진들에게도 심심한 사의를 표한다. 한국 의회정치가 밝은 곳으로 한 걸음 더 내딛을 수 있다면 이 총서를 발간하는 취지가 살고 노고가 위로받을 수 있음을 다시금 확인하며 출간의 어려움을 스스로 위로하고자 한다.

1996년 5월
필자들을 대신하여
김광웅 識

차례

제1부	정당과 의회

제3부　여론과 언론

* 이 책에 실린 글들은 한국의회발전연구회의 입장이 아니라 필자 자신의 개인적 견해임을 밝힌다.

제1부
정당과 의회

한국 의회와 정당의 파워 인덱스의 변화

배형
동국대 경제학과

1. 서론

본 논문에서는 한국 의회에서의 여야 세력의 변화를 알아보고, 이를 통해 4·19혁명, 5·16군사쿠데타, 10월 유신, 10·26사건, 6·29선언 그리고 최근의 3당 통합 등의 정치적 사건들이 어떠한 여야의 세력판도하에서 일어났으며 이들 사건 이후 여야의 세력이 어떻게 변했는지를 규명해 본다. 여야의 세력을 계측함에 있어 제일 먼저 생각할 수 있는 것은 여야의 의석 비율일 것이다. 그러나 야당들간의 의석 분포와는 무관한 여야의 의석 비율은 여야의 실제 세력분포를 잘 나타낼 수 없다. 예를 들면 야권 통합은 여야의 의석 비율을 변화시키지 않고도 여당의 힘을 약화시킬 수 있다. 결국 여야의 세력을 계측하는 데는 야당들간의 의석 분포가 반영될 수 있는 지수가 필요한데 게임이론(game theory)에서 개발한 '파워 인덱스(power index)'가 그러한 지수들 중의 하나이다. 본 논문에서 파워 인덱스를 사용하여 도출한 결론은 아래와 같다.

여당의 파워 인덱스가 하락하거나 최고에 달한 상태에서는 항상 커다란 정치적 변혁이 일어났음을 알 수 있다. 전자의 경우에 속하는 것으로는 5·16군사쿠데타, 10월 유신, 6·29선언과 최근의 3당 통합이 있다. 이들 중 5·16군사쿠데타를 제외하고는 모두 여권에서 주도한 정치변혁임을 알 수 있다. 5·16군사쿠데타 직전에 민주당은 상당수의 야당의원들을 포섭하였으나 이미 늦었던 것이다.

후자의 경우에 속하는 것으로는 4·19혁명, 5대 국회에서의 민주당의 분당, 그리고 10·26사건을 들 수 있는데 이들 모두 정권의 종말을 가져온 계기가 되었다. 결국 전자의 경우는 한 정권의 힘이 약해지면 스스로 그 힘을 강화하려는 정치적 시도를 행하며 이것이 실패할 경우 정권을 상실하게 됨을 보여준다. 반면 후자의 경우는 한 정권의 힘이 비정상적으로 강해지면 내분에 의하거나 민중혁명에 의해서 정권이 무너짐을 보여준다.

본 논문의 2절에서는 다수결 경기(majority game)와 파워 인덱스를 소개하고 파워 인덱스를 사용하는 이유를 설명한 후 그것을 사용한 기존 연구들을 소개한다. 3절에서는 의회정치가 자리를 잡은 3대 국회부터 현재의 13대 국회까지 역대 국회의 정당별 '반자프(Banzhaf) 파워 인덱스'를 계산해 본다. 또한 파워 인덱스를 통해 4·19혁명, 5·16군사쿠데타, 10월 유신, 10·26사건, 6·29선언 그리고 최근의 3당 통합 등의 정치적 사건들이 어떠한 여야 세력판도에서 일어났으며 이들 사건 이후 여야의 세력이 어떻게 변하였는지를 규명해 본다. 끝으로 4절에서 본 논문의 결론을 맺는다.

2. 다수결 경기와 파워 인덱스

1) 협조적 경기와 가치해

1920년대에 뉴만(J. von Neumann)에 의해 시작된 경기이론의 대상은 협조적 경기(cooperative game)와 비협조적 경기(noncooperative game)로 나뉜다.[1] 본 논문에서 사용하는 파워 인덱스는 협조적 경기의 가치해(value solution, 價値解)의 일종이므로 협조적 경기와 가치해에 대하여 알아보자. 협조적 경기이론의 핵심은 1928년 뉴만에 의해 처음 사용된 특성함수(characteristic function)이다. 특성함수는 각각의 경기자연합(coalition of player)에 어떤 수치를 부여하는데 이 수치는 그 연합에 속한 경기자들이 연합의 이익을 위해 최선

---

1) 보렐(E. Borel)이 1920년대 초 뉴만보다 앞서 경기이론에 관한 논문들을 발표하였으나 1950년대까지 그의 논문들은 거의 알려지지 않았으므로 경기이론의 확립과 발전에 큰 기여를 하지 못하였다. 따라서 뉴만을 경기이론의 창시자로 보는 것이 정설로 되어 있다.

을 다할 때 얻을 수 있는 최소한의 가치를 나타낸다. 이 최소한의 가치를 확보가치라고 하자. 확보가치는 정의상 최소한의 가치이며 따라서 균형가치는 아니다.

협조적 경기의 대표적인 균형가치는 샤플리(Shapley, 1953)가 고안한 샤플리 가치이다. n명의 경기자가 있는 경기자의 집합을 N={1, ……, n}이라고 하자. 그러면 가능한 경기자 연합은 2n-1 가지가 있다. 예를 들어 3명의 경기자가 있는 경우 N={1, 2, 3}이며, 가능한 경기자 연합은 한 명의 경기자만으로 이루어진 연합 {1}, {2}, {3}과 두 명의 경기자들로 이루어진 연합 {1, 2}, {1, 3}, {2, 3}과 세 명의 경기자들로 이루어진 연합 {1, 2, 3}들로 $2^3-1=7$가지가 있다. 특성함수 V(s)는 경기자 연합 S가 얻을 수 있는 확보가치를 나타내는데 예를 들면 V({1,2})=5는 1, 2 두 경기자가 연합하면 경기자 3이 어떤 행동을 하건 5의 가치를 확보할 수 있음을 뜻한다. 끝으로 경기자 i의 샤플리 가치 ϕ_i는 다음과 같이 계산된다.

$$\phi = (1/n)\sum_K [1/C(k)] \sum_{N(s)=k} [V(S) - V(S-\{i\})] \qquad (1)$$

여기서 C(k)는 경기자 i를 포함하여 k명으로 이루어진 경기자 연합의 수로서 $C(k) = {}_{n-1}C_{k-1} = (n-1)!/[(n-k)!(k-1)!]$이고 N(S)는 경기자 연합의 S의 구성 경기자의 수이며 S-{i}는 경기자연합 S에서 경기자 i가 탈퇴한 연합을 나타낸다. 식 (1)을 보면 경기자 i의 샤플리 가치는 그가 속한 경기자 연합에서 그가 탈퇴할 때 생기는 연합의 가치하락, 다시 말하면 그가 속한 연합이 그로 인해 추가로 갖는 가치의 평균임을 알 수 있다.

2) 다수결 경기와 파워 인덱스

다수결 경기는 비협조적 경기 중 경기자연합의 구성경기자들의 가중치의 합이 어떠한 기준값 이상이 되면 특성함수의 값이 1이 되고 그렇지 않으면 값이 0이 되는 특수한 경우의 경기이다. 다수결 경기의 이해를 돕기 위하여 국회의 의결을 생각해 보자. 각 정당의 소속의원들은 통일된 의사 표현을 한다는 전제하에 정당들을 경기자라고 하고 정당들의 집합을 N={1, ……, n}으로 표시하자. 그리고 정당 i의 의원 수를 W_i, 의결 정족수를 Q라고 하자.

의결 정족수가 과반수인 경우 $Q = (1 + \sum_i W_i)/2$가 되며 2/3이상인 경우는 $Q = 2\sum_i W_i/3$이 된다. 어떤 정당연합 S가 자신들이 원하는 사항을 의결하기 위해서는 이들 정당들의 의원 수의 합이 의결 정족수 이상이 되어야 하므로 $\sum_{i \in S} W_i \geq Q$가 되어야 한다. 여기서 $i \in S$는 경기자연합 S에 속한 경기자 i를 나타낸다. 끝으로 특성함수 V(S)는 어떤 정당연합 S가 의결에 실패할 경우 0, 성공할 경우 1의 값을 갖는다. 이를 수식으로 나타내면 다음과 같다.

$$V(S) = 0 \quad \text{if} \sum_{i \in S} W_i < Q \qquad (2)$$
$$1 \quad \text{otherwise}.$$

다수결 경기에서 사용되는 파워 인덱스로는 샤플리-슈빅(Shapley-Shubik) 파워 인덱스와 반자프 파워 인덱스의 두 가지가 널리 사용되고 있다. 샤플리와 슈빅(Shapley & Shubik, 1954)에 의해 처음 사용된 샤플리-슈빅 파워 인덱스는 샤플리 가치를 다수결 경기에 적용한 것으로 결정적(crucial) 경기자의 개념이 중심이 된다. 어떤 경기자 i를 포함한 경기자연합 S는 의사결정력이 있으나 이 연합으로부터 경기자 i를 탈퇴하면 나머지 경기자들로 이루어진 연합은 의사결정력을 상실하는 경우, 경기자 i가 경기자연합 S에 대하여 결정적이라고 한다. 다시 말하면 아래의 조건들이 만족되면 경기자 i는 경기자연합 S에 대하여 결정적이다.

$$V(S) = 1 \text{ and } V[S - \{i\}] = 0 \qquad (3)$$

앞에서 샤플리 가치를 나타낸 (1)식과 다수결 경기의 특성함수인 (2)식을 결합하면 경기자 i의 샤플리-슈빅 파워 인덱스, ϕ_i는 다음과 같이 도출된다.

$$\phi_i = \sum_i (k-1)!(n-K)! \, N(k, i)/n! \qquad (4)$$

여기서 $N(k, i)$는 경기자 i를 포함하여 k명의 경기자로 구성된 경기자연합 중 경기자 i가 결정적인 연합의 수이다. 위의 공식에 의하면 모든 경기자들의 샤플리-슈빅 파워 인덱스의 합은 1이 된다.

반자프(1965)가 처음 사용한 반자프 파워 인덱스에서는 영향자(swinger)의 개념이 중심이 된다. 어떤 경기자연합 S에 경기자 i가 가입하면 그 연합은 의사결정력을 갖지만 경기자 i가 탈퇴하면 의사결정력을 상실하게 될 때 경기자 i는 경기자연합 S의 영향자이다. 여기서 경기자 i가 경기자연합 S의 구성원인 경우와 그렇지 않은 경우로 나누어 생각해 보면, 전자의 경우 경기자 i는 경기자연합 S에 대하여 결정적이며, 후자의 경우 그는 경기자연합 S에 경기자 i가 추가된 새로운 경기자연합 $S \cup \{i\}$에 대하여 결정적이다. 경기자 i가 영향자인 경기자연합의 수를 m_i로 표시하자. 그러면 경기자 i의 반자프 파워 인덱스 φ_i는 다음과 같다.

$$\varphi = m_i/m \qquad (5)$$

위의 공식에 따르면 모든 경기자들의 반자프 파워 인덱스의 합은 1이 된다. 본 논문에서는 계산의 간편성을 위하여 반자프 파워 인덱스를 사용한다.

3) (반자프) 파워 인덱스의 유용성

본 절에서는 예를 통하여 왜 우리가 정당의 세력을 계측함에 있어서 간단한 의석 비율이 아닌 파워 인덱스를 사용하는가를 설명한다. 국회의 전체 의석이 101석이고 어떤 한 정당의 의석이 40석인 경우를 생각해 보자. 이 정당의 의석 비율은 다른 정당들의 의석 분포와는 관계없이 항상 0.40이다.[2] 그러나 이 정당의 과반수 의결에 있어서의 힘의 정도는 다른 정당들의 의석 분포와 무관할 수 없다.

먼저 양당 국회의 경우를 생각해 보자. 상대 정당의 의석은 61석이므로 상대 정당의 협조가 없으면 이 정당은 과반수 의결을 할 수 없다. 그러나 상대 정당은 이 정당의 협력이 없어도 과반수 의결이 가능하며 따라서 이 정당의 의석 비율 0.40은 의미가 없어진다. 이 때 반자프 파워 인덱스를 계산해 보면 이 정당의 인덱스는 0, 상대 정당의 인덱스는 1이 된다.

이번에는 이 정당의 의석을 제외한 나머지 61석이 2개의 정당에 30석과

---

2) 본 절에서 소수점 둘째 자리까지 계산된 수치들은 모두 소수점 셋째 자리에서 반올림한 것임.

31석으로 분산되어 있는 경우를 생각해 보자. 이 때는 어느 정당도 다른 정당 하나 이상의 협조 없이는 과반수 의결이 불가능하므로 의석의 차이에도 불구하고 이들 세 정당의 과반수 의결능력은 비슷하다고 볼 수 있다. 이 경우 반자프 파워 인덱스를 계산해 보면 각 정당의 인덱스는 0.33이 된다.

마지막으로 이 정당의 의석을 제외한 나머지 의석이 61명의 무소속 의원들로 구성되어 있는 경우를 생각해 보자. 이 경우 이 정당은 과반수 의결을 위하여 61명의 무소속 의원들 중 누구든지 11명 이상만 포섭하면 되지만 각각의 무소속 의원들이 이 정당의 협조 없이 과반수 의결을 하려면 60명의 동료 무소속 의원들 중 50명 이상을 규합해야 한다. 따라서 이 정당의 세력은 거의 절대적임을 알 수 있는데 이 때 반자프 파워 인덱스를 계산해 보면 이 정당의 인덱스는 1.00이 되고 각각의 무소속 의원들의 인덱스는 0.00이 된다.

위의 예에서 드러난 것처럼 다른 정당들의 의석 분포와 무관한 의석 비율은 그 정당의 실제 세력을 잘 나타낼 수 없으나 (반자프) 파워 인덱스는 이를 잘 나타냄을 알 수 있다. 보다 현실적인 예를 들면 야권 통합은 여당의 의석 비율을 변화시키지 않고도 여당의 힘을 약화시킬 수 있는데 파워 인덱스는 이를 잘 나타낼 수 있다.

4) 파워 인덱스를 사용한 기존 연구들

(1) 유럽 의회의 국가별 파워 인덱스

감바렐리(Gambarelli)의 연구에서 나타난 유럽 의회의 국가별 유권자 수와 의석 수에 따른 과반수 의결의 파워 인덱스를 보면 부록의 <표 1>과 같다. <표 1>에서 보면 샤플리-슈빅 파워 인덱스와 반자프 파워 인덱스는 매우 비슷한 값을 갖고 있다. 두 인덱스의 최대 차이는 0.007(0.7%)이며 서로 다른 나라들이 동일한 값을 갖는 경우도 두 인덱스가 일치한다. 예를 들면 프랑스와 네덜란드는 인구에 있어서는 19.6대 5.3으로 큰 차이가 나지만 두 인덱스 모두 두 나라에 동일한 값을 주고 있다.

(2) 일본의 정당별 파워 인덱스

일본의 1986년 7월 총선의 결과에 대한 감바렐리의 분석에 의하면 과반

수 의결사항에 있어서의 정당별 파워 인덱스의 변화는 부록의 <표 2>와
같다. <표 2>를 보면 샤플리-슈빅 파워 인덱스와 반자프 파워 인덱스가 총
선 전에는 상당한 차이를 보이고 있으나 두 인덱스 모두 1986년 7월 총선을
통해 자민당의 파워 인덱스가 1이 되었음을 보여준다.

(3) 캐나다의 헌법개정에 있어서의 주별 파워 인덱스

밀러(Miller, 1973)가 당시에 제안되었던 캐나다의 헌법개정 절차를 분석
하여 주별 파워 인덱스를 계산한 것을 보면 부록의 <표 3>과 같다. 당시에
제안되었던 헌법개정 절차에 의하면 헌법개정을 위해서는 다음의 ①~④의
동의를 모두 필요로 한다: ① 퀘벡(Quebec) 주, ② 온타리오(Ontario) 주, ③
4개의 대서양 연안 주들 중 2개, ④ 브리티시 컬럼비아(British Columbia) 주
와 하나의 중부 주 또는 3개의 중부 주 전부. <표 3>에서 보면 샤플리-슈
빅 파워 인덱스와 반자프 파워 인덱스는 상당한 차이가 있으며 당시 제안된
헌법개정 절차는 샤플리-슈빅 파워 인덱스에 의하면 주별로 인구의 순위와
같은 순위의 헌법개정 능력을 부여하지만 반자프 파워 인덱스에 따르면 그
렇지 않다.

3. 한국의 정당별 파워 인덱스의 변화

본 장에서는 한국 의회의 정당별 반자프 파워 인덱스의 변화를 알아보고,
이를 통해 4·19혁명, 5·16군사쿠데타, 10월 유신, 10·26사건, 6·29선언 그
리고 최근의 3당 통합 등의 정치적 사건들이 어떠한 여야의 세력 판도에서
일어났으며 이들 사건 이후 여야의 세력이 어떻게 변하였는지를 규명해 본
다. 자유당이 등장하고 의회정치가 자리를 잡은 3대 국회부터 현재의 13대
국회까지 역대 국회의 정당별 반자프 파워 인덱스를 과반수 의결과 개헌에
필요한 2/3 이상 의결에 대하여 계산해 보면 부록의 <표 4>와 같다. 앞으
로 2/3 이상 의결에 있어서의 파워 인덱스를 개헌 파워 인덱스라고 부르자.
먼저 역대 국회의 파워 인덱스의 변화와 한국의 정치적 변혁을 연대순으
로 알아보자. 자유당 정권에서의 3대 국회와 4대 국회에서 여당인 자유당의

과반수 의결 파워 인덱스는 100%이고 개헌 파워 인덱스는 99%를 상회한다. 자유당의 의석 비율이 3대 국회와 4대 국회에서 56%와 54%에 불과한데 비하여 개헌 파워 인덱스가 99%를 넘는 이유는 야권의 상당 부분이 1석 정당이나 무소속 의원들로 구성되었다는 데 있다. 이처럼 자유당이 막강한 세력을 갖고 있던 상황에서 4·19혁명이 일어났으며 그 결과 제2공화국이 탄생하게 된다.

　제2공화국에서의 5대 국회는 여당인 민주당이 의석의 75%를 차지한 채 출발하였다. 이 때 민주당의 과반수 의결과 개헌 파워 인덱스는 모두 100%였다. 그러나 민주당내 구파와 신파간의 반목과 대립으로 민주당 구파 동지회와 민정구락부가 민주당으로부터 떨어져 나오게 되어 민주당의 과반수 의결 파워 인덱스와 개헌 파워 인덱스는 각각 33.3%와 50%로 하락하였다. 여당의 과반수 의결 파워 인덱스와 개헌 파워 인덱스를 각각 100%와 60%로 높였지만 결국 초기의 열세와 이에 따른 정치적 혼란을 극복하기 전에 이미 계획되었던 5·16군사쿠데타를 맞게 되었다.

　5·16군사쿠데타에 의해 태어난 공화당 정권은 6대 국회부터 8대 국회에 이르기까지의 유신 이전 기간 동안 계속 100%의 과반수 의결 파워 인덱스를 유지하였다. 그러나 같은 기간 동안 개헌 파워 인덱스는 6대 국회에서 70%로 시작하여 7대 국회에서는 100%로 높아졌으나 8대 국회에서는 50%로 하락하였다. 이러한 상황에서 공화당 정권은 유신을 단행하였으며 그 결과 유신정우회의 설립을 통해 9대 국회에서 여권의 과반수 의결 파워 인덱스와 개헌 파워 인덱스를 모두 100%로 상승시켰다. 10대 국회에서는 여권의 개헌 파워 인덱스는 72.5%로 하락하였으나 과반수 의결 파워 인덱스는 여전히 100%로 유지되었다. 그러나 10·26사건으로 공화당 정권은 막을 내리게 되고 한동안의 혼란기를 거쳐 제5공화국으로 넘어 간다.

　제5공화국의 11대 국회와 12대 국회에서 여당인 민주정의당의 과반수 의결 파워 인덱스는 100%였고 개헌 파워 인덱스는 11대 국회에서 47%로 시작하여 12대 국회에서는 59%로 상승하였으나 야권 통합으로 인하여 다시 50%로 하락하였다. 결국 제5공화국 정권은 공화당 정권에 비하여 의회에서의 세력이 약했음을 파워 인덱스를 통해서 알 수 있다. 이러한 상황에서 국민들의 민주화 요구가 거세지고 이에 따라 6·29선언이 나오게 되어 제6공화국이 탄생하게 되었다.

　제6공화국의 13대 국회는 여소야대로 시작하여 여당인 민주정의당의 과반수 의결 파워 인덱스와 개헌 파워 인덱스는 각각 70%와 43%였다. 이는 3대 국회 이래의 여당의 파워 인덱스로는 개헌의결에 있어서는 최저이고, 과반수 의결에 있어서는 5대 국회에서 민주당이 분할되었을 때를 제외하고는 최저이다. 이러한 여소야대의 정국을 탈피하기 위해 현 정권은 3당 통합을 통해 민주자유당이라는 거대 여당을 탄생시켰고 그 결과 여당의 파워 인덱스는 과반수 의결과 개헌에 있어서 모두 100%가 되었다.

4. 결론

　본 논문에서는 파워 인덱스를 사용하여 한국 의회에서의 여야 세력의 변화를 알아보고, 이를 통해 4·19혁명, 5·16군사쿠데타, 10월 유신, 10·26사건, 6·29선언 그리고 최근의 3당 통합 등의 정치적 사건들이 어떠한 여야 세력 판도에서 일어났으며 이들 사건 이후 여야의 세력이 어떻게 변하였는지를 규명해 보았다. 그 결과 여당의 파워 인덱스가 하락하거나 최고에 달한 상태에서는 항상 커다란 정치적 변혁이 일어났음을 알 수 있었다.

　전자의 경우에 속하는 것으로는 5·16군사쿠데타, 10월 유신, 6·29선언 그리고 최근의 3당 통합이 있다. 이들 중 5·16군사쿠데타를 제외하고는 모두 여권에서 주도한 정치변혁임을 알 수 있다. 5·16군사쿠데타 직전에 민주당은 상당수의 야당 의원들을 포섭하였으나 이미 늦었던 것이다. 후자의 경우에 속하는 것으로는 4·19혁명, 5대 국회에서의 민주당의 분당, 그리고 10·26사건을 들 수 있는데 이들 모두 정권의 종말을 가져온 계기가 되었다.

　결국 전자의 경우는 한 정권의 힘이 약해지면 스스로 그 힘을 강화하려는 정치적 시도를 행하며 이것이 실패할 경우 정권을 상실하게 됨을 보여준다. 반면 후자의 경우는 한 정권의 힘이 비정상적으로 강해지면 내분에 의하거나 민중혁명에 의해서 정권이 무너짐을 보여준다.

□ 참고문헌

Banzhaf, J. F. 1965, "Weighted Voting Doesn't Work: A Mathematical Analysis," *Rutgers Law Review* 19.

Borel, E. 1921, "La Théorie du Jeu et les Equations Intégrales à Noyau Symétrique," *Comptes Rendus de l'Académie des Sciences* 173, Paris.

______. 1924, "Sur les Jeux on Interviennent l'Hasard et l'Habilité des Joueurs," in J. Herman(ed.), *Théorie des Probabilité*, Paris: Librairie Scientifique.

______. 1938, *Traité du Calcul des Probabilité et des Applications* 4, Paris: Gauthier-Villars

Gambarelli, G. undated(mimeo), "Political and Financial Applications of the Power Indices," University of Brescia.

Miller, D. R. 1973, "A Shaply Value Analysis of the Proposed Canadian Constitutional Amendment Scheme, *Canadian Journal of Political Science* 6.

Shapley, L. S. 1953, "A Value for N-Person Games," in H. Kuhn & A. W. Tucker(eds.), *Contributions to the Theory of Games* 2, Princeton: Princeton Univ. Press.

Shapley, L. S. & M. Shubik. 1954, A. Method for Evaluating the Distribution of Power in a Committee System, *American Political Science Review* 48.

von Neuman, J. 1928, "Zur Theorie der Gesellschsftsspiele," *Mathematische Annalen* 100.

______. 1937, "Über ein Ökonomisches Gleichungssystem und eine Verallgemeinerung des Brouwerschen Fixpunktsatzes," in K. Menger(ed.), *Ergebnisse Eines Math Coll* 8, Vienna.

von Neuman, J. & O. Morgenstern. 1944, *Theory of Games and Economic Behavior*, Princeton: Princeton Univ. Press.

▷▶ **부록**

<표 1> 유럽 의회의 국가별 파워 인덱스

국명	유권자			의석		
	(%)	샤플리	반자프	의석 수	샤플리	반자프
독일	23.4	22.4	22.2	81	18.1	17.4
이탈리아	22.7	21.0	20.6	81	18.1	17.4
영국	22.2	21.0	20.6	81	18.1	17.4
프랑스	19.6	12.9	12.7	81	18.1	17.4
네덜란드	5.3	12.9	12.7	25	8.1	8.7
벨기에	3.5	5.7	6.3	24	8.1	8.7
덴마크	2.0	2.9	3.2	16	3.8	4.3
아일랜드	1.2	1.4	1.6	15	3.8	4.3
룩셈부르크	0.1	0.0	0.0	6	3.8	4.3
합계	100	100	100	410	100	100

<표 2> 일본의 정당별 파워 인덱스

정당	선거 전			선거 후		
	의석	샤플리	반자프	의석	샤플리	반자프
자민당	250	72.4	95.8	300	100	100
사회당	112	3.7	0.3	85	0	0
공명당	58	3.7	0.3	56	0	0
민사당	38	3.7	0.3	26	0	0
공산당	26	3.7	0.3	26	0	0
신자유클럽	8	3.7	0.3	6	0	0
사민련	3	1.6	0.3	4	0	0
무소속	16×1	16×0.5	16×0.1	9×1	9×0	9×0
합계	511	100	512	100	100	100

<표 3> 캐나다의 헌법개정에 있어서의 주별 파워 인덱스

주명	샤플리-슈빅	반자프	인구비율(%)
온타리오(Ontario)	31.55	21.78	34.85
퀘벡(Quebec)	31.55	21.78	28.94
브리티시 컬럼비아(British Columbia)	12.50	16.34	9.38
앨버타(Alberta)	4.17	5.45	7.33
서스캐처원(Saskatchewan)	4.17	5.45	4.79
매니토바(Manitoba)	4.17	5.45	4.82
뉴브런즈윅(New Brunswick)	2.98	5.94	3.09
노바스코샤(Nova Scotia)	2.98	5.94	3.79
프린스 에드워드(Prince Edward Is.)	2.98	5.94	0.54
뉴펀들랜드(Newfoundland)	2.98	5.94	2.47
합계	100	100	100

<표 4> 역대 국회의 정당별 파워 인덱스

① 3대 국회(1954. 6. 9 개원 당시)

정당	의석	의석 비율(%)	과반수 의결 파워 인덱스	2/3 이상 의결 파워 인덱스
자유당*	114	56.2	100	99.5
민주국민당	15	7.4	0	0.0
대한국민당	3	1.5	0	0.0
국민회	3	1.5	0	0.0
기타	68×1	68×0.5	68×0	68×0.0
합계	203	100	100	100

주: 1) *는 여당을 나타내고 기타는 1석 정당과 무소속을 포함함. 의석 비율과 파워 인덱스는 소수점 둘째 자리에서 반올림하였음.
 2) 아래에 제시되는 표들(①~⑮)의 주는 동일함

② 4대 국회 (1958. 6. 7 개원 당시)

정당	의석	의석 비율(%)	과반수 의결 파워 인덱스	2/3 이상 의결 파워 인덱스
*자유당	126	54.1	100	99.6
민주당	27	11.6	0	0.4
기타	80×1	80×0.4	80×0	80×0.0
합계	233	100	100	100

③ 5대 국회 I(1960. 8. 8 개원 당시)

정당	의석	의석 비율(%)	과반수 의결 파워 인덱스	2/3 이상 의결 파워 인덱스
민주당*	175	75.1	100	100
사회대중당	4	1.7	0	0
자유당	2	0.9	0	0
기타	52×0.4	52×0.4	52×0	52×0
합계	223	100	100	100

④ 5대 국회 II(1960. 9. 22 민주당 분당)

정당	의석	의석 비율(%)	과반수 의결 파워 인덱스	2/3이상 의결 파워 인덱스
민주당*	95	41.1	33.3	50
민주당 구파동지회	86	37.2	33.3	50
민정구락부	41	17.7	33.3	0
기타	9×1	9×0.4	9×0.0	9×0
합계	231	100	100	100

⑤ 5대 국회 III(1961. 5. 3 민주당 확장)

정당	의석	의석 비율(%)	과반수 의결 파워 인덱스	2/3 이상 의결 파워 인덱스
민주당*	131	58.0	100	60
신민당	60	26.5	0	20
민정구락부	28	12.4	0	20
기타	7×1	7×0.4	7×0	7×0
합계	226	100	100	100

⑥ 6대 국회(1963. 12. 17 개원 당시)

정당	의석	의석 비율(%)	과반수 의결 파워 인덱스	2/3 이상 의결 파워 인덱스
민주공화당*	110	62.9	100	70
민정당	41	23.4	0	10
민주당	13	7.4	0	10
자유민주당	9	5.1	0	10
국민의 당	2	1.1	0	0
합계	175	100	100	100

⑦ 7대 국회(1967. 7. 10 개원 당시)

정당	의석	의석 비율(%)	과반수 의결 파워 인덱스	2/3 이상 의결 파워 인덱스
민주공화당*	129	73.7	100	100
신민당	45	25.7	0	0
기타	1	0.6	0	0
합계	175	100	100	100

⑧ 8대 국회(1971. 7. 26 개원 당시)

정당	의석	의석 비율(%)	과반수 의결 파워 인덱스	2/3 이상 의결 파워 인덱스
민주공화당*	113	55.4	100	50
신민당	89	43.6	0	50
기타	2×1	2×0.5	2×0	2×0
합계	204	100	100	100

⑨ 9대 국회(1973. 3. 12 개원 당시)

정당	의석	의석 비율(%)	과반수 의결 파워 인덱스	2/3 이상 의결 파워 인덱스
민주공화당+유신정우회*	146(73+73)	66.7	100	100
신민당	52	23.7	0	0
민주통일당	2	0.9	0	0
기타	19×1	19×0.5	19×0	19×0
합계	219	100	100	100

⑩ 10대 국회(1979. 3. 15 개원 당시)

정당	의석	의석 비율(%)	과반수 의결 파워 인덱스	2/3 이상 의결 파워 인덱스
민주공화당+유신정우회*	145(68+77)	62.8	100	72.5
신민당	61	26.4	0	2.9
민주통일당	3	1.3	0	2.5
기타	22×1	22×0.4	22×0	22×1.0
합계	231	100	100	100

⑪ 11대 국회(1981. 4. 11 개원 당시)

정당	의석	의석 비율(%)	과반수 의결 파워 인덱스	2/3 이상 의결 파워 인덱스
민주정의당*	151	54.7	100	47.2
민주한국당	81	29.3	0	20.6
한국국민당	25	9.1	0	13.3
민주사회당	2	0.7	0	2.0
민권당	2	0.7	0	2.0
신정당	2	0.7	0	2.0
기타	13×1	13×0.4	13×0	13×1.0
합계	276	100	100	100

⑫ 12대 국회 I(1985. 5. 13 개원 당시)

정당	의석	의석 비율(%)	과반수 의결 파워 인덱스	2/3 이상 의결 파워 인덱스
민주정의당*	148	53.6	100	59.2
신한민주당	67	24.3	0	19.9
민주한국당	35	12.7	0	19.8
한국국민당	20	7.2	0	0.2
기타	6×1	6×0.4	6×0	6×0.2
합계	276	100	100	100

⑬ 12대 국회 II(1985. 4. 3 야권 통합)

정당	의석	의석 비율(%)	과반수 의결 파워 인덱스	2/3 이상 의결 파워 인덱스
민주정의당*	148	53.6	100	50
신한민주당	103	37.3	0	50
한국국민당	20	7.2	0	0
기타	5	5×0.4	5×0	5×0
합계	276	100	100	100

⑭ 13대 국회 I(1989. 6. 10 개원 당시)

정당	의석	의석 비율(%)	과반수 의결 파워 인덱스	2/3 이상 의결 파워 인덱스
민주정의당*	125	41.8	70	43.2
평화민주당	71	23.7	10	25.0
통일민주당	59	19.7	10	11.4
신민주공화당	35	11.7	10	11.4
기타	9×1	9×0.3	9×0	9×1.0
합계	299	100	100	100

⑮ 13대 국회 II(1990. 2. 9 3당 통합)

정당	의석	의석 비율(%)	과반수 의결 파워 인덱스	2/3 이상 의결 파워 인덱스
민주자유당*	218	73.2	100	100
평화민주당	70	23.5	0	0
민주당	8	2.7	0	0
기타	2	2×0.3	2×0	2×0
합계	298	100	100	100

한국 혁신정당의 정강·정책 비교연구

유광진
동국대 정치외교학과

1. 서론

1) 연구의 목적

한국에서 혁신정당은 보수정당에 대립되는 이념 정향(定向)을 갖고 있는 정당, 보다 엄밀히 말해 사회주의적 이데올로기를 지향하는 정당을 의미한다. 이것은 학문적 기초에 근거한 이데올로기의 해석에 따른 개념 규정이 아니라 정당의 정강·정책에서 사회주의적 이데올로기에 입각한 현상타파적 실천방안들을 제시하고 있기 때문이다. 이러한 혁신정당은 해방 이전부터 오늘에 이르기까지 때로는 합법정당으로 때로는 비합법정당으로 존재하면서 한국정치사에 많은 영향을 미쳐 왔고 또 미치고 있다.

이러한 혁신정당들은 양극적 이데올로기의 극복을 통한 개혁을 목표로 삼고 있으나 한국의 정치적 상황하에서는 서구의 진보주의적 정당들처럼 발전하는 데 상당한 제약을 받아 왔다. 그것에 관해서는 여러 가지로 설명할 수 있으나 대체로 두 가지 요인, 즉 외재적 요인과 내재적 요인으로 집약해 볼 수 있다.

먼저 외재적 요인으로는, 첫째 분단과 전쟁으로 인한 좌우 양분법적 사고와 행태(two-box approach),[1] 둘째 혁신적 이데올로기에 대한 경계와 회의,

---

1) 현대사회연구소, 『한국정치발전의 현실과 과제』, 현대사회연구소, 1986, 75-119 쪽 참조.

셋째 국제적인 냉전구조, 넷째 혁신정당 존립의 필수 조건인 정치적 하부구조의 결여2) 등을 들고 있다. 또한 외재적 요인으로는, 첫째 혁신정당간의 이념적 갈등으로 인한 사상논쟁, 둘째 개인추종주의와 인물중심주의에 의한 파벌 대립과 이합집산,3) 셋째 유동적인 정치상황과 관련하여 독자적 위상을 세우지 못하였다는 점 등을 들고 있다.

이러한 요인들 때문에 한국의 혁신정당은 주변부 정당이나 권위 종속정당의 위치에 머물러 있게 되었거나4) 그렇지 않으면 투쟁정당으로 비치게 되어 대중의 인식세계에 경계심을 심어 주게 되고 말았던 것이다.

그러나 80년대에 접어들면서부터 산업사회로의 이행에 따른 사회의 다원화, 정치의 민주화, 그리고 신좌경사상의 확산 등으로 인하여 종래와는 다른 차원의 혁신이념에 기초한 단체와 정당이 등장하기에 이르렀다. 이들 단체와 정당은 비록 내적 갈등을 가지고 있고, 정당으로서의 수명이 짧지만 정치적 조직체로서의 변혁운동을 전개하고 있는 것만큼은 부인할 수 없다.

더욱이 과거 혁신정당들이 표방했던 정강·정책 가운데 많은 부분을 보수정당들이 수용하고, 심지어 정부정책으로 수립했다는 사실은 정치사를 통해 충분히 확인할 수 있다. 따라서 혁신정당에 대한 체계적 연구는 비록 혁신정당이 활성화되지 못한 현실에서도 나름대로의 유용성을 갖는 것이다.

특히 의회주의의 전제하에 혁신이념을 지향했던 정당들의 정강·정책이 어떠한 내용으로 구성되었고, 그 특성은 무엇이며, 어떠한 의미를 부여할 수 있는가를 연구하는 것은 한국 혁신정당의 현주소를 알아보는 한 방법이다.

따라서 본 연구는 한국 혁신정당의 이념 정향을 분석해 보고, 각 시대별로 혁신정당의 변천과정을 고찰한 후 혁신정당들이 표방한 정강·정책의 내용을 분야별로 비교분석함으로써 한국 혁신정당의 정강·정책의 특징을 추출하고 평가해 보는 데 목적을 두고 있다.

---

2) 김영래, 『현대 한국정치와 국가』, 법문사, 1987, 345-371쪽 참조.
3) 유광진, 「한국 사회주의 정당의 정강·정책에 관한 연구: 변화과정과 관련하여」, 동국대학교 안보연구소 편, ≪안보연구≫ 제15호, 1985, 78-79쪽.
4) 안병영, 「혁신정당의 존립은 불가능한가」, ≪신동아≫ 1985. 9, 동아일보사, 286-290쪽 참조.

2) 연구의 범위 및 방법

본 연구의 시대적 범위는 정부 수립 이후 제5공화국까지로 설정하고 있으며 내용상의 범위는 이른바 혁신정당이라고 스스로 규정한 정당, 즉 민주사회주의나 사회민주주의를 표방하는 정당의 정강·정책을 분석대상으로 삼았다. 그중에서도 제1공화국 시대의 진보당, 제2공화국 시대의 사회대중당, 제3·4공화국 시대의 통일사회당, 제5공화국 시대의 사회민주주의당을 중심으로 정강·정책의 특징을 추출하고 평가해 보고자 한다.

1881년 영국의 자유당이 처음으로 강령을 발표[5]한 이래 각국 정당들은 정강·정책을 정당의 필수 요건 또는 정치사회적 의무로 제시하기에 이르렀다. 이에 따라 정당들은 정강(강령)이나 정책으로 대별하여 정강에는 기본적 정책을, 정책에는 구체적인 실천방안을 담고 있다. 이와 더불어 어떤 정당은 선언, 이념, 주의, 주장 등으로 표현하는 경우도 있다. 따라서 정당의 정강·정책은 정당이 실현하겠다는 대국민적 구속력[6]을 지니고 있기 때문에 그 정당의 체제적 성격을 대변하고 있는 것이다.

따라서 정강·정책의 내용을 분류해 보면 그 정당이 어느 분야에 가장 역점을 두고 있는가를 구체적으로 알 수 있다. 그러므로 어떤 분류방식에 의하여 내용을 분석하느냐 하는 문제가 중요하다. 정강·정책의 내용분류는 '내용에 의한 분류' 기준을 들 경우 대체로 정치정책, 경제정책, 사회정책, 문화·교육정책, 외교·국방정책 등으로 구분되지만[7] 우리나라의 경우는 통일정책을 그 분류 속에 포함할 수밖에 없다.

본 논문의 연구방법은 관련 문헌, 정당의 공식문서, 정강·정책에 의존하여 기술적 방법(descriptive method)을 주로 사용하였으며, 역사적 접근방법(historical approach)과 비교분석방법(comparative analysis method)을 부분적으로 사용하였다.

다만 본 연구는 기존의 연구가 적기 때문에 충분한 연구자료를 제공받을

---

5) 조일문, 『새 정당론』, 삼화출판사, 1974, 448-449쪽.

6) Harold D. Lasswell & A. Kaplan, *Power and Society*, New Haven: Yale Univ. Press, 1950, p.76.

7) 정강·정책의 분류에 관한 이론은 양무목, 『한국정당정치론』, 범문사, 1983, 29쪽 참조.

수 없어 수집된 한정 자료에만 의존하였기 때문에 접근태도의 미숙성이 그대로 나타나고 있음을 밝혀두고 싶다.

2. 혁신정당의 이념 정향

1) 혁신정당의 개념과 범주

한국에서 '혁신정당'이라는 용어가 처음 사용된 것은 1956년 정·부통령 선거 당시 진보당의 조봉암 당수가 진보당의 성격을 혁신정당이라고 부른 데서 연유한다고 알려져 있다.8) 이것은 일본에서 보수정당의 상대적 개념으로 사회당, 민주사회당 등 사회주의 이념의 정당을 호칭하고 있는 예를 따른 것이라고 한다. 그러나 일본의 경우에는 자유민주당을 보수정당, 공명당을 중간 정당, 그리고 사회당, 민주사회당 심지어 공산당까지도 혁신정당이라고 부르고 있다.9)

한편 서구제국에서는 혁신정당이라는 용어 대신에 이데올로기나 정책, 그리고 정치적 태도 등에 따라 사회주의적 지향성을 갖고 있는 정당을 진보정당(progressive party)으로 호칭하고 있다. 왜냐하면 서구에서의 정당분류는 좌우 연속(left-to-right continuum) 개념에 따른 정치적 스펙트럼에 입각하고 있기 때문이다.10)

따라서 한국의 혁신정당은 일본의 그것과도 같지 않고 또 서구의 그것과도 같지 않은 한국적 특수성을 반영하고 있다고 볼 수 있다. 그러면 왜 한국에서 혁신정당의 범주를 설정하는 데 어려움이 있는가? 그것은 '혁신'이라는 용어가 포괄적이고 모호한 의미를 내포하고 있기 때문이다.

원래 '혁신'이란 기존의 조직, 관습, 방법 등을 바꾸고 새로운 방향을 향해 나아가려는 입장이나 사고방식을 의미한다. 그러므로 여기에는 쇄신(in-

---

8) 김철, 「한국 혁신정당운동의 회고와 전망」, ≪민족지성≫ 1987. 2, 민족지성사, 92쪽.
9) 이상두, 「해방 40년, 혁신정당의 부침」, ≪신동아≫ 1985. 9, 동아일보사, 308쪽.
10) Alan J. Day & Henry W. Degenhadt(eds.), *Political Parties of World*, London: Longman Group Limited, 1984 참조.

novation), 개혁(reformation), 개량(improvement), 진보(progress) 등의 뜻을 포괄하며 광의로는 혁명(revolution)까지도 포함시킬 수 있는 개념이다. 이러한 '혁신'의 개념에 정치적 의미를 부여하거나 이데올로기적 요소를 적용하면 기존의 정치체제에 대한 수술 내지 변혁을 가져오기 위한 사상과 이념이나 정치적 태도라고 말할 수 있다. 즉 혁신사상 내지 혁신이념이라고 할 때의 초점은 현상유지가 아닌 현실타파에 있는 것으로 바라다트(L. P. Baradat)의 급진주의, 진보주의, 온건주의의 정치적 태도를 가진 사람을 포괄시킬 수 있으며,[11] 그러므로 좌파뿐만 아니라 우파에도 적용되는 것이다.[12]

그러나 한국에서 사용되고 있는 '혁신'의 개념은 '보안'의 대칭 개념으로 인식하고 있으며, 특히 '혁신정당,' '혁신계' 등으로 표현할 때는 그것이 함유하고 있는 이념 지향과 정치적 태도가 우파에 적용되기보다는 좌파에 적용되는 것으로 인식되고 있다. 따라서 한국에서 정치적 의미로 '혁신,' '혁신계,' '혁신사상,' '혁신정당'(여기에는 진보의 경우도 포함) 등으로 표현할 때는 대체로 온건적 사회주의 이념에 입각하여 점진적·평화적 방법으로 개혁을 추구하는 사상 내지 정치집단으로 받아들이고 있다.

한국 혁신정당의 범주 설정에 있어 또 하나의 어려움으로 혁신세력 또는 혁신정당 구성원의 다양한 이데올로기적 성향과 정치적 태도를 들 수 있다. 한국에서 혁신정당의 구성원이 되는 과정은 크게 보아 이념적 요소, 개인적 요소, 파생적 요소 등에 의하여 이루어진 경향을 갖고 있다. 따라서 보수정당에 반대하는 사람은 모두가 혁신주의자로 자처하거나 또 그렇게 보아 왔던 것이다.

실제로 혁신세력 또는 혁신정당의 구성원에는 사회민주주의자, 민주사회주의자는 물론이고 무정부주의자, 노동조합주의자, 진보적 민족주의자, 서구적 공산주의자 등도 포함되어 있으며,[13] 더 나아가 진보적 민주주의자, 독립운동가, 양심적인 지식인, 현실 정치에 대해 불만을 가진 자 등도 포함되어 있었던 것이다.[14] 최근에 이르러서는 종속론자, 민중주의자, 진보적 노동자

---

11) Leon P. Baradat, *Political Ideologies: Their Origin and Impact*, N.Y.: Prentice-Hall, Englewood Cliffs, 1984, 신복룡 외 역, 『현대 정치사상』, 평민사, 1984, 61-111쪽 참조.

12) 박동운, 『민족사상론』, 샘터사, 1978, 476-477쪽 참조.

13) 한승주, 『제2공화국과 한국의 민주주의』, 종로서적, 1983, 73쪽.

와 농민, 급진적인 학생, 그리고 민주적 인사 등도 그 범주에 포함되고 있다. 따라서 '보수'가 아닌 것은 모두가 '혁신' 내지 '진보'라는 잔여논리(residual concept)가 성립되고 있다고 볼 수 있다.[15]

그리하여 때로는 혁신세력이 혁명세력과 동류로 인식되기도 하고, 또 혁명세력이 때로는 혁신세력으로 위장하기도 한다. 바로 여기서 한국 혁신세력이 혁명세력과 어떻게 경계를 지어야 할 것인가 하는 현실적인 딜레마가 존재하는 것이다.

혁신정당 운동가인 고정훈 씨가 한국 혁신정당을 "좌측으로는 독일사회민주당적인 수정주의를 넘어설 수 없고 우측으로는 수정자본주의까지를 내포하고 있으며, 또 하나의 특징으로 민족주의적 사조가 강하게 내포되어 있다"[16]고 하였듯이 혁신정당의 개념적 범주는 온건적 사회주의 이념(민주사회주의 또는 사회민주주의)에 입각하여 의회주의와 평화적·점진적 방법에 의한 개혁을 추구하는 정당이라고 말할 수 있다.

이렇게 볼 때 한국에서의 혁신정당은 제1공화국하의 노농당(55. 2. 15 창당, 후에 민족주의민주사회당, 당수: 전진한)과 진보당(56. 11. 20 창당, 당수: 조봉암), 그리고 민주혁신당(57. 10. 10 창당, 당수: 서상일), 제2공화국하의 사회혁신당(60. 7. 4 창당, 당수: 고정훈)과 사회대중당(60. 11. 20 창당, 당수: 김달호), 그리고 통일사회당(61. 1. 21 창당, 당수: 이동화), 제3·4공화국하의 민주사회당(66. 5. 9 창당, 후에 대중당, 당수: 서민정)과 통일사회당(70. 4. 27 창당, 당수: 김철), 제5공화국하의 민주사회당(81. 1. 20 창당, 후에 신정사회당, 당수: 고정훈)과 사회민주당(86. 11. 11 창당, 당수: 권두영), 그리고 제6공화국하의 민중당(90. 11. 10 창당, 당수: 이우재) 등으로 이어지는 정당들을 대표적인 혁신정당의 범주로 볼 수 있을 것이다.

2) 혁신정당의 이념적 특성

한국 혁신정당이 어떠한 이데올로기적 기조하에 구체적인 이론과 실천원

---

14) 김운태, 『해방30년사 2』, 성문각, 1976, 118쪽.
15) 윤정섭, 『한국정치론』, 박영사, 1988, 403-404쪽.
16) 고정훈, 「한국적 현실과 혁신세력」, 《신태양》 1958. 7, 신태양사, 98-99쪽.

리를 구성하고 있는가 하는 문제는 앞에서 보는 바와 같이 규정짓기 어려운 일에 속한다. 혁신정당들은 다같이 그 창당선언문이나 강령에서 이데올로기 목표에 대한 구체적인 용어를 사용하지 않고 있으며 모호한 표현을 하고 있다. 이것이 또한 한국 혁신정당이 갖고 있는 하나의 특징이라고 볼 수 있다.

한국 혁신정당의 이데올로기 정향은 그들의 정강과 정책, 그리고 지도급 인사의 발언기록을 보면 대체로 다음과 같은 세 가지로 집약되고 있다.

첫째, 한국 혁신정당은 온건적 사회주의를 지도이념으로 삼고 있다. 온건적 사회주의라 함은 사회주의를 달성함에 있어 그 변혁의 폭, 속도, 깊이, 방법 등이 평화적, 점진적이며 의회제 민주주의에 입각하여 사회주의 정책을 전개하고 있는 것을 의미한다.[17] 이러한 경향은 한국 혁신정당이 서구의 사회민주주의 내지 민주사회주의 노선과 일치하고 있다고 볼 수 있다.[18]

한국에서 최초로 사회민주주의를 공식강령으로 채택한 정당은 해방 후의 고려민주당이다.[19] 그러나 이 정당은 독립운동가인 원세훈 씨가 창당한 것으로 곧 한국민주당으로 합당되어 소멸하고 만다. 따라서 고려민주당을 온건사회주의 정당의 최초의 것이라고 말할 수 없다.

해방 후 한국 혁신정당의 효시는 여운형의 조선인민당이다.[20] 왜냐하면 정부수립 후의 혁신정당이 대체로 여운형의 노선을 계승하거나 비판, 극복하는 데서 그들의 좌표를 설정해 나가는 것이 예사였기 때문이다.[21] 그러나 정부수립 후의 혁신정당들은 사회민주주의 또는 민주사회주의라는 표현을 쓰지 않고 '진정한 민주주의'(인민당, 근민당), '사회적 민주주의'(진보당), '민주적 사회주의'(민혁당, 통혁당, 사대당, 사민당 등)으로 표현하고 있다. 일본처럼 정확한 용어를 사용하지 않고 '적'자를 붙인 까닭은 당시의 상황 여건이 이동화 교수의 말처럼 그렇게 붙였을 경우 그것을 공산주의와 근친으로 보려는 경향이 있었기 때문이다.[22]

---

17) 유광진, 「서구 사회주의 발전과 제조류」, 동국대학교 안보연구소, 《안보연구》 제16호, 동국대학교 안보연구소, 1986, 139-162쪽 참조.
18) 이동화, 「한국 혁신정당운동의 인맥과 활동평가」, 《민족지성》 1987. 2, 민족지성사, 113쪽.
19) 송남헌, 『해방 30년사 1: 1945~1948』, 까치, 1990, 117-118쪽.
20) 심지연, 『인민당 연구』, 경남대 극동문제연구소, 1991, 229-247쪽 참조.
21) 박동운, 앞의 책, 1978, 390쪽.
22) 이동화, 앞의 글, 1987, 114-116쪽 참조.

둘째, 한국 혁신정당은 민주주의를 이념적 기조로 삼고 있다. 여기서 민주주의라 함은 공산주의적 민주주의도 아니고 자본주의적 민주주의도 아닌 입장을 견지하고 있다. 혁신정당은 기본적으로 공산독재도 자본독재도 배격하고 진정한 민의를 대변하는 의회민주주의를 확립하는 데 있다는 것이다.

진보당은 강령2항에서 공산독재와 자본가와 부패분자의 독재를 배격하고 혁신정치를 실현하는 것이 당면목표라고 밝히고 있으며,[23] 사회대중당도 "좌우의 전체주의와 대결하여 일체의 억압과 착취로부터 사회 대중을 해방하고, 개인의 존엄이 중시되어 인격의 자유로운 발전이 이루어질 수 있는 사회를 건설한다"[24]고 강령에서 밝히고 있다.

따라서 이들 혁신정당들은 한국의 집권행태와 관련하여 정치적 민주화와 경제적 평등화를 위한 변혁운동을 강력히 전개해 왔다. 그리하여 반독재민주주의 운동은 보수야당과 제휴하여 상당한 성과를 거두어 왔다고 평가할 수 있다. 다만 시대적 기준에서 볼 때 80년대 이전의 반독재투쟁이 공산독재와 보수독재를 같은 비중에 두고 전개해 왔다고 한다면, 그 이후의 반독재투쟁은 보수독재와 자본주의 비판에 더 많은 비중을 두었다고 볼 수 있다.

셋째, 한국 혁신정당은 민족주의를 이념적 기조로 삼고 있다. "한국의 민족운동은 민족적 사회주의, 사회적 민족주의의 색조가 진작부터 짙었다"[25]는 표현에서 볼 수 있듯이 혁신정당을 주도했던 많은 인사들이 민족독립운동과정에서 민족주의를 더 우선하여 투쟁해 왔다는 역사적 배경을 가지고 있다. 그러므로 민족주의는 혁신정당에서 빼놓을 수 없는 실천이념으로 자리잡고 있다. 이동화 교수가 "근대적 의미에 있어서의 한국의 혁신적 정치운동=사회운동은 처음에는 민족독립운동이었고, 다음에는 민족통일운동과 사회개혁운동의 결합물이었다"[26]고 증언하고 있는 바와 같이 혁신운동에서 결국 민족독립운동이 우선되었고, 그후에는 민족통일운동이 중심과제임을 나타내고 있다.

분단 후 혁신정당의 민족주의적 성격은 통일문제에서 확연히 드러난다.

---

23) 권대복, 『진보당』, 지양사, 1985, 36쪽.
24) 한태수, 『한국정당사』, 신태양사, 1961, 391쪽.
25) 조지훈, 「한국민족운동사」, 고려대학교 민족문화연구소, 『한국문화사대계』 1권, 고대 민족문화연구소, 1964, 737쪽.
26) 이동화, 「한국적 사회주의의 길(상)」, 《사상계》 1960. 11, 사상계, 180쪽.

그들의 민족주의적 기본 관점은 반외세자주화에 바탕을 두고 있으며 비공산, 비자본의 민족적 자립을 핵심으로 삼고 있다. 따라서 한국 혁신정당의 민족과 민족주의는 제3세계 국가들의 민족주의적 성격과 유사한 요소를 많이 갖고 있다. 그러나 혁신정당이 추구해 왔던 민족주의는 때로는 통일노선 형성과정에서 상당한 오해의 소지를 남겼는가 하면, 최근에는 민족의 문제를 놓고 통일 주체 설정에 있어 계급적 요소를 강조하는 측면이 나타나 자칫 잘못하면 민족성원의 민족자결권에 제약을 줄 수도 있다는 점을 고려하지 않으면 안될 것이다. 왜냐하면 이 문제를 놓고 지난날에도 혁신계열간에 이념논쟁을 유발했던 경험을 가지고 있기 때문이다.[27]

이상에서 보는 바와 같이 한국의 혁신정당은 온건적 사회주의, 반독재 민주주의, 진보적 민족주의를 이념적 기조로 삼고 있다.

3. 혁신정당의 변천과정

1) 제1공화국하의 혁신정당

제1공화국 시기는 체제 자체가 이승만이 주도한 우익세력의 단독정부 수립운동의 결과였고, 동서냉전의 격화라는 국제환경의 영향이 작용했기 때문에 좌익에 대한 배척은 물론 중립적 입장을 견지하는 온건 민주사회주의 세력까지도 용공적 기회주의자로 간주하였다.[28]

그러나 이러한 상황 속에서도 1950년대 중반부터 혁신세력들이 정치표면에 부상하기 시작하였는데, 먼저 꼽을 수 있는 것이 노농당이다. 노농당은 1955년 2월 15일 노동자, 농민, 소시민을 기반으로 결성되었고, 4년이 지난 1959년 11월 20일 당명을 민족주의민주사회당으로 바꾸었다. 이 당은 광범한 대중적 기반 위에서 자본주의적 계급이기주의나 맑스주의적 계급이기주의를 지양하는 정치적·경제적 균등사상을 중심으로 한 혁신주의 정당이었

---

27) 유광진, 「한국사회주의 정당의 통일정책」, ≪한국정치학회보≫ 제18집, 한국정치학회, 1984, 259-260쪽 참조.
28) 김용욱, 「한국 정치체제의 이데올로기 지향」, 한국정치학회 편, 『한국 정치발전의 특성과 전망』, 한국정치학회, 1984, 103쪽.

다.29)

한편 1956년 11월 20일 조봉암을 위원장으로 하여 진보당이 결성되었는데 이 당은 서구 민주사회주의의 영향을 가장 많이 받았을 뿐만 아니라 한국 혁신정당 사상 가장 강력하고 활동적인 정당이었다.30) 진보당은 공산주의 독재와 자본주의적 독재를 모두 거부하였지만, 기본적인 이념적 가정은 맑스주의에 입각하고 있었기 때문에 1958년 1월 11일 조봉암을 비롯한 간부 10여 명이 국가보안법 위반혐의로 검거된 후 창당 15개월만인 1958년 2월 25일 등록이 취소되었다.31)

반면 진보당의 결성과정에서 조봉암과의 의견대립으로 이탈한 서상일, 이동화 등 우파 사회주의자들을 중심으로 1957년 10월 15일 민주혁신당이 창당되었다. 그러나 민주혁신당은 진보당과 별다른 정치이념의 차이를 보이지 않았고, 오히려 정치분야에서 혁신정치와 의원내각제 확립, 경제분야에서 계획경제, 통일분야에서 남북총선거 등 대동소이한 정강·정책을 갖고 있었다. 따라서 양당의 분리는 혁신계의 주도권 쟁취에 대한 개인의 갈등과 당조직 원리에 대한 견해차에 원인이 있었던 것이다.32)

2) 제2공화국하의 혁신정당

제1공화국의 붕괴는 진보당 사건 이후 침체되었던 혁신정치세력들의 부상에 직접적인 계기가 되었다. 특히 민주당을 중심으로 한 보수세력과 기타의 혁신세력간의 이념적 대립이 치열하게 전개되었을 뿐만 아니라 혁신세력 내에서도 다양한 주장이 분출되어 이합집산과 주도권 쟁탈이 극심했던 것이다.

4·19혁명 이후 가장 먼저 활동을 시작한 정당은 사회대중당이었다. 진보당 인사들과 민주혁신당의 서상일계가 제휴함으로써 창당된 사회대중당은 공산독재와 극우독재를 엄격히 배격하고 민주적 사회주의를 지도원리로 채택하였다. 그러나 당세 확장이라는 지상목표 때문에 혁신세력이 아닌 자유

---

29) 유광진, 앞의 글 1985, 63쪽.
30) 윤형섭, 앞의 책, 1988, 415-416쪽.
31) 한승주, 앞의 책, 1983, 85쪽.
32) 윤형섭, 앞의 책, 1988, 416-417쪽; 유광진, 앞의 글, 1985, 64-65쪽 참조.

당계 인사들의 참여를 환영함으로써 혁신이념에 대한 의아심을 불러일으켰
다.33)

이와는 별도로 흩어진 혁신세력의 규합을 목적으로 전진한을 중심으로 하
는 민족주의민주사회당계의 김성숙을 지지하는 반서상일계 민주혁신당 인사
들이 주축이 되어 한국사회당을 결성하였다. '자유와 번영을 지향하는 민주
적 사회주의 정당'을 목표로 하는 한국사회당은 보수독재와의 투쟁을 선언
했다.34)

이렇게 제2공화국하의 혁신세력들은 대체로 사회대중당과 한국사회당의
양대 세력으로 규합되었는데 그 어디에도 가담하지 않은 혁신세력이 혁신동
지총연맹(협의회)을 결성하려 했으나 행동통일이 이루어지지 않아 노선조차
밝히지 못하고 소멸되었다.35)

3) 제3·4공화국하의 혁신정당

5·16군사쿠데타로 기존의 모든 정치세력의 정치활동이 금지됨에 따라 혁
신정당의 활동도 중단되었고 쿠데타 주체세력들은 혁신주의 운동을 용공시
하고 국가안보의 위협요소로 판단함으로써 혁신세력들은 대부분 체포, 투옥
되었다. 1963년 초 정치활동이 재개되자 투옥을 면했던 일부 혁신계 인사들
이 민주사회주의동지회를 만들었으나 친목단체의 성격을 갖는 데 그쳤고,36)
혁신정당의 명맥은 대중당과 통일사회당에 의해 유지되었다.

1965년 5월 한일협정 비준을 반대하여 국회의원직을 사퇴한 서민호는 민
주사회주의를 표방하면서 1966년 5월9일 가칭 민주사회당 창당준비위원회
를 결성하였으나 통일정책과 월남파병에 관한 문제로 같은 해 6월 3일 구속
되었다.37) 그 후 1967년 3월 9일 가칭 민주사회당은 창당대회를 열어 당명
을 대중당으로 변경하고 민주적 사회주의를 표방하는 정당으로 출범하였다.

한편 통일사회당은 1965년 7월 20일 혁신계 우파를 중심으로 창당준비위

---

33) 유광진, 앞의 글, 1985, 65-66쪽 참조.
34) 이정식, 『해방 30년사 3』, 성문각, 1976, 340-343쪽.
35) 이정식, 앞의 책, 1976, 344쪽.
36) 이상두, 앞의 글, 1985, 319-320쪽.
37) 유광진, 앞의 글, 1985, 67-68쪽 참조.

원회를 결성하여 민주사회당계와의 통합을 시도했으나 실패한 후 1967년 4월 4일 이봉학을 대표자로 하여 창당되었다. 통일사회당은 정당의 존속요건인 법정지구당 수 부족(25개 지구당의 구성요건 중 23개 지구당을 보유)으로 1973년 7월 2일 등록이 취소되었고, 1973년 12월 20일 안필수를 대표위원으로 하여 재창당되었다.[38]

그러나 '반공을 국시(國是)의 제1의(義)'로 삼는 제3·4공화국에서 혁신정당들은 국회진출 한번 제대로 못했을 뿐 아니라 혁신주의를 용공시하는 인식의 잔재로 정당으로서의 기능들을 수행하지 못하고 다시 한 번 침체기에 접어든 가운데 1979년 10·26사건을 계기로 유신체제의 붕괴를 맞이하게 되었다.

4) 제4공화국하의 혁신정당

1980년대 한국 혁신정당은 제5공화국의 신헌법이 확정, 공포되면서 출현할 수 있는 근거를 제공받았다. 특히 새 정당법은 다당제를 유도하기 위해 창당에 필요한 발기인 수를 30인에서 20인으로, 지구당 수를 1/3에서 1/4로, 그리고 법정 지구당원 수를 50인에서 30인으로 줄여 절차를 간소하게 했다. 그러나 이처럼 창당요건을 크게 완화하면서도 국민의 지지를 못 받고 명맥만 유지하는 군소정당은 존속이 어렵게 등록 취소요건을 여러 가지 신설했는데 총선에 후보를 내지 않거나 고의로 선거를 보이콧 했을 때와 의석을 얻지 못하거나 유효투표총수의 2% 이상을 득표하지 못했을 때에는 등록이 자동 취소되도록 한 것이다.[39]

이와 같은 제도 속에서 혁신정당들은 본질적인 문제, 즉 혁신정당의 필요성에 직면하게 되었다. 지금까지 한국 혁신정당들은 노동자계급의 인간으로서의 권리를 회복시키는 데 주력한 서구의 온건한 사회민주주의를 표방하는 정당들이었다. 따라서 자본주의 경제질서를 개혁시키고 노동자계급의 이익과 노동운동의 민주화를 위하여 여러 가지 정강·정책을 제시해 왔다. 그럼에도 불구하고 한국 혁신정당들은 노동운동이나 노동자계급에 뿌리를 내릴 수

---

38) 윤형섭, 앞의 책, 1988, 421-422쪽.
39) 황소웅, 「제5공화국의 신당들」, ≪월간조선≫ 조선일보사, 1981. 2, 103쪽.

가 없었는데 그 이유는 노동자계급이 형성될 만큼의 산업화, 공업화가 일천하였고 노동자계급의 계급의식이 형성되지 않았으며, 노동운동 자체의 미약함과 함께 노동운동과 혁신정당을 제도적으로 차단했기 때문이다.

그런데 1960년대와 1970년대의 급속한 경제성장과 더불어 빈부격차가 커지면서 계층들간의 위화감이 깊어가게 되자 한국에서도 복지사회에 대한 인식이 싹트게 되었고, 마침내 복지사회의 정착이 제5공화국의 정책으로 제시되기에 이르렀다. 특히 1980년대 들어와 정치문제화되기 시작한 노동자, 농민 및 도시빈민 등의 근로 대중의 소외문제를 체제내에 수용해야 한다는 지적이 나오기까지 하였다.[40] 이에 따라 노동운동의 민주화와 복지사회의 정착을 위한 혁신정당의 필요성이 강력히 제기되었던 것이다.

이와 같은 상황 속에서 1981년 1월 민주주의당이 창당되고, 같은 달에 사회당이 창당되었으며, 1982년 3월 민주사회당은 신정당과 합당하여 당명을 신정사회당으로 바꾸었다. 그후 1985년 3월 사회민주당이 창당되고, 1986년 5월 신정사회당이 사회민주당에 흡수되었다. 또한 1988년 3월에는 학생운동권 출신과 노동운동권 출신들이 주축이 되어 민중정치를 표방하는 민중의당이 창당되었다.[41]

신헌법이 발효된 이후 새로운 정당들이 탄생되는 상황에서 민주혁신당과 통일사회당을 통해 혁신운동을 해 왔던 고정훈을 중심으로 이동화, 신도성, 송남헌 등이 1980년 12월 5일 민주사회당 창당발기인대회를 열어 고정훈을 위원장으로 선임한 데 이어 1981년 1월 20일 민주사회당을 창당하였다. 창당선언에서 민주사회당은 모든 국민에게 자유와 권리와 사람다운 생활을 보장하며 민족통일의 과업을 완수하고 세계 평화에 기여하는 참다운 민주복지국가 건설을 지향하고 정의로운 사회를 구현하기 위해 국민대중정당으로서 창당한다고 밝혔다.[42]

이러한 민주사회당은 혁신세력의 집결체임을 자처하였는데 대외적으로는 대비동맹(對非同盟) 외교, 대내적으로는 노동자계층을 겨냥한 정부의 정책적인 배려와 완곡한 지원을 받은 것으로 알려졌으며, 그 결과 비교적 독자적인

---

40) 윤형섭, 「한국혁신정당론」, 정신문화연구원 편, 『한국정치의 현대적 조명』, 정신문화연구원, 1989, 289쪽.

41) 권희경, 『한국 혁신정당과 사회주의 인터내셔널』, 태양, 1989, 143-144쪽.

42) ≪동아일보≫ 1981. 3. 27.

위치를 구축해 나갈 수 있었다. 사실상 그동안 백안시되어 오던 혁신정당이 이처럼 활발히 움직인 때는 거의 없었고, 특히 이동화, 송남헌 등 기존의 혁신계 인사들이 모인 한편, 민주사회를 이해하는 민정당의 윤길중, 송지영 등이 합류한 사실도 민주사회당의 역량을 강화시키는 요인이 되었다.[43] 그러나 민주사회당은 혁신정당으로서의 성격을 상실했다는 비난을 받고 있는데, 이는 혁신정당이면서도 국방·안보면을 강조함으로써 기존의 보수정당과의 차이를 보이지 못했기 때문이다.

민주사회당은 1981년 3월 25일 제11대 국회의원 총선거에서 2석을 확보하여 원내 교두보를 마련하는 데 성공하였고, 1982년 3월 24일 원내의석 2석을 가진 신정당과 합당하여 신정사회당으로 당명을 바꿈으로써 원내의석 4석의 제4당이 되었다.

민주사회당에 참여하지 않은 나머지 혁신세력들은 민주사회당에 대항해 전 노총위원장 정동호가 이끌던 민주노동당을 흡수하여 김철을 위원장으로 하는 사회당을 창당하였다. 그리고 사회당은 '사회주의 인터내셔널(S.I.: Socialist International)'과의 관계를 강조하며 한국에서 사회당만이 혁신정당의 정통임을 역설하였다.

특히 "민주사회주의를 통한 복지국가에로의 길"이라는 제목의 강령에서도 알 수 있듯이 사회당은 민주사회주의를 지향하고 있을 뿐 아니라 정책에 있어서도 "국내의 극좌·우파의 폭력에 의한 정권장악은 인정치 않는다"고 함으로써 온건성을 분명히 하였다.[44]

그러나 사회당은 제11대 국회의원 총선거에 20명의 후보를 공천하였으나 모두 낙선하고 총유효표의 0.8%만을 획득함으로써 결국 정당법에 의거, 정당등록이 취소되었다. 사회당이 총선에서 패배하게 된 이유는 총선 직전 민주사회당과의 통합 추진이 실패함과 동시에 당원의 일부가 민주사회당으로 옮겨 당세가 약화되었기 때문이다.[45]

신정사회당은 1982년 3월 민주사회당과 신정당이 합당, 개명하여 원내 제4당이 되었던 정당이다. 신정사회당은 "민주사회주의 인터내셔널의 취지, 목

---

43) 김현익, 「제5공화국의 정당들」, ≪정경문화≫ 경향신문사, 1983. 12, 171쪽.
44) 권희경, 앞의 책, 1989, 159-172쪽.
45) ≪동아일보≫ 1981. 2. 19.

적, 강령에 찬동하고 동 국제기구의 결의를 원칙으로 지지"[46]하는 민주사회
주의 정당이었으나 1985년 2월 12일 제12대 국회의원 총선거에서는 참패해
다시 침몰의 위기를 맞았다.

신정사회당은 민주사회당과 신정당의 대등한 합당이라고 했으나 사실은
그렇지가 못했다. 정강·정책은 민주당의 것이 거의 그대로 승계되었고 중앙
당 요직은 민주사회당 출신이 주류를 이루었으며, 민주사회당 당수인 고정
훈이 당총재가 된 반면 신정당 총재였던 김갑수는 당의장으로 일선에서 물
러났다.[47]

신정사회당은 일반 대중에게 민주사회주의 이념을 올바로 인식시키는 것
을 제일의 과업으로 삼았는데 이 이념이 제대로만 전달되면 정당의 성장은
역사적 추세와 함께 필연적이라는 설명이다. 때문에 이들은 갖가지 팜플렛
과 함께 《제3의 소리》라는 당보를 배포하고, 때로는 강연회를 개최하기도
했다. 이러한 활동을 뒷받침하는 단체로는 1983년 7월 21일 창립된 한국사
회민주주의연구소(의장: 이동화)와 1985년 6월 29일 창립된 사회민주주의청
년연맹(위원장: 홍경희)이 있었다.

1982년부터 당재건운동을 벌이며 한국사회당 창당을 준비해 온 김철은
제12대 총선에 참가하지 않는 것을 전제로 1985년 3월 1일 사회민주당을
창당하였으며, 1985년 4월 11일에는 혁신계 정당의 통합 차원에서 신정사회
당, 한국사회당과 3당 통합을 이룩하였다.

한편 창당선언문에서 사회민주당은 "이 나라의 민주적 사회주의자들은 오
늘 정치, 사회, 문화 등 모든 분야에 걸쳐 전진된 민주주의의 실현과 자주적
이며 평화적인 민족통일 성취의 역사적 과업 앞에 대담하게 나서서 이를 걸
머지기 위해 사회민주당을 창당한다"고 선언하였다.[48]

아울러 당헌에서는 사회민주당의 목적을 "본당은 민주적 기반 위에 민족
적 주체성에 입각한 민주적 사회주의를 기본 이념으로 하는 정강·정책의 국
민의 복지를 증진하고 나아가 민주적, 자주적, 평화적으로 민족통일을 성취
함을 목적으로 한다"고 규정하였다.

---

46) 권희경, 앞의 책, 1989, 173쪽.
47) 김현익, 앞의 글, 1983, 173쪽.
48) 시인사 편집부 편, 『강령, 정책』, 시인사, 1988, 388-389쪽.

　특히 당보에서 밝힌 것처럼 사회민주당은 "이 나라에 진정한 의미의 정의로운 복지균등사회의 건설과 평화적 민족통일의 실현을 위해서 매진할 것을 다짐하면서 민주노동운동을 기축으로 하고 민주농민운동과 도시빈민운동을 여기에 연합하여 평범한 민중을 사회민주주의 이념으로 세력화시킬 것"을 역사적 책임으로 자임하였다. 그리하여 사회민주주의만이 자본주의와 공산주의로 이질화된 남과 북의 동일 민족에게 평화통일의 공동 광장을 제공할 수 있다고 주장하였다.[49]

　그렇지만 사회민주주의를 지향하는 모든 인사들이 사회민주당에 참여한 것은 아니다. 일부는 민주화추진협의회에도 참여하였으며, 청년들은 당의 활동과는 별개로 사회민주주의청년연맹을 구성하여 민주화 운동의 동참을 강조함으로써 사회민주당은 혁신세력의 결집에 실패하였고, 1988년 4월 26일 제13대 국회의원 총선거 이후 정당법 제38조에 의해 등록이 취소되었다.

　결국 제5공화국의 혁신정당의 성격은 대중적 기반을 갖지 못한 개인 중심의 간판 정당을 벗어나지 못하였고 보수정권의 시녀에 불과한 어용정당이었거나 이름뿐인 혁신정당으로 혁신이념에 대한 실천적 의지가 부족하였다.[50] 따라서 제5공화국 시기에 맡겨진 정치적 책무를 다하지 못하고 실패하고 만 것이다.

4. 혁신정당의 정강·정책 내용

1) 정치 분야의 정강·정책

　제1공화국 시대는 공화국 체제 출범 자체가 이승만이 주도한 우익세력의 단독정부 수립운동의 결과였고 그것이 동서냉전이 격화되는 국제환경의 영향하에 있었기 때문에 좌익에 대한 배격은 물론 중립적 입장을 견지하는 온건민주사회주의 세력까지도 용공적인 기회주의자로 간주할 정도로 제한적인 체제 이데올로기 상황이었다.[51]

---

49) 《사회민주당보》 창간호, 1987. 9. 1.
50) 안병준, 「신보수주의와 신혁신주의」, 《민족지성》 1987. 6, 민족지성사, 36쪽.

이러한 제한적 체제 이데올로기 상황 속에서 혁신정당이 표방한 정치 분야의 정강·정책은 공산독재주의와 자본독점주의 혹은 자본가와 부패분자의 독재를 배격하고(노농당, 민족주의민주사회당, 진보당), 진정한 민주주의 체제를 확립하여 책임 있는 혁신정치를 이룩한다(진보당, 민주혁신당)는 등의 정강·정책을 표방하였다. 그리고 정부의 권력형태로서는 의원내각책임제를 확립할 것(진보당, 민주혁신당)을 주장하였다.

제2공화국에 들어와서는 혁신정당들이 4·19혁명의 완수를 표방하면서 보수와 혁신의 견제, 균형을 기초로 하는 내각책임제의 올바른 운영(한국사회당, 혁신동지총연맹)과 지방자치제의 확립(한국사회당)으로 정치의 민주화를 이룩해야 한다는 등의 기본 정책을 표방하였다.

이들 혁신세력은 7·29 총선에서 민주당의 반독재투쟁이라는 압도적 이미지와 그 대중동원체계와 미국의 간여(干與)에 밀리고 더구나 시국관의 차이와 이념상의 미순화로 인하여 혁신진영이 사분오열되었던 관계로 의회내의 교두보 확보에 실패하였다.52)

제2공화국 당시 혁신세력의 최대 맹점은 그들이 체제운영에 있어서 책임 있는 세력이거나 동참하는 세력이 아닌데도 과감한 현상타파적 체제변혁을 예언했을 뿐 아니라, 그러한 운동이 원외지향적이었으므로 모든 정치문제를 국회로 수렴하려는 제2공화국의 의원내각제적 체제운영 방식과는 본질적으로 상치되었다는 점이다.53)

특히 당시의 혁신계의 진보주의 운동은 상이한 파벌들간의 갈등, 직·간접적인 정부의 입박, 그리고 혁신계 인물들을 규합하고 사람들을 끌어들일 수 있는 지도자의 결여 등으로 상당한 어려움을 겪어야 했다.54)

5·16군사쿠데타 이후 수립된 제3공화국이 자유민주주의를 공식 이념으로 표방하고 대통령중심제를 채택함에 따라 당시의 혁신정당의 정치 분야의 정강·정책은 제한 없는 독재를 허용한 대통령제를 반대하고 집행권의 안정을

---

51) 김용욱, 앞의 글, 1984, 103쪽.
52) 이 선거 결과 5대 민의원에서는 총의석 233석 중 사회대중당 4명, 한국사회당 1명이 당선되었고, 초대 참의원에서는 총의석 58석 중 사회대중당과 한국사회당이 각각 1명씩 당선되었다.
53) 김용욱, 앞의 글, 1984, 118쪽.
54) 한승주, 앞의 책, 1983, 89쪽.

보장할 수 있는 기초 위에서의 내각책임제로의 전환을 요구하고(통일사회당), 개인의 기본권을 옹호하여 기회균등의 사회발전에 이바지하여 인권침해 요소를 배격할 것(대중당)을 주장하였다. 그리고 사법권의 독립을 보장하고 지방자치제의 즉각 실시(대중당, 통일사회당)를 주장하였다.

제5공화국에 들어와서는 지난날의 독재, 허위, 부패, 부정 등의 병폐를 일소하고 새로운 정치질서의 확립을 기하며, 복지국가의 건설을 국가발전의 기본 목표로 제시하는 한편 정치적으로 의회민주주의뿐만 아니라 경제적 민주주의와 산업민주주의의 실현을 추구(민주사회당, 신정사회당)하였고[55] 독재 방지를 위해 단일 대통령의 장기집권을 폐지하고, 철저한 내각책임제의 지향(사회당)을 주장하는가 하면[56] 책임정치의 실현을 위해 의원내각제로의 개헌과 선거제도의 개혁과 국정감사권의 부활, 지방자치제의 즉각 전면실시(사회민주당)[57] 등을 주장하였다.

이상에서 살펴본 바와 같이 한국 혁신정당의 정강·정책 중 정치분야의 정강·정책은 공산독재는 물론 자본가독재도 배격하는 혁신정치체제의 수립을 표방하였고, 제5공화국에 들어서면서 복지국가의 건설을 목표로 정치적인 의회민주주의뿐만 아니라 경제적 민주주의와 산업민주주의의 실현을 추구하였다. 혁신정당들은 정부형태를 의원내각제로 할 것을 주장하였고, 개인의 기본권을 옹호하고 기회균등의 사회발전을 이룩하기 위해서 사법권의 독립과 지방자치제의 실시를 요구하였다.

2) 경제 분야의 정강·정책

정당의 경제정책이 어느 계층에 중점을 두고 있는가에 따라 정당의 이념적 성격이 규정된다고 할 정도로 정당의 경제정책은 매우 중요성을 가진다. 한국의 혁신정당은 자유민주주의적 정치질서를 주요한 가치 전제로 하면서 수정자본주의적 경제질서관을 표방하였다. 따라서 이들은 경제권력의 민주적 통제라는 문제를 매우 중시하였다.

---

55) 중앙선거관리위원회, 『대한민국정당사』 제3집, 중앙선거관리위원회, 1992, 957쪽, 1016쪽 참조
56) 앞의 책, 1087쪽.
57) 앞의 책, 1042쪽.

한국 혁신정당의 경제 분야의 정강·정책 중에서 특징적인 것만 간추려 보면 다음과 같다.

정부 수립 이후에는 사회정의에 입각한 균형 있는 국민 생활보장과 자유협동주의하에 입각한 민주적 협동조합의 건설(노농당), 수탈 없는 계획경제체제, 생산분배의 합리적 분배로 민족자본의 육성과 농민, 노동자 및 모든 문화인의 생활권 확보(진보당), 다액소득자에 대한 고율누진세 부과(민주혁신당) 등을 강조하였다.

제2공화국에 들어와서는 계획경제와 자립경제를 합리적으로 혼합한 계획성 있는 경제체제 확립(사회대중당)을 주장하였으며, 경제개발정책이 본격화된 제3공화국 이후부터는 모든 사적 이윤추구는 공익에 우선할 수 없으며 불순자본의 형성이나 독점자본의 횡포를 단호히 배격(대중당)하고, 필요한 한도까지의 계획통제와 가능한 한도까지의 자유기업의 원칙 견지(통일사회당) 등의 정강·정책이 표방되었다.

한편 제5공화국의 혁신정당들도 자유시장기구의 기반 위에서 적정한 경제계획을 혼합한 혼합경제체제[58]를 지향(민주사회당, 신정사회당)하면서 신용협동조합 및 소비협동조합으로의 유도를 정책기조로 소유와 경영의 분리[59](사회당)를 추구한다. 특히 모든 경제주체의 주권이 존중되고 '견제와 균형'이 제대로 기능하도록 하고, 정부의 기업가적 활동을 극소화하며, 재벌의 계열기업 정리와 완전고용의 보장(사회민주당)[60] 등을 강조하였다.

이상에서 표방된 한국 혁신정당의 경제 분야의 정강·정책은 복지의 끊임없는 증대, 국민경제 생산물에서의 모든 사람의 공정한 참여, 모욕적인 종속이 없고 수탈이 없는 자유로운 경제생활 보장 등을 제시하면서 절대화된 계획 모델이나 절대화된 시장 모델이 아닌 혼합경제모형 혹은 민주적 계획경제 모형을 제시하고 있다.

즉 한국 혁신정당이 표방하는 경제 분야의 정강·정책은 자본주의적 제도 안에서 새로운 것을 창조, 축적 혹은 개선하여 민주사회주의 이념에 접근시

---

58) "혼합경제는 인간가치와 사회평등의 윤리이념에 의거하여 모든 사회집단 공존의 경제적 터전을 마련하기 위한 것이며, 혼합경제체제는 장기적으로 중산층 중심의 복지사회를 구축하는 필수적 요건"이라고 주장한다. 앞의 책, 959쪽.
59) 권희경, 앞의 책, 1989, 167-168쪽.
60) 중앙선거관리위원회, 앞의 책, 1992, 1043쪽.

키려는 것이었다. 이러한 노력은 자본주의 제도에 일정한 가치를 부여하고 있어 진보적 자유주의 혹은 수정자본주의를 표방하였다고 볼 수 있을 것이다.

3) 사회·문화·교육 분야의 정강·정책

민주사회주의는 휴머니즘과 인간애를 기초로 하고 있으며 이것은 자유, 사회정의, 인권 존중, 평등, 사회적 공정(公正) 동포애 등 일련의 이념형태를 취하고 있다. 이러한 이념형태를 구현하기 위한 한국 혁신정당의 사회·문화· 교육정책의 요점은 다음과 같다.

정부 수립 이후 노동기준법을 엄격히 실시하여 노동자의 최저생활 보장 및 교육의 기회균등과 의무교육 실시(노농당), 동서문화를 지양·통일하여 신민족문화를 창조(민족주의 민주사회당), 교육제도를 혁신하고 국가 보장을 점차로 확대(진보당, 민주혁신당)할 것 등이 주장되었다.

이어 제2공화국에 들어서는 여성의 사회 진출을 최대한 보장하고 복지사회를 이룰 수 있는 사회입법의 재정비를 촉진(대중당)하였고, 제3·4공화국에 와서는 학원의 자치와 자유로운 학술활동의 보장, 민주적 사회주의를 지향하는 새로운 윤리 요구(통일사회당) 등이 그 주요 정책이었다.

제5공화국에 들어와서 혁신정당들은 산업민주주의, 중산층 중심의 재산소유민주주의에 의거한 복지사회의 건설을 통해 인간가치, 사회평등이 실현되는 복지사회로의 이행을 추구하는 한편 교육·문화사업이 인간가치 실현의 가장 적극적 측면임을 강조하면서 정신·문화적 복지의 증진과 문화의 개성 부여를 주장하였으며, 특히 자유·평등·정의·박애의 확고한 이념 위에서 교육·문화사업을 추진해야 한다는 입장(민주사회당, 신정사회당)이 있다.[61]

또한 의료보장, 교육보장, 생활보장 등을 골자로 하는 사회보장의 추진, 노사협의체제의 형성, 비생산행위[62]에 의한 재화획득이 악이라는 새 사회윤

---

61) 앞의 책, 964-967쪽, 1017-1025쪽 참조.

62) 사회당은 기본 정책에서 비생산행위를 강도, 절도, 사기, 소란 등에 의한 재화획득이 악인 것처럼, 습득과 아울러 대금에 의한 치부, 상품의 시간적·공간적·인격적 이동에 대한 재화에 대한 치부, 관공리(官公吏)의 수뢰, 매춘행위 등으로 보고 있다. 앞의 책, 1091쪽.

리의 확립(사회당) 등을 추진하는가 하면 인간사랑, 사회도의, 협동생활, 봉사정신을 존중하면서 특권, 특혜, 부정부패와 퇴폐문화를 일소하고, 정치적 민주주의와 경제적 평등과 사회적 정의를 실현하는 과정에 역행하는 민족반역자와 부정부패자를 단죄한다(사회민주당)는 결연한 의지를 천명하기도 하였다.

특히 교육의 목적을 사회민주주의 사회를 건설하고 이끌어 나갈 수 있는 새 인간의 창조에 두고 무상교육을 목적으로 하지만, 현 시점에서는 의무교육의 내실화와 장학제도의 확장에 주력(사회민주당)할 것을 밝혔다.[63]

이상에서 표방된 한국 혁신정당의 사회·문화·교육정책은 인간적 필요의 충족이라고 볼 수 있다. 즉 인간의 기본적 필요는 생산성과와 분배에 있어서 가장 먼저 고려되지 않으면 안된다는 것이며, 자기의 노력에 따라 보수를 받을 수 있는 개인의 권리를 자명한 것으로 받아들인다. 그리고 한국 혁신정당들은 문화적 수준을 향상시켰고 인간정신의 창조적 열망을 육성하도록 모든 수단을 제공할 것을 요구하며 교육의 기회균등과 의무교육의 확대를 요구하는 정책을 표방하였다.

4) 통일·외교 분야의 정강·정책

한국 혁신정당의 통일정책은 기본적으로 남북한의 이데올로기와 체제를 극복한 통일국가를 건설하는 데 목표를 두고 있는데 각 시대별로 표방되었던 통일정책의 내용을 살펴보면 다음과 같다.

먼저 제1공화국 시대 혁신정당의 통일정책은 '평화적 방법'과 유엔 감시하 혹은 국제감시위원회에 의한 '남북총선거 방법'으로 집약된다.

당시 혁신정당들은 통일을 성취하는 방법에 있어서 대한민국 주권하에 남북통일을 성취하되(노농당, 민족주의민주사회당), 민주적 평화통일(진보당)을 표방하였다. 통일방안으로는 유엔 감시하에 자유총선거(민주혁신당)와 남북한 대표로 구성되는 전한국위원회와 이를 감독, 감시하기 위해 인도, 스위스, 체코슬로바키아 대표로 구성되는 국제감시위원회에 의한 남북총선거(진보당 창당대회) 등의 통일방안이 표방되었다.

---

63) 앞의 책, 1044쪽.

여기서 문제가 된 것은 진보당의 통일방안으로 '전한국위원회'의 설치 주장이나 적성국가를 주로 하여 구성되는 '국제감시위원회'의 설치 등의 주장은 당시로서는 상당히 급진적인 방안이었으며 위험시될 수밖에 없는 방안이었다. 이러한 주장은 진보당의 등록취소이유 중의 하나가 되었다.[64]

제2공화국 시대 혁신정당의 통일정책은 유엔 감시하의 자유선거를 통하여 평화적, 민주적인 국토통일을 달성한다(사회대중당, 한국사회당)는 대전제하에서 '남북교류,' '중립화' 등의 통일방안이 제시되었다. 제2공화국 시대에서는 구정권하에서 터부시되어 왔던 관념들이 해방됨과 때를 같이하여 통일논의가 한층 활발하게 진행되었으며, 그것을 보다 내면화, 현실화시키려는 시도가 본격화되기 시작하였다.

국토통일촉진위원회를 구성한 사회대중당은 통일정책 중에서 "김일성 일당은 정치무대에서 구축배제한다"[65]고 하여 반공적 입장을 견지하고 있었다. 그러나 '실천강령과 정책'에서는 "일정한 제한 아래의 남북교역 및 통신거래를 촉구한다"[66]고 선언하였다.

그리고 혁신동지총연맹(협의회)은 정강·정책에서 "자주성 있는 통일을 저해하는 악요소를 배격하고 민주주의적 진보세력이 주도적으로 혁신하고 자주적인 국민양심에서 전국의 민주적인 제정당 및 사회단체가 통일위원회를 구성하여 국제연합의 협조하에 민주주의 승리에 의한 정치적인 통일달성"[67]을 표방하였다.

통일문제에 관한 비교적 온건노선을 채택한 것은 노조운동계의 한국사회당으로 당의 정강·정책에서 "유엔감시하의 총선거로서 조국통일" 그리고 "통일된 조국은 민주주의의 헌법질서를 견지하여야 한다"[68]고 주장할 뿐 아

---

64) 당시 정부가 발표한 당등록 취소이유 제1항에서는 "진보당은 대한민국과 유엔의 입장을 무시하고 북한괴뢰집단과 소련 및 중공이 주장하고 있는 바와 같이 체코, 파란 및 인도 등 적성국가를 주로 하여 구성되는 감시단 감시하에 남북통일선거를 실시할 것을 공식선언하고 있다"라고 밝히고 있다. 한태수, 앞의 책, 1961, 248쪽.

65) 사회대중당의 정강·정책 (가) 통일 및 외교 제(2)항; 중앙선거관리위원회, 『대한민국정당사』 제1집, 1989, 258쪽.

66) 김학준, 「제2공화국 시대의 통일논의」, 양호민 외 편, 『민족통일론의 전개』, 형성사, 1984, 313쪽.

67) 중앙선거관리위원회, 앞의 책, 1989, 260쪽.

니라 남북교류 등 다른 사회주의 정당들이 표방하는 방안들과 구상들은 배격하였다.

한편 제2공화국의 혁신계는 통일의 전제조건으로 남한의 국력신장을 강조하면서도 민주당 정부의 '선건설·후통일론'은 "통일은 않겠다"는 주장이라고 비판하면서 통일우선론(또는 통일지상론)을 폈으며, 특히 7·29총선의 패배 이후에는 마치 혁신운동의 새로운 활로 또는 구심점을 찾으려는 듯 남북교류운동과 함께 폭발적인 중립화 통일운동으로 치달았다.[69]

이상에서 살펴본 바와 같이 제2공화국 시대의 혁신정당들이 내세운 통일방안은 남북한의 체제적 변화, 외세로부터의 해방과 민족의 통일이 일거에 해결될 수 있는 방법으로 중립화 통일을 표방하게 되었다.

한편 제3·4공화국 시대의 혁신정당의 통일정책은 제2공화국 시대의 통일논의에 대한 백가쟁명시대를 극복하고 좀더 온건하면서 실질적인 접근을 시도하였다.

대중당은 창당결의문에서 "국토통일을 촉진시키기 위하여 국제 여건을 감안한 합법적인 남북교류를 실현토록 초당적인 협의기구를 구성할 것"[70]을 촉구하면서 당의 강령에서는 "국제적 여건을 감안하여 민족자강을 토대로 부분적 통일로부터 완전통일을 기한다"[71]고 밝혔다. 그리고 구체적인 정책으로는 앞의 내용을 포함하여 "분단된 국가간의 통일을 위한 합의기구를 설치하고 통일방안을 연구 모색한다"는 등의 내용을 표방하였으며 대통령 선거공약으로 통일에 대한 3원칙을 제시하였는데 그 내용은 "통일은 민족자강 정신에 입각한 민주독립, 평등적 방법, 자유보장의 3원칙으로 달성한다"[72]는 것이다.

한편 통일사회당은 민족통일을 성취하는 방법으로 ① 역사발전적이며 자주적, 민주적, 평화적인 민족통일의 추구, ② 유엔에서 승인된 중립국의 감시하에 실시되는 남북총선거를 통한 통일성취 방안의 모색, ③ 언어, 민족문화영역에서의 학술교류를 비롯하여 서신 교환, 물자교류, 노령자 귀향, 수학

---

68) 앞의 책, 259쪽.
69) 김학준, 앞의 글, 1984, 327쪽.
70) 중앙선거관리위원회, 앞의 책, 1989, 827쪽.
71) 앞의 책, 845쪽.
72) 앞의 책, 849쪽.

여행, 기자와 시찰단 교환 등의 남북간의 교류를 실시할 방안 검토[73] 등을
제시하였다.

요컨대 제3·4공화국 시대의 혁신정당이 표방한 통일정책은 '남북교류' 및
유엔에서 승인된 중립국의 감시하의 '남북총선거'를 통한 통일 성취로 집약
된다.

제5공화국 시대의 혁신정당들도 '남북교류'를 통한 단계적 통일을 지향하
고 있으며, 특히 통일을 위한 조직체의 구성을 강조하였다.

민주사회당은 민주·자주·평화통일 원칙을 적극 지지하고, 상호불가침협정
체결과 체육·문화·경제교류 확대 등의 단계적 접근, 7·4공동성명의 정신 준
수, 남북간의 대화 즉각 재개, 범민족적인 통일추진기구 조직 등을 주장하였
고,[74] 사회당은 평화통일의 원칙하에 경제·사회·문화·체육교류와 이산가족
의 재결합을 통해 남북상호간의 이해와 이익을 확대해 나간다는 입장을 밝
혔다.[75]

신정사회당은 남북의 대립적인 이념과 체제를 보다 높은 차원에서 통합,
수렴하는 것은 민주주의적인 민주사회주의의 이념으로만 가능하다는 점을
강조하면서 민주·자주·평화의 원칙으로 통일하기 위해 한반도의 비핵지대화
와 영세중립국으로서의 민족통일을 촉구하는 한편 남북 상호 감군, 남북합
동통일기구의 설치, 정당·사회단체 및 각계 대표로 구성되는 통일추진기구
의 조직을 주장하였다.[76]

사회민주당은 자주적·인도적·평화적 통일의지의 발현과 인적·문화적·경
제적·정치적 교류를 단계적으로 확대시켜 민족단일국가로의 통일을 목표로
삼고 남북의 상호 감군, 민병조직의 해체, 학생 군사훈련의 폐지, 거족적인
통일협의체 구성, 민족통일을 위한 과도단계로서 연합국가제 검토, 비동맹
중립을 기초로 한 민족통일을 주장하였다.[77]

이상에서 살펴본 한국 혁신정당의 통일정책을 종합적으로 평가해 보면 기
본적으로 민족주의적 통일지향성을 바탕으로 하여 '평화통일'과 '남북협상'

---

73) 앞의 책, 870쪽 참조.
74) 중앙선거관리위원회, 앞의 책, 1992, 959쪽.
75) 앞의 책, 1088쪽.
76) 앞의 책, 1015-1016쪽.
77) 앞의 책, 1042쪽.

및 '남북교류'에 의한 통일, 유엔 감시하 혹은 국제감시위원회에 의한 '남북
총선거 통일' 그리고 많은 문제점을 내포한 '중립화 통일론'78) 등으로 집약
된다. 또한 제5공화국의 혁신정당들은 남북 공동의 통일추진, 통일연구 또는
통일협의회를 위한 조직체의 구성을 촉구하고 있다.

한편 한국 혁신정당의 외교정책은 집권 여당의 외교정책과 큰 차이를 보
이지 않았으며 민주사회주의 운동이 처음부터 국제적 운동이었다는 점을 감
안해 볼 때 한국 혁신정당 역시 세계 민주주의 제국의 일원으로서 상호제휴
하여 세계 평화의 확보를 기하고자 하였다.

특히 프랑크푸르트 선언에서 "민주사회주의는 국제연합의 설립을 국제사
회로 가는 중요한 단계로서 인정하고 그 헌장의 원칙이 엄밀하게 이행될 것
을 요구한다"79)라고 밝힌 것처럼, 정부 수립 이후 한국 혁신정당 역시 국제
연합기구와 협조하여 세계 평화를 촉진하고 국제자유노동조합연맹과 제휴하
여 진정한 자유세계 건설(노농당)을 지향하고 있었으며 또한 민주 우방과 긴
밀히 제휴(진보당)하고 민족의 주체성을 견지하면서 우호적 원칙에 입각하여
민주 우방과 국교를 돈독히 하고 인류의 항구적 평화수립에 기여(민주혁신
당)할 것을 표방하였다.

제2공화국시대에는 한일국교를 가급적이면 건설적으로 정상화(사회대중
당, 한국사회당)할 것과 영연방 국가들과의 관계 개선 및 아아권(亞阿圈) 국
가들과의 새로운 외교관계 수립(사회대중당), 그리고 중립 경향을 가진 국가
까지도 대한민국이 민족이익에 충실한 주권국가임을 인정하도록 활동하고
(한국사회당), 호혜평등의 입장에서 신흥 민주국가와의 외교를 강화한다(혁
신동지총연맹)는 등의 외교정책을 표방하였다.

제3·4공화국시대에 있어서는 자립·자주·적극·다원외교를 지향(대중당, 통
일사회당)하고 한일외교협정의 전면 재검토(대중당) 혹은 폐기를 통한 대일
국교의 정상화(통일사회당)를 요구하며 아시아, 아프리카의 비동맹 국가와의
외교관계의 수립과 조속한 경제문화외교의 빈곤 극복(통일사회당)을 요구하
였다. 그리고 신제국주의 세력의 국내 기반구축은 분쇄하며, 나아가서 아직

---

78) 중립화 통일론의 문제점에 대해서는 유광진, 앞의 글, 1984, 265-267쪽 참조.
그리고 한반도 중립화에 대한 강대국의 입장에 관해서는 황인관, 「한반도 중립화
론과 주변 강대국」, 양호민 외 편, 『민족통일론의 전개』, 1984, 98-132쪽 참조.
79) 양호민 편, 『사회민주주의』, 종로서적, 1985, 290쪽.

도 잔존하는 피지배 인민들의 해방운동을 지원하면서 제3세력과의 유대를 튼튼히 하여, 선후진국간의 불평등 교역구조의 변혁을 통한 새로운 세계경제질서를 추구하여야 한다[80]는 등의 외교정책이 표방되었다.

제5공화국시대에 들어와서도 민주적 다변외교, 참전 16개국과의 반공유대 강화, 동남아 민주우방과의 다각적 협력, 적성국가를 제외한 모든 국가와의 협력 추진(민주사회당)을 강조하였고,[81] 비동맹 중립의 원칙 고수, 국제 민주사회주의 세력과의 긴밀한 정치적·경제적 협력, 제3세계 민중의 반제국·반식민·민족해방투쟁의 지지, 성원과 비동맹 외교 확대(사회당)을 주장하였다. 특히 서구 사회주의 국가들 및 비동맹 중립국과의 유대 강화는 물론 중·소를 비롯한 모든 공산국가와의 외교관계의 적극적인 추진(신정사회당, 사회민주당)을 제시하였다.[82]

종합적으로 살펴볼 때 한국 혁신정당의 외교정책은 집권 여당의 정책, 즉 민주 우방과 호혜평등 원칙에 입각한 자주외교로 한국의 지위를 향상시키며, 세계 평화와 안전수호에 이바지하겠다는 것[83]과 크게 상이하지 않다.

그러나 혁신정당들이 주장한 외교정책 중 중립제국 및 비동맹 외교의 강화 그리고 반제국주의와 피지배 인민들의 해방운동 지원 및 제3세력(세계)과의 유대를 튼튼히 하며 선·후진국간의 불평등 교역구조의 변혁을 통한 새로운 세계 경제질서를 추구하여야 한다는 등의 정책은 집권 여당의 정책과는 상이한 특징적인 정책으로 볼 수 있다.

특히 중·소를 비롯한 모든 공산국가들과의 외교관계를 적극적으로 추진함으로써 세계 평화에 기여하고, 민족통일의 국제적 지지기반을 확대한다는 정책은 제6공화국에서 추진되는 북방정책을 한 발 앞선 매우 진보적인 정책이었다.

---

80) 1972년 12월 30일 제정된 통일사회당, 강령 제9항; 중앙선거관리위원회, 『대한민국정당사』 제2집, 1981, 366쪽.
81) 중앙선거관리위원회, 앞의 책, 1992, 959쪽.
82) 앞의 책, 1017쪽, 1043쪽 참조.
83) 집권 여당의 외교정책에 관해서는 양무목, 앞의 책, 1983, 185-186쪽 참조.

5. 혁신정당의 정강·정책 평가

1) 정강·정책의 특징

앞에서 살펴본 바와 같이 한국 혁신정당의 정강·정책의 내용을 비교분석한 결과 몇 가지 특징들을 발견할 수 있는데 이같은 특징은 각 공화국 시대에 있어서 대표적인 혁신정당들의 구체적인 정강·정책을 비교해 보면 더욱 명확해진다.

(1) 정치 분야의 정강·정책의 특징

<표 1>에서 보는 바와 같이 한국의 혁신정당들은 정치 분야의 정강·정책에서 공산독재는 물론 자본가독재와 부정부패를 배격하는 혁신정치체제의 수립을 표방하였고, 정부의 권력형태로서는 제한 없는 독재를 허용할 소지가 있는 대통령중심제를 거부하고 의원내각책임제의 확립을 통한 책임정치를 주장하였다는 특징이 있다.

진보당이 공산독재는 물론 자본가와 부패분자의 독재를 배격한 것이나, 사회대중당이 3·15부정선거 범행자 처단과 불법축재의 몰수를 주장한 것, 그리고 통일사회당이 대통령제의 반대 이유를 대통령제가 가지는 제한 없는 독재허용의 위험 때문이라고 한 점에서 이러한 특징은 분명해진다. 더욱이 혁신정당들은 의원내각책임제의 확립, 내각책임제로의 전환, 의원내각제 헌법개정 등을 주장함으로써 독재의 가능성이 있는 대통령중심제를 반대하였음을 명확하게 알 수 있다.

이러한 독재와 부정부패를 막기 위해 통일사회당과 사회민주당은 공히 선거제도의 개혁과 지방자치제의 실시를 주장하였다. 또한 통일사회당은 정치적 운동에 대한 자유보장과 사법권의 독립을 주장하였고, 사회민주당은 국민의 기본권리를 신성시하면서 언론, 집회, 결사, 신앙, 서신 및 사상의 자유보장과 국민의 기본 권리 보장, 그리고 국정감사권의 부활 등을 표방하였다는 특징도 있다.

<표 1> 정치 분야의 정강·정책 비교

정당	내용
진보당	• 공산독재는 물론 자본가와 부패분자의 독재 배격, 진정한 민주주의 체제를 확립하여 책임 있는 혁신정치 • 의원내각책임제 확립
사회대중당	• 3·15부정선거 범행자들을 국헌(國憲) 전복내란범죄(顚覆內亂犯罪)로 처단 • 이승만이 도취(盜取)한 재산을 회수하여 국유재산에 편입 • 불법축재를 적발, 몰수하여 산업자금 및 사회보장금으로 충당 • 거창사건을 비롯한 양민대량학살사건 추궁 • 정치적 살해사건의 흑막 척쾌(剔抉) 처단 • 5·26정치파동 등의 주동자들을 처단하여 최소한 공직에서 추방
통일사회당	• 제한 없는 독재를 허용한 대통령제를 반대하고 집행권의 안정을 보장할 수 있는 기초 위에서 내각책임제로 전환 • 정치적 운동에 대한 자유보장과 정치적 이유에 의한 사형의 폐지 • 사법권 독립의 보장 • 지방자치제의 즉각 실시 • 국가경제계획의 실시에 필요한 입법조치의 강구 및 복지국가를 지향하는 사회입법의 정비
사회민주당	• 인간은 누구나 존엄한 존재이며 국민의 기본 권리는 신성한 것이므로 어떠한 경우라도 침해되지 않도록 함 • 언론, 집회, 결사, 신앙, 서신 및 사상의 자유를 완전히 보장 • 국민의 자유롭고 평등한 국정 참여의 권리보장 • 책임정치의 구현을 위해 의원내각제 헌법으로 개정 • 비민주적인 현행 선거법을 전면 개정하여 모든 계층의 정치적 의사가 자유롭고 공명하게 반영될 수 있는 선거와 돈 안쓰는 선거를 할 수 있는 선거제도를 확립 • 국민의 정치적 의사와 권리요구가 민주적 토의에 의하여 국정에 반영되도록 현행 국회법을 개정하고, 특히 국정감사권을 부활하여 국민의 나라살림을 알 권리가 박탈당하지 않게 함 • 지방자치제를 즉각 전면 실시하여 지역간의 균형발전을 도모하고 민주제도를 정착, 활성화시킴 • 언론의 자유를 신장하여 국민의 알 권리를 보장하는 동시에 거짓되고 왜곡된 정보로부터 국민을 보호 • 노동관계법을 개정하고 노동3권을 보장하여 노동계층의 이익을 신장 • 여성의 지위향상을 위하여 새시대에 부응하는 법률적·사회적·제도적 혁신을 도모 • 위헌적인 전투경찰(戰鬪警察)을 폐지하고 정보기관을 통합하여 국민의 정치적 권리와 인권을 보호 • 군과 공무원의 정치적 중립을 보장

주: 사회대중당의 경우는 '사월혁명 완수'

(2) 경제 분야의 정강·정책의 특징

경제 분야의 정강·정책의 가장 큰 특징은 <표 2>에서 보는 바와 같이 절대화된 시장 모델이나 절대화된 계획 모델이 아닌 혼합경제체제를 지향했다는 점이다.

<표 2> 경제 분야의 정강·정책 비교

정당	내용
진보당	• 수탈 없는 계획경제체제 • 생산분배의 합리적 분배로 민족자본의 육성과 농민·노동자 및 모든 문화인의 생활권 확보
사회대중당	• 계획경제와 자립경제를 합리적으로 혼합한 계획성 있는 경제체제를 확립하여 장기적 연차계획에 의거한 종합적 경제건설 감행 • 경제기획위원회 설치 • 소득의 재분배와 조세부담의 공평을 기하기 위하여 근로소득세를 감면하고 누진소득세 실시 • 부유층의 남비(濫費)를 봉쇄하고 탈세는 중요 경제사범으로 이를 엄벌추징 • 중소상공업 협동조합법을 제정, 실시하여 생산판매, 신용, 기술, 가공, 보관, 수송검사 등 전분야에 걸친 합리화운동을 전개하는 동시에 업자의 협동조합화를 촉구하고 국가적으로 보호, 육성
통일사회당	• 경제의 계획화를 실시 • 공적 자본축적 및 공적 투자증대에 중점을 두는 재정정책의 수립 • 경제성장과 분배의 공정화를 아울러 조장하는 조세정책 • 근로소득세의 감면과 누진소득세 및 누진상속세의 채택 • 외국민간 자본의 도입에 있어서 자립경제 건설을 위하여 필요한 규제 • 필요한 한도까지의 계획경제와 가능한 한도까지의 자유기업의 원칙 견지 • 대중의 일상 생활과 밀접한 관계를 가진 사업의 공영 조장 • 주곡농업(主穀農業) 편중에서 유축다각농업(有畜多角農業)으로의 전환
사회민주당	• 모든 국민에게 인간다운 생활을 보장해 줄 수 있는 생산성 높은 경제기반 마련 • 가계, 기업, 노동조합, 금융, 정부 등 모든 경제 주체의 주권이 존중되고 '견제와 균형'이 제대로 기능하도록 함 • 국제분업의 원칙을 존중하되 국민적 자원의 안전하고도 효율적인 이용에 기여하는 범위 안에서 이를 활용 • 경자유전의 원칙을 관철하고 영농기계화에 따르는 생산기반, 농촌조직, 유통체계, 분배원리 확립 • 국내적 시장을 대기업과 중소기업의 고유 영역으로 이원화하여 생산의 효율과 시장의 안녕, 민족자본의 보존, 축적을 도모 • 서비스 산업은 직접적 생산활동에 일의적(一義的)으로 기여할 수 있는 사회간접자본 부문을 중심으로 합리화하고 비생산적·낭비적 부분을 축소 • 정부의 기업가적 기능을 극소화함. 국책은행을 조속히 시중은행화하고 그 밖의 정부투자기관 및 출자기관을 가능한 한 민영화 • 직접세를 중심으로 세제를 개혁하여 간접세제가 주는 대중 수탈을 막음. 분리과세를 전폐하여 모든 소득은 종합과세하고 재산세, 상속세, 증여세는 중과 • 금융의 중립을 보장하고 은행제도 및 이자율 구조를 단순화함 • 재벌의 계열기업을 정리하여 과도한 경제권력의 집중을 막고 전문화를 통한 경제적 효율의 상승을 기함 • 종래 사회비용화하였던 모든 직접·간접 생산비용을 기업체에 부담시켜 자연파괴 및 공해를 미연에 방지 • 성별·직종별·산업별·학력별 임금격차를 최대한으로 줄여 공정임금을 보장 • 완전고용(雇傭)이 보장을 경제정책의 최우선과제로 삼음

주: 사회대중당의 경우는 '재정금융 및 경제건설'

진보당이 수탈 없는 계획경제체제 수립을 지향한 것이나, 사회대중당이 계획경제와 자립경제를 합리적으로 혼합한 계획성 있는 경제체제를 확립하여 장기적 연차계획에 의거한 종합적 경제건설을 감행하겠다고 한 것과 경제기획위원회 설치를 주장한 것, 그리고 통일사회당이 경제의 계획화를 실시하겠다고 한 것은 모두 절대화된 계획 모델이나 시장 모델이 아닌 혼합경제체제 혹은 민주적 계획경제체제를 지향하고 있는 것이다.

아울러 진보당이 생산분배를 주장하고 사회대중당이 소득의 재분배와 조세부담의 공평을 기하기 위하여 근로소득세를 감면하고 누진소득세를 실시하겠다는 것, 그리고 통일사회당이 근로소득세의 감면과 누진소득세 및 누진상속세의 채택을 주장한 것에서 한 걸음 더 나아가 사회민주당에 와서는 직접세 중심으로의 세제개혁을 통해 간접세제가 주는 대중수탈을 막고, 분리과세를 전폐하여 모든 소득은 종합과세하고 재산세, 상속세, 증여세를 부과하겠다는 보다 구체적인 세제개혁안을 제시한 것 역시 주요한 특징이다.

더욱이 제5공화국에 들어와서 사회민주당은 재벌의 계열기업 정리를 통한 경제권력의 집중을 막고 전문화를 통한 경제적 효율의 상승을 추구하였고, 완전고용의 보장을 경제정책의 최우선의 과제로 삼은 것도 주요한 특징이라고 할 수 있다.

한편 진보당은 민족자본의 육성을, 통일사회당은 자립경제의 건설을 추구하였는 데 비해 사회민주당에 와서 민족자본의 보존, 축적과 함께 국제 분업의 원칙을 존중하게 된 것은 특징적인 변화라고 할 수 있다.

(3) 사회·문화·교육 분야의 정강·정책의 특징

<표 3>에서 보는 바와 같이 한국의 혁신정당은 교육제도의 개혁과 교육부문의 국가보장제를 지향하였다는 특징을 갖고 있다.

진보당이 교육체제를 혁신하여 국가보장제를 수립하겠다고 한 것과, 통일사회당이 국민의 최저생활을 사회적으로 보장하는 대중 복지정책을 추구한 것, 그리고 사회민주당이 빈부와 계층의 차별 없이 누구나 자질에 알맞은 교육을 받을 수 있도록 교육제도를 개선하겠다고 한 것과 무상교육 서비스를 목적으로 밝힌 것이 이같은 특징을 뒷받침해 준다.

또한 통일사회당이 민주적 사회주의를 지향하는 새로운 윤리를 요구하였

<표 3> 사회·문화·교육 분야의 정강·정책 비교

정당	내용
진보당	• 교육체제를 혁신하여 국가보장제를 수립하고 새 문화의 창조로 세계 문화에 기여
사회대중당	• 농지개혁법에 위배된 부재 지주와 토지겸병(兼倂) 불법화 • 주요 농산물에 대한 가격보상제를 실시하여 농산물 가격의 균형을 유지하고 적자영농을 일소 • 농가고리채 정리를 위해 장기적 농업금융 조치를 기도
통일사회당	• 국민의 최저 생활을 사회적으로 보장하는 대중복지정책 추구 • 조국근대화를 위하여 과학기술의 급속한 발전을 이룩하는 정책 추구 • 민주적 사회주의를 지향하는 새로운 윤리요구 • 여성에 대한 법적 차별의 완전 철폐와 각 분야에 걸친 사회진출 촉구 • 학원의 자치와 자유로운 학술활동의 보장 • 국민체위 향상을 보장하는 스포츠의 대중화
사회민주당	• 인간사랑, 사회도의, 협동생활, 봉사정신이 존중받는 사회를 만들기 위하여 정치, 경제, 문화의 지도층과 부유층, 지식인의 생활기풍을 먼저 개신(改新)되도록 해야 함 • 특권특혜, 부정부패와 퇴폐문화를 일소하고 근검하고 건전한 사회기풍을 조성 • 불로소득을 부끄러워하고 노동을 자랑스럽게 여기는 떳떳한 사회인을 만듦 • 정치적 민주주의와 경제적 평등과 사회적 정의를 실현하는 과정에서 역행하는 민족 반역자와 부정부패자를 단죄 • 교육은 인간도의 정신을 함양하고 진취적 가치관을 심어 주고 생산적 노동능력을 배양하여 사회민주주의 사회를 건설하고 이끌어 나갈 수 있는 새 인간의 창조를 목적으로 함 • 빈부와 계층의 차별 없이 누구나 자질에 알맞은 교육을 받을 수 있도록 교육제도를 개선 • 모든 교육 서비스는 무상으로 할 것을 목적으로 함. 단 현시점에 있어서는 의무교육기간의 단순 연장보다는 교육, 특히 의무교육의 내실화와 장학제도의 확장에 주력 • 교육제도와 입시제도를 합리적으로 개선하며 교육자의 신분을 보장하고 교권을 확립케 하며 처우를 개선 • 전통문화의 가치를 재발견하고 외래문화를 주체적으로 여과, 섭취하여 새로운 민족문화를 창조

주: 사회대중당의 경우는 '농어촌진흥'

고 사회민주당은 사회민주주의 사회를 건설하고 이끌어 나갈 수 있는 새 인간의 창조를 교육의 목적으로 설정한 것은 혁신정당만이 가질 수 있는 정강·정책의 특징이라고 할 수 있다.

특히 통일사회당이 요구한 새로운 윤리와 관련지어 볼 때 사회민주당은 인간사랑, 사회 도의, 협동생활, 봉사정신이 존중받는 사회를 만들기 위한 생활기풍의 개신, 특권, 특혜, 부정부패와 퇴폐문화를 일소하고 근검, 건전한 사회기풍의 조성, 불로소득을 부끄러워하고 노동을 자랑스럽게 여기는 사회

건설 등을 주장하였다는 특징도 지적될 수 있다.

(4) 통일·외교 분야의 정강·정책의 특징

한국 혁신정당의 통일정책은 기본적으로 민족주의적 통일지향성을 바탕으로 하여 남북한의 이데올로기와 체제를 극복한 통일국가 건설을 목표로 하였고, 구체적인 통일방안으로는 '평화통일'과 '남북협상'에 의한 통일, '유엔 감시하 혹은 국제감시위원회에 의한 남북총선거 통일,' 그리고 많은 문제점을 내포한 '중립화 통일론' 등으로 집약되는데,[84] 이러한 특징은 <표 4>에서 분명하게 확인할 수 있다.

먼저 진보당은 민주적 평화통일을 지향하면서 남북한 대표로 구성되는 전한국위원회와 이를 감독, 감시하기 위해 구성되는 국제감시위원회에 의한 남북총선거의 통일방법을 주장하였고, 사회대중당도 유엔 감시하의 자유선거를 통하여 평화적, 민주적인 국토통일을 달성할 것을 표방하였다. 또한 통일사회당도 역사발전적이며 자주적, 민주적, 평화적인 민족통일을 추구하면서 학술교류를 비롯한 각종 남북간 교류를 추진하고, 유엔에서 승인된 중립국의 감시 밑에 실시되는 남북총선거를 통한 통일성취 방안을 모색하는 한편 통일한국의 중립화를 지향하였다. 그리고 사회민주당도 자주적·인도적·평화적 통일의지를 중요시하면서 인적·문화적·경제적·정치적 교류를 단계적으로 확대시켜 민족단일국가로의 통일을 목표로 설정하고, 비동맹 중립을 기초로 한 민족통일을 추구하였다.

또한 제5공화국의 혁신정당들이 남북 공동의 통일추진, 통일연구 또는 통일협의를 위한 조직체의 구성을 촉구하고 있는 것과 관련하여 사회민주당 역시 남북의 상호적대관계를 지양하고 민족 전체의 통일의사를 민주방식으로 집약하고 거족적인 통일협의체를 구성하겠다는 주장을 한 것도 주요한 특징의 하나이다.

한편 한국 혁신정당의 외교정책은 민주 우방과의 긴밀한 관계를 유지하면서 중립 국가 및 비동맹국가와의 외교관계를 강화한다는 데 특징이 있다.

---

84) 한국 혁신정당의 통일정책에 관해서는 유광진, 「우리나라 혁신정당의 이념 정향과 통일정책 내용 분석」, 동국대학교 행정대학원, 《행정논집》 제20집, 동국대학교 행정대학원, 1992, 291-323쪽 참조.

<표 4> 통일·외교 분야의 정강·정책 비교

정당	내용
진보당	• 민주적 평화통일 • 남북한 대표로 구성되는 전한국위원회와 이를 감독, 감시하기 위해 인도, 스위스, 체코슬로바키아 대표로 구성되는 국제감시위원회에 의한 남북총선거(창당대회) • 민주 우방과 긴밀히 제휴
사회대중당	• 유엔 감시하의 자유선거를 통하여 평화적, 민주적인 국토통일을 달성 • 김일성 일당을 정치무대에서 구축 배제 • 정치, 경제, 문화 등 여러 분야에 걸쳐 대한민국의 민주적 건설을 촉진함으로써 국토통일의 조속한 실현 • 국토통일문제에 있어서는 거족적인 초당 외교를 제창 • 한일국교를 가급적 건설적으로 정당화 • 영연방 국가와의 관계 개선 • 아아권 제국가와의 새로운 외교관계 수립
통일사회당	• 역사발전적이며 자주적·민주적·평화적인 민족통일의 추구 • 학술교류를 비롯한 서신교환, 물자교류, 노령자 귀향 등 남북간 교류 • 유엔에서 승인된 중립국의 감시하에 실시되는 남북총선거를 통한 통일성취방안의 모색 • 통일한국의 중립적 지위의 관계 국가들에 의한 조약상, 세력균형상 보장의 획득 추구 • 통일한국의 중공 및 소련과의 경계선을 중심으로 유엔이 감시하는 완충지대의 설치 검토 • 자주적·적극적 외교의 전개 • 한일협정의 폐기를 통한 대일국교의 정상화 • 아시아, 아프리카의 비동맹 제국과의 외교관계 수립 • 조속한 경제·문화외교의 빈곤 극복 • 국제노동기구(ILO)에 즉시 가입 • 유엔군 사령관에게 이양된 한국군 작전지휘권의 회복 • 유엔 헌장의 원칙에 입각한 집단안전보장제도 및 군축협정
사회민주당	• 남북통일의 민족과업은 전체 민족의 차원에서 다루어져야 하며, 그 기본정신은 민족의 동일성을 보존하고 자주적·인도적·평화적 통일의지의 발현이어야 하며, 인적·문화적·경제적·정치적 교류를 단계적으로 확대시켜 민족단일국가로의 통일을 목표로 함 • 남북의 상호 감축, 민병조직의 해체, 학생 군사훈련의 폐지를 단계적으로 실시 • 남북의 상호 적대관계를 지양하고 민족 전체의 통일의사를 민주적 방식으로 집약하고 거족적인 통일협의체를 구성 • 남북의 법제 속에서 통일의 장애가 되는 요소를 상호 제거 • 민족통일을 위한 과도단계로서 연합국가제를 검토 • 비동맹 중립을 기초로 한 민족통일과 이에 대한 국제적 합의를 추구 • 통일된 국토의 자주적 방위의 견지에서 군비를 조정하고 국가의 완전한 독립을 유지하기 위하여 동북아지역의 집단안전보장체제를 추구 • 우리의 외교정책은 민족통일과 국제평화의 성취를 기조로 함 • 모든 국가와 자주·호혜 외교관계를 수립하여 국제적 신뢰국가의 위신 회복 • 특히 서구 사회주의 국가들 및 비동맹 국가와의 유대를 강화하여 정치발전에 기여케 함 • 중·소를 위시한 모든 공산권 국가들과의 외교관계 수립을 적극 추진하여 민족통일의 국제적 지지 기반을 확대 • ILO 등 비정부 국제기구에 가입하는 일을 추진

진보당이 민주우방과 긴밀히 제휴한다는 것을 밝혔고, 사회대중당도 영연방 국가들과의 관계개선과 더불어 아시아, 아프리카의 비동맹국가들과의 외교관계 수립을 정강·정책에 포함시켰다. 또한 사회민주당도 모든 국가와 자주·호혜 외교관계를 수립하는 것과 특히 서구 사회주의 국가들 및 비동맹 국가들과의 유대강화를 강조하였다.

한편 중·소를 비롯한 모든 공산국가들과의 외교관계를 적극적으로 추진함으로써 민족통일의 국제적 지지기반을 확대하겠다는 사회민주당의 외교정책은 제5공화국 당시 혁신정당들에서 공통적으로 나타나는 특징적인 정책이라고 할 수 있다.

2) 정강·정책의 평가

이와 같은 정강·정책의 특징들을 고려하여 한국 혁신정당의 정강·정책을 평가해 보면 ① 민주정치의 구현을 지향하였고, ② 경제적 평등을 실현하고자 했으며, ③ 복지국가 및 사회적 정의를 지향하였고, ④ 진보적인 통일·외교를 추구하였다는 결론을 내릴 수 있다. 이를 다음과 같이 살펴볼 수 있다.

첫째, 한국 혁신정당의 정강·정책은 민주정치의 구현을 지향하였다.

대부분의 혁신정당들이 어떤 형태의 독재도 거부하고 있는 것은 물론 부정부패까지도 척결하고자 했으며, 의원내각책임제의 실시를 주장한 것도 대통령중심제로 인한 제한 없는 독재를 거부하였기 때문이다.

이와 함께 각종 선거제도와 선거법, 그리고 국회법 등을 개정할 것을 주장한 것이나 각종 자유와 국민의 기본 권리를 보장하고자 한 것은 제도적으로 뿐만 아니라 실제적으로도 민주정치를 실현할 수 있는 여건을 조성하고자 했기 때문이다.

이러한 정강·정책의 내용들은 결국 진보당이 '진정한 민주주의 체제를 확립하여 책임 있는 혁신정치'를 지향했던 것과 같이 민주정치의 구현을 지향한 것으로 평가될 수 있다.

둘째, 한국 혁신정당의 정강·정책은 경제적 평등을 실현하는 데 중점을 두었다.

한국 혁신정당이 표방하는 경제 분야의 정강·정책은 자본주의적 제도 안에서 새로운 것을 창조, 축적 혹은 개선하여 민주사회주의 이념에 접근시키려는 것이었다. 이러한 노력은 자본주의 제도에 일정한 가치를 부여하고 있어 진보적 자유주의 혹은 수정자본주의를 지향하는 혼합경제체제의 수립을 주장한 것임을 확인할 수 있다.

아울러 한국 혁신정당은 각종 세제의 개혁은 물론 더욱 적극적으로 재벌의 계열기업의 정리를 통해 경제권력의 집중을 방지하는 한편, 공정임금과 완전고용을 보장하겠다는 정책들을 주장하였다.

이같은 정책들은 곧 경제적 평등을 실현하기 위한 것이며, 특히 이것은 제5공화국에 들어서면서 혁신정당들이 복지국가의 건설을 목표로 정치적인 의회민주주의뿐만 아니라 경제적 민주주의와 산업민주주의의 실현을 추구하면서 노동3권의 보장을 통해 노동계층의 이익을 신장하고자 한 것과 맥을 같이하는 것이다.

셋째, 한국 혁신정당의 정강·정책은 복지사회 및 사회적 정의를 지향하였다.

국가보장제, 대중복지정책 등의 구체적인 용어에서 알 수 있듯이 한국 혁신정당은 그 이념에 걸맞게 복지사회의 건설을 목표로 하였으며 인간사랑, 사회도의, 협동생활, 봉사정신이 존중받는 사회, 특권 특혜, 부정부패, 퇴폐문화가 일소된 사회, 노동을 자랑스럽게 여기는 사회를 만듦으로써 사회적 정의를 구현하고자 하였다.

특히 혁신정당만이 주장할 수 있는 민주적 사회주의를 지향하는 새로운 윤리의 요구, 사회민주주의 사회를 건설하고 이끌어 나갈 수 있는 새 인간형의 창조 등은 결국 복지사회가 건설되고 사회적 정의가 실현되는 과정에서 필요불가결한 요건이기도 한 것이다.

넷째, 한국 혁신정당의 정강·정책은 진보적인 통일·외교를 추구하였다.

한국의 혁신정당은 매시기 집권 여당이나 보수 야당들과 대조되는 통일·외교정책들을 제시하였는데 평화통일, 남북협상 및 남북교류 등을 주장한 것은 물론 중립화 통일론까지 주장한 바 있다.

특히 통일의 전제조건으로 한국의 선민주화를 요구했던 것이나, 유엔군 철수 주장, 무장해제, 또는 남북의 상호감군, 민병조직의 해체, 학생 군사훈련의 폐지 등을 거론한 것은 진보적이다 못해 급진적이라는 평가를 받기까

지 하였다.[85]

실제로 사회대중당은 1961년 1월 다음과 같은 내용의 중립화 통일방안을 공식채택하였다.[86]

① 외군을 한반도로부터 철퇴시키고 영세중립이 보장되는 조국통일을 기본으로 한다.
② 본당의 통일방안과 현정부의 통일방안 및 공산측이 주장한 연방제 위에서 민족최고위원회를 설치한다.
③ 미·소를 중심으로 유관국가 국제회의를 설치해서 남북대표의 참석하에 영세중립 보장에 필요한 각서를 상호교환한다.
④ 통일총선거의 준비와 실시를 위해 정치적·군사적 이해관계를 갖지 아니하는 중립국으로 구성된 감시위원단을 설치한다.
⑤ 영세중립에 대한 확고한 보장하에 남북군대의 무장해제를 한다.
⑥ 총선거 후 2개월내에 전 외군은 철수한다.
⑦ 총선거로 수립된 전국의회와 통일정부는 기존 군사관계조약을 폐기한다.
⑧ 통일의 전제절차로서 남북한의 정치적·경제적 체제를 개편한다.
⑨ 서신교환, 남북시찰단 교섭, 과잉생산품을 교환하여 경제교류를 한다.

사회대중당이 제시한 이상의 내용은 당시로서는 상당히 급진적인 통일방안이었다. 즉 '선통일·후건설론'의 입장에서 중립국 감시하에 총선거를 통한 중립화 통일, 그리고 통일을 위한 북한과의 무조건 협력 및 교류, 남북군대의 무장해제와 외군 철수 등의 내용을 제시하였다는 점에서 상당히 급진적인 통일방안이었고 또 위험시되었던 것이다.

한편 제5공화국의 혁신정당들이 남북 공동의 통일 추진, 통일연구 또는 통일협의를 위한 조직체의 구성을 촉구한 것은 통일논의의 창구를 정부로 국한시킨 것으로부터 민간 또는 거족적 차원으로 개방하려는 의도를 갖고 있었던 것으로 보인다.

또한 외교정책에 있어서도 혁신정당은 중립국가들 및 비동맹국가들과의 외교관계 수립을 강조하여 왔고, 특히 제5공화국에 와서는 중·소를 비롯한 모든 공산국가들과의 국교수립을 주장하였는데 이것은 제6공화국 정부가 추

---

85) 앞의 글, 315쪽 참조.
86) 한국 혁명재판사 편찬위원회 편『한국 혁명재판사』제3집, 1962, 683-684쪽 참조.

진한 북방정책에 적지 않은 영향을 미쳤을 것으로 볼 수 있다.

6. 결론

이상에서 살펴본 바와 같이 한국에서는 혁신정당의 범주를 설정하는 데 어려움이 있다. 그러나 정치적 의미로 '혁신,' '혁신계,' '혁신사상,' '혁신정당'(여기에서는 진보의 경우도 포함) 등으로 표현할 때는 대체로 온건적 사회주의 이념에 입각하여 점진적·평화적 방법으로 개혁을 추구하는 사상 내지 정치집단으로 받아들여지고 있다. 따라서 한국 혁신정당의 개념적 범주는 온건적 사회주의 이념(민주사회주의 또는 사회민주주의)에 입각하여 의회주의와 평화적·온건적 방법에 의한 개혁을 추구하는 정당이라고 말할 수 있다. 이러한 한국 혁신정당의 이념적 특성은 ① 온건적 사회주의, ② 민주주의, ③ 민족주의로 집약되고 있다.

한국 혁신정당의 변천과정을 살펴볼 때 주요 혁신정당들로는 제1공화국하의 노농당, 민족주의민주사회당, 진보당, 민주혁신당, 제2공화국하의 사회대중당, 한국사회당, 혁신동지총연맹(협의회), 제3공화국하의 대중당, 통일사회당, 제5공화국하의 민주사회당, 사회당, 신정사회당, 사회민주당을 들 수 있다.

이 가운데 제1공화국의 진보당, 제2공화국의 사회대중당, 제3·4공화국의 통일사회당, 제5공화국의 사회민주당을 중심으로 정강·정책의 특징을 비교 분석해 보면 다음과 같은 특징을 추출할 수 있다.

먼저 정치 분야에 있어서는 공산독재는 물론 자본가독재와 부정부패를 배격하는 혁신정치체제의 수립을 표방하였고, 정부의 권력형태로서는 제한 없는 독재를 허용할 소지가 있는 대통령중심제를 거부하고 의원내각책임제의 확립을 통한 책임정치를 주장하였다는 특징이 있다. 또한 경제 분야에 있어서는 절대화된 시장 모델이나 절대화된 계획 모델이 아닌 혼합경제체제를 지향했다는 점이 가장 큰 특징이다. 그리고 사회·문화·교육 분야에 있어서는 교육제도의 개혁과 교육부문의 국가보장제를 지향하였다는 특징을 갖고 있었다. 통일사회당은 민주적 사회주의를 지향하는 새로운 윤리를 요구하였고 사회민주당은 사회민주주의 사회를 건설하고 이끌어 나갈 수 있는 새 인간형의 창조를 교육의 목적으로 설정하였는데 이는 혁신정당만이 가질 수 있는 정강·정책의 특징이라고 할 수 있다.

한편 통일정책에 있어서는 기본적으로 민족주의적 통일지향성을 바탕으로 하여 남북한의 이데올로기와 체제를 극복한 통일국가 건설을 목표로 하였고, 구체적인 통일방안으로는 '평화통일'과 '남북협상' 및 '남북교류'에 의한 통일, '유엔 감시하 혹은 국제감시위원회에 의한 남북총선거통일,' 그리고 많은 문제점을 내포한 '중립화 통일론' 등으로 집약된다. 아울러 제5공화국의 혁신정당들이 남북 공동의 통일추진, 통일연구, 또는 통일협의를 위한 조직체의 구성을 촉구하고 있는 것과 관련하여 사회민주당 역시 남북의 상호적대관계를 지양하고 민족 전체의 통일의사를 민주방식으로 집약하고 거족적인 통일협의체를 구성하겠다는 주장을 한 것도 주요한 특징의 하나이다. 그리고 외교정책에 있어서는 민주 우방과의 긴밀한 관계를 유지하면서 중립제국 및 비동맹국가와의 외교관계를 강화한다는 데 특징이 있고, 특히 중·소를 비롯한 모든 공산국가들과의 외교관계를 적극적으로 추진함으로써 민족통일의 국제적 지지기반을 확대하겠다는 사회민주당의 외교정책은 제5공화국 당시 혁신정당들에서 공통적으로 나타나는 특징적인 정책이다.

이와 같은 정강·정책의 특징들을 고려해 볼 때 한국 혁신정당의 정강·정책은 민주정치의 구현을 지향하였고 경제적 평등을 실현하는 데 중점을 두었으며, 복지사회 및 사회적 정의를 지향하였을 뿐만 아니라 진보적인 통일·외교를 추구하였다는 평가를 내릴 수 있다.

이와 같은 혁신정당의 정강·정책이 당시에는 매우 급진적이고 위험하다는 평가를 받았지만, 후에 그중 많은 부분들이 보수정당들과 심지어 정부정책으로 수용되었다는 사실은 혁신정당의 중요성을 말해 주고 있다.

그러나 한국 혁신정당은 이합집산과 파벌주의로 인한 혁신정당 내부의 분열, 반공체제 이데올로기에 입각하여 혁신이념을 용공시하는 경향, 보수 양당제를 근간으로 하는 미국식 정당제도의 도입, 지지기반인 노동자계층에 대한 접근의 부자유, 과감한 현실타파적 체제변혁 추구로 인한 원외지향적 특성 등의 원인 때문에 자기 역할을 제대로 수행하고 있지 못하다.

결론적으로 한국 혁신정당은 산업화과정에서 발생하는 문제점과 보수 양

당제의 극한 대립을 극복하기 위해서 노력해야 하며, 특히 노동자·농민들의
사회적·경제적 이익은 물론 정치적 이익까지도 수렴함으로써 의회주의가 존
중되는 가운데 한국의 민주정치가 발전할 수 있도록 다각적인 노력을 기울
여야 할 것이다.

□ 참고문헌

고정훈. 1958. 7, 「한국적 현실과 혁신세력」, ≪신태양≫ 신태양사.

권대복. 1985, 『진보당』, 지양사.

권희경. 1989, 『한국 혁신정당과 사회주의 인터내셔널』, 태양.

김 철. 1987. 2, 「한국 혁신정당 운동의 회고와 전망」, ≪민족지성≫ 민족지
　　　성사.

김영래. 1987, 『현대 한국정치와 국가』, 법문사.

김용욱. 1984, 「한국 정치체제의 이데올로기 지향」, 한국정치학회 편, 『한국
　　　정치발전의 특성과 전망』.

김진태. 1976, 『해방 30년사 2』, 성문각.

김재홍. 1987, 「한국의 좌우익 이념과 해방 후 정당활동에 관한 연구」, 서울
　　　대학교 박사학위논문.

김학준. 1984, 「제2공화국 시대의 통일논의」, 양호민 외 편, 『민족통일론의
　　　전개』, 형성사.

김현익. 1983. 12, 「제5공화국의 정당들」, ≪정경문화≫ 경향신문사.

≪동아일보≫ 1981. 2. 19; 1981. 3. 27.

민준기. 1988, 『한국 민주화와 정치발전』, 조선일보사.

박동진. 1978, 『민족사상론』, 샘터사.

≪사회민주당보≫ 창간호, 1987. 9. 1.

송남헌. 1980, 『해방 30년사 1』, 성문각.

＿＿＿. 1990, 『해방 30년사 I: 1945~1948』, 까치.

시인사 편집부 편, 1988, 『강령·정책』, 시인사.

신도성, 1987. 2, 「한국의 혁신운동 무엇이 문제인가」, ≪민족지성≫ 민족지
　　　성사.

심지연. 1991, 『인민당 연구』, 경남대 극동문제연구소.

안병영. 1985. 9, 「혁신정당의 존립은 불가능한가」, ≪신동아≫ 동아일보사.

안병준. 1987. 6, 「신보수주의와 신혁신주의」, ≪민족지성≫ 민족지성사.

양무목. 1983, 『한국 정당정치론』, 범문사.

양호민 외 공저, 1984, 『민족통일론의 전개』, 형성사.

양호민 편. 1985, 『사회민주주의』, 종로서적.

유광진. 1986, 「서구 사회주의 발전과 제조류」, 동국대학교 안보연구소 편, ≪안보연구≫.

______. 1985, 「한국 사회주의 정당의 정강·정책에 관한 연구: 변천과정과 관련하여」, 동국대학교 안보연구소 편, ≪안보연구≫ 제15호.

______. 1984, 「한국 사회주의 정당의 통일정책」, 한국정치학회, ≪한국정치학회보≫ 제18집.

______. 1992, 「우리나라 혁신정당의 이념정향과 통일정책 내용 분석」, 동국대학교 행정대학원 편, ≪행정논집≫ 제20집.

윤순갑. 1991, 「한국 혁신정당(1945~1960) 연구: 성장의 제약요인을 중심으로」, 경북대학교 박사학위논문.

윤형섭. 1989, 「한국 혁신정당론」, 정신문화연구원 편, 『한국정치의 현대적 조명』, 정신문화연구원.

______. 1988, 『한국정치론』, 박영사.

이동화. 1987. 2, 「한국 혁신정당 운동의 인맥과 활동평가」. ≪민족지성≫ 민족지성사.

______. 1960. 11, 「한국적 사회주의의 길 (상)」, ≪사상계≫ 사상계.

이상두. 1985, 9, 「해방 40년, 혁신정당의 부침」, ≪신동아≫ 동아일보사.

이정식. 1976, 『해방 30년사 3』, 성문각.

정신문화연구원. 1989, 『한국정치의 현대적 조명』, 정신문화연구원.

정용대. 1989, 「한국의 진보정당과 정치발전: 성장과정을 중심으로」, 한국정치학회 연례학술발표회 논문.

조일문. 1974, 『새 정당론』, 삼화출판사.

조지훈. 1964, 「한국민족운동사」, 고려대학교 민족문화연구소 편, 『한국문화사 대계』 제1권.

중앙선거관리위원회. 1989, 『대한민국정당사』 제1집.

______. 1981, 『대한민국정당사』 제2집.

______. 1992, 『대한민국정당사』 제3집.

한국사회연구소. 1989, 『민족민주 대중정당의 이론과 현실』, 백산서당.

한국정치학회 편, 1984, 『한국 정치발전의 특성과 전망』.

한국 혁명재판사 편찬위원회 편. 1962, 『한국 혁명재판사』 제3집.

한승주. 1983, 『제2공화국과 한국의 민주주의』, 종로서적.

한태수. 1961,『한국정당사』, 신태양사.

현대사회연구소. 1986,『한국 정치발전의 현실과 과제』.

황소웅. 1981. 2,「제5공화국의 신당들」,《월간조선》 조선일보사.

Almond, Gabriel A. & James S. Coleman(eds.). 1960, *The Politics of the Developing Areas*, N.J.: Princeton Univ. Press.

Baradat, Leon P. 1984, *Political Ideologies: Their Origin and Impact*, N.Y.: Prentice-Hall, Englewood Cliffs, 신복룡 외 역,『현대 정치사상』, 평민사.

Day, Alan J. & Henry W. Degenhadt(eds.). 1984, *Political Parties of World*, London: Longman Group Limited.

Lasswell, Harold D. & A. Kaplan. 1950, *Power and Society*, New Haven: Yale Univ. Press.

Macridis, R. C.(ed.). 1967, *Political Parties*, N.Y.: Harper & Row Co.

Maurice, Duverge. 1957, *Political Parties*, London, Methuen, 박희선·장을병 역, 1972,『정당론 (상)』, 문명사.

Sartori, Giovanni. 1976, *Parties and Party Systems: A Framework for Analysis*, N.Y.: Cambridge Univ. Press.

Willi, Eichler, *100 Jahre Sozialdemokratie*, 이태영 역, 1989,『독일 사회민주주의 100년』, 중앙교육문화.

군소정당의 가능성과 한계
서독 자민당을 중심으로

이남복
청주대 사회학과

1. 서론

현대의 모든 정당은 어느 의미에서 자신들의 과거로부터 도피하고자 하는 경향을 갖고 있다. 정당들이 처음에 표방했던 입장으로는 현대사회의 다양성을 충족시켜 줄 수가 없기 때문이다. 그럼에도 불구하고 정당이 시류에 따라 부침하지 않고 원래의 정치적 프로그램을 역사적 발전 속에서 실현시키고자 한다면 그러한 정당은 자신들의 정체성을 지키고자 노력할 것이다. 이러한 의미에서 서독의 자민당(FDP: Freie Demokratische Partei)은 자유주의적 사상의 담지자로서 현대 산업사회에서 자유주의의 원칙을 관철시키려는 정치적 과제를 잃지 않고 있다.

좁은 의미에서의 자유주의란 정치운동으로 정의해 볼 수 있지만, 그 구체적인 요구는 현실의 변화의 필연성과 평화롭고 조화로운 미래상을 연결시키고 있다. 그러나 자유주의의 사회이론을 언급하는 데 있어서는 전혀 일치된 견해를 보여주지 않고 있다. 자유주의의 프로그램은 다른 이데올로기처럼 정밀하게 정식화하기가 어렵다. 따라서 자유주의라는 개념 자체가 불분명하며, 누구나 정치·경제·사회적 세력의 요구에 따라서 편리한 대로 자유주의라는 상표를 사용하기 때문에 아주 자의적으로 사용된다고 말할 수 있을 정도이다. 실제로 한국의 정치상황에 있어서도 어느 정당이나 자유주의를 부인하지는 않는다는 사실에서도 이 점을 알 수 있다. 자유주의의 프로그램이

분명한 윤곽을 얻기 위해서는 역사적 상황에서 분석되어야 할 것이다.

현대민주주의는 사회적 욕구의 분출과 함께 그 정당성의 위기에 직면하고 있다. 더욱이 절차의 정당성이라는 다수결의 원칙에서 소수의 일반의지는 간단하게 간과될 수 있는 가능성을 안고 있다. 모든 정치·사회문제가 단순히 수의 과다에 의해서 결정된다고 할 때 바람직한 사회적 결과를 도출할 수 있다고 할 수는 없다.

현대사회가 민주주의라는 정치적 의사결정과정을 거쳐 발전을 이룩해 왔으나, 이러한 발전은 현대사회의 다양성을 충족시키기에는 제도적인 한계를 지닌다고 볼 수 있다.

본 연구는 자유주의 이데올로기의 내용을 역사적으로 추적하여 이념형적인 형태를 기술해 보고, 이러한 시각에서 서독의 자민당이 군소정당으로서 활동할 수 있는 이념적·정치사회학적 측면을 살펴볼 것이다. 다음으로 현대민주주의의 구조적 조건 속에서 군소정당이 정책정당으로서 현실적 기반을 획득할 수 있는 가능성과 그 한계를 살펴봄으로써 앞으로 한국사회의 정치적 상황에서 진보적 정당의 출현가능성을 타진해 보고자 한다.

2. 자유주의란 무엇인가

자유주의 사상의 핵심은 개인의 가치에 두고 있다. 인간이 지닌 가능성을 가능한 한 최대한으로 실현시키고자 한다면, 국가와 사회는 이를 위해 필요한 자유공간을 조성해 주어야 한다는 것이 고전적 자유주의의 중요한 요소인 것이다. 이러한 요구는 원래 독일 관념론이나 네오휴머니즘의 기초였던 것이다. 따라서 이러한 요구는 자유주의 운동이라는 정치적 맥락에서 커다란 호응을 얻게 되었다. 개인의 자유와 자율성이라는 자유주의적 사고가 독일의 관념론과 결합되면서 자유주의적 사상은 독일의 지식인에게 커다란 영향력을 행사하게 되었다.[1]

개인의 자율권과 다른 사람의 자유를 해치지 않는 범위에서의 자유는 특히 경제영역에서 실용주의적 원칙과 결합되면서 개인주의적 사회철학의 기

---

1) H. U. Wehler(Hg.), *Moderne deutsche Sozialgeschichte*, Köln, 1966, S.85 이하 참조.

초를 다지게 되었다. 개인주의적 사회철학은 전통적으로 얽매여 있던 인간을 해방시켜 정치적·경제적·정신적 존재로서 인정하면서 예기치 못했던 사회발전의 새로운 시대를 열었던 것이다. 이러한 개인주의적 사회철학은 초기의 고전적 국민경제학의 조화로운 경제모델에 기초하면서 "보이지 않는 손"의 조화에 따라 생산의 극대화와 경제에 참여하는 경제 주체의 복지의 최적화를 꾀한다는 가정을 전제로 한다. 다시 말하자면 분업의 원칙과 경제, 사회과정에 참여하는 개인의 능력을 최대한 활용함으로써 사회의 일반적 복지를 향상시킨다는 것이다.[2]

자유주의자들은 사회적 하층계급의 어려운 상황에 대해 외면하는 것은 아니지만 산업적 자본주의의 교환사회가 성숙되어 이들을 돕는 것 이외에 별다른 방법이 없다고 생각한다. 자유경제사회는 능력 있는 자에게 사회적 상승의 기회를 부여함으로써 하층계급의 곤궁으로부터 빠져나올 수 있다고 생각한다. 따라서 사회주의가 말하는 비현실적인 '만인의 평등'이 아닌 '모든 기회의 평등'을 말하고 있는 것이다.

그러나 당시 서로 반대의 입장에 서 있던 맑스(K. Marx)와 베버(M. Weber)가 일치된 견해를 표명한 바와 같이 고전적 자유주의는 구체제에서 근대 산업사회로의 역사적 과정에서 자유시민계급에게 객관적 기능을 행사함으로써 혁명전야의 사회경제질서를 역동적이고 시장지향적인 경제사회로 변모시키는 데 기여했다고 볼 수 있다. 이러한 기여에도 불구하고 자유주의는 그 역사적 기능을 불완전하게 이행함으로써 근대사회에 있어서 자유주의의 원칙을 충분하게 관철시킬 수 없었으며, 또한 일반의 계급적 입장만을 대변함으로써 자유주의의 이해관심을 퇴색시켜 온 것도 부인할 수 없는 것이다.

정치적 관점에서 살펴볼 때 자유주의는 구체제의 군주 - 권위주의적 국가에서 법치국가로 이행해가는 '법치운동'이라고 볼 수 있다. 모든 성숙한 시민이 입법과정에 참여함으로서 국가행위의 법치성을 보장해 줄 뿐만 아니라, 개인의 자율성과 국가의 지배를 매개해 준다고 볼 수 있다.

이상적으로 볼 때 자유주의는 가능한 한 "인간에 대한 인간의 지배를 극소화"하는 데 있다.[3] 개인주의적·인도적 자유주의의 사회철학에서 볼 때도

---

2) 아담 스미스, 『국부론』, 을유문화사, 1983 참조.
3) W. J. Mommsen, *Max Weber und die deutsche Politik 1890-1920*, Tübingen,

원칙적으로 개인은 모든 정당한 사회적 행동의 유일한 원천인 것이다. 실제로 인간에 대한 인간의 지배를 극소화한다는 것은 사회적 역동성을 개방함으로써 국가권력을 가능한 한 제한한다는 것이다.

다시 말하자면 자유로운 결사체를 구성하게 함으로써 국가권력이라는 가부장적 지배가 아닌 공동체적인 규제와 규범을 통하여 사회문제를 해결하도록 한다는 것이다. 초기의 자유주의 사상은 국가와 사회를 대립개념으로 보았다. 그러나 기존의 국가질서를 붕괴시킨다는 것이 아니라 정지시켜 다른 방향으로 선회시킬 수 있다고 생각했었다. 따라서 새로운 사회세력은 사회의 품 속에서 동원될 수 있으며, 국가는 국제정치나 법과 질서의 준수에만 신경을 써주기를 바랬던 것이다. 법 앞에서 평등한 개인은 법치사회의 테두리 안에서 가능한 한 자발적이며 자율적으로 자신의 목표와 사상을 실현할 수 있다고 생각했다. 국가는 본질적으로 법의 수호자로 제한되었던 것이다.

특히 자유주의자들은 의회활동을 통하여 입법과정에 영향력을 행사하는 것을 필연적으로 생각했으며, 이러한 활동이 개인의 자율원칙을 보장해 주는 것이었다. 그러나 독일의 자유주의의 경우는 의회주의 정부형태로 시민이 지배과정에 영향력을 행사하는 경우는 없었다. 독일의 자유주의 이데올로기는 하위단위에서만 시민이 정치에 참여할 수 있는 자치권을 의미했었다.[4]

독일의 자유주의는 19세기에서 20세기 초에 걸쳐 제한적으로 발전하게 된다. '자유주의의 시대'를 경험해 보지 못한 독일에서는 자유주의는 고작해야 정치적 운동으로서 그 명맥을 유지해 왔다. 1848/1849년의 혁명에 있어서도 자유주의자들은 기존의 권력과 타협을 준비하고 있었다. 따라서 독일에 있어서 자유주의 운동의 추진력은 초기에서부터 약화되어 있었다고 볼 수 있다. 1848/1849년의 혁명이 실패한 이후 혁명의 공포는 독일 자유주의 사상의 중요한 요소가 되었다. 시민사회의 기반을 뒤흔들어 놓을 것 같은 아래로부터의 사회적 혁명이나 나폴레옹식의 조작된 위로부터의 보수적 혁명도 사회적 발전을 약속해 주지 못했기 때문이다.

1974, S.420 참조.

4) H. Heffter, *Die deutsche Selbstverwaltung im 19, Jahrhundert*, Stuttgart, 1950 참조.

그러나 독일 자유주의 운동이 약화된 현실적 이유를 몇 가지 요소로 구분해 볼 수 있다. 우선 독일의 자유주의적 프로그램은 초기에 변질되어 수용되었다는 점이다.

앞서 언급한 바와 같이 독일의 자유주의는 그 발전 초기에 개인의 자율성과 자치의 원칙을 사회의 하위단위에서만 적용하였기 때문에 모든 시민의 자치적 역량이나 이에 따른 의회정치는 뒷전으로 처지게 되었다. 자연법사상으로 소급되는 국민주권사상은 독일의 역사적 상황과 맞물려 변질되게 되었다. 자유는 시민들의 합리적인 합의라기보다는 역사적인 전통 속에 함몰되고 말았던 것이다. 달리 말하자면 자유주의는 국가적 이념과 밀접하게 결부됨으로써 일반적 원칙으로서 자유주의보다는 강력한 민족국가의 테두리 안에서만 자유주의 원칙이 허용되게 되었던 것이다. 국가적 열망 자체가 자유주의적 이데올로기의 본질적 요소를 지니고 있기는 하지만, 민족국가의 이상은 민족을 구실로 하여 자유로운 국민의 열망을 제한하거나 권력정치적 측면에서 제국주의적 요소를 배제할 수 없었던 것이다.[5]

독일의 역사가 말해주듯이 민족국가의 성립이 자유로운 시민사회의 형성에 앞서 이루어지지 않고, 민족국가의 성립과 자유시민사회의 형성이 동시에 이루어짐으로써 독일의 자유주의적 사상은 본질적으로 약화되거나 분열되는 경향을 보여주었다.

독일의 자유주의는 어느 정당정치적 운동과는 달리 지속적인 분열과 파벌 형성의 신고를 치루었던 것이다.

자유주의 사상은 봉건주의가 해체되면서 시민계급이 자유주의의 담지자로 나타나는 산업사회 형성기에 확산되기 시작했다. 그러나 급격한 경제적 발전은 소득격차를 심화시킬 뿐만 아니라, 중산층내에서도 사회적·경제적 이해와 관심의 다양한 차이를 일으켜 정치적·사회적 관심상황이 이질적으로 형성되었다.[6]

유럽의 다른 나라보다 뒤늦게 발전한 독일의 산업화과정은 자유주의적 가치와 이상을 실현시키는 데에는 불리하게 작용했던 것이다. 당시의 경제구

---

5) Theodor-Heuss-Stiftung(Hg.), *Liberale Parteien und deutscher Imperialismus 1890-1914*, Göttingen, 1975 참조.

6) T. Schieder, *Die Krise des bürgerlichen Liberalismus*, München, 1958, S.77 참조.

조는 개인적 기업가정신이 지배하는 시장경제라는 초기 자본주의적 현실을 보여주었다. 이러한 고전적 자유주의의 사회모델은 자유주의의 파급에 막대한 영향을 미쳤다. 말하자면 통일된 계층으로서의 시민계급의 급속한 붕괴와 새로운 상류 산업계층의 형성은 자유주의 정치보다는 다른 측면에서의 봉건화를 촉진시켰던 것이다.[7]

시민계급의 사회적 해체과정은 독일 자유주의 운동의 분열과 맞아떨어진다. 독일 자유주의 정당들의 지지부진한 역사는 자유주의 운동의 약화를 초래했던 것이다. 이 점은 어느 정도 노력한 비스마르크의 정치와 전통적으로 보수적인 엘리트의 탓이기도 하지만, 자유주의 진영 내부의 갈등에서도 그 원인을 찾아 볼 수 있을 것이다. 그러나 더 중요한 사실은 '조직화된 자본주의'의 조건하에서 고전적 자유주의 프로그램으로는 구체적인 정책방향을 제시할 수 없었기 때문이다. 급속하게 진행된 산업사회에서 발생한 사회적 갈등을 조화시킬 수 있으리라 생각했던 자유주의자들의 정책 프로그램과는 달리 현실은 첨예화된 계급갈등이 형성되고 있었던 것이다.

정치체계의 민주화만 가지고서는 산업사회의 특수성에서 나타나는 사회문제를 충분히 해결할 수가 없었던 것이다. 자유주의 상황이란 정치적 취약성뿐만 아니라 정치적 당혹감으로 표현될 정도였다.

이러한 현실인식에서 자유주의의 프로그램은 전면적으로 개편될 필연성이 요구되었다. 특히 나우만(F. Naumann)은 베버와 브렌타노(L. Brentano)의 영향을 받아 전통적인 자유주의의 요구를 산업사회라는 사회적 조건에 걸맞은 새로운 요구로 정식화하고자 하였다. "오늘날 독일에서 시민적 자유주의가 사회민주주의자와의 협력이 없이 정치적 권력에 이르는 것은 불가능하다.[8] 또한 새로운 자유주의는 사회적이어야 하며 사회적 민주주의가 완성된 다음에는 경제적 민주주의가 역사발전으로서 정당화될 것이라고 나우만은 역설하였다.

나우만의 사회자유주의는 방향성을 제시해 주기는 하지만 현실적인 관점에서 볼 때 유토피아적인 것이다. 자유주의의 원대한 목표가 인간에 대한 인

---

7) W. J. Mommsen, *Max Weber und die deutsche Politik 1890-1920*, Tübingen, 1974, S.100 이하 참조.

8) Die Zeit, 1899. 1. Jg. Nr. 4, S.107 참조.

간의 지배를 극소화하는 것이라면, 현대의 산업체계가 지배기능을 배제한 채 어떻게 존속할 수 있겠는가?

오늘날 자유주의의 과제는 산업사회의 제반 관계하에서 민주적 자율권과 자유로운 인권이 침해받지 않도록 수단과 방법을 동원하여 방지하는 것이다. 그러나 관료화와 권력집중이 심화되어 가는 현대사회의 속성에서 개인의 자유영역을 구출한다는 것은 회의적이라고 말하지 않을 수 없다.[9]

독일의 자유주의는 산업사회로의 발전에 부응할 수 있는 프로그램을 제시하지 못했을 뿐만 아니라, 바이마르 공화국의 질서 속에서 자유주의자들의 좌·우익 분열은 국가사회주의가 권력을 장악하게 하는 계기를 마련하였다.

국가사회주의의 지배체계가 붕괴된 후 자유주의 사상은 다시 역사적 정당성을 경험하게 되었다. 1946년에 탄생된 자유주의 정당은 이후에 자민당(FDP)으로 결성된다. 자유주의 발전은 서독의 정신적 개혁에 있어서 중요한 의미를 지닌다. 하이에크(F. Hayek), 뢰프케(W. Roepke), 아렌트(H. Arendt) 등이 정식화한 신자유주의의 추진력은 자민당에게만 영향력을 행사한 것은 아니었다. 파시즘과 공산주의의 전체체계를 동시에 체험한 서독의 사회질서는 자유주의 노선을 주창하게 되었으며 유일하고 강력한 이데올로기로 등장하게 되었다. '냉전'과 '경제 기적'의 틈바구니에서 자유로운 개인이 창의적으로 엮어갈 수 있는 새로운 역동적인 사회로 변모되면서, 기회균등과 사회적 정의를 실현시켜야 할 과제를 동시에 안게 되었다.

그러나 정치운동으로서 자유주의가 지닌 딜레마는 신자유주의의 사상이 처음에 보수세력에 의해서 파악되었다는 점이다. 이데올로기적 신자유주의의 기원을 갖는 '사회적 시장경제'의 프로그램과 정치가 처음에 기독교민주당(CDU: Christlich-Demokratische Union Deutschland)과 기독교사회당(CSU: Christlich-Soziale Union)에 의해서 표방되었던 것이다. 사회적 시장경제의 대대적인 성과는 우선 기민당의 몫이 되었으며 자유주의 운동세력의 몫은 미미할 정도였던 것이다.

현대의 대부분의 정당들은 전통적인 자유주의 프로그램의 본질적인 부분을 수용하고 있기 때문에, 자민당이 새로운 정치적 프로그램의 윤곽을 그린다는 것은 매우 지난한 과제인 것이다. 오늘날 서독 자민당의 고충은 바로

---

9) M. Weber, *Gesammelte Politische Schriften*, Tübingen, 1958, S.333 참조.

여기에 있다고 볼 수 있다. 그러나 자민당이 새로운 현실적인 정치적 발판을 얻기 위한 가능성을 생각해 볼 수 있다. 우선적으로 나우만이 제시했던 바와 같은 사회적 자유주의의 노선을 구사해 볼 수 있다. 말하자면 경제적 영역에서 존속하고 있는 사회적 의존관계를 감축시키는 가운데 자유주의의 본질적 요소를 추구하는 것이다. 또한 이러한 정책적 대안이 정치적·경제적 의사결정과정의 분권화를 통하여 이루어질 때 그 영향력은 더욱 확산될 수 있을 것이다.

그러나 현실의 정치적 양상은 사회의 어느 부분에서나 관료화를 촉진시키고 있으며 정치·경제구조는 경직화의 경향을 띠고 있는 실정이다. 관료주의는 과거의 권력자나 권위주의적 기업가가 인간을 종속시켰듯이 현대적 형태로 인간을 예속시키는 그러한 제도인 것이다. 이러한 사실이 맞는다면 집단적인 사회적 강요로부터 개인의 자유를 구출하는 것이 자유주의 운동의 과제가 될 것이다. 현대의 자유주의는 역동적인 사회를 유지하면서 가능한 한 다양한 사회집단이 경쟁하는 가운데 자유와 이동성을 보장해 주어야 할 것이다. 역동적인 정치의 표방자로서 자민당은 좌익이나 우익 어느 한쪽으로 경시되지 않고 개인의 창의력을 존중하는 집단으로부터 정치력을 충원하면서 사회개혁을 추구할 때 현실적 가능성을 확보할 수 있을 것이다.

오늘날 이러한 장치적 프로그램을 입증해 보인다는 것은 생각처럼 간단한 일은 아니다. 전통적인 자유주의 이념을 유지하면서 현재의 정치경제적 구조를 바탕으로 구체적 대안을 제시한다는 것은 루소가 말한 "일반의지"를 실현하는 것만큼이나 어려운 정치적 과제인 것이다.

3. 자민당의 프로그램과 역사

서독의 민주주의는 정당체계의 안정성에 기초한다. 서독의 정당체계의 변천과 정당자체의 변화는 산업사회의 안정된 민주적 관계를 가능하게 하였다.

역사적 발전을 살펴볼 때 서독의 정당체계는 의회민주주의의 기능적 요건에는 걸맞지 않은 조건에서 마련되었다. 독일의 정당들은 정치적 생명의 발전가능성이 매우 제한된 군주정권하에서 형성되었기 때문이다. 1918년까지 독일의 정당은 통치차원의 책임을 받아들일 준비가 되어 있지 않았으며, 이데올로기나 이해관심에 집착하고 있었기 때문에 민주적 타협의 기술을 익힐 수 없었다.

바이마르 공화국이 의회제도를 도입하게 되었을 때 강력한 이데올로기의 차이 때문에 정당연합이나 타협이 불가능한 많은 수의 정당이 병존하게 되었다. 그 결과 바이마르 공화국의 정당체계는 민주주의적 정부에 대해 원칙적 반대를 일삼아 온 몇몇 정당에 의해 이루어져 왔다. 안정된 의회정부를 이루기 위해 민주적 정당들이 의견을 교환하였으나 의견의 타협점을 찾지 못한 채 상호간의 불신의 벽만을 쌓아갔다. 그러는 동안 반민주적 정당들은 점차 대중적 인기를 높여 가면서 결국 정당민주주의는 그 기능을 행사할 수 없는 지경에 이르고 말았다.

정당이 한 국가를 통치할 수 없는 상황에 있었던 바이마르 공화국의 경험 때문에 독일은 일찍부터 정당 공포증을 가지고 있었다. 그래서 정당은 국론을 분열시키는 것이며, 전체국민의 복지를 안중에 두지 않는 이해집단조직으로 간주되게 되었던 것이다. 바이마르 공화국의 정당국가에 대한 히틀러의 승리는 고전적 의미에서의 정당의 승리라기보다는 민주적 정당국가의 국론분열에 대한 강력한 국가를 염원하는 국민운동의 승리라 할 수 있을 것이다.

정당에 대한 전통적 감정은 오늘날 서독에서도 여전히 뿌리를 내리고 있다. 이러한 감정은 국가사회주의라는 단일정당의 횡포에 의해서도 확산되었다. 나치 정당의 종말을 목격한 독일국민들은 근본적으로 정당생활을 기피하거나 정치적 참여를 멀리하고자 하였다.

바이마르 공화국의 유동적이었던 다당체제와 비교해 볼 때 현재 서독의 정당조직은 완전히 새로운 정당조직을 갖고 있다. 정당 사이의 이데올로기적 장벽도 상당히 완화되었으며, 정당의 수도 3~4개로 축소되었다. 기독교민주당과 사회민주당(SPD: Sozialdemokratische Partei Deutschland)이 대정당으로서 양립하고 있으며, 군소정당인 자유민주당과 녹색당(Grüne)이 조정역할을 담당하고 있다.

1945년 미국과 영국의 점령군은 정당을 승인함에 있어 양당체제만을 강요할 수가 없었다. 어떤 정치집단이 더 많은 유권자의 표를 획득할 수 있는지 알 수 없었기 때문에 양당체제의 강요는 불가능했던 것이다. 히틀러 지배 이후 보수 민족정당은 거론될 수 없었으며, 점령군에 의해 인정된 두 개의 시민정당과 사회주의 정당이 결성되었다. 몇몇 지역중심의 정치집단이 나중에 승인되기는 했으나 전국적인 의미를 획득하지는 못했다. 처음에 기독교민주당, 자유민주당, 사회민주당, 공산당(KPD: Kommunistische Partei Deutschland) 등 4개 정당이 창당되었으나, 1946년 점령군은 사민당과 공산당을 사회주의 통일당(SED: Sozialistische Einheitspartei Deutschland)으로 통합할 것을 요구하였다. 왜냐하면 서방에서는 공산당이 입지를 지닐 수 없기 때문이었다. 또한 독일국민의 근본적인 반공태도는 나치의 선전에 의해서도 강화되었으며, 소련 점령지역과의 좋지 않은 관계 때문에도 공산주의에 대한 혐오감을 부채질했던 것이다. 그럼에도 불구하고 공산주의자들은 첫 연방의회에 몇몇 의원을 내보냈으나 1953년 선거에서는 한 명의 의원도 선출되지 않았으며, 1956년에는 아데나워(Adenauer) 수상의 반공외교정책으로 공산당은 헌법상 금지되었다. 1968년에는 독일공산당(DKP: Deutsche Kommunistische Partei)이라는 명칭으로 공산당이 다시 창당되었으나 별다른 실효를 거두지 못하고 있다. 서독에서의 공산주의는 정치적 영향력을 행사할 수 있는 기반을 확보하지 못하고 있는 실정이다.

사회민주당은 슈마허(K. Schmacher)의 영도하에 50만의 회원을 확보한 정치조직으로 노동자의 관심을 대변하고 있다. 바이마르 공화국의 약점은 좌익이 사회민주주의자와 공산주의자의 적대진영으로 양분된 데 있었다. 서독으로 들어와서는 이러한 좌익의 분열을 막기는 하였으나 좌익정당으로서의 선명성은 퇴색되었던 것이다.

서독의 정치발전에 있어서 시민집단이 단지 두 개의 정치성, 즉 기독교민주주의와 자유주의적 지향에 성공했다는 점은 중요한 의미를 지닌다. 이 두 정치집단 중 자유주의자는 특히 약세였다. 자유주의를 대변하는 자민당은 평균 유권자의 10%를 웃돌 뿐이다. 자민당의 운명은 양대정당인 기민당과 사민당의 발전에 의존하고 있다.

기독교민주당은 서독의 정당체계에서 유일하게 현실적으로 새로운 정당정치의 집단화를 기술해 주고 있다. 기민당은 최초로 번영하는 민주사회의 지배적인 정당유형인 국민정당으로 일신했던 것이다. 서독연방정부의 건국

후 20년간의 기민당의 놀라운 성과는 사회의 다원적인 이해관계를 하나의 정치조직으로 끌어들이는 데 성공했다는 점이다. 이러한 기민당의 처방이 옳았는가라는 문제는 사민당이 노동자정당으로서의 면모를 일신하고 국민정당으로 변신하면서 기민당과의 경쟁관계를 거쳐 집권여당이 된 상황으로 설명될 수 있을 것이다.

다당체제에서 두 개의 주요정당이 토대를 이룬 3당체제로의 변천, 이데올로기와 계급적 이해에 바탕을 둔 대중통합정당에서 국민정당으로의 내적인 발전은 기능적 의회민주주의를 창출시킨 요인인 것이다. 제3의 세력으로서 미래를 진단하는 자민당이 존재하지 않았다면 서독의 정치는 양당체제로 굳어졌을 것이다.

비스마르크 시대에 분열현상을 보여주었던 독일의 자유주의자들은 자유주의 정당으로서 10%의 유권자층을 확보함으로써 독일정치에 있어서 제3의 세력으로 남아 있었다. 평균 10%의 유권자층을 충원할 수 있는 자유주의 정당은 필수불가결한 연합정당으로서 중요한 정치적 역할을 수행하기는 했지만, 양대 정당의 틈바구니에서 이데올로기적인 자기주장이 힘들었을 뿐만 아니라 정치적으로도 굳건한 지위를 확보한 것은 아니었다. 양대 정당에서도 자유주의의 정신적 유산을 수용하고 있었기 때문에 기민당이나 사민당과 연정을 할 경우에 있어서 다만 전위의 위치를 차지하였다. 언제나 자민당의 유권자층은 중산계층에 분포되어 있었으며 사민당이나 기민당을 원하지 않는 중소기업가들도 자민당의 유권자들이었다.

자민당의 유권자나 당원은 아주 다양한 동기에서 자민당을 지지하기 때문에 자민당은 처음부터 통일성을 갖지 않은 다양한 경향을 제시하고 있는 실정이다. 이러한 사정은 1949년 미군정에 의해 작성된 보고서에서도 나타나고 있다.

현존하는 자유주의 정당은 정치적으로는 진보적인 관점을 대변하지만 경제적으로는 보수적인 입장을 대변하고 있다. 민주주의자들은 한편으로는 지난 1848년 독일혁명을 이끌었던 자유주의의 정신적 유산을 물려받고 있으며, 다른 한편 자유주의 경제와 자본주의적 경제체계에 발을 들여놓고 있는 유일한 정치집단인 것이다. 따라서 자민당이 좌익정당인가, 우익정당인가라는 질문은 답변하기 어려운 것이다. 국가건설과 문화문제에 있어서는 자민당은 사민당과 손을 잡지만 경제문제에 있어서는 기민당과 손을 잡는다는 것이다.

자유주의 정당들은 중소신분계급으로 상승한 시민계급에서 폭넓은 지지를 얻고 있으며, 특히 자민당은 변호사, 상인 등과 같은 자유직업을 갖고 있는 자유분방하고 반관료세력을 지지기반으로 하는데, 기민당이 카톨릭의 영향하에 있는 것을 꺼리는 신교도도 자민당을 선호한다. 많은 독일인이 자민당은 선호한다면 그것은 표를 던지기에 마땅한 우익정당이 없다는 단순한 이유도 있다. 따라서 자민당이 표를 더 모으고자 한다면 민족적인 요인을 약화시키는 방향도 효과적인 처방이 될 것이다(Bertsch, 1965: 186).

선거사회학적 관점에서 볼 때 아데나워 시대의 자민당은 그렇게 협소한 유권자층을 지니지는 않았으나 양대 정당과 제휴할 수 있는 가능성을 지니고 있었다. 자민당은 개인과 사회적 자유를 보장할 필요가 있다고 판단될 경우에는 어느 정도 궤도를 수정할 자세를 갖추고 있었다.

전후 서독이 경제적 부흥을 국가적 목표로 삼고 있었을 때의 의미를 고려해 본다면 기민당과 자민당의 연정은 자연스러운 결과로 해석할 수 있다.

군소정당으로서 자민당의 역할은 집권여당과의 연정은 물론 정부정책의 기조를 잡는 것이었다. 이러한 이유에서 연정의 필요성도 강조되었지만 동시에 자유시민계층의 합의를 위태롭게 하는 데 있어서도 방어태세를 갖추어야 했다. 그러나 자민당이 독자적인 윤곽을 얻고자 하는 데 있어 이러한 갈등은 피할 수 없는 것이었다.

자민당의 정책적 프로그램으로 볼 때 이러한 갈등의 해소에도 불구하고 현실적인 자민당의 실세는 약했으며 서독정치의 제3의 세력에 불과했다.

특히 1966~1969년에는 대연정으로 인하여 자민당은 야당의 위치에 있었을 뿐만 아니라 재야세력의 압박도 만만치 않았기 때문에 자민당은 자유주의적 정책을 구체적인 사회정책으로 표출해야만 했다.

제1차 세계대전 전에 이미 나우만이 언급한 바와 같이 자유주의는 사회적 구성요인이 취약하다는 점이다. 말하자면 유산계급의 경직성으로부터 자유주의를 해방시켜 자유주의의 미래를 보장하는 것은 말처럼 간단한 일이 아니었다. 조직화된 자유세력의 위축, 자유주의 정당의 퇴조 등은 자유주의가 유산계급의 이해관계에 함몰되는 데 심각한 원인이 있는 것이다. 자유주의가 보수화됨에 따라 이러한 자유주의를 보수화의 경향에서 해방시키고자 하는 시도와 사회적 필연성에서 새로운 방향을 제시하고자 하는 시도는 특히 자유주의 정당내의 소장세력에 의해 가능할 수 있었다(Flach, 1971: 19).

원내 야당세력으로서 자민당은 내부적으로 이른바 좌익 자유주의 세력이 부상하게 됨에 따라, 사민당과 자민당의 연정가능성이 높아가고 있었다. 이러한 변화가능성 속에서 자민당의 세력이 강화되기는 했지만, 자민당의 보수적 유권자층은 대부분 기민당으로 전화하여 상당한 유권자층을 상실하게 되었다. 따라서 자민당은 당의 생존문제에 직면하게 되었고 사민당과의 연정문제까지도 위태로운 지경에 도달하였다. 그러나 자민당은 그 존립의 위기를 극복하고 1972년 말의 선거에서는 8.4%의 지지를 획득할 수 있었다. 이러한 지지를 바탕으로 자민당은 사민당과 연정함으로써 정부여당의 위치를 공고히 할 수 있게 되었다.

자민당내의 소장세력에 의한 자유주의의 개혁을 통하여 당이 붕괴될 정도의 유권자층의 변화를 가져오기는 했지만, 새로운 유권자층이 그 손실을 보충함으로서 좀더 분명한 유권자층을 확보할 수 있었다. 말하자면 자민당이 사민당에 더욱 근접한 노선을 택함으로써 서독의 자유주의는 새로운 기본노선을 제시하게 되었다.

그럼에도 불구하고 자민당의 사회학적인 입지는 더욱 힘들어진 것 같다. 왜냐하면 과거의 자민당의 유권자층은 주로 부농이나 중소 상공인과 공무원들이었기 때문에, 자민당의 선거전략 역시 사회학적으로 잘 파악되지 않는 새로운 중산계층에 초점이 맞추어졌던 것이다. 이른바 유산계급의 유권자층을 확보하면서 동시에 새로운 사회계층을 확보하기 위한 선거전략은 새로운 이데올로기적 윤곽을 제시할 필요성이 대두된 것이다. 전통적인 자유주의가 견지해온 자유의 입지를 확대하면서 동시에 평등에 대한 민주주의의 요구를 고려한다는 것은 간단한 문제가 아닌 것이다.

현재 자유주의의 상황은 정도의 차이는 있지만 사정은 비슷하다. 어느 정당에서나 자유주의의 사상적 유산을 공유하고 있는 실정이기는 하지만, 자민당이 추구하는 바와 같은 프로그램이나 구체적인 정책으로서의 자유주의는 충분한 사회적 기반을 확보하고 있지 못한 실정이다. 오늘날 자유주의는 사적인 형태로 표현되기 때문에 어느 정당이나 이 점에 대해서는 어느 정도 인정하는 셈이며, 또한 정치·사회적 요구는 대부분 권력집단에 의해서 표출되고 있기 때문에 자유주의 자체가 이데올로기적인 조직원칙으로서 설득력을 충분히 지니지 못하고 있는 것이다. 따라서 자민당의 정치적 자유주의는 제한적인 견인력을 지닐 뿐이다. 뿐만 아니라 자유주의가 모든 사회계급의 발전을 위한다는 미명 아래 정치·사회적 보수세력과 진보세력 사이를 오가는 동안 자유주의의 사회적 기반을 위축시키는 결과를 가져오게 되었다. 전통적인 시민계급이 사라지면서 오늘날과 같은 산업사회에서 자유주의가 차지할 안정적 기반은 모호해진 것이다.

아데나워 시대에 있어서 종교적 색채를 지녔던 기민당에 대해서도 자민당은 별다른 효력을 발휘하지는 못하였다. 왜냐하면 기민당은 종교적 색채와는 별도로 일부는 보수적인 경향을 띠었으며, 다른 일부는 기술관료적·산업적 관심을 표명했기 때문이다. 또한 사회의 폭넓은 계층의 요구에 부합될 수 있는 경제정책일 경우에는 사회국가적 정책이라 할지라도 폭넓게 수용했던 것이다. 이에 반해 개인의 자율적 책임이라는 자유주의 원칙은 특정한 계층을 대변해 주는 그러한 원칙은 아니었다. 따라서 자민당은 중산층의 이해관심을 대변해 주는 그러한 정당일 수도 없었으며, 국민의 정당으로 전환될 수도 없었다. 다원적인 조직사회에서 막연한 자유주의 원칙을 고수하는 국민은 극소수에 불과했기 때문이다.

오늘날 사회조직은 권력의 센터가 되어버렸으며, 이러한 비대한 조직은 개인의 자유를 염려할 정도로 섬세하지는 않은 것이다. 자민당 역시 사회의 조직으로서 권력지향의 이해관심으로 편성되어 있기 때문에, 개인을 위한 자유주의 정책을 펼칠 버팀목이 없는 실정이며, 또한 그러한 정책은 정치적으로 유관 적합성을 지닐 수가 없는 것이다. 정당 자체로서 자유주의란 항목이 현대사회의 정치적 다원주의의 한 부분이기는 하지만 그러한 사회적 다원주의는 이제 정치적인 의미를 지니지 못하는 것이다. 따라서 자민당의 정치적 성과는 자민당 나름대로의 정치적 이념에 달려 있는 것이 아니라, 양대 정당의 긴장관계나 특수한 관계에서 빚어질 수 있는 것이다. 자유주의가 보수와 진보라는 정치적 대립의 첨단에 있기는 하지만, 현실적으로 자민당의 위치는 제3의 세력으로서 좁은 한계선상에 놓여 있다고 볼 수 있다. 그것은 자민당이 정치현실적으로 간과할 수 없는 조직화된 사회적 잠재력을 지니지 못하고 있기 때문이다.

그 결과로 자민당은 정치적으로 연정에 의존하면서도 언제나 자신의 위치를 분명히 해야 하는 어정쩡한 상태에 있는 것이다. 자민당이 정치적 행동에 있어서는 분명한 문제제기를 하지만 그 결과는 불분명하며, 언제나 깨어있음만을 강조하는 출발선상에 머물러 있는 것이다.

장기적인 관점이나 정당현실적인 측면에서 생각해 본다면 자민당이 본래의 개인주의적 시민적 기본노선을 수정하여 의식적으로 사회관계를 설계하기 위한 조직으로 전환을 모색한다면 자민당의 전망은 달라질 수 있을지도 모른다. 그러나 자유주의란 방어적 이데올로기가 아니라 정치적인 설계의 원칙인 것이다.

그러나 오늘날과 같이 조직으로 이루어진 사회관계, 사회적 권력집단의 조직 속에서 개인은 무력할 수밖에 없으며, 개인의 자유는 이러한 집단적 조직의 희생이 되고 있는 것이다. 따라서 자유의 보장, 개인적·사회적 자율공간의 유지는 계획과 조직을 필요로 하며, 자유 역시 계획되어야 한다는 것이다.

오늘날의 자유주의는 소유적 개인주의 철학에 머물 수만은 없다. 자유주의의 과제는 개인의 자아확충과 물질적 자유가 가능한 관계형성에 능동적인 영향력을 행사해야 할 것이다. 자유는 스스로 존재하는 것이 아니라 인간의 관심 속에서 언제나 새롭게 창조되어야 할 것이다. 사회·경제적 조건이 변화하는 가운데 구체적인 자유를 확보하면서 개방적이며 역동적인 사회를 건설하는 일은 오늘날 자유주의가 포기할 수 없는 과제인 것이다.

오늘날의 자민당은 이러한 프로그램과 실천을 유지하고자 하는 정당으로서 별다른 손색이 없다고 말할 수 있다. 그러나 프로그램적 목표에 집착할 때 현실적 결과는 언제나 빈약할 뿐이다. 현실정치적 프로그램을 놓고 볼 때 자민당은 이익정당으로서 그 지지기반은 매우 취약한 실정이다. 기본적인 자유에 대한 요구는 높지만, 이를 실천하고자 하는 자민당의 지지도는 이러한 요구만큼의 결과를 낳지 못하고 있다.

군소정당으로서, 연정의 동반자로서 자민당의 역할은 집권여당의 독주를 통제함으로써 서독의 민주발전에 기여해 왔던 것은 사실이다. 또한 경제정책이나 사회정책에 있어서 자민당은 시민의 이해를 대변함으로써 정부여당의 정치적 기류를 완화시키는 데 일익을 담당해 왔다. 그러나 자민당은 근본적인 정치적 기상도를 변화시키지는 못한 것이다. 자민당의 한계는 현실정치적인 기반의 취약성에도 있지만 근본적으로는 제한적인 개혁의지에 있다. 불과 5년 전에 전반적인 개혁을 주장하면서 서독의 의회에 등장한 녹색당은 바로 자민당의 한계를 꿰뚫고 있는 것으로 해석할 수 있다. 물론 녹색당의 목표가 아직은 현실과 거리가 있는 원대한 정책적 프로그램이기는 하지만, 현실적으로 자민당은 제3의 세력에서 제4의 세력으로 밀려나고 있음을 감안할 때, 자민당의 미래를 구체적으로 설계해야 할 시점에 도달한 것이다.

4. 자민당의 한계와 가능성

미래란 가능한 사건의 총화이다. 동시에 미래는 현재 존재하는 조건과 프로그램의 결과인 것이다. 따라서 미래는 현재 정치의 끊임없는 쟁점으로 남아 있는 것이다. 그러나 발전의 가능성을 진단한다는 것은 가치평가의 문제이며 현재의 상황을 분석하는 데서 얻어질 수 있는 것이다.

다른 한편 쇠퇴와 몰락은 생물학적으로나 역사적으로 볼 때 정상적인 일이다. 다만 '언제 종말이 올 것인가'라는 문제만이 남는다.

> 언제나 몰락의 길이란 자연적인 길인 것이다. 맹목적으로 역사법칙의 필연성에 내맡기는 사회는 단지 몰락해 갈 뿐이다. 예언가란 언제나 재앙만을 예언할 뿐이기 때문에 불행의 예언가인 것이다. 기적이란 몰락이 아닌 구원인 것이다. 몰락이 아닌 구원은 인간의 자유에 달려 있으며, 이 세상의 자연적인 경과를 변경시킬 수 있는 인간의 능력에 달려 있는 것이다(H. Arendt, 1976, S.96).

이러한 '구원의 기적'이 자민당의 미래에도 해당되는 것인가? 미래란 그저 주어지는 것이 아니라, 언제나 갈고 닦음으로써 획득되기 때문에 미래에 대한 설계란 필요한 것이다.

1) 현실정치적 한계

서독의 정치체계는 지난 40년 동안 사민당과 기민당이라는 양대 정당이 주축을 이루어왔다. 그러나 연방의회는 1957년 이후부터 실질적으로 3당체계로 안정을 유지해 왔다. 이 3당들은 60년대 이후 비교적 안정된 득표율을 유지해 왔으며 기민당은 45%, 사민당은 41%, 자민당 7%와 기타 7%를 확보해 왔다. 기타 7%는 원칙적으로 부동표로서 결국에는 기존의 3당에게 재분배되는 결과를 가져왔다. 따라서 이러한 득표율은 단순히 평균적인 득표율이라기보다는 고정적인 유권자층을 확보하고 있다는 것을 의미한다. 이처럼 거의 고정적으로 분할되어 있는 유권자층을 감안한다면, 새로운 정당의 출현은 현실적으로 상당히 불리한 여건을 지니고 있는 셈이다.

이러한 불리한 출발여건에도 불구하고 1983년 선거에서 이른바 '녹색당'이 5.6%의 지지표를 획득하여 연방의회에 진출하는 데 성공했다. 이러한 변화는 특히 젊은 세대의 가치관 변화 내지는 기존 제도에 대한 반발로 해석될 수 있다. 그러나 이러한 변화는 유권자층의 변화 이외에도 현실정치에 대한 불만이 싹트고 있다는 사실을 부인할 수 없는 것이다.

특히 젊은 세대들은 현실정치가 비판의식간의 간격을 메우지 못하고 있음을 지적하고 있다. 우선 현실정치는 이러한 비판의식에 귀를 기울이기보다는 이를 부정하고 있다. 현실정치는 반유토피아적이며 반동적이다. 정치는 모든 이론보다 복합적이기 때문에 이론보다는 경험이 정치적 행동의 척도가 되기 마련이다. 현실의 정치는 원대한 목표보다는 작은 목표의 달성에 초점을 맞춘다. 따라서 새로운 문제가 발생한다 하더라도 이러한 문제의 해결은 기존의 방법, 기존의 전략으로 해결하고자 한다. 정치적 목적에 더 나은 것을 추구하고자 한다면 그것은 가능성을 파괴하는 것으로 생각하기 쉽다. 그러므로 정치적 논리는 모든 비전보다 강력하다고 볼 수 있다.

정치적 비전이라 하더라도 불가능한 것을 요구하는 것은 이성적이지 못하며 현실성이 없다. 그러나 현실에 대한 새로운 인식은 필요한 일이다. 현실의 정치가 일차적으로 긴박한 현실을 지향한다는 것은 부인할 수 없는 사실이다. 따라서 현실에 대한 새로운 인식보다는 정치적 의지나 권력이 정치적 범주인 한에 있어서는 현실정치와 합리적 정치대안은 서로 공존할 수 없다.

문제는 현재의 정치체계가 현실인식에 대한 학습능력을 지니고 있는가라는 것이다. 기존의 정치체계가 기존의 정치적 틀을 벗어나서 새로운 주제에 대한 대안적 방법을 추구할 때 현실적 문제의 해결은 가능할 수 있다.

현재 서독의 자민당의 한계는 바로 이러한 현실정치의 틀에서 벗어나지 못하고 있으며 따라서 변화된 정치현실에 대한 대안적 정책방안을 제시하지 못하고 있다는 점이다.

2) 위기감과 청소년 저항운동

지난 80년대 초부터 다시 표출되기 시작한 청소년 저항운동은 분명히 현재 정치체계의 위기적 발전과 관련이 있다. 청소년 저항운동에서 활성화되고 있는 주제는 환경과 생태 및 안전정책에 관한 것들이다. 청소년 저항운동에서 주목할 만한 사실은 자유주의 정치의 가능성과 한계에 관한 질문인 것이다. 청소년 저항운동은 기존의 사회·정치제도에 대해 반발하면서 '아래로부터'의 정치를 주장하고 있는데, 이러한 저항의 배경은 민주주의 체계에 대한 비판이라기보다는 현실정치의 제도나 조직의 문제해결능력에 대한 불신에 있다. 달리 말하자면 사회문화적 변화에 기존의 정치·사회현실이 뒤따르지 못하고 있다는 현실인식을 토대로 하고 있다는 점이다.

이러한 저항운동이 주로 청소년계층에 의해서 수행되고 있다는 사실은 사회학적인 범주로 되돌릴 수만은 없다. 오히려 이러한 세대간의 갈등은 시대상에 따른 경험과 준거점의 차이와 여기서 생기는 세대간의 현실인식의 격차에 기인하는 것이다.[10]

이러한 경험상의 차이는 특히 과학적·기술적 진보에 대한 평가에서 두드러지며, 대부분의 젊은 세대들은 진보에 대해 과격한 비판적 태도를 표출하고 있다. 이러한 비판적 태도는 기존의 정치체계가 생산하는 이데올로기의 위험에 대한 근본적인 고찰방식에서 기인하며, 이른바 맹목적이며 무비판적인 진보의 찬양인 '소유정신'에 대해 이른바 '후기 물질주의적'인 '존재정신'과 대립되고 있다.[11]

이러한 청소년 저항운동에 대해 정치권의 판단은 매우 빈약한 실정이다. 그러나 일반적으로 문화적 위기나 그 존재에 관해서는 의견의 일치를 보고 있으며 오늘날의 변화전략은 직접적인 정치영역이 아니라 문화영역에서 찾

---

10) K. D. Bracher, *Geschichte und Gewalt*, Berlin, 1981, S.233 이하 참조.
11) Erich Fromm, *Haben oder Sein*, Stuttgart, 1976 참조.

아져야 한다는 소리가 높아가고 있다.

일반적인 문화비판적 조망은 사회체계에 대한 위험으로 간주되지 않았기에 기존의 정치가들은 이러한 청소년의 저항운동을 단순히 비정치적 성격으로 판단하거나 무시해 버렸다. 비록 이들의 주장이 몇몇 지식인들의 호응을 얻는다 하더라도, 목가적인 소수인의 유토피아로 묵살해 버렸으며 정치 모델에서는 고려의 대상이 되지 않는다고 생각했던 것이다.

오늘날 다양하게 전개되고 있는 이러한 청소년 저항운동이 정치체계나 사회체계의 모순에서만 비롯되는 것은 아니다. 그러나 일련의 이러한 운동에서 제기되고 있는 문제들이 복합적인 현실을 파악할 수 있는 계기를 마련해 주고 있음을 부인할 수는 없다. 청소년들이 느끼고 있는 현실의 위기감과 제도권 정치가 해결하지 못하고 있는 문제들은 서로 상승작용을 하면서 정치제도에 대한 불신으로 이어지고 있다고 해석할 수 있다.

서독의 자민당이 이러한 문제의식을 갖고 있는가라는 문제는 녹색당의 출현으로 어느 정도 입증된 셈이다.

3) 녹색당

청소년 저항운동은 현체제에 대한 원칙적인 반대세력이라기보다는 현 체제내의 현실인식에 대한 근원적인 차이에 있다고 볼 수 있다.[12] 이러한 현실인식을 바탕으로 녹색당이 출현하는 계기가 되었는데 물론 저항운동과 녹색당이 어떤 인맥관계 내지는 주제적인 연관이 있는가는 분명히 밝혀지지 않고 있다. 그러나 25세 미만의 청소년 중 25%가 녹색당을 지지하며,[13] 저항운동의 원내세력으로 이해하고 있다.[14] 녹색당내에는 여러 세력이 공존하고 있다. 예컨대 민주주의를 혼란스러운 것으로 이해하는 세력이 있는가 하면,[15] 근본적으로 의회민주주의를 위해 입당한 세력이 있고,[16] 의회주의만

---

12) Udo Kempf u.a.(Hg.), *Bürgerinitiativen und Repräsentatives System*, Opladen, 1978, S.20 참조.

13) Jugendwerk der Deutschen Shell AG, Jugend '81, Hamburg 1981, 16쪽 참조.

14) Jörg R. Mettke, D*ie Grünen*, Frankfurt/M., 1983, S.103 이하 참조.

15) Der Spiegel, Nr. 48, 1981. 11. 23 참조.

16) Jörg R. Mettke, op. cit., 1983, S.103 참조.

가지고는 현재의 문제를 해결할 수 없다고 생각하는 세력도 있으며,[17] 현 체제 변화의 축으로서 생태적인 주제를 이용하고자 하는 세력도 있다.

녹색당의 명칭이 되고 있는 환경문제를 제외한다면, 녹색당은 무척 다양한 문제의식을 지닌 정당인 것이다. 또한 다양한 입장에서 현재의 정치체계에 문제를 제기하고 있다. 현재로서는 녹색당내의 어느 세력이 자신들의 의사를 관철시킬지는 예측할 수 없는 실정이다. 그러나 녹색당은 특히 '시한부적인 응징수단'이기 때문에 녹색당의 정치적 입장보다는 현재의 민주주의 체제에 어떻게 통합될 수 있는가라는 문제에 있다는 관측도 있다.

그러나 현재의 의회제도를 폐기하는 것이 아니라 근본적으로 변화시키고자 한다면, 여기에 수반되는 중요한 정치적 문제는 미결의 과제인 셈이다. 새로운 정치세력으로서 녹색당이 현재의 의회제도에 통합되는 것을 방해하는 것은 현실인식에 대한 입장의 근본적인 차이에 있다.[18] 이러한 입장의 차이가 일정한 분야에서 문제해결의 가능성을 보여주는 것이기는 하지만, 다원적 사회에서 타협을 요구하는 민주주의 체계의 기능을 어렵게 할 수 있다. 녹색당은 현재의 정치체계에 대한 새로운 문제를 제기하면서 세대간의 갈등, 문화간의 갈등에 대한 인식과 학습을 요구한 셈이며 이러한 학습의 과정은 문화의 영역이 아닌 정치에 의해 촉진되어야 한다는 점을 일깨워 주고 있는 것이다. 가치관에 대한 대결을 준비하는 것은 현명한 정치가의 과제가 아님은 분명하다. 오히려 상이한 문제의식에 접근하기 위한 방법을 추구하는 것이 노련한 정치의 전략이 될 것이다. 민주주의가 다수결에 의해 갈등을 규제하는 것이기는 하지만, 동시에 민주주의는 타협과 균형이라는 형식을 갖추어야 할 것이다.

4) 정치적·이데올로기적 갈등영역의 변화

70년대 이후 거의 모든 서방 산업사회에서 형성된 정치적·이데올로기적 갈등상황은 3차원의 갈등영역으로 이루어지고 있다. 근대 정당체계를 편성한 좌·우익의 축에 산업화의 성장과정에서 나타난 새로운 갈등인 '후기물질

---

17) Jörg R. Mettke, a.a.O., S.71 참조.
18) Frankfurter Allgemeine Zeitung, Beilage, Nr. 269/1982. 11. 20 참조.

주의적' 가치패턴이 추가되었다.

좌·우익의 차원을 설명하는 것도 매우 복잡하기는 하지만 간단히 말하자면 임금노동과 자본의 대립에서 빚어지는 산업자본주의의 갈등형태로 볼 수 있다. 대체로 이 갈등의 차원은 노동조합 - 사회주의적 지향의 패턴과 자본주의적·보수적 이해관심으로 대립된다. 이른바 '낡은' 갈등의 관계는 70년대 이후 새로운 갈등관계인 '물질주의와 후기물질주의'로 이전되었다는 것이다.[19] 따라서 좌·우익의 정치적 대립은 물질주의와 후기물질주의의 대립으로 변화하고 있다는 것이다.

이러한 갈등관계의 변화는 전통적인 정치적 구조에도 영향을 미치고 있다. 이러한 변화에 대한 일련의 경험적 결과도 나오고 있으며,[20] 이를 요약하면 다음과 같다.

① 동질적인 계급분위기라는 사회구조적 결속은 가속되는 사회적 분화과정으로 해체되면서 이질적인 사회분위기를 조성한다.
② '국민정당'이나 '대중정당'으로 발전하는 정도에 따라 정당 특유의 사회적 분위기는 사라진다. 따라서 정당의 선택에 있어서는 이슈, 이데올로기나 후보자를 선호하는 것이 중요성을 지닌다.
③ 권위주의적 지향방식은 사회경제적·정치적 발전과 가부장적 가족구조의 해체를 통하여 소비적이며 쾌락주의적 행동패턴으로 대체된다. 이로 인한 정치적 행태의 준거는 실용적·도구적 성격을 갖는다.
④ 교육기회의 확대, 물질적 욕구의 충족으로 인하여 '후기물질주의적' 가치관이 자리잡으면서, 기존의 정당체계를 불신하고 전통적 갈등구조에 의미를 부여하지 못한다.
⑤ 산업사회가 수반하는 문제점이 증가함에 따라 산업성장의 의미에 대해 회의를 품고 새로운 문제해결의 전략을 추구한다. 따라서 좌·우익의 성장정책은 모두가 비판의 대상이 된다.[21]

이러한 변화가 실제로 정당정치의 구조변화를 가져올 수 있는가의 여부는 각 국가의 특수한 발전조건하에서만 상세히 논의될 수 있는 것이지만 다음

---

19) Ronald Inglehart, *The Silent Revolution*, Princeton, 1977 참조.
20) W. P. Bürklin, "Die Grünen und die 'Neue Politk'," *Politische Viertelschrift* 4, 1981 참조.
21) Karl-Werner Brand, *Neue Soziale Bewegungen*, Opladen, 1982, S.177 참조.

과 같은 항목들은 중요성을 지닐 것이다. 예컨대 산업화의 정도와 사회구조, '새로운' 문제의 사대적 비중, 근대화과정에서 발생하는 갈등의 종류, 정치문화의 전통, 정치적 문제해결전략의 효율성, 정당체계의 통합능력, 60년대의 학생운동의 과정과 결과 등을 들 수 있다.[22]

이러한 일련의 사항 중에서도 사회문제가 정치문제로 변형되는 중요한 여과기능으로서 정당체계를 빼놓을 수 없을 것이다. 앞서 녹색당에 대해서도 언급한 바 있지만 서유럽의 생태적 저항에 관한 비교적 연구는 이 점을 상세하게 조명해 주고 있다.[23] 또한 라쉬케(J. Raschke)는 생태문제와 저항운동이 정치체계로 변화되는 조건에 관해 다음과 같이 결론을 맺고 있다.

> 정당체계가 집중되면 될수록, 기존의 대정당들은 새로운 주제를 받아들이려 하지 않지만, 정당체계가 분화되면 될수록 대개 군소정당이나 여당들이 새로운 주제를 공격할 개연성은 그만큼 커진다(Raschke, 1982: 169).

이와 같은 상반된 반응형태는 정당들이 투표수를 극대화한다는 계산에서 나오는 것이다. 대규모 정당의 경우에는 새로운 주제를 다룸으로써 얻게 되는 유권자층보다는 잃게 되는 기존의 유권자층에 더 많은 관심을 쏟게 되는 것이다. 다른 경우인 사회적 운동세력은 문화적 생활형태를 재편성할 뿐만 아니라 정치적 궤도수정을 꾀함으로써 저항정당의 개연성을 정치체계로까지 연장하고자 하는 것이다.

서독의 저항운동세력이 현재의 정치체계를 위태롭게 할 정도는 되지 않지만, 적어도 연정의 동반자를 바꿀 정도로는 위협하고 있다. 그러나 이러한 운동세력이 곧바로 기존의 정치체계에 통합될지는 의문시된다. 사민당이 이러한 운동세력에 정책적인 접근을 시도하는 모습을 보이기는 하지만 근본적인 입장이 변경되고 있는 것은 아니다. 또한 현재의 민주주의가 다수결 원칙을 의사결정의 원리로 받아들이는 한에 있어서 자민당의 현실적인 입지는 공생의 관계를 벗어날 수 없을 것이다.

---

22 K.-W. Brand, a.a.O., 178쪽 참조.

23) Detlef Murphy, u.a., Protest, Reinbek, 1979 참조.

5. 결론: 자민당의 미래

현재의 개관적 문제상황이 전개될 가능성과 예측되고 있는 저항운동에 대한 전체 정치적 관점에서 선택대안을 고려할 때, 군소정당으로서 자민당의 진로나 미래에 대한 전망을 해 볼 수 있을 것이다. 현재의 사회적 전제조건에서 볼 때 저항운동은 객관적 문제상황을 지적해 주고 있기 때문에 저항운동세력과 전략적인 대응방안을 고려해야 할 것이다. 물론 이 하나의 문제만 가지고 정치체계 전체를 논의하기에는 정치현실은 지극히 복합적인 변수를 지니고 있는 것이다. 따라서 어느 정도 사변적인 고찰에 치우칠 위험성이 있기 때문에 몇 가지 개관적 상황을 고려하여 가능한 대안과 방향을 도출해 보고자 한다.

70년대만 하더라도 저항운동의 목표나 의도에 대해 어느 정도 회의적인 시선이 많았으며 정치엘리트 사이에서도 의견의 대립이 있었다. 그러나 현재의 상황은 그때와는 다른 양상을 보여주고 있다. 정치권에서도 사회운동 세력의 주장을 받아들이고 있으며, 기술적 혁신을 바탕으로 현재의 문제를 해결할 태세를 갖추고 있다. 이른바 '생태 - 사회주의'가 거론되고 있으며 '부드러운' 사회로의 전개가 논의되고 있다.[24]

멀지 않은 장래에 세계적인 경제구조의 위기가 나타날 전망이며 국내외적인 분배전쟁과 생태문제가 증가하게 될 것이다. 뿐만 아니라 "생활세계의 식민지화"[25] 과정이 멈추지 않는 한 사회 및 개인적 정체성의 파괴를 막을 수 없을 것이다. 이미 벨이 지적한 바와 같이 정치와 문화만이 분리되는 것이 아니라, 전혀 다른 이유에서 경제와 관련된 분해과정은 해결하기 힘든 새로운 갈등전선을 형성하게 될 것이다.

이와 함께 정치적 선택의 방향도 다양성을 띠게 될 것이다. 최근 서방의 고도 산업국가에서 정치적 선택의 난제는 신보수주의인가 사회민주주의인가라는 문제이다. 이러한 질문은 물론 전통적인 진보적 사고의 전제조건에서 제기되는 것이다. 그러나 최근의 사회운동세력은 어느 정도 사회민주주의에

---

24) Andre Gorz, *Ökologie und Freiheit*, Reinbek, 1980 참조.
25) Daniel Bell, *Die Zukunft der westlichen Welt, Kultur und Technologie im Widerstreit*, Frankfurt/M., 1976 참조.

접근해 있기는 하지만, 이러한 문제와는 전혀 다른 문제제기를 하고 있는 것이다.

현재 세계경제가 신보수주의적 처방 덕분에 성장의 속도를 촉진시켜 주고 있다 할지라도 이러한 성장이 가져오는 부수적 결과와 갈등은 돌이킬 수 없는 정도인 것이다. 반면에 사회민주주의의 처방은 객관적 상황의 악화와 정치적 압력을 견디지 못하고 새로운 방향을 모색하고는 있지만 정치적 관철의 기회는 보이지 않는다.

사회적 갈등의 차원이 변하고 있음을 이미 언급한 바 있지만, 19세기 이후 주요한 갈등의 패턴은 분배의 정의에 관한 것이었으며 이 문제는 정치경제의 주요한 쟁점이기도 하였다. 이 문제가 오늘날에는 보수주의자와 사회민주주의자를 가르는 기준이 되었으나 현대의 복지국가사회에서는 서로의 입장이 근접하는 경향을 보여주고 있다. 그러나 대부분의 사회운동세력은 좌익과 후기물질주의적 입장을 대변하고 있으며, 그중 일부는 보수진영에, 극소수는 사회민주진영에 뿌리를 두고 있다. 사회운동세력들에게는 좌익 내지는 후기물질주의적 입장이 교차하고는 있지만 기존체계에 대해서는 분명한 반대입장을 취한다는 점에 있어서는 공통점을 지니고 있다.

서독의 경우에 있어서는 기민당이 강력한 정치세력으로서 보수집단을 대변하고 있다. 자민당이 어느 정도 우익에 치우쳐 있으면서 제동역할을 하고는 있으나 별다른 효과를 거두지는 못하고 있다. 사민당은 사회운동세력과의 연대작업의 현실성은 없으나 새로운 집단이나 주제에 대한 문호를 개방하고 있다. 사민당의 문제는 현실정치의 입지와 새로운 정치로의 개혁이라는 이중의 난제를 동시에 해결할 수 없다는 한계를 지니고 있다는 것이다. 자민당의 문제는 애초부터 기존의 정치체계 속에서 새로운 문제의 해결을 시도한다는 자기모순을 갖고 있다는 데 있다.

앞으로 어떠한 상황이 가능할 것이며, 개연성을 지닐 것인가라는 문제와는 상관없이 양극단에 서 있는 집단이 아닌 중간집단이 미래사회의 중추적 역할을 하게 될 것이다. 장기적 전망에 의한 경제적 변화, 사회구조적 변화나 가치관의 변화를 고려해 볼 때, '새로운 중산층'의 문제가 점차 대두되고 있다. 이러한 문제에 주목한다면 자민당의 정책방향이나 진로는 잡힐 수 있을 것이다.

그럼에도 불구하고 자민당의 진로의 한계는 원외 저항세력의 존재이다. 사회운동세력으로서 저항세력은 아직 역사의식의 바탕에 서 있지는 않지만, 계몽적·해방적 내용을 재활성화하고자 하는 가치관에 토대를 두고 있기 때문에 대중성을 확보할 수 있는 가능성을 지니고 있는 것이다.

그러나 이러한 사회운동세력이 미래사회의 구상을 말해주는 것인지, 새로운 문제의 처방이나 정치적 처방을 말해주는지는 사회이론이 답변할 문제이다. 그러나 사회적 실험은 사회가 발전해 가는 과정을 묘사해 주는 것이다. 현대사회에 대한 비판은 이 사회의 운동법칙에 대한 성찰적 이해과정이 될 것이며, 단순한 실용주의보다는 오늘의 문제상황의 복합성을 어떻게 이해할 것인가라는 문제가 더 중요할 수가 있다. 현재의 상황을 좀더 전략적으로 생각한다면 전통적인 논리나 혁명적 논리로 표현된 사고의 범주를 벗어나는 것이 현명한 일이다. 오늘날의 사회운동은 더 나은 다른 사회를 예견해 준다기보다는 오늘날의 사회를 이해하는 하나의 지표로 작용한다고 생각해 볼 수 있다. 이러한 사실을 염두에 둔다면 자민당의 미래는 현실적인 가능성을 얻게 될 것이다.

결국 정당의 미래는 이성적인 자유민주주의를 토대로 사회구조적 문제의 핵심을 일반적 관심사로 도출하고 이러한 문제를 정치적 과제로 삼을 때 보장될 수 있을 것이다. 군소정당으로서 자민당의 미래는 거시적 사고와 미시적 행동을 필요로 한다. 지역단위의 기초 민주주의적 요소를 더욱 강조할 때 문제해결의 가능성은 커질 것이며 자민당의 미래는 존속될 수 있을 것이다.

□ 참고문헌

스미스, A. 1983, 『국부론』, 을유문화사.
Arendt, H. 1976, *Die Verborgene Traditon*, Frankfurt/M.
Bell, D. 1976, *Die Zukunft der Westlichen Welt*, Frankfurt/M.
Bertsch, H. 1965, *Die FDP und der Deutsche Liberalismus(1789~1963)*, Berlin.
Brand, K. W. 1982, *Neue Soziale Bewegungen*, Opladen.
Buerklin, W. P. 1981, "Die Grünen und die 'Neue Politik'," *Politische Viertelschrift* 4.

Der Spiegel, 1981. 11. 23, Nr. 48.

Detlef Murphy u.a., 1979, *Protest*, Reinbek.

Die Zeit, 1899, Nr. 1.

Flach, K. H. 1971, *Noch eine Chance für die Libealen oder: Die Zukunft der Freiheit*, Frnakfurt/M.

Frankfurter Allgemeine Zeitung, 1982. 11. 20, Beilage, Nr. 269.

Fromm, E. 1976, *Haben oder Sein*, Stuttgart.

Gorz, A. 1980, *Ökologie und Freiheit*, Reinbek.

Heffter, H. 1950, *Die deutsche Selbstverwlatung in 19*, Jahrhundert, stuttgart.

Inglehart, R. 1977, *The Silent Revolution*, Princeteon.

Jugendwerk der Deutschen Schell AG., 1986, Jugend '81, Hamburg.

Kempf U. u.a.(Hg.). 1978, *Bürgerinitiativen und Repraesentatives System*, Opladen.

Mettke, J. R. 1983, *Die Grünen*, Frankfurt/M.

Raschke, J.(Hg.). 1982, *Bürger und Parteien*, Opladen.

Schieder, T. 1958, *Die Krise des Bürgerlichen Liberalismus*, München.

Thedor-Heuss-Stiftung(Hg.). 1975, *Liberale Parteien und deutscher Imperialismus 1890~1914*, Göttingen.

Weber, M. 1958, *Gesammelte Politische Schriften*, Tübingen.

Wehler, H. W.(Hg.). 1966, *Moderne deutsche Sozialgeschichte*, Köln.

이은국

연세대 행정학과

1. 문제의 제기: 유일한 최선의 선거제도는 존재하는가

1) 연구목적 및 필요성

1929년 영국의 자유당(Liberal Party)은 국민투표에서 23.4%의 득표율을 얻었으나 특정한 득표-의석 배분의 원칙에 따라 의회에서는 10%의 의석만을 점유할 수 있었다. 그 결과 투표자들은 이전에 강력했던 자유당에 표를 던지는 것이 자신들의 의사반영에 효과적이지 못하다고 판단하여 다음 선거에서는 자유당에 투표하지 않았다. 그리하여 자유당은 단지 7%의 득표율을 기록하였고 의회에서 의석을 거의 확보하지 못하였다. 지난 1백 년간 자유당은 영국에서 강력한 두 주요 정당 중의 하나였으나 그 이후 50년간은 군소정당으로 전락하였다.

1933년 선거에서 아이슬란드의 진보당(Progressive Party)은 영국의 자유당을 패배시킨 득표율과 거의 같은 23.9%의 득표율을 기록하였다. 그러나 결과는 정반대로 나타났다. 진보당은 의회에서 총의석의 33.2%를 점유하게 되었고 정치에서 핵심적 역할을 하였다. 따라서 같은 득표율을 가지고도 영국 자유당과 아이슬란드 진보당의 경우처럼 의회에서의 의석 및 정치력의 차원에서 서로 상이한 결과가 발생할 수 있다.[1]

위의 예는 선거의 결과가 득표율뿐만 아니라 득표-의석 배분방식에 크게 의존한다는 사실을 알려준다. 즉 의석배분방식에 따라 한 정당이 선거에서 승리할 수도 패배할 수도 있다는 것이다. 일반적으로 의석배분방법은 상대다수제(plurality), 절대다수제(majority) 및 비례대표제(proportional representation) 등이 있으나 이외에도 다양한 방법이 있다. 또한 각 나라마다 각기 다른 방법에 따라 의석배분이 행해지고 있으며 기간에 따라 이 방식은 변화, 수정되어 운용되고 있다.[2] 그렇다면 왜 각국은 의석배분방식의 최선책을 선택하여 의석배분방법을 놓고 더이상 게임을 벌일 필요가 없게 만들지 않는가? 그것은 불행하게도 각국의 정치적 전통과 선호하는 가치가 상이해서 유일한 최선책이 존재하지 않기 때문이다. 대륙 국가들은 비례대표제를 선호하여 보다 공평한 대표성을 확보하고 있으나 그 결과 불안정한 연립정권이 탄생하였다. 이에 반해 영·미를 위시한 영연방 국가들은 정권의 안정성에 가치를 두어 비록 50% 이상의 지지를 받지 못하였어도 가장 많은 득표율을 획득한 정당이 의석의 과반수를 점하여 안정된 정권을 유지할 수 있는데 그 결과는 반대로 과소대표의 문제로 귀결된다. 또한 득표-의석 배분방식도 결코 가치중립적인 문제가 될 수 없으며 정권을 유지하거나 정권을 쟁취하려는 의원들의 첫째 관심사이므로 정치적 결정일 수밖에 없다. 예컨대 영국의 자유당은 현존의 선거제도가 그들에게 불리하게 작용하므로 선거제도의 개혁을 선호하는 반면 다른 주요 두 정당은 현재의 선거제도에 만족하고 있으며 선거제도의 개혁을 반대하는 입장을 표명하였다. 프랑스는 1958년 이래 북아일랜드는 1973년 이래로 선거제도의 개혁이 일어났으며, 일본도 1982년 중의원 선거에서 커다란 변화가 있었다. 한편 오스트리아와 스웨덴을 비롯한 많은 국가에서 1960년 이래 선거제도의 개혁에 관한 논쟁이 계속되고 있다. 이와 같이 특정한 선거제도의 채택은 정치적 전통이나 특정 가치의 선호뿐만 아니라 정치적 게임의 산출물인 것이다.

따라서 선거제도와 그 정치적 결과에 관한 보다 체계적이고 실증적인 연구는 선거제도 개혁에 상당히 중요하고도 유용한 것이다. 또한 정치체제의 다른 구성요소들과 비교해 볼 때 선거제도는 비교적 조작이 용이하다고 할

---

1) R. Taagepera & M. S. Shugart, *Seats and Votes: The Effects and Determinants of Electoral Systems*, New Heaven: Yale Univ. Press, 1989, pp.2-3.
2) 이에 관하여는 D. W. Rae, *The Political Consequences of Electoral Laws*, New Heaven: Yale Univ. Press, 1967, 1971 참조.

수 있으며[3] 공평한 대표성의 이념과 안정성의 가치를 동시에 완벽하게 추구할 수 없으므로 신중한 검토와 분석 및 토론을 통해 변화의 방향을 모색해야 할 것이다.

대의민주주의에서 선거가 존재하는 목적은 국민의 의사를 최대한 효과적으로 대표하는 것이다. 따라서 선거제도는 득표를 통해 국민의 의사를 국회의 의석으로 전환하는 역할을 하며, 공평한 대표성이 확보될 때 대의민주주의의 이상이 실현된다고 할 수 있다. 그러나 현실적으로는 레이(D. W. Rae, 1967)가 주장하듯 어느 나라의 선거제도도 완벽하게 공평한 대표성을 구현하고 있지 못하다. 우리의 경우 전국구에 따른 의석배정을 생각하면 쉽게 이해할 수 있다. 이와 같은 득표-의석간의 불균형이 크면 클수록 대표성의 정도는 덜 공평하게 될 것이며 투표자의 의사가 왜곡되어 반영될 수 있다.

따라서 본 연구는 우리나라 선거제도에서의 득표-의석간의 편의(偏椅) 정도를 정확하게 측정하는 것을 목적으로 한다. 또한 향후의 바람직한 선거제도 개혁을 위한 정책대안 제시에 실증적 근거를 제공할 수 있다는 점에 그 연구의 필요성이 있다. 특히 권위주의 시대를 청산하고 민주주의 시대를 맞이하여 대표성을 겸비한 민주화를 '확실히' 구현한다는 의미에서 본 연구의 필요성은 더욱 커진다고 생각된다.

2) 연구의 범위와 방법

본 연구의 범위는 우리나라 국회의원 선거제도를 중심으로 1950년 이후 1992년까지 모두 14번의 국회의원 선거를 분석의 대상으로 하나, 이중 연구의 목적에 적합한 선거만을 추출하여 대상으로 하였다. 본고는 세제곱법칙(cube raw)에서 출발하여 이의 문제점을 보완하여 수정한 세제곱법칙의 일반화된 모형을 사용하여 실증분석을 시도하였다. 세제곱법칙은 영국 선거제도의 불비례대표성을 설명하려고 1907년경에 에지워드와 스미스(Edgeworth & Smith)에 의해 처음으로 제안된 것으로 간략히 정의하면 두 정당들이 각각 획득한 득표에 대한 비율의 세제곱이 두 정당들이 각각 얻은 의석 수에 대한 비

---

3) G. Sartori, "Representation System," *International Encyclopedia of the Social Sciences* 13, N.Y.: Macmillan & Free Press 참조.

율과 같다는 원리를 의미한다. 그리고 세제곱법칙은 양당제(two party system)와 1구 1석(一區一席) 선거구(single-member districts)를 전제로 하는 제도이며 일반화된 측정모형도 이에 대한 가정은 변함이 없다. 다만 양당제의 경우 단지 엄밀하게 두 당만의 존재(bipartisan)만을 의미하기보다는 대부분의 득표나 의석을 주요 두 정당이 점유하는 경우도 포함하고 있다. 따라서 한국의 경우 세제곱법칙을 일반화한 측정모형을 14번의 국회의원 선거에 모두 적용하는 것은 무리이고 위의 가정에 가장 부합하는 선거를 살펴본 결과 제 4, 6, 7, 8, 13, 14대를 분석대상으로 할 수 있다(4절 참조). 세제곱법칙의 일반화된 모형을 통해 득표-의석간의 편의정도를 측정하기 위해서는 로짓(logit) 통계분석 방법을 사용하였으며 통계분석 패키지로는 'RATS 3.0'이 사용되었다.

2. 우리나라 선거제도의 변천사

선거제도는 민주정치 과정의 심장부에 위치하는 것으로 정당의 특성, 이익집단의 형태, 의회의 성격, 정부의 안정성과 더 나아가 한 나라의 통합과 응집력을 결정짓는 지극히 중요한 정치변수이다. 그러나 이러한 선거제도는 유일한 최선의 이상형의 모형이 존재하지 않으며 정치적 전통이나 선호하는 가치 그리고 정치적 경쟁의 결과 등에 의해 각 나라마다 상이하게 발전, 수정되어 왔다.

한국의 경우도 예외는 아니다. 1948년 5월 10일 국회의원 선거에서 선출된 198인의 국회의원으로 5월 30일에 제헌국회가 구성된 이래 한국의 선거제도는 근 50년에 가까운 기간 동안 파란만장한 변화를 거듭해 왔다. 이러한 변천과정은 <표 1>에 잘 요약되어 있다. 민주주의 역사가 길며 이에 따라 선거제도의 역사도 긴 서구 선진국가와 비교하여 한국은 50년에도 채 못 미치는 선거사 동안 다섯 차례에 걸친 선거제도의 개정이 이루어졌다. 그 특징을 개략적으로 살펴보면 다음과 같다.

제헌국회 이래 4대까지의 제1공화국과 의원내각제의 제2공화국의 5대 민의원 선거기간까지는 한 선거구에서 1인을 선출하는 소선거구를 채택하였으며 당선자 결정방법은 상대다수방식에 의하였다. 제3공화국은 출범 후 1, 2

공화국의 선거제도를 수정하여 선거구를 지역구와 전국구로 나누어 운영하였으며, 지역구는 종전과 같이 상대다수에 의한 방법으로 당선자를 결정하였으나 전국구의 경우는 집권 여당에게 유리한 의석배정방식을 채택하였다. 지역구에서 3석 이상을 차지 못하였거나 유효투표 총수의 5% 이상을 얻지 못한 당은 전국구 의석배분에서 제외된 반면 1순위 득표의 정당은 득표비율이 50% 이상일 경우 득표비율에 의해 1순위 득표정당에 의석이 배분되나 전국구 의원 정수의 2/3를 초과할 수 없으며 1순위 정당의 득표비율이 50% 미만인 경우는 전국구 의석 수의 1/2을 배분토록 하였다. 2순위 득표정당의 경우 그 득표가 3순위 이하의 정당들의 득표 총수의 2배를 초과하였을 때에는 득표비율에 의하여 제1순위 정당에게 배분되고 남은 잔여 의석을 득표비율에 따라 분배하나 그렇지 않은 경우 잔여 의석의 2/3를 2순위 정당에게 배분하고 다시 남은 잔여 의석을 3순위 정당 이하의 정당들의 득표비율에 따라 배분하도록 하였다. 따라서 이러한 전국구 제도의 의석배분방법은 통상 비례대표제라 할 수 없다. 이와 같이 불공평한 선거제도는 제4공화국이 출범하면서 더욱 심화되었다. 10월 유신에 의해 1972년 12월 30일 제정·공포된 국회의원법의 골자는 크게 두 가지로 압축될 수 있다. 첫째로 기존의 1구 1인 선거구제도 대신에 1구 2인 선거구제도의 중선거구제도를 채택하였다. 그러나 당선자 결정방식은 상대다수제를 그대로 적용하여 최다득표자 1인이 아니라 최다득표 1순위자와 2순위자를 당선자로 결정하였다. 그러므로 이 제도는 일반적으로 논의되는 비례대표제에 의한 중선거구제도라기보다는 상대다수제에 의한 1구 2인의 소선거구제라 할 수 있다. 둘째로 전국구제도를 폐지하고 대신 국회의원 정수의 1/3을 대통령이 제청하여 통일주체국민회의에서 선출토록 하였다. 이들을 소위 유정회 국회의원이라 하였으며 이는 전국구 의석배분을 대통령이 결정하여 집권 여당의 절대적인 우위를 점하게 한 일당독재제도라 할 수 있다. 따라서 선거제도는 더이상 민주정치를 구현하는 제도적 장치로서의 기능을 상실하게 되었다. 10·26사건의 격변을 지나 들어선 제5공화국에서도 선거제도는 수정이 가해졌다. 1981년 1월 29일 공포된 국회의원 선거법은 5공화국과 마찬가지로 지역구의 경우는 1구 2인 선거구제도와 상대다수제에 의한 당선자 결정방식을 그대로 수용한 반면 통일주체국민회의를 폐지하고 지역구 의석 정수의 1/2을 전국구로 선출토록 하였다. 또한 전국구 의석배분은 지역구 선거에서 5석 이상을 얻지 못한 정당은 제외하고 지역구 선거의 제1당에 전국구 의원 정수의 2/3를 배분하며 나머지 의석은 제2당 이하의 정당에 의석비율로 배분토록 되어 있다. 12, 13대 국회의원 선거는 이 제도의 적용을 받아 치러졌다. 10·26에 이어 또 다시 12·12라는 정치적 격변 이후 들어선 제6공화국도 선거법을 개정하였다. 그 주요 내용은 첫째로 종전의 1구 2인 선거구제에서 1구 1인의 소선거구를 채택하게 되었다. 둘째로 지역구 수의 조정과 전국구 의석배분방식을 수정하는 바 전체의원 정수는 299인으로 제13대와 제14대 총선 때가 동일하나 지역구 의석 수는 제13대 선거의 224석에서 제14대 선거에서는 237석으로, 전국구 의석 수는 75석에서 62석으로 각기 조정되었다. 수정된 전국구 의석배분 규칙을 살펴보면, 지역구 총선거에서 5석 이상의 의석을 차지한 각 정당만을 대상으로 각 정당의 지역구 의석비율에 따라 중앙선거관리위원회가 전국구 의석을 배포한다. 다만 지역구 선거에서 제1당이 획득한 의석 수가 지역구 의석의 총수의 50/100 미만일 때에는 제1당에 전국구 의석총수의 1/2을 배분하고 잔여 의석은 제2당 이하의 각 정당이 그 지역구 의석비율로 배분토록 하였다. 전국구제도의 문제점은 각 정당의 득표비율이 아니라 의석비율에 의해 배분된다는 점, 제1당에 프리미엄제(보너스제, 할증제)를 인정하고 있다는 점과 군소정당 배제를 위한 봉쇄조항이나 의석제재 조치를

<표 1> 한국 선거제도 변천사

역대국회 \ 선거제도	선거구 형태	당선자 결정방법
제1공화국(제헌~4대)	1구 1인 선거구	상대다수대표제
제2공화국(5대 민의원)	1구 1인 선거구	상대다수대표제
제3공화국(6대~8대)	1구 1인 선거구(지역구)와 전국구	지역구: 상대다수대표제 전국구: 비례대표제
제4공화국(9대~10대)	1구 1인 선거구(지역구)와 전국구(유정회)	지역구: 1구 2인 다수대표제 전국구: 통일주체국민회의 간선
제5공화국(11대~12대)	1구 2인 선거구와 전국구	지역구: 1구 2인 다수대표제 전국구: 비례대표제
제6공화국(13대~14대)	1구 2인 선거구와 전국구	지역구: 1구 1인 상대다수대표제 전국구: 비례대표제

포함하고 있다는 점이다.

따라서 전국구 선거제도는 지역구의 다수대표제의 단점을 보완하는 차원에서 운용된 것이 아니라 집권당에게 절대적 우선권을 주어 정권 유지를 위한 수단의 차원에서 오용되어 왔다고 할 수 있다.

3. 득표-의석간의 편의측정모형

1) 세제곱법칙

특정 후보나 정당에 대한 국민의 투표가 어떠한 방식에 의해 의회에서 의석으로 전환되는가를 결정하는 선거제도는 민주정치과정의 핵심적 요소이다. 득표를 의석으로 전환하는 방식은 누가 승리하고 누가 패배하는가를 결정하는 데 결정적 역할을 한다. 예컨대 같은 득표 수를 얻은 한 정당이 A라는 득표-의석 배분방식하에서는 승리할 수 있지만 B라는 방식하에서는 패배할 수도 있는 것이다. 득표를 의석으로 전환하는 가장 단순한 방식을 완전비례대표방식(perfect proportional representation formula)이다. 한 정당이 얻은 득표율(T)과 의회에서 그 정당이 점유한 의석 수(S)가 같아야 하는 원칙으로 다음과 같은 조건을 충족해야 한다.

$$S=T \ \text{또는} \ S/T=1 \tag{1}$$

<그림 1>에서처럼 정당 A가 총투표수에서 60%의 득표율을 얻었다면 의회에서 정당 A는 총의석 수 중에서 정확하게 60%의 의석배분을 받게 되며 정당 B와 C도 각각의 득표율에 상응하여 정확하게 30%와 40%의 의석배분을 받게 되는 방식이 바로 완전비례대표제의 원리이다(Rae, 1967: 28-31).

그러나 이러한 조건은 현실적으로 충족되기가 불가능하다. 물론 이와 같은 이상적인 비례대표제를 충족시키기 위한 조건을 상정해 볼 수는 있다. 첫째는, 선거구의 크기를 매우 크게 획정할 수 있어야 한다. 둘째로는, 의회가 반드시 완전비례대표제 방식에 의해 의석배분을 강제할 수 있도록 할 수 있

어야 한다. 선거구의 크기는 정당의 득표 수와 의석배분간 균등성의 정도를 결정하는 중요한 변수이다. 즉 비례대표선거제도의 효과는 선거구의 크기에 달려 있다고 해도 과언이 아니다. 선거구의 크기는 1구 1석 선거구(single-member districts)와 1구 다석 선거구(multi-member districts)로 대변해 볼 수 있다. 1구 1석 선거구에서는 상대다수방식(plurality formula)이나 절대다수방식(majority formula)에 의해 한 선거구에서 1석을 결정하므로 비례대표방식의 적용가능성이 없는 반면 1구 다석 선거구에서는 선출하는 의석의 수가 많을수록 비례대표의 효과가 높아진다. 예컨대 한 선거구에서 4개의 의석을 선출하는 경우 산술비례제에 의한 의석분할방식을 적용해 보면 한 정당이 의회에서 의석을 분할받기 위해서 얻어야 하는 유효득표율은 13% 정도이다. 8개의 의석을 선출하는 경우의 유효득표율은 7% 정도이다. 따라서 선거구의 크기가 클수록(선출하는 의석 수가 많을수록) 비례대표제의 효과가 크게 나타난다.

<그림 1> 완전비례대표제의 조건

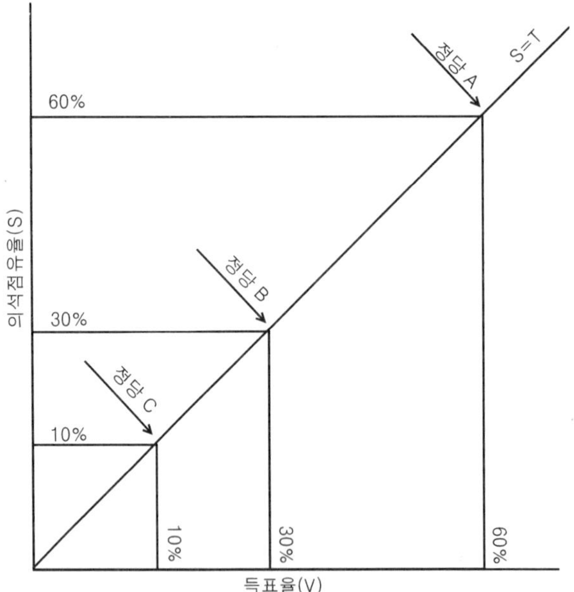

그러면 왜 모든 나라가 비례대표제를 채택하고 있지 않는가? 이는 앞서 언급하였듯이 어떤 나라들은 비례대표제를 선호하여 보다 공평한 대표성을 확보하고 있으나 그 결과는 불안정한 연립인 데 반해, 또 다른 나라들은 정권의 안정성에 가치를 두어 비록 50% 이상의 지지를 받지 못하였어도 가장 많은 득표율을 획득한 정당이 의석의 과반수를 점하여 안정된 정권을 유지할 수 있는데 그 결과는 반대로 과소대표의 문제로 귀결된다. 또한 득표-의석 배분방식도 결코 가치중립적인 문제가 될 수 없으며 정권을 유지하거나 정권을 쟁취하려는 의원들의 첫째 관심사이므로 정치적 결정일 수밖에 없다. 따라서 완전대표제의 실시를 위한 두 조건의 충족은 현실적으로 불가능하다. 따라서 완전비례대표제는 현실적으로 다양한 형태로 유사하게 존재하나, 결코 똑같은 형태로는 존재할 수 없는 플라톤적 이상형의 모형이라 할 수 있다.

일반적으로 양당제하에서 득표-의석 배분간의 관계를 설명하는 데 널리 사용되는 세제곱법칙은 영국 선거제도의 불비례대표성을 설명하기 위해 1910년경에 에지워드와 스미스에 의해 처음으로 제안되었고 켄달과 스튜어트(Kendall & Stuart)(1950)에 의해 수학적 모형으로 발전되었다. 세제곱법칙을 간략히 정의하면 두 정당 K와 L이 각각 획득한 득표에 대한 비율의 세제곱이 두 정당이 각각 얻은 의석 수에 대한 비율과 같다는 원리로 식 (2)와 같은 방정식으로 나타낼 수 있다.

$$S/1\text{-}S = (V/1\text{-}V)^3 \tag{2}$$

$$S: \text{K당이 얻은 의석비율}$$
$$1\text{-}S: \text{L당이 얻은 의석비율}$$
$$V: \text{K당이 얻은 득표비율}$$
$$1\text{-}V: \text{L당이 얻은 득표비율}$$

세제곱법칙에서의 득표율과 의석배분간의 관계는 <그림 2>에 잘 나타나 있다. 예컨대 K와 L당 모두 50%의 득표율을 얻으면 $1=1^3$의 관계가 성립된다. 이와 같은 세제곱법칙을 직접적으로 실증, 검정하기 위해서는 식 (2)에 자연로그를 취하여 식 (3)과 같이 변형해야 하며 이 조건을 만족시키는가에 대한 가설검정을 위해서는 식 (4)와 같은 일반형의 로그 - 로그(log-log) 모형을 선정해야 한다. 세제곱법칙에 부합하기 위해서는 $\beta_0=0$과 $\beta_1=3$의 결합가설이 동시에 충족되어야 한다. 여기서 β_0은 편의(bias)의 정도를 측정하는 계수로 득표-의석배분에 있어 특정 정당에게 얼마나 유리하게 또는 불리하게 작용하는지의 정도를 나타낸다. <그림 2>에서 세제곱법칙에 따르는 득표-의석의 곡선은 득표, 의석이 각각 50%인 좌표를 지나게 되어 있다. 그러나 현실적으로 이 좌표를 지나는 경우가 거의 없다. 예컨대 득표 40%와 의석 50%인 점이나 득표 60%와 의석 60%의 점 등과 같은 좌표를 지나게 된다. 다시 말해 의회에서 과반수 이상의 의석을 차지하기 위해 필요한 최소한의 득표율이 어느 정도인가를 의미한다.

$$\ln(S/1-S)=3\cdot\ln(V/1-V) \tag{3}$$
$$\ln(S/1-S)=\beta 0 + \beta 1\cdot\ln(V/1-V)+u \tag{4}$$

* u는 오차항을 의미한다.

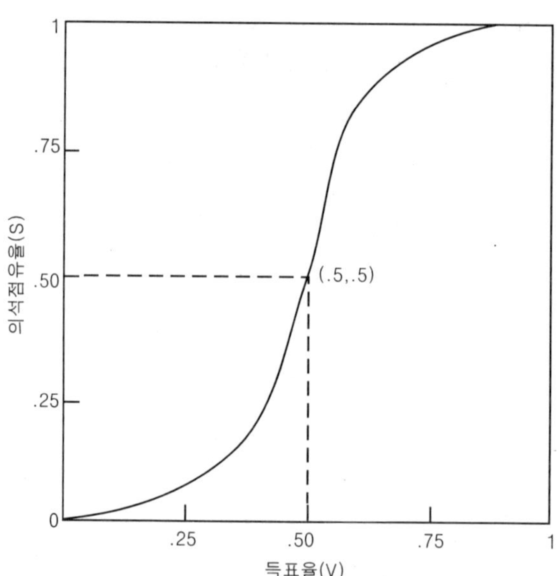

<그림 2> 세제곱법칙[4]

---

4) James G. March, "Party Representation as a Function of Election Results," *Public Opinion Quarterly* II(Winter), 1957-58, p.524.

한편 켄달과 스튜어트의 연구 이래로 세제곱법칙에 대한 실증연구가 쏟아
져 나왔으며 영국을 비롯하여 미국, 뉴질랜드, 캐나다 등의 국가에 적용을
통한 일반화를 시도하려는 비교연구도 활발히 진행되었다. 그중에서도 터프
트(E. Tufte)의 연구결과는 주목할 필요가 있다(Tufte, 1973: 546). <표 2>
에는 그의 연구결과가 잘 요약되어 있다. <표 2>에서 나타난 결과는 영국
을 제외하고는 세제곱법칙의 예측대로 들어맞는 국가는 없다. 또한 타거페
라(Taagerpera, 1989)를 위시한 많은 실증연구들도 세제곱법칙에 부정적인
결과를 제시하였다(March, 1957; Brookes, 1959; Qulter, 1968). 따라서 앵글
로색슨 의원내각제 유형의 선거제도를 설명하기 위해 제창된 세제곱법칙은
그 적용에 한계성이 높다는 결론에 도달하게 되었으며, 세제곱법칙은 법칙
이라기보다는 앵글로색슨 의원내각제 선거의 세제곱규칙(cube rule)이라 칭
해야 한다는 주장까지 나오게 되었다(Taagepera, 1989: 158).

<표 2> 세제곱법칙의 실증연구 결과

	β_0	β_1	$\beta_0=0$, $\beta_1=3$이라는 결합가설의 채택 여부	$\beta_0=0$이라는 결합가설의 채택 여부
영국(1945~1970)	-0.02	2.88	채택	채택
뉴질랜드(1946~1969)	-0.12	2.31	기각	기각
미국(1868~1900)	0.09	2.52	기각	기각
미국(1900~1970)	0.17	2.20	기각	기각
미시간(1950~1968)	-0.17	2.19	기각	기각
뉴저지(1926~1969)	-0.77	2.09	기각	기각
뉴욕(1934~1966)	-0.23	1.33	기각	기각

출처: Tufte, op. cit., 1973, p.546.

2) 세제곱법칙을 일반화한 측정모형

세제곱법칙에 대한 비판에 따라 세제곱법칙을 수정하려는 시도가 다각적
으로 모색되었다. 타일(H. Theil, 1970)은 정보이론에 근거하여 세제곱법칙
을 일반화한 모형을 제시하였다. 샌코프와 메로스(Sankoff & Mellos, 1972)는
게임 이론에 입각하여 '제곱(square law)'을 도출한 반면, 타거페라(1977), 퀄
터(Qualter, 1968) 및 케스티븐스와 모리스(Casstevens & Morris, 1972)는 세

제곱법칙을 다당제의 선거제도에까지 일반화할 수 있도록 세제곱법칙을 수
정하였다. 특히 타일의 일반화모형은 세제곱법칙의 대안적 모형으로 널리
사용되기 시작하였다. 일반화된 함수모형은 식 (5)와 같이 나타낼 수 있다.[5]

$$S/1-S=(V/1-V)^{\rho} \qquad\qquad (5)$$

앞서와 마찬가지로 S는 두 정당 K와 L중에 K당이 얻은 의석의 비율 1-S
는 L당이 얻은 의석비율이며 V는 K당이 얻은 득표비율 1-V는 L당이 얻은
득표비율을 나타낸다. 앞의 식 (2)의 세제곱법칙의 함수모형과 다른 점은 두
정당 K와 L이 각각 획득한 득표에 대한 비율의 지수승이 세제곱이 아니라 ρ
라는 미지수라는 점이다. 이 방정식이 의미하는 바는 세제곱법칙은 임의로 ρ
=3으로 한정시킨 것이므로 적용범위에 한계가 있으며 이 지수를 일반화시
키면 보다 일반화된 모형을 도출시킬 수 있다. 여기서 ρ는 선거제도의 반응
성(responsiveness)의 정도를 측정하는 지수로 한 정당의 득표율의 주어진 변
화에 따라 의석점유율이 변화하는 정도를 측정하며 스윙률(swing ratio)이라
고도 한다. 예컨대 ρ=1인 경우는 완전단순비례의 원칙이 적용됨을 의미하
는 반면 $\rho=\infty$인 경우는 승자가 모든 의석을 독식하는 제도를 의미한다.
<그림 3>은 ρ값에 따라 득표-의석간의 관계가 어떻게 변화하는지를 잘 보
여준다. 또한 ρ값이 클수록 반응성이 높은 선거제도이며 ρ값이 낮을수록 반
응성이 낮은 선거제도이다. 식 (5)에서 ρ값을 추정하기 위해서는 앞서와 마
찬가지로 양변에 자연로그를 취하여 로지스틱 함수(logistic function)로 변환
시키고 오차항 ε를 우변에 첨가하여 식 (6)으로 전환해야 한다. 그러나 이
방정식은 두 정당 모두에게 득표율의 변화가 의석점유율의 변화와 정확히
일치하는 양당제도의 대칭성 가정을 전제로 한다. 예컨대 K당의 득표율이
50%에서 40%로 떨어져서 의석점유율이 50%에서 30%로 감소되면 그 결과
L당은 득표율이 50%에서 60%로 늘어나서 의석점유율이 50%에서 70%로
증가됨을 함축한다. 그리고 방정식 (5)와 (6)은 ρ값에 따른 득표-의석의 관계
를 나타내는 곡선들이 모두 득표율과 선거율이 50%, 50%인 점을 지나 이

---

5) Bernard Grofmas, "Measures of Bias and Proportionality in Seats-Votes Rela-
tionships," *Political Methodology* 9, 1983, pp.295-299.

<그림 3> 세제곱법칙을 일반화한 모형

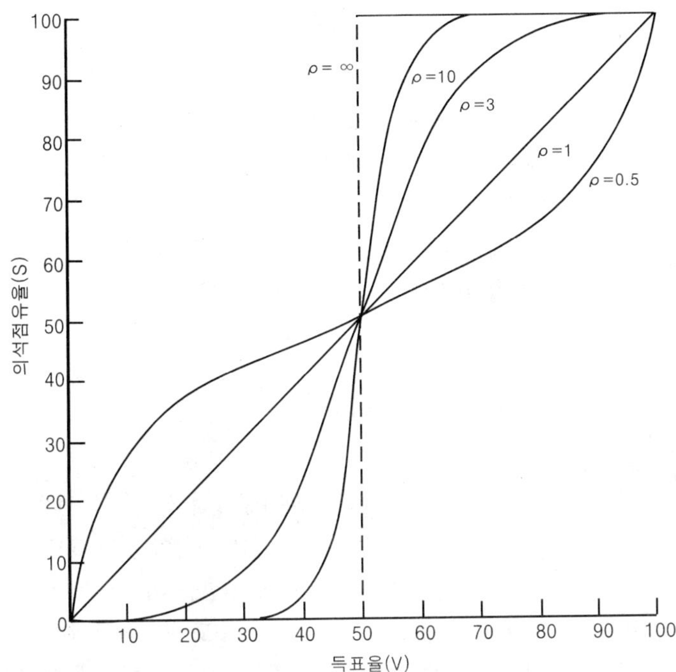

점에 대해 대칭을 이루도록 제한되어 있다. 그러나 실증적인 연구들이 예증하듯 현실적으로는 이 점을 지나 대칭적인 형태를 이루는 것이 불가능하다. 일반적으로 한 정당이 50% 의석을 점유하기 위해서는 50% 미만이나 50%를 초과하는 득표율의 지점에서 교차한다. 이런 방식으로 특정 정당에게 유리하게 또는 불리하게 의석배분이 되는 정도를 편의(bias, party advantage)라 하며 50%, 50%에서 떨어진 거리만큼의 정도로 측정된다. 선거제도의 편의를 측정하기 위해서는 식 (5)를 식 (7)과 같이 수정해야 한다. 그리고 식 (5)를 식 (6)으로 변환시킨 것과 마찬가지로 식 (7)은 식 (8)과 같이 전환해야 한다. 여기서 $\ln \beta$는 선거제도의 편의의 정도를 측정하는 계수이다.[6]

---

6) S. Jackman, "Measure Electoral Bias: Australia, 1949~93," *British Journal of Political Studies* 24, 1994, pp.324-327.

$$\ln(S/1-S) = \rho \cdot \ln(V/1-V) + \varepsilon \qquad\qquad (6)$$
$$S/1-S = \beta \cdot (V/1-V)^{\rho} \qquad\qquad (7)$$
$$\ln(S/1-S) = \ln\beta + \rho \cdot \ln(V/1-V) + \varepsilon \qquad\qquad (8)$$

한편 샌코프와 멜로스(Sankoff & Mellos)의 연구(1973)를 비롯하여 많은 실증연구들이 선거제도에 따라 ρ가 다양한 값을 가진다는 사실을 통해 세제 곱법칙보다는 일반화된 모형이 타당성이 높다는 결론에 도달하게 되었다. 따라서 본고에서도 세제곱법칙의 일반화된 모형[식 (8)]을 이용하여 한국 선 거제도의 편의와 반응성의 정도를 측정하고자 한다.

4. 측정모형의 실증적 결과 및 해석

세제곱법칙은 양당제(two party system)와 1구 1석 선거구를 전제로 하는 제도이며 일반화된 측정모형도 이에 대한 가정은 변함이 없다. 다만 양당제 의 경우 단지 엄밀하게 두 당만의 존재(bipartisan)만을 의미하기보다는 대부 분의 득표나 의석을 주요 두 정당이 점유하는 경우도 포함하고 있다. 따라서 한국의 경우 세제곱법칙을 일반화한 측정모형을 14번의 국회의원 선거에 모 두 적용하는 것은 무리이고 위의 가정에 가장 부합하는 선거를 살펴본 결과 제 4, 6, 7, 8, 13, 14대를 분석대상으로 할 수 있다. 그리고 분석에 적합하 도록 위에 열거한 선거들의 결과는 <표 3>과 같다.

여섯 번의 선거를 대상으로 세제곱법칙을 일반화한 모형[식 (8)]을 적용한 결과는 <표 4>에 요약되어 있다. 지역구만을 살펴보았을 때 한국 선거제도 의 반응성계수와 편의계수는 각각 1.01과 0.269인 데 반해 전국구를 포함하 여 분석한 결과는 반응계수가 0.85, 편의계수는 0.273이다. 지역구만 고려했 을 때와 전국구를 포함했을 경우의 반응계수를 비교하면 지역구만을 고려했 을 때가 반응성이 높은 것으로(1.01>0.85) 나타나고 있으며 편의계수를 비교 하면 전국구만을 분석대상으로 한 경우가 전국구를 포함한 경우보다 편의의 정도가 낮은 것으로(0.269<0.273) 밝혀졌다. 따라서 득표-의석 배분에 있어 특정 정당(여기서는 집권 여당)에게 얼마나 유리하게 작용하는지의 정도를 놓고 볼 때 전국구제도는 편의의 정도를 심화시키는 제도라 평가될 수 있다.

<표 3> 선거결과 요약

대별 \ 정당	득표/의석	집권 여당	제1야당
4대	(득표) (의석)	3,607,902 126	2,934,036 79
6대	(득표) (지역구) (전국구)	3,112,985 88 22	1,264,285 27 14
7대	(득표) (지역구) (전국구)	5,494,922 102 27	3,554,224 28 17
8대.	(득표) (지역구) (전국구)	5,460,581 86 27	4,969,050 65 24
13대	(득표) (지역구) (전국구)	6,670,494 87 38	3,783,729 54 16
14대	(득표) (지역구) (전국구)	7,923,719 116 33	6,004,577 75 22

<표 4> 실증분석 결과

추정치	지역구	전체(전국구 포함)
β	0.269	0.273
ρ	1.01	0.85
r^2	0,50	0.57

주: 추정치는 0.05 수준에서 유의함.

5. 결론

세제곱법칙을 일반화한 모형을 적용한 결과 전국구제도가 편의를 심화시
켜 보다 공평한 대표성의 원리를 저해하는 것으로 밝혀졌다. 따라서 앞으로
의 선거개혁의 방향은 전국구제도의 수정이나 폐지 쪽으로 가야 할 것이다.
기존에 국내 학자들도 전국구제도의 문제점에 대해 수차 지적하여 왔으며,[7]

---

7) 김문현(1991), 김종림(1991: 41-60), 김철수(1971: 7-16), 정종섭(1991: 14-32), 양

이와 같은 전국구제도에 대한 비판이 높아지자 김영삼정부는 그동안 집권당의 정권유지를 위한 도구로 전락한 선거제도에 대한 개혁의 필요성과 15대 총선을 대비하여 8개월간에 걸친 여야 국회의원들간의 공방 끝에 1994년 3월 4일 일명 통합선거법을 국회에서 통과시켰다.

통합선거법에서 밝히고 있는 전국구 국회의원 의석배분방식을 살펴보면 다음과 같다. 첫째, 지역구 국회의원 총선거에서 5석 이상 당선시, 유효투표 총수의 5% 이상 득표시, 3%에서 5% 미만을 득표한 경우에 한하여 의석할당을 받을 수 있다. 그리고 3%에서 5% 미만을 득표한 정당에게는 1석이 배분된다. 한편 의석배분방식도 종전의 의석비율에 의한 방법이 아니라 득표비율에 의하여 의석배분을 하기로 하였다.[8] 통합선거법의 전국구 의석배분방식을 제 3, 4, 5, 6공화국의 배분방식과 비교하면 상당히 획기적인 것이라 할 수 있지만 아직 문제점을 내포하고 있다. 특히 지역구 총선거에서 5석 미만이나 유표투표 총수의 5% 미만을 얻은 정당은 전국구 의석배분 대상에서 제외한 것은 군소정당의 참여를 배제하고 투표의 가치평등과 정당의 기회균등에 관한 권리를 침해한 것이다. 또한 3% 이상 5% 미만을 득표한 정당에게 1석이 배분된다는 규정도 비례대표제 원칙의 기준에서 보면 공정하다고 할 수 없을 것이다. 가령 한 정당이 유효총투표수의 4.99%의 득표율을 기록하였다면 의석배분방식에 따라 약간의 차이는 있겠지만 산술비례제에 의한 경우 3석을 얻을 수 있으며 다른 방법에 의거하더라도 2내지 3석을 얻을 가능성이 높다. 따라서 이에 대한 수정이 필요할 것이다. 한편 비례대표제는 사표를 방지하여 대표성을 제고하는 목적과 더불어 직능대표제의 실현을 이상으로 한다. 즉 지역구 의원과 함께 직능별 전문가를 선출하여 그들의 전문성을 통해 의회기능의 전문화와 활성화를 도모하고자 함이다. 그러나 우리나라에서는 전국구제도가 이러한 취지와 부합되게 운영되지 않았을 뿐만 아니라, 엽관(獵官)의 방편이나 매관매직의 대상으로 전락하고 말았다. 따라서 전국구 의석배분방식이 아무리 합리적으로 개혁될지라도 이와 같은 정치풍토에서는 무용지물임을 알아야 할 것이다. 따라서 선거제도의 개혁 이전에

건(1991, 6-13), 안병영(1992: 15-40).

8) 강수림, 『통합선거법』, 돌베게, 1944, 468-470쪽; 현대사회연구소, 『정치개혁법 및 지방자치법』, 현대사회연구소, 1994, 124쪽.

정치풍토의 개선이 뒷받침되어야 할 것이다.

1970년 칠레 대통령 선거에 주요한 세 후보가 출마하였다. 사회당의 아옌데(Salvador Allende) 후보는 전체 유효투표의 36.3%를 얻어 아주 근소한 차로 중도파와 우파의 후보를 물리치고 대통령에 당선되었다. 아옌데는 지지기반이 약한 약점에도 불구하고 선거공약을 실현하기 위한 과격한 변화를 추진하였으나 이는 즉시 심한 반대의 벽에 부딪히게 되었으며, 중도파는 쿠데타에 대해 침묵하였다. 그 결과 피비린내 나는 독재정권이 탄생되었다.

만약에 칠레가 다른 선거제도를 채택하고 있었다면 칠레의 정치역사는 달라졌을 것이다. 칠레는 상대다수제에 의해 대통령이 선출되므로 과반수 이상의 투표자들에게는 세 후보 중 가장 바람직하지 못한 후보였음에도 불구하고 아옌데가 선출되어 정치적 재난을 초래하였다. 어떤 나라에서는 상대다수제 대신에 절대다수제를 채택하고 있다. 절대다수제는 상대다수제와 달리 50%를 초과하는 득표율이 당선의 요건이다. 가령 1차 선거에서 과반수를 초과하는 득표자가 없는 경우는 상대다수제에 의해 가장 많은 득표자 2인을 선정하여 2차 선거에서 과반수를 초과하는 득표자를 당선자로 확정시키는 방법이다(second ballot system). 따라서 칠레가 절대다수제를 채택하였다면 2차 선거에서 중도파는 배제되었을 것이고 투표자들은 우파와 좌파간의 결정상황에 직면하게 되었을 것이다. 그리고 1차 선거에서 중도파를 지지했던 투표자들 대다수가 2차 선거에서 우파를 지지하였다면 결과는 우파의 승리로 끝나게 되어 비참한 상황으로 악화되지 않았을지도 모른다.

한국의 경우 13대 대통령 선거를 살펴보면 특정 선거제도의 채택 여부에 따라 결과가 달라질 수 있음을 알 수 있다. 13대 대선의 주요 세 후보의 득표 수를 보면 민정당의 노태우 후보가 8,282,738표를 얻어 총유효투표수 22,603,411의 36.6%를 얻었고 통일민주당의 김영삼 후보가 6,337,581표로 28.0%, 김대중 후보가 6,113,375표로 27.0%를 기록하였다. 상대다수제를 채택하고 있는 우리의 경우 노태우 후보가 당선되었다. 그러나 만일 절대다수제를 채택하고 있었다면 결과는 다음과 같이 달라질 수 있었다. 첫 번째 선거에서 최대다수표를 획득한 노태우, 김영삼 두 후보를 결선 투표하여 과반수 이상을 초과하는 득표자를 대통령으로 선출하였다면 김영삼 후보가 선출되었을 것이다. 이 당시는 군부정권에 대한 반감이 고조되었을 때라 김대중 후보를 지지한 투표자들이 2차 투표에서는 김영삼 후보에 투표했을 가능성이 높기 때문이다. 이 결과는 이후의 정치상황을 바꾸어 놓았을 것이다.

여기서 주장하고자 하는 바는 한 선거제도가 다른 선거제도보다 우월하다는 차원이 아니라 선거제도가 중요한 변수라는 것이다. 즉 같은 득표율을 가지고도 선거제도에 따라 우파, 중도파 또는 좌파후보가 당선될 수 있다는 점이다. 그리고 칠레의 경우처럼 오랫동안 합리적으로 잘 운영되었던 선거제도가 갑자기 정치적 격변이나 재난을 가져올 수도 있다. 따라서 선거제도는 특정 정당이 선거에서 승리하느냐 패배하느냐 뿐만 아니라, 때로는 한 나라의 흥망성쇠를 결정할 수 있는 중요한 요소임에 틀림없다.

따라서 선거제도의 개혁은 정권의 유지나 집권당의 재선의 목적을 위해서만이 아니라 공평한 대표성의 원리, 안정성의 원리와 잘 조화하여 이루어져야 할 것이다. 특히 오스트리아는 비교적 균등한 비례대표와 안정된 내각을 유지해 왔다는 점에서 시사점을 찾을 수 있다.

요컨대 한국 선거제도의 개혁은 정치적 사심에서 벗어나 대표성의 원리와 안정성의 원리를 축으로 행해져야 할 것이며, 현재의 전국구제도와 강력한 대통령중심제 국가임을 고려해 볼 때 대표성의 원리에 보다 가중치를 두어 개혁을 추진해 나가야 할 것이다. 동시에 선거제도는 정치인들만의 전유물이 아니므로 선거제도 개혁논의는 정치인은 물론 각계각층의 전문가와 국민들이 자유롭게 참여할 수 있는 공공토론의 장에서 논의와 토론을 통해 개혁되어야 할 것이다.

□ 참고문헌*

강수림. 1944, 『통합선거법』, 돌베게.
김광웅 편. 1990, 『한국의 선거사회학』, 나남.
김문현. 1991. 2, 「평등선거의 원칙과 관련한 몇 가지 문제」, 제15회 한국공

---

* 이 분야에 관련된 외국 참고문헌은 미정치학회(American Political Science Association) 산하의 대표 및 선거제도 분과(Section on Representation and Electoral Systems)에서 발행한 참고문헌 목록을 함께 수록하였다. 이 분야의 연구자에게 도움이 되었으면 한다.

법학회 발표논문 모음자료.

김승흠·김광웅·안병만. 1987, 『한국선거론』, 다산출판사.

김종림. 1991, 「한국 선거제도가 내포하고 있는 왜곡효과는 어느 정도인가?」, 《계간 사상》 겨울호.

김철수. 1971, 「전국구 비례대표제의 문제점과 개선방안」, 《선거관리》 제4권 2호.

박동서 편. 1985, 『의회와 입법과정』, 법문사.

안병영. 1982, 「한국의 정당체계와 정당내의 파벌형태」, 『한국 정치행정의 체계』(김운태 박사 회갑기념 논문집), 박영사.

______. 1992, 「선거제도 개혁론」, 《계간 사상》 봄호.

양건. 1991. 8, 「선거과정에서의 국민참여의 확대」, 《사법행정》.

윤천주. 1981, 『우리나라의 선거실태』, 서울대 출판부.

______. 1987, 『한국 정치체계』, 서울대 출판부.

______. 1989, 『투표참여와 정치발전』, 서울대 출판부.

윤형섭. 1988, 『한국정치론』, 박영사.

이수인. 1990, 「우월적 여당체제에서의 야당의 우위성」, 『사상과 정책』, 경향신문사.

이정식. 1990, 「현대 정당(정치) 재편의 이론적 성향」, 《한국과 국제정치》 제6권 2호, 경남대 극동문제연구소.

정종섭. 1991. 8, 「현행 국회의원 선거제도의 문제점과 대안적 방향」, 《사법행정》.

최한수. 1989, 「정당체계에 관한 소고: 개념과 분류를 중심으로」, 《현대사회》 제9권 2호, 현대사회연구소.

Aberbach, Joel, Robert Putnam & Bert A. Rockmn. 1981, *Bureaucrats and Politicians in Western Democracies*, Cambridge, MA.: Harvard Univ. Press.

Aberbach, Joel & Bert A. Rockman. 1976, "Clashing Beliefs within the Executive Branch: The Nixon Administration Bureaucracy," *American Political Sciences Review* 70.

Abrams, K. 1993, "Relationships of Representation in Voting Rights Act Jurisprudence," *Texas Law Review* 71(7).

Ahuja, S. 1994, "Electoral Status and Representation in the United States Senate: Does Temporal Proximity to Election Matter?" *American Politics Quarterly* 22(I).

Altfeld, Michael & Gary Miller. 1984, "Sources of Bureaucratic Influence: Expertise and Agenda Control," *Journal of Conflict Resolution* 28.

Ancheta, A. N. I. 1993, "Multi-Ethnic Voting Rights: Redefining Vote Dilution in Communities of Color," *Univ. of San Francisco Law Review* 27(4).

Archer, K. 1993, "Conflict and Confusion in Drawing Constituency Boundaries: The Case of Alberta," *Canadian Public Policy-Analyse de Politiques* 19(2).

Arrow, Kenneth. 1985, "The Economics of Agency," *In Principals and Agents*, ed. by John Pratt & Ricbard Zeckhauser, Boston: Harvard Business School Press.

Avila, J. G. & E. A. Davis. 1993, "Panel 4: The Future of Voting Rights Litigation: Judicial and Community College Board Elections," *La Raza Law Journal* 6.

Axelrod, Robert. 1984, *The Evolution of Cooperation*, N.Y.: Basic Books.

Baiman, Stanley. 1982, "Agency Research in Managerial Accounting," *Journal of Accounting Literature* 1.

Banducci, S. A. & J. A. Karp. 1994, "Electoral Consequences of Scandai and Reapportionment in the 1992 House Elections," *American Politics Quarterly* 22(1).

Baron, D. P. 1993, "Government Formation and Endogenous Parties," *American Political Science Review* 87(I).

Bawn, K. 1993, "The Logic of Institutional Preferences: German Electoral Law as a Social Choice Outcome," *American Journal of Political Science* 37(4).

Bendor, Jonathan. 1987, "In Good Times and Bad: Reciprocity in an Uncertain Worked," *American Journal of Political Science* 31.

Bendor, Jonathan & Terry Moe. 1985, "An Adaptive Model of Bureaucratic Politics," *American Political Science Review* 79.

______. 1986. "Agenda Control, Committee Capture, and the Dynamics of Institutional Politics," *American Political Science Review* 80.

Bendor, Jonathan, Serge Taylor & Roland van Caalen. 1985, "Bureaucratic Expertise versus Legislative Authority: A Model of Deception and Monitoring in Budgeting," *American Political Science Review* 79.

______. 1987a, "Stacking the Deck: Bureaucratic Missions and the Search for Alternatives," *American Political Science Review* 81.

______. 1987b, "Politiciana, Bureaucrats, and Asymmetric Information," *American Journal of Political Science* 31.

Berend, D. & J. E. Harmse. 1993, "Expert Rule Versus Majority-Rule Under Partial Information," *Theory and Decision* 35(2).

Berg, S. 1993, "Condorcet's Jury Theorem, Dependency among Jurors," *Social Choice and Welfare* 10(I).

Bergman, T. 1993, "Formation Rules and Minority Governments," *European Journal of Political Research* 23(1).

Blais, A., D. Blake & S. Dion. 1993, "Do Parties Make a Difference-Parties and the Size of Government in Liberal Democracies," *American Journal of Political Science* 37(1).

Bowler, S. & D. Denemark. 1993, "Split Ticket Voting in Australia-Dealignment and Inconsistent Votes Reconsidered," *Australian Journal of Political Science* 28(1).

Brennan, G. & A. Hamlin. 1993, "Rationalising Parliamentary Systems," *Australian Journal of Political Science* 28(3).

Brown, C., N. R. Heighberger & P. A. Shocket. 1993, "Gender-Based Differences in Perceptions of Male and Female City Council Candidates," *Women & Politics* 13(1).

Budge, I. & M. Laver. 1993, "The Policy Basis of Government Coalitions: A Comparative Investigation," *British Journal of Political Science* 23(4).

Bullock, C. S. & R. K. Gaddie. 1993, "Changing from Multivariate to Single-Member Districts: Partisan, Racial, and Gender Consequences," *State and Local Government Review* 25(3).

Butler, D., R. Wainright, K. Best & M. Georghiou. 1993, "The Plant Report 1993: The Third Report of Labour's Working Party on Electoral Systems (and party political response)," *Representation* 31(116).

Cabrera, E. 1993, "District Size and Electoral Formula in Proportional Representation," *Desarrollo Economico-Revista de Ciencias Sociales* 33(130).

Carter, R. B. 1993, "Mere Voting: Presely v. Etowaly County Commission and the Voting Rights Act of 1965," *North Carolina Law Review* 71(2).

Calvert, Randall. 1985, "The Value of Biased Information: A Rational Choice Model of Political Advice," *Journal of Politics* 47.

Calvert, Randall, Matthew McCubbins & Barry Weingast. 1986, "Bureaucratic Discretion or Political Control Process Versus Equilibrium Analysis," Presented at the annual meeting of the American Political Science Association, Washington, D.C.

Chiriyankandath, J. 1992, "Democracy Under the Raj-Electins and Separate Representation in British-India," *Journal of Commonwealth & Comparative*

Politics 30(1).

Clingermayer, J. C. 1993, "Distributive Politics, Ward Representation, and the Spread of Zoning," *Public Choice* 77(4).

Cohen, Michael. 1981, "The Power of Parallel Thinking," *Journal of Economic Behavior and Organization* 2.

______. 1984, "Conflict and Complexity: Goal Diversity and Organizational Search Effectiveness," *American Political Science Review* 78.

Cohen, Michael, James March & Johan P. Olsen. 1972. "A Garbage Can Model of Organizational Choice," *Administrative Science Quarterly* 17.

Cohen, L. M. 1993, "The Bargaining Rage in Legislative District Apportionment," *Public Choice* 77(3).

Coleman, S. 1993, "Cycles and Chaos in Political-Party Voting-A Research Note," *Journal of Mathematical Sociology* 18(1).

Congressianl Quarterly Weekly Report 51. 1993(Topic: 1st page).

Conybeare, John. 1984, "Bureaucracy, Monopoly, and Competition: A Critical Analysis of the Budget-Maximizing Model of Bureaucracy," *American Journal of Political Science* 28.

Cox, G. W. & E. Niou. 1994, "Seat Bonuses under the Single Transferable Vote System: Evidence from Japan and Taiwan," *Comparative Politics* 26(2).

Cox, G. W. & F. Rosenbluth. 1993, "The Electoral Fortunes of Legislative Factions in Japan," *American Political Science Review* 87(3).

Crain, W. M. & M. L. Leonard. 1993, "The Right Versus the Obligation to Vote: Effects on Cross-Country Government Growth," *Economics and Politics* 5(I).

Crecine, John. 1969, *Governmental Problem-Solving*, Chicago: Rand McNally.

______. 1970, *Defense Budgeting: Organizational Adaptation to External Constraints*, Memorandum RM-6121-PR. Santa Monika: Rand.

Cross, John. 1983. *A Theory of Adaptive Economic Behavior*, N.Y.: Cambridge Univ. Press.

Cyert, Richard & James March. 1963, *A Behavioral Theory of the Firm*, Englewood Cliff, N.J.: Prentice-Hall.

Darcy, R., C. D. Hadley & J. F. Kirksey. 1993, "Election Systems and the Representation of black-Women in American State Legislatures," *Women & Politics* 13(2).

Davidson, C. 1993, "The Voting Rights Act: Protecting the Rights of Racial and Language Minorities in the Electoral Process," *Chicano and Latino Law Review* 13.

De la Garza, R. O. 1993, "Save the Baby, Change the Bathwater, and Scrub the Tub: Latino Electoral Participation after Seventeen Years of Voting Rights Act Coverage," *Texas Law Review* 71(7).

Davis, Otto, M. A. H. Dempster & Aaron Wildavsky. 1974, "Towards a Predictive Theory of Government Expenditures: U.S. Domestic Appropriations," *British Journal of Political Science* 4.

Delima, O. B. 1993, "The Reform of Political-Institutions-The Brazilian Experience and the Perfecting of Democracy," *Dados-Revista de Ciencias Socialis* 36(1).

Dent, M. 1993, "The Case for an Electoral Pact Between Labor and the Liberal Democrats," *Political Quarterly* 64(2).

Denzau, Arthur & Robert Mackay. 1983, "Gatekeeping and Monopoly Power of Committees an Analysis of Sincere and Sophisticates Behavior," *American Journal of Political Science* 27.

Destler, I. M 1974, *President, Bureaucrats, and Foreign Policy*, Princeton, N.J.: Princeton Univ. Press.

Dummett, M. 1992, "Toward a More Representative Voting System: The Plant Report," *New Left Review* 194.

Ellis, T. 1993. "Ferdinand Mount on 'The British Constitution Now'" *Representation* 31(116).

Engstrom, R. L. & M. D. McDonald. 1993, "'Enhancing' Factors in At-Large Plurality and Majority System," *Electoral Studies* 12(4).

Fajardo; R. P., A. M. Thernstron & J. G. Hebert. 1993, "Panel 2: Future of Voting Rights Litigation: Elections at the Legislative Level," *La Raza Law Journal* 6.

Ferejohn, John. Forthcoming, "Introduction," *Information and Democracy*, ed. by John Ferejohn & James Kuklinski, Champaign: Univ. of Illinois Press.

Fiorjna, Morris. 1982, "Legislative Choice of Regulatory Forms: Legal Process or Administrative Process?" *Public Choice* 39.

______. 1986, "Legislative Uncertainty, Legislative Control, and the Delegation of Legislative Power," *Journal of Law, Economics, and Organization* 2.

Firebaugh, G. 1993, "Are Bad Estimates Good Enough for the Courts?" *Social*

Science Quarterly 74(3).

Forsyth, R., R. B. Byerson, T. A. Rietz & R. J. Weber. 1993, "An Experiment on Coordination in Multi-Candidate Elections: The Importance of Polls and Election Histories," *Social Choice and Welfare* 10(3).

Frankel, L. M. 1993. "Stemming the 'Sleaze': A Comprehensive Approach to the Problems of Negative Political Advertising," *Santa Clara Law Review* 33(2).

Frey, B. S. & I. Bohnet. 1993, "Democracy by Competition-referenda and Federalism in Switzerland," *Publius-The Journal of Federalism* 23(2).

Friedland, S. I. 1993. "African-americans and Sustained Voting Rights Inequality," *Duquesne Law Review* 31(4).

Garber, L. & G. Cowan. 1993, "The Virtues of Parallel Vote Tabulations," *Journal of Democracy* 4(2).

Gelfand, D. M. 1993, "Voting Rights Reforms North and South: Life Becomes Tougher for Incumbents," *La Raza Law Journal* 6(1).

Gerber, E. R. & J. E. Jackson. 1993, "Endogenous Preferences and the Study of Institutions," *American Political Science Review* 87(3).

Gonzales, C. G. 1993, "'Ability to Influence' Claims under Section 2 of the Voting Rights Act," *Chicano-Latino Law Review* 13.

Gonzalez Enrfquez, C. 1993, "Sistemas Electorales i Estabilidad Politica en Europa del Este(Electoral Systems and Political Stability in Eastern Europe)," *Revista de Estudios Politicos* 79(1), [IPSA 43.3840].

Grofman, B. 1993a, "Throwing Darts at Double Regression-and Missing the Target," *Social Science Quarterly* 74(3).

______. 1993b, "Voting Rights in a Multi-Ethnic World," *Chicano-Latino Law Review* 13.

Gurian, P. H. 1993, "Primaries Versus Caucuses-Strategic Considerations of Presidential-Candidates," *Social Science Quarterly* 74(2).

Gutowski, W. E. & J. P. Georges. 1993, "Optimal Sophisticated Voting Strategies in Single Ballot Elections Involving Three Candidates," *Public Choice* 77(2).

Halperin, Morton. 1974, *Bureaucratic Politics and Foreign Policy*, Washington, D.C.: Brookings Institution.

Hammond, Thomas. 1984, "The Probability of an Organizational Preference Cycle," Presented at the annual meeting of the American Political

Science Association, Washington, D.C.

______. 1985, "Instability in Hierarchical Decision Making: A Probabilistic Analysis," Presented at the annual meeting of the American Political Science Association, New Orleans, La.

______. 1986, "Agenda Control, Organizational Structure, and Bureaucratic Politics," *American Journal of Political Science* 30.

Hammond, Thomas, Jeffrey Hill & Gary Miller. 1986, "Presidential Appointment of Bureau Chiefs and the 'Congressional Control of administration' Hypothesis," Presented at the annual meeting of the American Political Science Association, Washington, D.C.

Hammond, Thomas & Gary Miller. 1985, "A Social Choice Perspective on Authority and Expertise in Bureaucracy," *American Journal of Political Science* 29.

Hammond, Thomas & Gary Miller. 1987, "The Core of the Constitution," *American Political Science Review* 81.

Hill, Jeffrey. 1985, "Why So Much Stability? The Role of Agency Determined Stability," *Public Choice* 46.

Holmostrom, Bengt. 1986, "Economic Theories of Organization," *Lecture given at the Graduate School of Business*, Stanford University.

Huntington, Samuel. 1961, *The Common Defense*, N.Y.: Columbia Univ. Press.

Horowitz, D. L. 1993, "Democracy in Divided Societies," *Journal of Democracy* 4(4).

Jankoski, R. 1993. 1, "Responsible, Irresponsible and Westminister Parties-A Theoretical and Empirical-Evaluation," *British Journal of Political Science* 23.

Kaempfer, W. H. & A. D. Lowenberg. 1983, "A Threshold-Model of Electoral Policy and Voter Turnout," *Rationality and Society* 5(1).

Karotkin, D. 1993, "Inferiority of Restricted Majority Decision Rules," *Public Choice* 77(2).

Karpiak, J. R. 1993, "Voting Rights and the Role of the Federal Government: The Rehnquist Court's Mixed Messages in Minority Vote Dilution Cases," *Univ. of San Francisco Law Review* 27(3).

Kaufman, Herbert. 1956, "Emerging Conflict in The Doctrines of Public Administration," *American Political Science Review* 50.

Kitschelt, H. 1992, "The Formation of Party Systems in East-Central-Europe,"

Politics & Society 20(1).

Klein, S. P. & D. A. Freedman. 1993, "Ecological Regression in Voting Rights Cases," *Chance* 6(3).

Kousser, J. M. 1993, "Beyond Gingles: Influence Districts and the Pragmatic Tradition in Voting Rights Law," *Univ. of·San Francisco Law Review* 27(3).

Krasno, J. S. & D. P. Green. 1993, "Stopping the Buck Here: The Case for Campaign Spending Limits," *The Brookings Review* 11(2).

Kuroda, T. 1993, "A Power Index for Multi-Stage and Multi-Agent Decision Systems," *Behavioral Science* 38(4).

Ladha, K. K. 1993, "Condorcets Jury Theorem in Light of Definetti Theorem-Majority-Rule Voting with Correlated Votes," *Social Choice and Welfare* 10(1).

Leviathal, Daniel. 1988, "A Survey of Agency Model of Organizations," *Journal of Economic Behavior and Organization* 9.

Leviathal, Daniel & James G. March. 1981, "A Model of Adaptive Organizational Search," *Journal of Economic Behavior and Organization* 2.

Li, S. H. 1993, "Stability of Voting Games," *Social Choice and Welfare* 10(1).

Lindblom, Charles. 1959, "The Science of 'Muddling Through'," *Public Administration Review* 19.

Lysenko, V. I. 1992, "Zakonodatel'stvo o vyborah v mestnye organy samoupravlenija i praktika ego primenenija v zarubez_nyh stranah v 80-90e gody: sravnitel'nyj analiz i tendencil razvitija(Legislation on Local Government Elections and its Use in Foreign Countries in the 1980s-1990s: Comparative Analysis and Development Trends)," Gosudarstvo i Pravo(12). [IPSA 43.3868].

Mackay, Robert & Carolyn Weaver. 1979, "On the Mutuality of Interests between Bureaus and High Demand Committees: A Perverse Result," *Public Choice* 34.

Mainwaring, S. 1993, "Presidentialism, Mulitpartism, and Democracy: The Difficult Combination," *Comparative Political Studies* 26(2).

March, James C. & James G. March. 1978, "Performance Sampling in Social Matches," *Administrative Science Quarterly* 23.

March, James G. & Herbert A. Simon. 1958, *Organizations*, N.Y.: Wiley.

Marmolejos, P. A. 1993, "Requirements of the Voting Rights Language Assistance Act of 1992," *La Raza Law Journal* 6.

McCubbins, Matthew & Thomas Schwartz. 1984, "Congressional Oversight Overlooked: Police Patrols versus Fire Alarms," *American Journal of Political Science* 28.

McDuff, R. B. 1993, "Judicial Elections and the Voting Rights Act," *Loyola Law Review* 38(4).

Mckelvey, Richard. 1976, "Intransitivities in Multidimensional Voting Models and Some Implications for Agenda Control," *Journal of Economic Theory* 12.

Mcleay, E. 1993, "Women's Parliamentary Representation: A Comparative Perspective," *Political Science* 45(1).

Melumad, Nahum & Dilip Mookgerjee. 1989, "Delegation as Commitment: The Case of income Tax Audits," *Rand Journal of Economics* 20.

Miller, Gary & Terry Moe. 1983, "Bureaucrats, Legislators, and the Size of Government," *American Political Science Review* 77.

Moe, Terry. 1984, "The New Economics of Organization," *American Journal of Political Science* 28.

______. 1987, "An Assessment of the Positive Theory of 'Congressional Dominance'," *Legislative Studies Quarterly* 12.

Munger, Michael. 1984, "On the Mutuality of Interests Between Bureau and High Demand Review Committees," *Public Choice* 43.

Nagel, J. H. 1993. 4, "Populism, Heresthetics and Political Stability-Richard Seddon and the Art of Majority-Rule," *British Journal of Political Science* 23.

Nelson, Richard & Sidney Winter. 1981, *An Evolutionary Theory of Economic Change*, Cambridge, MA.: Harvard Univ. Press.

Nisbett, Richard & Lee Ross. 1980, *Human Inference: Strategies and Shortcomings of Social Judgement*, Englewood Cliffs, N.J.: Prentice-Hall.

Niskanen, William A., Jr. 1971, *Bureaucracy and Representative Government*, N.Y.: Aldine-Atherton.

______. 1975, "Bureaucrats and Politicians," *Journal of Law and Economics* 18.

Norrander, B. 1993, "Nomination Choices-Caucus and Primary Outcomes, 1976~88," *American Journal of Political Science* 37(2).

Ogul, Morris. 1976, *Congress Oversees the Bureaucracy*, Pittsburgh: Univ. of Pittsburgh Press.

Padgett, John. 1980, "Bounded Rationality in Budgetary Research," *American Political Science Review* 74.

______. 1981, "Hierarchy and Ecological Control in Federal Budgetary Decision Making," *American Journal of Sociology* 87.

Pildes, R. H. & R. G. Niemi. 1992, "Expressive Harms, 'Bizarre Districts', and Voting Rights: Evaluating Election-District Appearances after Slav. v. Reno," *Michigan Law Review* 3.

Polsby, D. D. & R. D. Popper. 1992, "Ugly: An Inquiry into the Problem of Racial Gerrymandering under the Voting Rights Act," *Michigan Law Review* 3.

Poole K. T. & T. Romer. 1993, "Ideology, Shirking, and Representation," *Public Choice* 77(1).

Rander, Roy. 1985, "Repeated Principal-Agent Games with Discounting," *Econometrica* 53.

Rasch, B. E. 1993, "Coalition Theory-William Riker Size Principle," *Tidsskrift for Samfunnsforskning* 34(1), (Norwegian).

Romer, Thomas & Howard Rosenthal. 1978, "Political Resource Allocation, Controlled Agendas, and the Status Quo," *Public Choice* 33.

Rommetvedt, H. 1933, "Coalition Theory-Size and Policy Distance," *Tidsskrift for Samfunnsforskning* 34(2), (Norwegian).

Roskin, M. G. 1993, "The Emerging Party Systems of Central and Eastern-Europe," *East European Quarterly* 27(1).

Ross, M. M. 1933, "The Voting Right Act," *The Urban Lawyer* 25(4).

Ross, Stephen. 1973, "The Economic Theory of Agency: The Principal's Problem," *American Economic Review* 63.

Rydon, J. 1933, "Electoral Inequalities in the 1990 Federal-Elections," *Australian Journal of Political Science* 28(1).

Schofield, N. 1993, "Political Competition and Multiparty Coalition Governments," *European Journal of Political Research* 23(1).

Seitz, B. 1993, "Metaphysis and the Subject of Political Representation," *New Political Science* 6.

Sen, Amartya. 1977, "Social Choice Theory Re-examination," *Econometrica* 45.

Shepsle, Kenneth. 1979, "Institutional Arrangements and Equilibrium in Multidimensional Voting Model," *American Journal of Political Science* 23.

Shane, P. M. 1993, "Voting Rights and the 'Statutory Constitution'," *Law and Contemporary Problems* 56(4).

Shapiro, A. L. 1993. "Challenging Criminal Disenfranchisement under the Voting Rights Act: A New Strategy," *The Yale Law Journal* 103(2).

Shapiro, M. & A. Stone. 1944, "The New Constitutional Politics of Europe," *Comparative Political Studies* 26(4).

Shepsle, Kenneth & Barry Weingast. 1984, "Uncovered Sets and Sophisticated Voting Outcomes with Implications for Agenda Institutions," *American Journal of Political Science* 28.

Simon, Herbert A. 1946, "The Proverbs of Administration," *Public Administration Review* 6.

______. 1957, *Models of Man: Social and Rational*, N.Y.: Wiley.

Snyder, J. M. 1993, "The Market for Campaign Contributions: Evidence for the U.S. Senate. 1980~1986," *Economics and Politics* 5(3).

Spurrier, J. D. & S. J. Kohta. 1993, "Estimations of Proportion of White and Non-White Voters Voting for a Candidate with Applications to Possible Violations of Section 2 of the Voting Rights Act," *Communication in Statistics* 22(3).

Suberu, R. T. 1993, "The Travails of Federalism in Nigeria," *Journal of Democracy* 4(4).

Taylor, Serge, 1986, "Organizational Learning," Manuscript, Graduate School of Business, Stanford Univ.

Terkildsen, N. 1993, "When White Voters Evaluate Black Candidates: The Processing Implications of Candidate Skin Color, Prejudice and Self-Monitoring," *American Journal of Political Science* 37(4).

Thomas, Paul & Thomas Hammond. 1989, "The Impossibility of a Neutral Hierarchy," *Journal of Law Economics, and Organization* 5.

Tiao, P. 1993, "Non-Citizen Suffrage: An Argument Based on the Voting Rights Act and Related Law," *Columbia Human Rights Law Review* 25(1).

Turner, A. W. 1993, "Postauthoritarian Elections: Testing Expectations About 'First' Elections," *Comparative Political Studies* 26(3).

Waugh, A. 1993, "Electoral Change," *The New Zealand Law Journal* 211.

Weingast, Barry. 1984, "The Congressional-Bureaucratic System: A Principal Agent Perspective(with Applications to the SEC)," *Public Choice* 44.

Wilcox, C., C. W. Brown & L. W. Powell. 1933, "Sex an the Political Contributor-The Gender-Gap Among Contributors to Presidential-

Candidates in 1988," *Political Research Quarterly* 46(2).

Wildavsky, Aaron. 1979, *The Politics of the Budgetary Process*, 3d ed., Boston: Little Brown.

Wilder, P. 1933, "The Estonian Election of 1992: Proportionality and Party Organization in a New Democracy," *Representation* 31(116).

Wildgen, J. K. 1933, "Social Alchemy in the Courtroom: The 'Double Regression' Hoax," *Social Science Quarterly* 74(3).

Wilson, James Q. 1980, "The Politics of Regulation," *The Politics of Regulation*, ed. by James Q. Wilson, N.Y.: Basic Books.

Zecca, J. 1993, "Avoiding 'Electoral Dictatorship' in the United Kingdom: Debate on Constitutional and Electoral Reform through Proportional Representation," *Hastings International and Comparative Law Review* 16(3).

제2부
선거와 투표행태

14대 국회의원 선거와 정치세대

정진민

명지대 정치외교학과

1. 머리말

1990년 초의 3당 합당은 민자당이라는 거대 여당을 탄생시킴으로써 1988 년 13대 총선의 결과로 야기되었던 기존의 여소야대 구도를 종식시키는 커 다란 변화를 가져 왔다. 하지만 인위적으로 거대해진 여당의 등장이 선거에 서의 여당의 압승을 보장해 주는 것이 아님은 1992년 3월에 실시된 14대 총선에서 민자당이 40%를 밑도는 지지율로 13대 총선에서와 마찬가지로 국 회에서의 의석과반수를 획득하는 데 실패함으로써 다시 한 번 확인되고 있 다.

14대 총선에서 이러한 결과를 가져오게 한 한국 유권자들의 투표행태를 설명하기 위해서 많은 요인들이 고려될 수 있다고 보지만 본 논문에서는 주 로 정치세대[1]라는 개념을 사용하여 이를 분석하고자 한다. 여기에서 정치세 대에 초점을 맞추고자 하는 이유는 한국전쟁 이후의 한국사회가 빠른 속도 로 변화하는 사회의 대표적인 예이며 이러한 사회에서는 사회내의 각 연령 집단이 상이한 상황하에서 성장하게 됨으로써 서로 다른 태도 및 가치관을 갖게 될 가능성이 매우 높기 때문에 정치행태를 분석하는 데 있어서도 세대

---

1) 정치세대에 대한 정의는 린타라(Rintala, 1968)의 정의가 흔히 사용되는데, 린타 라에 의하면 정치세대란 형성시기(formative period, 성년 초기)에 동일한 역사적 경험을 하고 그러한 역사적 경험에 기초하여 뚜렷이 구별될 수 있는 정치관을 갖 고 있는 연령집단(age cohort)을 말한다.

요인의 중요성이 증가할 소지가 충분하다고 보기 때문이다.

14대 총선에서의 유권자들의 투표행태를 분석하는 데 있어서 다루고자 하는 문제는 크게 두 가지이다. 첫째로는 흔히 한국에서의 투표행태를 설명하기 위해서 사용되는 지역주의와 도시화를 포함한 각종 사회경제적 요인들이 한국 유권자의 투표행태를 설명하는 데 실제로 어느 정도 기여하고 있는가에 관한 것이다. 둘째로는 앞에서 전제하고 있는 바대로 세대요인이 투표행태를 설명하는 주요 요인으로 작용하고 있는가 만약 그렇다고 한다면 그 비중은 다른 요인들과 비교하여 어느 정도인가라는 문제이다.

위의 문제들을 다루기 위해서 구체적으로는 다음과 같은 분석을 시도하고자 한다. 첫째, 여당인 민자당과 제1야당인 민주당에 대한 지지와 관련하여 세대요인을 비롯한 각종 요인들의 영향력의 강도를 검토하게 될 것이다. 둘째, 이들 요인 중 비중이 보다 높다고 판단되는 요인들의 경우는 1988년의 13대 총선에서 나타난 동일한 요인들의 영향력과 비교분석될 것이다. 셋째, 여야 정당에 대한 실제 투표와는 별도로 유권자들이 갖고 있는 여야성향을 결정짓는 데 있어서 세대요인을 비롯한 주요 요인들의 영향력의 강도를 살펴보고 여야성향과 실제 투표행태에 관한 이들 요인들의 영향력에 차이가 있다면 그 의미가 무엇인지를 검토하게 될 것이다. 마지막으로 13대 총선에서 세대요인이 유권자들의 기권행위에 강하게 작용하였음을 고려하여 14대 총선에서도 역시 강한 요인으로 작용하였는지를 살펴보고, 만약 그렇다면 그 의미가 무엇인지를 분석하고자 한다.

2. 한국의 선거정치과 세대

한국의 선거정치에 관심 있는 연구자들이 투표행태를 설명하기 위해 주로 사용하였던 대표적 요인은 도시화 변수였다. 실제로 한국사회는 1961년 박정희 정권 등장 이후 빠른 속도의 산업화와 도시화를 경험하였고 1960년대 및 1970년대 초에 치러졌던 주요한 선거들에서 도시화 변수는 높은 설명력을 나타내고 있다(Kim & Koh, 1972: 윤천주, 1989). 도시화 변수와 더불어 한국의 선거정치에 지대한 영향을 주고 있는 변수는 주지하다시피 지역주의이다. 과거에는 주로 대통령 선거에만 국한되었던 지역주의가 1988년의 13대 총선부터는 국회의원 선거에서도 결정적으로 중요한 영향력을 행사하고 있는 것이다(이갑윤, 1990: 박찬욱, 1990).

이밖에 최근 들어 일부 연구자들은 한국사회가 점차 다기화, 다양화됨에 따라 지역주의 및 도시화 변수 이외의 사회경제적 요인들이 보다 큰 영향력을 행사할 수 있다고 보고 이를 이용한 투표행태의 분석을 시도하고 있기도 하다(성경륭, 1992: 정영태, 1993: 이승희, 1993). 이러한 최근의 추세와 맥을 같이하여 본 논문에서는 최근 20·30년간 한국사회의 빠른 속도의 변화로 인하여 현격하게 차이가 나는 태도와 행태를 보여주는, 각기 구분할 수 있는 상이한 세대들이 존재한다고 보고 정치세대라는 개념에 초점을 맞추어 한국 유권자들의 투표행태를 분석하고자 하는 것이다.

정치세대 개념이 정치적 태도 및 행태를 설명하기 위해 사용된 것은 오래된 일인데 만하임(K. Mannheim) 및 가세트(O. Y. Gasset) 등이 이미 1920년대에 정치세대 개념을 체계적으로 사용하기 시작하였으며, 하이만(Hyman, 1959), 라이더(Ryder, 1965), 린타라(Rintala, 1968), 케이스톤(Kemiston, 1969, 1970) 및 램버트(Lambert, 1972) 등이 그 후에 세대이론을 발전시켜 온 바 있다. 세대이론의 기본적인 전제는 다음과 같은 것이다. 첫째, 모든 시대마다 그 시대의 독특한 시대정신(만하임의 표현을 빌리자면 'Zeitgeist')이 존재한다. 둘째, 각 세대는 이러한 시대정신의 대변자들로 구성된 사회적 집합체이다. 셋째, 개개인의 기본적 가치관은 각자의 성년 초기의 역사적 상황을 반영하게 되며 이 시기의 사회화는 결정적인 중요성을 가진다. 넷째, 성년 초기의 주요한 역사적 사건에 영향을 받아 형성된 각자의 기본적 가치관이나 성향은 대개는 쉽사리 변하지 않는다. 다섯째, 이러한 역사적 사건이 보다 강력하고 광범위한 영향을 주면 줄수록 세대요인의 비중은 커지게 된다. 마지막으로 사회의 변화속도가 빨라서 각 연령집단이 상이한 환경에서 성장하게 될수록 세대효과는 강해지게 된다. 보다 중요한 것은 이러한 이론적 전제들에 기초하여 선진 산업사회에서 이루어진 많은 경험적 분석들이 이들 사회에서 정치행태를 설명하는 데 있어 강력한 세대효과가 존재함을 보여주고 있다는 것이다(B. Kaase, 1979; Dalton, 1988; Esping-Anderson, 1985: Flanagan, 1982, 1987: Inglehart, 1977, 1990).

한국전쟁 이후의 한국사회는 머리말에서 언급했던 것처럼 투표행태를 포함한 정치행태를 설명하는 데 있어 세대요인이 높은 설명력을 가질 수 있는 조건들이 충족되어 있다고 보며, 실제로 1980년대 말의 주요한 선거들에서 나타난 투표행태에 관한 분석에서 세대별로 뚜렷하게 구별되는 차이가 있음이 확인된 바 있다(정진민, 1992). 세대이론에 기초한 정치행태에 관한 분석에 있어 중요한 것은 각 세대간의 구획을 어떻게 확정할 것인가의 문제이다. 각 세대의 가치관을 형성하는 데 결정적이라고 여기는 성년 초기(또는 형성시기)의 역사적 경험을 중시하는 세대이론의 입장에서 볼 때 일정한 간격(흔히 5년 또는 10년 단위)으로 균일하게 세대를 구획하는 것은 이론적 의미가 별로 없다고 말할 수 있으며 각 세대들이 성년 초기에 인접세대와 얼마나 상이한 역사적 경험을 했느냐에 초점을 맞추어야 할 것이다. 이러한 고려에서 본 연구에서 사용될 세대는 13대 총선에서의 투표행태 분석에서와 동일하게 17세부터 25세까지의 성년 초기에 겪게 되는 상이한 역사적 경험에 기초하여 1950년 이전에 출생한 '전전세대,' 1950년에서 1961년 사이에 태어난 '민주세대,' 1962년 이후에 출생한 '신세대'로 구분하였으며 이들 세대의 정치적 정향은 대략 다음과 같은 특징을 갖고 있다고 볼 수 있다.[2]

전전세대는 형성시기에 한국전쟁 및 전쟁 후 경제적 궁핍을 경험한 세대로서 반공 이데올로기에 의한 강한 사회화가 되어 있으며 안정과 질서 그리고 경제성장에 최우선 가치를 부여하는 한국사회에서 가장 보수성향이 강한 세대라고 할 수 있겠다. 전전세대와는 대조적으로 민주세대는 형성시기에 최소한 두 억압적 권위주의 정권 중 하나를 경험한 세대로서 그들 대부분은 권위주의 정권, 특히 군의 정치개입에 대하여 강한 거부감을 가지고 있으며, 학교에서 배운 민주주의에 대한 강한 믿음을 가지고 있는 세대라고 할 수 있다. 같은 전후 세대에 속하면서도 권위주의 정권으로부터 민주화 선언을 이끌어 냈던 1987년에 형성시기에 있었거나 그 후에 형성시기를 보낸 신세대는 민주세대와 비교하여 더욱 자신감에 차 있고 기존 정치체제에 자신을 적응시키기보다는 새로운 정치적 대안을 모색하는 세대라고 볼 수 있으며 물질적으로 풍요로운 환경 속에서 형성기를 보냄으로써 부분적으로는 탈물

---

2) 형성시기를 17세부터 25세까지로 구획하게 된 이론적 배경 및 각 세대의 정치적 정향에 관한 보다 상세한 설명은 정진민(1992)을 볼 것.

질주의적 정향을 보여주는 세대이기도 하다.

특히 1987년의 민주화항쟁 이후에 형성시기를 보낸 1970년대에 태어난 신세대의 보다 젊은 구성원들은 민주화되고 물질적으로 훨씬 풍요로운 환경 속에서 성장함으로써 더욱 강하게 자기중심적이고 탈물질적주의적인 가치관을 갖고 있다고 볼 수 있으며, 그 이전 세대들과는 확연히 구분될 수 있을 것이다. 이런 의미에서 민주세대와 보다 많은 유사성을 가졌던 1960년대에 태어난 신세대의 보다 나이든 구성원들을 과도기적인 신세대에 속한다고 본다면 이들 1970년대에 태어난 보다 젊은 신세대들이야말로 진정한 신세대라고 불려질 수 있을 것이다. 다만 여기에서 사용되고 있는 14대 총선에서의 투표행태의 분석을 위한 표본에서 이들 젊은 신세대는 약 3%의 매우 적은 비율을 점하고 있어 본 연구에서는 이들의 행태에 관하여 별도로 분석하고 있지 않지만 향후 선거에서의 투표행태 분석에서는 이들 젊은 신세대를 별개의 독립된 세대로 구획하여 분석하는 것도 고려할 필요가 있다고 본다.

3. 자료 및 분석방법

본 연구에서 사용된 자료는 한국선거연구회에서 14대 총선 이틀 후부터 5일간 제주도를 제외한 전국의 1천 2백 명을 대상으로 비례확률 표집방법에 의하여 수행한 조사결과 얻어진 것이다. 본 연구에서의 종속변수는 여당에 대한 지지, 제1야당(민주당)에 대한 지지, 여당성향, 야당성향 및 기권 등 다섯 종류이며 각 종속변수는 지지 여부, 성향 여부, 기권 여부 등 각각 두 범주를 가진다. 유권자가 지지를 했거나 성향을 갖고 있거나 기권을 했다면 1로 그렇지 않다면 0으로 부호화한다.

종속변수의 변량을 설명하기 위하여 6개의 독립변수, 즉 계급, 성, 교육 수준, 지역, 도시화 정도, 세대 등이 사용된다. 계급변수는 전문, 경영, 행정 및 숙련 사무직을 포함하는 중간계급과 단순사무직, 생산직, 판매직을 포함하는 노동계급의 두 범주로 나뉘며 자영업에 종사하는 자들은 중간계급에 포함시킨다. 중간계급은 1, 노동계급은 2로 부호화한다. 또한 남성은 1, 여성은 2로, 교육 수준이 고등학교 졸업 이상이면 1, 그렇지 않으면 2로 부호화한다. 또한 호남, 중부, 영남지역과 농촌, 도시, 대도시지역3)은 각각 순서대로 1, 2, 3이 부여된다. 세대는 전전세대, 민주세대 그리고 신세대를 각각 1, 2, 3으로 부호화한다.4)

본 연구에서 종속변수를 포함하여 모든 변수가 범주형 변수임을 감안하여 분석방법으로는 일련의 로짓 분석들을 사용하였다. 로짓 분석을 위하여 ‘SAS’ 프로그램 중 ‘CATMOD’ 프로그램을 사용하였으며 동 프로그램에 의하여 산출된 우도비(likelihood ratio)는 모형의 적합도를 평가하는데, 모수 추정치(parameter estimate)는 로짓 방정식을 만들고 각 독립변수의 범주의 영향력을 검토하기 위하여 활용될 것이다. 또한 필요한 경우에는 교차분석표에 기초한 상관관계 지표들이 사용될 것이다.

4. 정당에 대한 지지와 세대

14대 총선에서의 여당에 대한 유권자의 지지행태를 설명하기 위하여 6개의 모형이 사용되었다. 앞서 언급했던 것처럼 대통령 선거에서 오래 전부터 강력한 영향력을 행사하였던 지역주의가 국회의원 선거에서는 1988년의 13대 선거에서 처음으로 중요한 변수로 작용한 바 있다. 14대 총선에서도 지역주의에 기초한 투표행태는 지속되었기 때문에 첫 번째 모형에서는 지역주의 요인만을 사용하였다. 다음으로 최근 그 중요성이 감소되고는 있지만 한국 유권자의 투표행태를 설명하는데 오랫동안 이용된 도시화요인을 두 번째 모형에 추가하였다. 모형 3에서 모형 6까지는 지역주의와 도시화요인에 다른 사회적 요인, 즉 계급, 교육 수준, 성, 세대 등을 각각 추가하였다.

<표 1>은 지역주의, 도시화, 세대 등 세 변수를 사용한 모형 6이 다른 모형들보다 압도적으로 높은 우도비 확률(likilihood ratio probability)5)을 가

---

3) 여기서 도시화 정도는 인구 1백만 명 이상의 대도시, 인구 1백만 명 미만, 5만 명 이상의 도시, 인구 5만 명 미만의 농촌으로 분류하였다.

4) 여기에서 1, 2 또는 1, 2, 3으로 부호화한 것은 이들 독립변수가 2 또는 3 범주들을 갖고 있음을 표시할 뿐이며 실제 분석에 있어서 이들 범주들은 각각 하나의 ‘dummy’ 변수로 처리된다.

5) 우도비 확률은 0에서 1까지의 값을 취하며 1에 가까울수록 모형의 적합함을 나타

짐으로써 14대 총선에서 유권자들의 여당에 대한 지지행태를 가장 잘 설명
하는 모형임을 보여주고 있다.

<표 1> 여당에 대한 지지행태 설명을 위한 모형

모형(독립변수)	우도비(Chi-Square)	자유도	우도비 확률
모형 1(지역)	258.9	162	0.0000
모형 2(지역, 도시화)	249.2	160	0.0000
모형 3(지역, 도시화, 계급)	242.3	159	0.0000
모형 4(지역, 도시화, 교육 수준)	232.6	159	0.0001
모형 5(지역, 도시화, 성)	247.9	159	0.0000
모형 6(지역, 도시화, 세대)	180.8	158	0.1035

　최적 모형인 모형 6에서 각 독립변수의 'chi-square' 값을 각 변수의 모형
의 적합도에 대한 기여도를 나타내는 한 척도로 이용할 경우, 가장 큰 영향
력을 가지는 요인이 세대요인이며 다음으로 지역주의이고 도시화요인은 거
의 영향력을 갖고 있지 못함을 알 수 있다.[6] 이러한 분석결과는 1988년의
13대 총선과 비교하여[7] 유권자들의 여당에 대한 지지행태에 두 가지 중요한
변화가 일어나고 있음을 보여주는 것이다. 첫째는 세대요인이 적어도 여당
에 대한 지지와 관련하여 흔히 가장 중요한 변수로 알려져 온 지역주의의
요인보다도 더 커다란 영향력을 갖고 있다는 것과, 둘째로 오랫동안 한국 유
권자의 투표행태를 설명하는 데 이용되어 온 도시화 변수의 중요도가 급격
히 감소하고 있다는 사실이다. 이러한 변화는 향후 한국 선거정치의 방향을
가늠하는 데 중요한 시사점을 던져 준다고 할 수 있을 것 같다.
　제1야당인 민주당에 대한 유권자들의 지지행태를 설명하기 위하여 동일
한 모형들이 사용된 <표 2> 역시 지역주의, 도시화 그리고 세대요인을 포함

　　냄다. 하지만 여기에서 중요한 것은 세대변수를 포함한 모형의 우도비 확률 수준
　　그 자체보다 동 확률이 세대변수를 포함하지 않은 다른 모형들의 우도비 확률과
　　비교하여 어느 정도의 차이를 보여주고 있는가이다.
　6) 최적모형에 포함된 세 변수는 모두 각기 3개의 범주를 갖고 있어 동일한 자유도
　　를 갖게 되므로 각 변수의 'chi-square' 값을 모형의 적합도에 대한 각 변수의 기
　　여도의 척도로 이용할 수 있다고 본다. 1992년 총선에서 지역주의, 도시화, 세대
　　요인의 'chi-square' 값은 각각 42.6, 6.3, 62.7이었다.
　7) 13대 총선에서 지역주의, 도시화, 세대요인의 'chi-square' 값은 각각 110.8, 42.6,
　　92.1이었다.

하는 모형이 비록 설명력은 여당을 대상으로 한 모형에 비해 많이 떨어지긴 하나 여전히 최적모형임을 보여주고 있다.

<표 2> 야당에 대한 지지행태 설명을 위한 모형

모형(독립변수)	우도비(Chi-Square)	자유도	우도비 확률
모형 1(지역)	239.9	162	0.0001
모형 2(지역, 도시화)	215.5	160	0.0023
모형 3(지역, 도시화, 계급)	215.1	159	0.0020
모형 4(지역, 도시화, 교육수준)	214.3	159	0.0022
모형 5(지역, 도시화, 성)	214.3	159	0.0023
모형 6(지역, 도시화, 세대)	200.5	158	0.0125

최적모형에서 각 변수의 기여도를 알아보기 위하여 역시 지역주의, 도시화, 세대변수의 'chi-square'의 값을 검토한 결과[8] 지역주의 요인이 절대적으로 중요하여 다른 요인들의 영향력을 압도하고 있으며 도시화와 세대요인은 상대적으로 매우 낮은 기여를 하고 있고, 세대요인은 도시화요인보다도 제1야당에 대한 지지행태에 더욱 약하게 작용하고 있음을 알 수 있었다. 이는 도시화요인과 세대요인이 비슷한 정도의 영향력을 행사했던 1988년의 총선 결과와도 대조되는 결과이기도 하다.[9] 이러한 분석결과에 기초하여 우리는 제1야당에 대한 지지행태와 관련하여 다음과 같은 결론을 도출할 수 있을 것 같다. 첫째 여당을 대상으로 한 최적모형과 비교하여 설명력이 감소된 것은 주로 세대요인의 영향력은 여당의 경우와는 달리 지역주의 요인은 물론이고 도시화요인보다도 약화되어 있다. 둘째 제1야당에 대한 지지에 관한 13대 총선 때와 마찬가지로 지역주의의 영향력이 계속하여 압도적임이 다시 한 번 확인되고 있다.

아래 로짓 방정식은 여당에 대한 최적모형을 이용하여 만들어진 것으로써 각 설명변수의 범주 사이의 지지율비(odds ratio)를 도출해 냄으로써 궁극적으로는 각 변수의 범주들의 독립적인 영향력의 강도를 분석하기 위한 것이다.

---

8) 14대 총선에서 지역주의, 도시화, 세대요인의 'chi-square'의 값은 각각 121.4, 21.1, 14.5이었다.

9) 13대 총선에서 지역주의, 도시화, 세대요인의 'chi-square' 값은 각각 339.7, 21.3, 21.1이었다.

$$\log \frac{p(Y=1/지역, 도시화, 세대)}{p(Y=0/지역, 도시화, 세대)} = -1.032 - 0.870호남 + 0.102중부 + 0.285농촌$$
$$(0.10)(0.17)(0.11)(0.12)$$

$$-0.210도시 + 0.666전전세대 - 0.074민주세대$$
$$(0.11)(0.09)(0.10)$$

* 괄호 안의 숫자는 각 추정치의 표준오차를 나타냄.

아래 <표 3>의 수치는 위 방정식의 로짓 계수를 이용하여 먼저 각 범주들의 기준 범주에 대한 로짓 차이를 구한 다음 이 로짓 차이의 역대수를 취하여 산출한 각 범주들의 기준 범주에 대한 지지율비를 나타내고 있다.[10]

<표 3> 여당에 대한 지지율비

지역		도시화		세대	
영남*	5.145	농촌	1.640	전전세대	4.080
중부	2.643	대도시*	1.330	민주세대	2.257
호남	1	도시	1	신세대*	1

주: *는 생략된 범주를 표시함.

14대 총선에서 여당에 대한 지지율은 도시화 및 세대요인을 통제한 상황에서 영남지역에서 가장 높고 호남지역에서 가장 저조한데, 동일한 세대 및 도시화의 조건하에서 여당은 영남지역에서 호남지역보다 5배 이상의 지지율을 끌어내고 있는 것이다.[11] 또한 14대 총선에서 여당에 대한 지지율은 도시나 대도시지역보다 농촌지역에서 가장 높으며 여당에 대한 가장 저조한 지지율은 1988년의 총선 때와는 달리 대도시지역보다는 도시지역에서 나타나고 있다. 하지만 14대 총선에서 여당 지지에 대한 도시화의 영향력이 매우 약함을 고려할 때 이러한 변화에 많은 의미를 부여할 수는 없을 것 같다.

---

10) 범주 사이의 지지율비 산출에 관한 보다 자세한 설명은 정진민(1992) 및 앨바(Alba, 1988)를 참조할 것.

11) 이것은 여당에 대한 지지율을 예측하기 위해서 각 범주들의 기준 범주에 대한 로짓 차이의 역대수를 취하여 구한 각 범주들의 기준 범주에 대한 지지율비, 즉 <표 3>에 나타나 있는 지지율비를 이용하여 앞의 로짓 방정식을 다음과 같은 다중(mulitiplicative) 방정식으로 전환했기 때문이다. 여당에 대한 지지율=(0.058)$(5.145)^{R3}(2.643)^{R2}(1.640)^{U1}(1.330)^{U3}(4.080)^{G1}(2.257)^{G2}$ 여기에서 ^{R3}는 영남, ^{R2}는 중부, ^{U1}은 농촌, ^{U3}는 대도시, ^{G1}은 전전세대, ^{G2}는 민주세대를 각각 표시함.

<표 3>은 또한 세대간의 여당에 대한 지지율에 있어서 현격한 차이가 있음을 보여주고 있는데, 여당에 대한 가장 강력한 지지는 전전세대로부터 나오고 있으며 두 전후세대 중에서는 신세대가 민주세대보다 현저하게 약한 여당 지지율을 보여주고 있다. 보다 구체적으로 14대 총선에서 전전세대와 신세대간의 지지율비는 약 4 : 1정도인데, 이는 전전세대의 여당에 대한 지지율이 동일한 지역, 동일한 도시화 조건하에서 신세대의 그것에 비해 4배나 높다는 것을 말하여 주는 것이다. 한편 전전세대의 여당에 대한 지지율은 동일한 지역 및 도시화 조건하에서 민주세대보다 약 2배 가량 높은 것으로 나타나고 있다.

제1야당에 대한 최적모형에 포함된 설명변수들의 범주 사이의 지지율비를 알아보기 위하여 여당의 경우와 마찬가지로 최적 모형을 이용하여 우선 아래와 같은 로짓 방정식을 산출하였다.

$$\log \frac{p(Y=1/지역, \ 도시화, \ 세대)}{p(Y=0/지역, \ 도시화, \ 세대)} = \underset{(0.13)}{-1.519} \underset{(0.15)}{-1.628호남} + \underset{(0.11)}{0.320중부} + \underset{(0.14)}{0.269농촌}$$

$$\underset{(0.12)}{-0.221도시} + \underset{(0.01)}{0.394전전세대} - \underset{(0.10)}{0.110민주세대}$$

아래 <표 4>의 수치는 위 방정식의 로짓 계수를 이용하여 도출해 낸 각 설명변수의 범주 사이의 지지율비를 나타내고 있다.

<표 4> 제1야당에 대한 지지율비

지역		도시화		세대	
호남	18.840	대도시*	2.136	신세대*	1.970
중부	2.686	도시	1.049	민주세대	1.655
영남*	1	농촌	1	전전세대	1

주: *는 생략된 범주를 표시함.

14대 총선에서 제1야당에 대한 지지율은 13대 총선 때와 마찬가지로 호남지역에서 가장 높고 영남지역에서 가장 저조하며, 도시화 정도와 관련하여서는 농촌보다는 도시, 도시보다는 대도시에서 보다 높은 야당지지율을 보이고 있다. 13대 총선과 비교하여 14대 총선에서 야당에 대한 지지와 관련하여 변화가 일어나고 있는 것은 세대요인과 관련된 것인데, 13대 총선에서는 기대했던 것과는 달리 가장 강력한 야당에 대한 지지가 가장 강한 반여당세대인 신세대로부터 나오지 않고 민주세대로부터 나오고 있었다. 반면에 14대 총선에서의 제1야당에 대한 세대별 지지행태는 여당에 대한 그것과 정확히 상반되는 결과를 보여주고 있다. 즉 가장 높은 제1야당에 대한 지지율은 민주세대가 아니라 신세대로부터 나오고 있는 것이다. 이러한 변화는 분명 흥미 있는 변화이기는 하나 14대 총선에서 제1야당에 대한 세대요인의 영향력이 다소 감소하고 있음을 고려할 때 그 의미는 약간 축소 해석할 필요가 있다고 본다.

정당에 대한 지지와 관련된 세대효과에 관하여 14대 총선에서 세대요인의 비중은 전반적으로 증가되었다고 볼 수 있으며, 특히 여당에 대한 지지행태를 결정하는 데 있어서 가장 중요한 영향력을 행사하고 있다는 것은 주목할 만하다. 13대 총선과 비교하여 14대 총선에서 이러한 세대요인의 영향력 증가를 설명하기 위해서는 양 선거가 놓여졌던 상황적 배경의 차이를 우선 보아야 될 것 같다. 13대 총선의 경우 불과 수개월 전에 치러졌던 13대 대선의 파급효과가 강하게 작용하여 총선기간 중 각 당은 대선 때와 동일하게 주로 당 지도자들의 개인적 이미지 및 이들의 지역적 연고에 기초한 선거운동을 전개할 수밖에 없었다. 반면에 14대 총선의 경우에는 당지도자 및 그의 지역적 연고가 여전히 끈질기게 작용하고는 있지만 14대 대선보다 9개월 전에 실시됨으로써 13대 총선에서와 같은 강력한 파급효과가 작용하기 힘들었기 때문에 지역주의의 영향력의 강도가 다소 약화되고 상대적으로 세대요인의 비중을 높이는 결과를 가져왔다고 볼 수 있을 것 같다. 그리고 전체적인 추세로 볼 때 지역주의 요인의 영향력은 1980년대 말에 그 정점에 도달하여 시간이 지남에 따라 서서히 약화되고 있는 것으로 보인다. 하지만 제1야당에 대한 지지에 관한 한 13대 총선 때보다 다소 약화되고는 있지만 14대 총선에서도 지역주의 요인은 매우 강한 영향력을 행사하고 있어 세대의 효과를 약화시키고 있는 것이 사실이다.

5. 유권자의 여야성향과 세대

세대요인의 강한 영향력은 각 정당에 대한 실제 지지행태 분석을 통하여 이미 확인된 바 있지만, 여당 및 야당에 대한 잠재적 기반을 나타낸다고 볼 수 있는 여야성향을 설명하기 위하여 지역주의, 도시화, 세대의 세 가지 요인을 포함하는 모형을 사용하였을 경우 세대요인은 여당성향뿐 아니라 야당성향을 설명하기 위한 모형의 경우에도 모형의 적합도에 대한 가장 큰 기여를 하고 있음을 확인할 수 있었다.[12] 다시 말하여 제1야당에 대한 유권자들의 지지를 유권자들의 야당성향으로 대치시켰을 때 지역주의 요인의 압도적 효과는 현저하게 경감되는 반면 세대효과는 강화되고 있는 것이다. 실제로 제1야당은 영남지역 유권자보다 호남지역 유권자로부터 18.8배나 강한 지지율을 끌어내고 있는 데 반하여, 호남지역 유권자들의 야당성향은 영남지역 유권자들의 그것에 비해 4.4배밖에 높지 않음을 보여주고 있다. 이와는 대조적으로 신세대의 야당성향은 전전세대와 비교하여 3배 이상 강한 야당성향을 보이는 데 반하여 제1야당은 이들 강한 야당성향을 갖고 있는 신세대로부터 전전세대보다 2배를 약간 밑도는 지지율만을 끌어내고 있을 뿐이다.[13]

요약하자면 제1야당은 호남지역에서 야당성향을 갖고 있는 자들보다 훨씬 더 많은 지지자를 확보하는 데 성공한 반면, 강한 야당성향을 갖고 있는 신세대로부터 지지를 끌어내는 데에는 만족스러운 성과를 올리고 있지 못하다. 그렇다고 하여 통일국민당이나 신정당과 같은 군소정당 또는 무소속 후보들이 이들 강한 야당성향을 갖고 있는 신세대들로부터 특별히 많은 지지를 끌어내고 있는 것도 아님은 세대요인이 이들 군소정당 및 무소속 후보들에 대한 지지를 설명하기 위한 모형의 적합도에 별반 의미 있는 기여를 하고 있지 못하다는 사실을 통하여 입증되고 있다.

다음으로 최근의 선거결과를 결정짓는 데 부동표의 비중이 증가하고 있음을 감안하여[14] 아래에서는 부동층을 한국 유권자의 중요한 부분으로 간주하

---

12) 여당성향의 경우 지역주의, 도시화, 세대요인의 'chi-square' 값은 21.1, 1.1, 47.7이었고 야당성향의 경우, 이들 세 요인의 'chi-sqare' 값은 41.9, 8.2, 46.1이었다.

13) 여당의 경우는 영남지역과 전전 세대로부터 여당성향에 대한 것보다 약간씩 웃도는 지지율을 끌어내고 있다.

고 이들 부동층에 속하는 유권자들의 여야성향과 실제 여야 정당에 대한 지
지행태에 세대요인이 어느 정도의 영향력을 갖고 있는지를 알아보고자 한
다.[15] 우선 유권자 중 누가 부동층에 속하는지에 관하여는 세대요인은 이렇
다 할 작용을 하고 있지는 못하지만 부동층에 속하는 유권자들의 여야성향
을 설명하는 데 있어서 세대요인은 전체 유권자에 대한 경우와 마찬가지로
가장 중요한 변수임이 판명되고 있다. 지역주의, 도시화, 세대의 세 가지 요
인을 포함하는 모형을 사용하였을 경우 세대요인이 여당성향뿐 아니라 야당
성향을 설명하기 위한 모형의 경우에도 모형의 적합도에 가장 큰 기여를 하
고 있는 것이다.[16] 반면에 역시 전체 유권자에 대한 경우와 마찬가지로 부동
층에 속하는 유권자의 경우에도 세대요인은 여당에 대한 지지를 결정하는
데 가장 중요한 요소임에 반하여 제1야당에 대한 지지의 경우에는 지역주의
요인이 보다 중요한 변수임이 판명되고 있다.[17] 이러한 분석결과는 선거일
에 임박해서까지 지지할 정당을 결정하지 못하는 유권자 중 여당을 최종적
으로 지지하게 되는 경우 세대변수가 가장 중요한 요인으로 작용하는 데 반
하여, 제1야당을 지지하게 되는 경우 지역주의 요인이 결정적인 역할을 함
을 보여주고 있는 것이다.

아래 <표 5>는 부동층에 속하는 유권자들의 여당과 야당에 대한 실제
지지 및 여야성향에 대한 세대간의 격차를 보여주고 있다.

우선 <표 5>를 통하여 여당성향에 대한 세대간의 격차비율보다 실제 여
당지지에 대한 세대간의 격차비율이 약간씩 더 높음을 알 수 있다. 이것은
여당이 여당에 보다 우호적인 세대로부터 잠재적인 지지 이상의 지지를 끌

---

14) 부동층의 규모는 시간이 지남에 따라 특히 대선보다는 총선의 경우 점차 확대되
고 있는 추세에 있다(안병만 외, 1993). 여기에서 부동층은 투표일 3일 전까지 지
지할 정당을 결정하지 못한 유권자로 한다.

15) 14대 총선에서의 부동층에 관한 연구로는 부동표의 정당지지 분포를 다룬 이정
복(1993) 및 여야성향별로 분류된 부동표의 정당지지 분포에 대한 조중빈(1992)
의 분석 등이 있는데 여기에서는 주로 부동표의 정당지지 분포와 여야성향 분포
가 세대별로 어떠한 차이를 보이는가에 초점을 두고 있다.

16) 여당성향의 경우 지역주의, 도시화, 세대의 'chi-square' 값은 3.6, 0.5, 10.5이고
야당성향의 경우 세 요인의 'chi-square' 값은 각각 9.6, 4.3, 32.5이었다.

17) 여당성향의 경우 지역주의, 도시화, 세대의 'chi-square' 값은 14.7, 1.0, 20.1이
고 야당성향의 경우 세 요인의 'chi-square' 값은 각각 51.3, 4.8, 15.2이었다.

<표 5> 부동층의 세대별 여야 정당에 대한 지지율비 및 성향비

	여당		제1야당 야당	
	지지율비	성향비	지지율비	성향비
전전세대	3.294	2.726	1	1
민주세대	1.910	1.766	1.745	1.486
신세대	1	1	3.187	4.618

어내고 있음을 보여주고 있는 것으로 해석될 수 있다. 대조적으로 제1야당의 경우 전후세대 중 민주세대로부터 지지획득은 비교적 성공적이라고 할 수 있겠으나 가장 우호적인 세대라 할 수 있는 신세대로부터의 잠재적인 지지를 실질적인 지지로 충분히 전환시켰다고 볼 수는 없는 것이다.

또한 유권자 전체에 대한 경우와 마찬가지로 부동층에 속하는 유권자들의 경우에도 군소 야당 및 무소속 후보들에 대한 지지행태에 관한 세대간의 의미 있는 차이는 보이지 않는데 이는 이들 군소정당 및 무소속 후보들에 대한 지지와 관련하여 세대요인이 중요한 역할을 수행하지 못한다는 것을 의미하는 것이다. 즉 이들 군소정당 및 무소속 후보들은 전체 유권자의 경우처럼 부동층에 속하는 유권자집단에 있어서도 신세대를 포함한 어떤 세대로부터도 특별히 강한 지지를 끌어내고 있지는 못한 것이다.

이상의 분석으로부터 다음 몇 가지 결론을 도출해 낼 수 있을 것 같다. 첫째, 세대요인은 여야성향을 결정하는 데 가장 중요한 역할을 하고 있는데 이는 두 전후 세대가 야당성향을, 전전세대가 여당성향을 보다 강하게 갖고 있기 때문이다. 실제로 세대간 여야성향의 차이는 뚜렷하게 나타나고 있으며, 특히 신세대의 강한 야당성향은 주목할 만하다. 부동층에 속하는 유권자들도 유사한 경향을 보이고 있다. 둘째, 제1야당이 신세대로부터 가장 강한 지지를 받는 정당이기는 하지만 야당성향이 강한 이들 신세대로부터 충분한 지지를 획득하고 있다고 볼 수는 없으며 이러한 사실이 제1야당에 대한 지지행태를 설명하는 데 있어 세대요인의 중요성을 감소시키는 결과를 가져오고 있다. 셋째, 그렇다고 하여 다른 군소야당 및 무소속 후보들이 이들 신세대로부터 특별히 지지를 받고 있는 것도 아니다.

6. 기권과 세대

그렇다면 전체 유권자 및 부동층에 속하는 유권자들 중 야당성향을 갖고 있는 자들이 제1야당에 대하여 그다지 높지 않은 지지를 보내는 이유는 무엇인가, 특히 압도적으로 반여당성향이 강한 신세대들의 표는 어떻게 된 것인가라는 질문이 제기될 수 있다. 이러한 질문에 대한 대답은 1988년 총선 때와 마찬가지로 세대요인의 기권행태에 대한 영향력을 분석함으로써 상당부분 이루어질 수 있다. 14대 총선에서의 기권행위를 설명하기 위해 지역주의, 세대, 도시화[18]의 세 가지 요인을 사용하였을 때 설명모형의 적합도를 나타내는 우도비 확률은 0.593으로 매우 높게 나타나고 있으며 더욱 중요한 것은 세대요인의 모형적합도에 대한 기여도가 가장 클 뿐 아니라 세 요인 중 세대요인이 유일한 유의미한 변수로 나타난다는 사실이다.[19]

<표 6> 세대별 기권율비

	전전세대	민주세대	신세대
기권율비	1	2.286	4.063

세대간의 기권율의 격차를 나타내는 <표 6>은 신세대의 기권율이 가장 높으며 13대 총선 때와는 달리 가장 낮은 기권율은 민주세대가 아니라 전전세대에서 나오고 있음을 보여주고 있다.[20]

---

18) 한국 유권자의 투표참여 행태는 오랫동안 도저촌고(都低村高) 현상을 보여주었는데 이러한 현상은 동원투표(윤천주, 1989), 공동체의식 쇠퇴(Sunki Choe & H. N, Kim, 1985), 교차압력투표(이갑윤, 1986) 등으로 다양하게 설명되어 왔다. 하지만 여기에서 도시화요인의 낮은 기여도는 도농(都農)간에 투표율 격차가 아직 존재하고는 있지만 현저히 작아지고 있음을 나타내 주는 것이다.

19) 기권행태를 설명하기 위한 모형의 적합도에 대한 기여도를 보여주는 각 변수들의 'chi-square' 값은 세대요인의 경우 36.1인 데 비하여 지역주의와 도시화요인은 각각 1.5와 5.7이었다.

20) 이러한 변화와 관련하여 13대 총선 때와 비교하여 <표 4>에서 보여주듯이 14대 총선에서 민주세대의 제1야당에 대한 지지율이 감소하여 신세대의 지지율보다도 낮아져 있음은 주목할 필요가 있다. 민주세대의 이러한 지지율 하락과 기권율의 증가는 13대 총선 때와는 달리 14대 총선에서 민주세대가 다소 방황하기 시작했음을 보여주는 것으로 해석될 수도 있을 것이다. 즉 1988년에는 민주화라는 분

14대 총선에서의 세대간 기권율비를 살펴보면 신세대는 전전세대보다 4배 이상 민주세대는 전전세대보다 2배 이상 높은 기권율을 보임으로써 13대 총선 때와 비교하여 세대간 기권율 격차는 전체적으로 2배 이상 현저히 증가하고 있는데, 이는 14대 총선에서의 기권행태에 세대요인이 그만큼 더욱 강력하게 작용하고 있음을 보여주는 것이라 하겠다.

여기에서 논하고 있는 세대와 기권 사이의 관계는 연령과 기권 사이의 관계(이남영, 1992: 143-146; 박찬욱, 1993: 164)와는 구분할 필요가 있는데, 이남영, 박찬욱의 연령과 기권간의 선형 또는 곡선형 관계에 관한 논의는 주로 연령주기(life-cycle) 효과와 관련되는 데 반하여 여기에서는 세대효과가 더욱 중요하다고 보고 있다. 그렇다고 하여 연령주기 효과가 작용하지 않는다는 것은 아니다. 보다 중요한 것은 두 효과 중 어느 것이 더욱 강력히 작용하여 다른 쪽 효과를 압도하느냐 하는 것이다. 여기에서의 경험적 분석결과는 일단 연령주기 효과론에 의문을 제기하는 것이라 볼 수 있겠는데, 그 이유는 만약 연령주기 효과가 주된 요인으로 작용했다고 한다면 13대 총선과 비교하여 14대 총선에서 전전세대에 대비한 신세대 및 민주세대, 특히 민주세대의 기권율이 증가하고 있는 현상이 설명될 수 없기 때문이다.[21]

또한 투표참여 여부와 관련하여 실질적인 참여(이남영, 1992)든 또는 단순한 참여의사(박찬욱, 1993)든 간에 정치적 관심, 효능감, 신뢰 등 심리적인 요인들이 결정요인으로 빈번히 사용되고 있다. 이러한 심리적인 요인들과 투표 또는 기권행위가 강한 인과관계를 갖고 있다는 것은 사실이나, 이러한 관계 역시 세대요인에 의하여 상당한 영향을 받고 있다는 것을 세대별로 통제한 분석을 통하여 알 수 있었다. 즉 여기에서 세대요인은 중요한 매개변수(intervening variable)로서 작용하고 있는데, 신세대의 경우 심리적 요인의 효과가 뚜렷하게 강화되는 반면 같은 전후세대라 해도 민주세대의 경우 심리적 효과의 강도는 전체 유권자의 평균치 수준을 유지하고 있는 것이다.[22]

명한 목표가 있었고 당시 제1야당은 이러한 목표를 대변하는 정당으로서 민주화에 대한 강한 욕구를 갖고 있던 민주세대에게 큰 호소력을 가질 수가 있었으나 1992년의 상황은 이미 더이상 같은 상황은 아니었고 이러한 상황 변화가 민주세대의 투표행태에 변화를 가져왔을 수 있다고 본다.

21) 하지만 어느 효과가 더 큰지에 관한 보다 정확한 판단을 위해서는 통시적(通時的)인 경험적 자료의 축적이 우선 이루어져야 할 것이다.

이러한 분석결과는 선거에 관심 없는 신세대의 경우 실제로도 기권할 가
능성이 높은 반면 민주세대의 경우는 선거에 별 관심이 없다 하여도 전전세
대와 비슷하게 마지못해 투표에 참여할 가능성이 높다는 것을 보여줌으로써
신세대의 정향이 전전세대뿐만 아니라 민주세대와도 구별된다는 것을 보여
주는 좋은 사례라 할 수 있는 것이다. 마찬가지로 투표의 효능감을 믿지 않
는 신세대의 경우 전전세대나 민주세대보다 기권할 가능성이 높은 것으로
나타나고 있다. 이상의 분석결과는 민주세대의 기권율이 높아지고 제1야당
에 대한 지지율이 하락함으로써 동세대가 신세대의 투표행태에 근접하고 있
는 측면이 있음에도 불구하고 두 전후세대간에 태도의 차이는 여전히 존재
하고 있음을 보여준다고 할 수 있을 것 같다.

이상의 분석으로부터 우리는 압도적으로 반여당성향이 강한 신세대의 경
우 13대 총선 때와 마찬가지로 14대 총선에서도 여당뿐 아니라 제1야당에
대해서도 대체로 부정적인 태도를 나타내고 있는데, 이는 신세대가 다른 어
떤 세대보다도 기존 정당들을 신뢰하지 않고 있어 새로운 정치적 대안의 모
색 없이 이들 젊은 유권자들의 강력한 지지를 끌어내는 것이 용이하지 않음
을 보여주는 것이다.

7. 결론

지금까지의 분석을 통하여 예상했던 대로 세대요인이 한국 유권자의 투표
행태에 중요한 영향을 끼치고 있음을 다시 한 번 확인할 수 있었다. 14대 총
선에서 세대요인의 중요도는 13대 총선에서와 마찬가지로 새로이 추가된 다
른 사회적 요인들의 미미한 영향과 좋은 대조를 이루고 있을 뿐 아니라 여
당에 대한 지지에 관한 한 그동안 중요시되어 왔던 도시화요인의 영향보다
도 강한 것으로 나타나고 있다. 더욱 중요한 것은 여당에 대한 지지에 미치
는 세대요인의 영향력이 이제는 지역주의 요인의 효과보다도 크게 작용하고

---

22) 선거에 대한 관심과 투표참여 사이의 'Cramer V' 값은 전체 유권자, 전전세대,
민주세대, 신세대에 있어서 0.27, 0.24, 0.28, 0.45이었고 투표효능감과 투표참여
사이의 'Cramer V' 값은 동일한 네 범주에 있어서 각각 0.19, 0.21, 0.16, 0.25이
었다.

있다는 것이다. 결국 13대 총선 때와는 달리 여당에 대한 지지에 관한 한 세대요인이 다른 어떤 요인보다도 중요한 위치를 점하고 있다고 말할 수 있다.

여당지지와 관련하여 세대요인의 강력한 영향력과는 대조적으로 제1야당에 대한 세대요인의 영향력은 상대적으로 약한 편인데, 이는 제1야당에 대한 지지에 미치는 지역주의 요인의 영향력이 여당의 경우보다 훨씬 강력하다는 사실과도 관련되어 있다. 실제로 제1야당에 대한 지지는 주로 지역에 그 기반을 두고 있어 다른 사회적 요인들의 영향력은 상대적으로 약화되어 있으며, 세대요인도 예외는 아니어서 여당의 경우보다 그 영향력이 현저히 감소되어 나타나고 있는 것이다. 이러한 제1야당에 대한 지지에 미치는 세대요인의 약화된 영향력은 제1야당에 대한 지지율의 세대간 격차가 여당지지율의 세대간 격차보다 훨씬 적다는 분석결과로도 나타나고 있는 것이다.

그러나 제1야당에 대한 세대효과를 감소시키는 보다 더 중요한 요인은 주로 신세대의 높은 기권율과 밀접히 관련되어 있다. 14대 총선에서 여당에 대한 가장 저조한 지지는 13대 총선 때와 마찬가지로 신세대로부터 나오고 있지만 이들 신세대의 높은 기권율로 인하여 신세대의 여당에 대한 낮은 지지가 제1야당에 대한 신세대의 강력한 지지로 전환되고 있지 못하는 것이다. 물론 제1야당이 다른 어떤 정당보다도 이들 신세대로부터 가장 높은 지지를 받고 있으며 14대 총선에서 제1야당에 대한 신세대의 지지는 다소 증가되어 13대 총선 때와는 달리 세대별 정당지지에 있어 여당에 대한 지지유형과 정확히 대칭되는 양태를 보이는 것은 사실이다. 하지만 여야성향에 대한 세대별 분석에서 나타났던 신세대의 강력한 반여당성향에 비추어 볼 때 신세대의 제1야당에 대한 지지의 정도는 결코 만족스러운 수준이라고 할 수 없으며 이러한 신세대의 정치성향과 실제 행태 사이의 차이는 주로 이들 신세대의 높은 기권율로 설명될 수 있는 것이다.

결국 여당에 대하여는 신세대의 정치성향과 실제 행태가 일치하는 데 반하여 제1야당에 대하여는 양자 사이에 불일치가 노정됨으로써 여당에 대한 지지의 경우 세대요인이 강하게 작용하는 반면 제1야당의 경우는 세대효과가 현저히 약화되어 나타나고 있는 것이다. 여당 및 제1야당에 대한 세대요인의 이와 같은 상반된 영향력은 많은 신세대 유권자들이 여당에 대하여 등을 돌리고 있음에도 불구하고 제1야당이 이를 충분히 동원하지 못하고 있음을 의미한다고 결론지을 수 있으며 이러한 결론은 신세대의 강한 반여당성향과 높은 기권율을 보여주는 분석결과에 의하여 뒷받침되고 있다. 신세대 유권자는 부동한다기보다는 원하는 정치적 대안이 없을 때 아예 참여를 거부하는 것으로 보이는데, 이러한 태도는 신세대의 한 특징이라고 볼 수 있으며 바로 이러한 점이 신세대를 내키지 않아도 선거에 참여해서 기존 정당들 중 하나를 선택하는 경향이 높은 다른 세대들과 구별시켜 주는 것이기도 하다.

□ 참고문헌

박찬욱. 1990, 「선거과정과 대의정치」, 김광웅 편, 『한국의 선거정치학』, 나남.
______. 1993, 「유권자의 선거관심도, 후보 인지능력과 투표참여의사」, ≪한국정치학회보≫ 제26집 3호.
성경륭. 1992, 「한국의 사회계급과 정당구조」, 한림대 사회조사연구소 연구논문 시리즈 #92-10.
안병만·김인철. 1993, 「유권자의 정치정향과 투표행태: 14대 대통령 선거를 중심으로」, ≪한국정치학회보≫ 제27집 2호(상).
이갑윤. 1986, 「우리나라에서의 투표율 연구의 방법론적 고찰」, 선거연구방법론에 관한 심포지엄 발표논문, 한국사회과학연구협의회.
______. 1990, 「투표행태와 민주화」, 김광웅 편, 『한국의 선거정치학』, 나남.
이남영. 1992, 「투표참여와 기권: 14대 국회의원 선거분석」, 한국정치학회 편, 『선거와 한국정치』.
이승희. 1993, 「한국인의 정치적 태도와 행태의 성차 연구」, ≪한국정치학회보≫ 제26집 3호.
이정복. 1993, 「한국인의 투표행태: 제14대 총선을 중심으로」, ≪한국정치학회보≫ 제26집 3호.
윤천주. 1989, 『투표참여와 정치발전』, 서울대학교 출판부.
정영태. 1993, 「계급별 투표행태를 통해 본 14대 대선」, ≪경제와사회≫ 봄호.
정진민. 1992, 「한국 선거에서의 세대요인」, ≪한국정치학회보≫ 제26집 1호.
조중빈. 1992, 「유권자의 여야성향과 투표결정 시기에 따른 정당지지 분석」, 한국정치학회 편, 『선거와 한국정치』.
Abramson, Paul & Ronald Inglehart. 1986. 1, "Generational Replacement and Value Change in Six Western European Societies," *American Journal of*

Political Science 30.

Barnes, Samuel & Max Kaase. 1979, *Political Action: Mass Participation in Five Western Democracies*, Beverly Hills: Sage.

Sunki, Choe & H. N. Kim. 1985, "Urbanization and Changing Voting Patterns in South Korea," Proceeding of the 6th Joint Conference, KPSA/ AKPSNA.

Dalton, Russell. 1988, *Citizen Politics in Western Democracies*, Chatham: Chatham House Publishers.

Dalton, Russel, Scott Flanagan & Paul Beck. 1984, *Electoral Change in Advanced Industrial Democracies*, Princeton: Princeton Univ. Press.

Esping-Anderson, Gosta. 1985, *Politics against Markets*, Princeton: Princeton Univ. Press.

Flanagan, Scott. 1982. 1, "Changing Values in Advanced Industrial Societies," *Comparative Political Studies* 14.

______. 1987. 12, "Value Change in Industrial Societies," *American Political Science Review* 81.

Hyman, Herbert. 1969, *Political Socialization*, N.Y.: The Free Press.

Inglehart, Ronald. 1977, *The Silent Revolution: Changing Values and Political Styles among Western Publics*, Princeton: Princeton Univ. Press.

______. 1990, *Culture Shift in Advanced Industrial Society*, Princeton: Princeton Univ. Press.

Keniston, Kenneth. 1969. 9, "Moral Development, Youthful Activism and Modern Society," *Youth and Society* 1.

Jae-on, Kim & B. C. Koh. 1972. 8, "Election Behavior and Social Development in South Korea," *Journal of Politics* 34.

Lambert, Allen. 1972. 9, "Generations and Change: Toward a Theory of Generations as a Force in Historical Process," *Youth and Society* 4.

Mannheim, Karl. 1952, "The Problem of Generations," in P. Kecskemeti(ed.), *Essays in the Sociology of Knowledge*, N.Y.: Oxford Univ. Press.

Rintala, Marvin. 1968, "Political Generations," *International Encyclopedia of the Social Sciences*, VI.

______. 1979, *The Constitution of Silence: Essays on Generational Themes*, Westport: Greenwood.

Ryder, Norman. 1965. 11, "The Age Cohort as a Concept in the Study of Social Change," *American Sociological Review* 30.

한국 국회의원 선거결과를 결정하는 주요 요인

1985·1988년 양대 국회의원 선거결과 비교분석

이남영

숙명여대 정치외교학과

1. 서론

이 연구의 주요 목적은 한국 국회의원 선거결과에 영향을 주는 주요 요인들을 밝히는 데 있다. 1985년에 실시된 12대 국회의원 선거와 1988년에 실시된 13대 국회의원 선거를 분석대상으로 하여 기존의 선거행태에 관한 여러 가지 가설들을 검증해 보는 방식으로 연구가 진행된다.

선거란 민주적 정치과정의 핵심이다. 선거란 정치과정에서 크게 두 가지 기능을 수행한다고 할 수 있다. 그 하나는 정치적인 권위(정부)에 대해 정통성을 부여하는 상징적인 기능을 수행하며, 다른 하나는 정치체제내의 권력의 담당자들을 결정하는 실제적인 기능을 담당하고 있는 것이다.[1]

그러나 한국정치의 맥락에서 과연 선거가 그러한 기능을 제대로 수행하고 있는지는 의문이다. 과거 권위주의적인 정치구조하에서는 선거가 갖는 정치적인 의미가 적었던 것이 사실이다. 그러한 성향은 길승흠, 김광웅, 안병만 교수의 최근 저서에 잘 표현되어 있다.

… 소위 자유롭고 경쟁적인 선거체제가 보장되지 못하는 상황에서 선거란 집권자와 그를 둘러싼 소수의 정치집단이 그들의 정치적 이익을 보호하기 위한 형식요건으로 이용되는 데 불과하다. 그와 같은 상황에서 투표를 정치투입으로 보

---

1) Gary C. Jacobson, *The Politics of Congressional Elections*, Boston, Toronto: Little, Brown and Company, 1983, p.1.

고 그것이 정치체제에 미치는 영향을 가늠해 보는 것 자체가 무의미하게 된다. 이
러한 선거를 곧 민주주의의 표현이라고 말한다면 그것을 운용하는 정치체제는 불
신과 정통성의 위기로부터 벗어나기 어려울 것이다.[2]

그러나 12대와 13대 국회의원 선거는 과거와는 다른 정치적 분위기하에
서 치러진 것이 사실이다. 민주화의 열풍이 우리 사회의 구석구석까지 침투
되기 시작했으며, 선거과정에서도 소위 자유롭고 경쟁적인 분위기가 조성되
기 시작했다. 또한 앞으로의 한국정치가 민주적인 방향으로 개혁되어 나가
야 한다는 당위적인 명제는 한국정치에서의 선거의 중요성을 더욱 부각시켜
주고 있음이 사실이다.

일반적으로 투표자들의 행태를 결정해 주는 요인들은 크게 네 가지로 구
분해 볼 수 있다. ① 투표자들의 정치적 태도 및 신념, ② 입후보자들의 개
인적 특성 및 선거운동전략, ③ 선거의 특성, 그리고 ④ 선거 당시의 국내
정치 및 제반 사회여건 등이다. 위의 네 가지 분류에 연관될 수 있는 많은
변수들 중에서 이 연구는 우선 전통적으로 많이 사용되는 상황변수, 도시화
정도, 입후보자 경력, 지역연고주의 등에 초점을 맞추어 설명을 시도해 보고
자 한다.

소위 지역적으로 심하게 분열된 유권자들의 투표성향이 13대 국회의원
선거의 특징으로 주목된다. 그러한 지역주의적 투표성향은 과거의 지역연고
주의와는 본질적으로 다르다. 지역연고주의라 함은 다른 조건이 같다면 유
권자가 자기 고장 출신 입후보자를 선택하는 경향을 말한다. 즉 자기 고장
출신의 입후보자를 타관 출신 입후보자들보다 선호하는 경향을 의미한다.
그러나 13대 선거에서 나타난 지역주의는 입후보자의 지역연고에서 발견되
듯이 개별 입후보자와 투표자 사이의 관계를 지역이 매개하는 것이 아니라
개별 입후보자보다는 특정 정당과 투표자 사이를 직접 지역이 연결해 주는
것이었다. 입후보자가 누구냐의 문제보다는 어느 정당이 우리 지역을 대표
하기 때문에 그 정당 입후보자를 지지한다는 식의 투표방식을 말한다.

그러한 지역주의는 사실 13대 대통령 선거(1987. 12. 16)의 결과에서도
뚜렷이 나타났다. 이 논문에서는 유권자들의 지역주의적인 투표성향이 과연

---

2) 길승흠·김광웅·안병만, 『한국선거론』, 다산, 1987, 14-15쪽.

선거에 참여한 주요 정당들에게 어떤 영향을 주었는지에 대하여 실증적인 분석을 시도한다.

본 논문의 주된 분석자료는 중앙선거관리위원회에서 최종적으로 확인, 발표한 12대 및 13대 국회의원 선거결과이다. 분석단위는 각 선거에 참여한 입후보자이고 종속변수는 각 선거구별로 각 입후보자가 획득한 득표율이다(득표수/총유효투표수). 12대 선거는 92개의 지역구가 있었고, 각 지역구에서 2명이 당선자가 되는 중선거구제였으며, 13대 선거는 224개의 지역구가 있었으며 각 선거구에서 최다 득표자 1명이 당선자가 되는 소선거구제였다.

2. 선거결과에 영향을 미치는 요인들

많은 변수들이 직·간접적으로 선거결과를 좌우한다. 본 연구에서 그들 변수들 중에서 한국정치의 맥락에서 중요하다고 생각되는 5개의 변수를 선정하여 분석에 사용하고자 한다. ① 도시화의 정도, ② 현역의원 여부, ③ 입후보자의 지역연고성, ④ 정치·경제적 조건, ⑤ 정당의 지역연고성 등이다.

1) 도시화와 투표성향

도시인은 야당을 지지하는 경향이 있음에 비하여 지방인은 여당을 지지하는 성향이 있다는 소위 여촌야도로 명명된 현상은 한국의 선거를 이해하는데 있어서 기본적으로 받아들여져 온 가설이기도 했다.[3] 윤천주 교수의 연구 이외에도 한국의 선거를 연구한 많은 학자들은 도시화와 여당지지율 사이에 존재하는 역함수관계(inverse relationship)를 주목해 왔다. 그렇다면 왜 그러한 관계가 한국의 선거에서 특징적으로 나타나는 것인가? 그에 대한 이유로는 윤천주 교수가 제시한 이유(유권자의 성격, 재산 정도, 교육 정도, 대

---

3) 윤천주, 『우리나라의 선거실태』, 서울대 출판부, 1981, 25-51쪽. 이 저서에서 윤천주 교수는 도시화의 정도와 여당당선율 사이에는 밀접한 관련이 있음을 4대~8대 국회의원 선거결과를 분석함으로써 보여주고 있다. 그리고 그러한 현상의 발현 이유로는 유권자의 성격(personality)과 재산 정도, 교육 정도, 대중통신의 이용 정도를 지적하고 있다.

중통신의 이용 정도)와 더불어 몇 가지가 더 추가될 수 있다. 첫째, 정부의 동원능력이 도시보다는 농촌에서 더 효과적으로 발휘된다는 사실이다. 한국과 같이 정부가 선거과정에 깊숙이 관여하는 선거과정에서는 정부의 선거과정에서의 동원능력은 여당의 성패에 중요한 관건이 됨은 물론이다. 농촌은 소위 대면 인간관계에 의해 사회가 조직되어 있기 때문에 누가 어느 후보자를 지지하는지를 상호간에 잘 파악할 수 있을 뿐 아니라, 선거 후에 행정적인 보복을 선별적으로 시행한다고 해도 정보가 구역별로 차단되기가 쉽기 때문에 사회문제화되지 않는 경향이 있기에, 일단 정부의 동원노력은 도시보다 농촌에서 더 효과적인 결과를 가져오기 마련이라는 것이다.

둘째로 도시화가 진행됨에 따라 경제적인 불평등이 심화되어 간다는 것이다. 따라서 경제적으로 불평등을 감지하는 계층이 증가하게 되며, 그러한 경제적인 불평등이 바로 여당에게 등을 돌리게 하는 중요한 요인이 된다는 것이다. 상대적으로 빈곤이 평준화되어 있는 농촌지역보다 도시지역에서 소위 상대적 빈곤감이 만연되고 있음은 여러 연구에서 반복하여 지적되어온 주지의 사실이다.

셋째로, 인구가 밀집할수록 여러 사회단체들을 조직하기가 쉬우며, 또한 다양한 이해관계들이 표출되기가 쉽다는 것이다. 일반적으로 도시화의 정도가 심화되어 갈수록 인구밀집 또한 심화되며 다양한 경로들을 통해 새로운 요구들이 등장하게 마련이라는 것이다. 그러한 새로운 요구들은 대부분 기존 정치질서의 담당자인 여당에 반대하는 성격을 갖게 마련이다. 따라서 일반적으로 도시화의 정도는 여당에게 불리하게 작용하게 된다는 것이다.

이 연구는 위에 제시된 이유들 중에 어떤 이유가 더 타당한지를 비교하기 위하여 그 상대적 설명력을 한국적인 맥락에서 평가하고자 하는 것이 아니다. 과연 12대, 13대 국회의원 선거에서도 과거에 지속적으로 발견되어온 '여촌야도' 현상이 존재하는지, 또한 도시화의 정도라는 변수에 의하여 어느 정도 선거결과를 예측할 수 있는지를 실증적으로 알아보려 하고 있는 것이다. 이러한 노력은 매우 중요하다. 왜냐하면 과거의 대부분의 연구들은 주로 도시화의 정도와 투표결과의 2원적인 관계(bivariate relationship)에 초점을 맞추었기 때문에 다른 변수들을 통제하고 난 후의 영향력을 정확히 판단할 수 없었기 때문이다. 그러한 한계를 극복하기 위해서 본 연구는 다회귀분석을 시도한다. 회귀분석의 결과는 분석에 사용된 각 독립변수들의 정확한 설명력을 측정해 준다. 이 회귀분석 모델에서 도시화 정도라는 변수는 다음과 같이 측정된다. 1=시골, 2=읍/면, 3=소도시, 4=중도시, 5=대도시로 구분하였다.

2) 입후보자의 의원경력

지역구의 도시화의 정도에 못지 않게, 입후보자의 의원경력 또한 중요한 변수로 지적되어 왔다. 힌클리(B. Hinckley)는 미국 의원선거에 관한 저서에서 "현역의원들은 선거에서 승리하기가 쉬울 뿐 아니라 그들의 득표율은 초선 의원들보다 훨씬 높다"라고 밝히고 있다.[4] 그렇다면 왜 그러한 현상이 일어나는 것일까?

칼데라와 패터슨(Caldeira & Patterson)은 현역의원들이 선거과정에서 갖는 상대적으로 유리한 점들을 다음과 같이 피력하고 있다.[5] 첫째로 현역의원들은 자기 선거구내에서 누구보다도 잘 알려져 있는 사람이라는 것이다. 선거과정에서 입후보자들은 우선 자기라는 사람이 입후보하고 있다는 사실을 유권자들에게 인식시키는 일이 무엇보다도 중요하다고 생각할 때, 현역의원은 매우 유리한 입장에 서 있다는 것이다. 둘째로, 현역의원들은 최소한 한 번 이상 선거과정을 성공적으로 이끈 경험이 있는 사람들이기 때문에 타후보들보다 비교적 선거자금 등 자원을 효율적으로 동원하고 사용할 수 있는 여건과 경험을 가지고 있다는 것이다. 셋째로 현역의원들은 지역구활동을 통해 지난 임기중에 이미 상당수의 지지자들을 확보하고 있다는 것이다.

서구 사회에서는 소위 입후보자들의 현역의원 여부가 중요한 변수로서 선거분석에서 사용되어온 데 반하여, 한국에서는 아직 체계적으로 그 변수가 선거결과에 어떤 영향을 미치고 있는가에 대하여 별로 연구된 바가 없었다. 본 연구에서는 회귀분석모델에 의원경력이라는 개념을 다음과 같이 측정하여 사용한다. 1=현역의원이 아닌 경우, 2=현역의원인 경우.

---

4) Barbara Hinckley, *Congressional Elections*, Washington, Congressional Quarterly Press, 1981, p.37.
5) Gregory A. Caldeira & Samuel C. Patterson, "Bringing Home the Votes: Electoral Outcomes in State Legislative Races," *Political Behavior* 4, 1982, pp.33-67.

3) 입후보자의 지역연고

지역연고주의라 함은 본질적으로 심리적인 현상이다. 김재온·고병철 교수
는 지역연고주의를 유권자들이 자기 지역 출신의 입후보자와 감정적인 일체
감(affective identification)을 가지고 그 후보를 지지하는 성향이라고 정의한
다.[6] 지역연고주의는 한국사회의 전통적, 문화적인 특성 중의 하나로 지적되
어 왔다. 학연, 가족 중심의 혈연과 더불어 지연이 가장 중요한 그룹 형성의
기초가 된다. 선거시에 각 입후보자들은 학연, 혈연, 그리고 지연을 최대한
도로 이용하고자 하며, 사실상 그러한 요소들이 선거의 당락을 결정한다고
해도 과언이 아닐 정도의 결정적인 역할을 담당하고 있는 것이다.

본 연구에서는 어떤 특정 입후보자가 그 지역구 출신인 경우(1)와 그렇지
않은 경우(0)를 구분하여 입력하였다.

4) 정치·경제적 상황

선거과정에서 가장 중요한 것은 입후보자와 유권자들의 행태임은 물론이
다. 그러나 입후보자와 유권자들은 선거 당시의 특정한 정치·경제적인 조건
하에서 행동하게 된다. 어떤 경우는 여당 입후보자에게 유리하게 상황이 전
개되기도 하고 어떤 경우에는 불리하게 상황이 전개되기도 한다. 예컨대 12
대 선거와 13대 선거 당시의 한국의 정치·경제적인 상황은 여당후보자들에
게 비교적 불리한 상황이었다고 생각된다. 12대 선거 당시의 주된 이슈는
부정축재, 민주화요구, 노사분규, 금융스캔들에 대한 의혹 등으로 주로 여당
인 민정당에게 일방적으로 불리하게 작용하였음은 물론이다.

그러나 13대 선거 당시의 정치·경제적인 상황은 조금 미묘하다. 대통령
선거에서의 집권 등의 승리와 분열된 야권(평민당과 민주당)이라는 유리한
고지에서 여당은 선거를 맞게 되었던 것이다. 그러나 그렇게 일방적으로 유
리한 요소만 존재했던 것은 아니다. 소위 6·29선언 이후 더욱 강렬해진 국
민들의 민주화요구 투쟁과 학생·노동자운동의 격화, 지난 대통령 선거 결과

---

6) Jae-On Kim & B. C. Koh, "The Dynamics of Electoral Politics," in Chong-
   Lim Kim(ed.), *Political Participation in Korea*, Santa Barbara: Clio Books, 1980.

과반수에 훨씬 미달되는 지지를 받은 노태우 정권의 정통성에 관련된 국민의 불안 등 여권에 크게 불리하게 작용하는 분위기도 무르익고 있었다.

그렇다면 어떻게 정치·경제적인 상황을 측정하여 분석에 이용할 수 있을 것인가? 여기서는 한 가지 가정이 요구된다. 12대 선거와 같이 명백히 여당에게 불리한 상황하에서는 소위 현 정권에 반대는 하지만 정치적으로 소외되어 온 계층들이 여당에 반대하기 위하여 대거 선거에 참여하게 된다는 것이다.[7] 사실상 12대 총선의 투표율은 1960년대 이래로 가장 높았으며(84.6%), 제1야당(신민당)이 얻은 득표수는 11대 선거에 비해 8%가 증가했고 여당의 득표수는 오히려 감소했던 것이다. 그러한 선거에서는 일반적으로 투표율의 증가는 여당에게 불리하게 작용하기 마련인 것이다. 그런 이유로 해서 본 연구에서는 각 지역구별 투표율의 고저가 하나의 변수로서 회귀분석에 사용된다. 그러나 13대 선거는 일반적으로 정치·경제적인 상황이 여야 어느 일방에 유리하게 전개되었다고 판단되기 어렵기 때문에 분석에서 이 변수를 제외한다.

5) 정당의 지역연고성

13대 선거는 유권자들이 지역의 선을 따라 집합적 선택행동을 한 결과 지역정당 출현이라는 충격적인 결과를 보여주었다. 따라서 정당의 지역연고는 유권자들의 선택에 어떤 영향을 주었으며, 어느 정당이 가장 많은 득을 보았고 어느 정당이 오히려 손해를 보았는가를 평가해 보는 것은 의미 있는 작업이 될 것이다.

소위 입후보자들이 지역감정에 호소하여 득표하고자 하는 선거전략이 선거과정을 압도하였고, 유권자들도 다른 요소들보다 우선하여 자기 지역을 대표하는 정당을 우선적으로 고려하여 투표에 임하였던 것이다. 그러한 상황에 대해서 신광영 교수는 다음과 같이 주장하고 있다.[8]

지역주의는 특정정당들에게 그것이 중요하고, 그 정당들이 유권자들을 지역주

---

7) 이갑윤, 「제5공화국 국회의원 선거의 분석과 전망」, 한국정치학회 편, ≪한국정치학회보≫ 1985, 47-58쪽.

8) 신광영, 「투표행위와 지역주의」, 한국사회학회 주최 지역갈등 세미나 발표논문, 1989.

민으로 조직하는 때와 정도에서만 선거에서 중요해진다. 다시 말해서 지역에 기초한 사회이미지를 정치적 담화로 전환시키는 정치적 조직이 존재할 때만 지역에 기초한 사회균열이 다른 사회균열보다 중요한 투표행위의 결정요인으로 작동한다. 이러한 점에서 1987년 대통령 선거 직전에 이루어진 4당체제는 다른 어떤 종류의 사회균열보다도 지역에 기초한 사회균열에 기초하고 이러한 사회균열을 이용하는 선거전략을 각 당이 취해야만 하였다. (중략) 그러므로 지역=후보=당의 이미지는 쉽게 형성되었고 선거에 동원되었다.

그러한 특수한 상황이 13대 양대 선거를 압도하고 있었다. 지역이라는 변수가 선거결과와 각 정당에 미친 영향을 통합적으로 진단하기 위해서 따로 이 변수만을 분리하여 13대 국회의원 선거를 분석하고자 한다.

3. 1985년 12대 국회의원 선거와 1988년 13대 국회의원 선거결과에 대한 회귀분석

앞에서 우리는 분석에 사용될 주요 변수들에 관하여 논하였다. 고려되는 변수들은 도시화 정도, 현역의원 여부(incumbency), 입후보자의 지역연고, 그리고 각 지역구별 투표율 등이다. 그리고 종속변수로는 각 선거구별 민정당 후보자의 득표율(득표수/유효투표수*100)이다. <표 1>에는 각 변수들을 이용한 다회귀분석결과가 보고되어 있다. 사용된 네 가지 독립변수들은 민정당 후보자들의 득표율의 변량의 약 51%를 설명해 주고 있다. 그리고 위의 결과는 통계적으로 의미가 있다($p < .01$).

<표 1> 투표결정의 회귀계수(12대)

변수	회귀계수	표준부분회귀계수(B)	유의도
절편	.51	-	-
도시화	-.03	-.43	$p < .01$
현역의원 여부	-.05	-.20	$p < .01$
후보자 지역연고	.02	.08	$p > .05$
투표율	-.01	-.29	$p < .01$
	N=91선거구	R square=.51	df=4/86

각 변인별로 보다 구체적으로 분석하면 가장 많은 설명력을 지니고 있는 변수는 물론 도시화 정도(B=-.43)이다. 즉 지방으로부터 대도시로 올라올수록 민정당 후보자들의 득표율은 크게 감소하고 있는 것이다. 다음으로 중요한 변수는 투표율이다. 투표율이 높을수록 민정당 후보자의 지지는 감소하고 있음(B=-.29)을 보여준다. 또한 현역의원 여부가 민정당 후보자의 경우에 역상관관계를 나타내고 있는 점이 흥미롭다. 현역의원인 경우에 선거과정에서 도전자들보다 상당한 이점을 향유하는 것이 사실인데 왜 그러한 역의 상관관계(B=-.20)가 나타나는 것일까? 한 가지 가능한 설명은 1985년 선거의 특수한 상황에 근거하여 제시될 수 있다. 일반적으로 여당에게 불리한 정치·경제적 상황에서 현역의원들은 도전자들보다 그러한 상황에 대해 더욱 무거운 책임을 지는 위치에 서 있었다는 것이다. 따라서 유권자들은 민정당 후보자들 중에서 도전적인 위치에 있는 후보자들보다 현역의원들에게 더욱 신랄하게 정치·경제적 상황에 대한 책임을 물었던 것으로 판단된다. 마지막으로 후보자의 지역연고는 민정당 후보들의 득표율에 미치는 영향이 비교적 약함을 발견하였다(B=.08). 그러나 관계의 방향은 예상했던 바와 같다. 즉 연고지에서 출마한 입후보는 그렇지 않은 입후보자들보다 득표를 많이 하는 경향을 보여주었다.

위의 결과에 미루어 볼 때 12대 선거에서는 현역의원 여부의 경우를 제외하고는 회귀분석에 사용된 독립변인들은 예상했던 바대로 상당한 설명력을 보여주고 있다. 네 개의 독립변수만으로 종속변수의 변량의 51%를 설명했다. 위의 회귀분석모델은 선거결과를 설명하는 데 비교적 유용하다는 판단이 선다.

그렇다면 12대 총선이 소위 '바람'으로 규정되는 이유는 무엇인가? 첫 번째 이유는 12대 총선의 높은 투표율에 기인하고 있는 것이다. 신민당이 소외되어 선거에 참여하지 않는 경향이 있는 잠재적 야당지지자들을 선거에 동원하는 데 성공한 것이다. 12대 국회의원 선거 직전에 주로 해금된 인사들이 주축이 되어 발족한 신민당은 당시 고조되어 가고 있던 국민의 민주화 열망에 어느 다른 기존의 정당보다도 잘 부합하는 것이었다. 기존의 체제에서 활동하던 여야는 국민에게 신선함을 줄 수 없었으며 5공화국의 정통성과 실정에 대한 책임을 면할 길이 없었던 것이다.

그러한 상황이 신당인 신민당을 제1야당으로 부상시켰으며, 그러한 결과를 보고 12대 총선을 신민당이 일으킨 '신당바람'으로 묘사했던 것이다. 그 바람의 정체는 다름 아닌 국민들의 민주화에 대한 열망이었으며 소외된 잠재적 야당지지자들을 선거에 동원하는 데 성공한 신민당의 선거전략이었던 것이다.

제13대 국회의원 선거결과 역시 위의 회귀분석모델에 의하여 분석해 보았는데 아래의 <표 2>에 분석결과가 요약되어 있다. 그 결과는 회귀모델 자체가 아무런 설명력을 지니고 있지 못하다는 것이다. 전통적으로 한국 선거를 가장 잘 설명해 주었던 도시화변수도 설명력을 잃고 있으며(B=-.15, p>.05), 현역의원 여부와 후보자 지역연고 변수들도 설명력을 완전히 잃고 있음을 본다. 오직 투표율만이 약간의 설명력을 가지고 있을 뿐이다(B=.19, p<.05). 투표율은 12대 선거에서는 야당에게 유리하게 작용했던 데 비하여 13대 선거에서는 여당에게 유리하게 작용하고 있다. 즉 투표율이 높은 선거구에서는 낮은 선거구에서보다 민정당 후보자들이 높은 득표율을 보인다는 것이다. 다음과 같은 해석이 가능하다. 13대 국회의원 선거의 전국 투표율은 역대 평균 투표율 79.3%에 훨씬 미달되는 것이었다(75.8%). 그러한 낮은 투표율은 소외된 잠재적 야당지지자들을 성공적으로 동원하지 못했다는 사실을 반영해 주고 있는 것이다. 야당분열로 인한 대통령선거에서의 야당의 참패가 야당성을 가지고 있는 부류에게 커다란 실망을 안겨주었을 것이며, 따라서 많은 잠재적 야당지지자들이 국회의원 선거에 참여하지 않은 것으로 판단된다.

12대 선거에서는 위의 회귀방정식이 비교적 높은 설명력을 지니고 있는

<표 2> 투표결정의 회귀계수(13대)

변수	회귀계수	표준부분회귀계수(B)	유의도
절편	-.29	-	-
도시화	-.01	-.15	p>.05
현역의원 여부	.06	.10	p>.05
후보자 지역연고	-.04	-.02	p>.05
투표율	.01	.19	p<.05
	N=224선거구	R square=.03	df=4/219

데 반하여 왜 13대 선거에서는 설명력을 상실하고 있는가? 그 문제에 대한 해답은 자명하다. 정당의 지역연고성이 선거과정을 압도하였기 때문이다. 국회의원 선거에서의 그러한 극심한 지역성은 처음 나타난 일이기 때문에 주목된다. 그렇다면 그러한 정당의 지역연고성은 선거결과에 어떠한 영향을 주었는가를 알아볼 필요가 있다.

4. 13대 선거와 지역주의

비교적 저조한 투표율을 기록한 13대 국회의원 선거는(75.8%), 여소야대의 4당체제를 낳았다. 대통령 선거 때부터 줄곧 강화되어온 지역간의 대립의식은 13대 국회의원 선거 당시에는 거의 걷잡을 수 없는 상태였다. 그 결과 지역적으로 구분된 지지기반을 갖는 4당체제가 구축되었던 것이다. 민정당은 대구의 8개 선거구에서 모두 승리하고 경북의 21개 선거구 중 17개 지역에서 승리하였다. 또한 평민당은 광주와 전라남북도의 37개 선거구 모두에서 승리하였고, 민주당은 부산의 15개 선거구 중 14개 선거구에서 승리하였으며 경남에서는 22개 선거구 중 9개 지역에서 승리하였다. 그리고 공화당은 충남의 18개 선거구 중 13개 선거구에서 승리하였다.

그러한 결과는 선거과정에서 각 정당이 기존의 지역감정을 득표전략에 최대로 이용하였기 때문에 비롯된 것이긴 하지만, 그러한 지역편중성은 국민의 보편적 공당으로서의 이미지를 갖지 못하게 함으로써 각 정당의 정치적 입지를 극도로 불편하게 하였다. 여기에서는 그러한 지역주의적인 투표성향에 의해 선거결과가 어느 정도 설명될 수 있는가를 보고, 각 정당은 그러한 투표성향에 의해 어떠한 영향을 받았는가를 체계적으로 설명해 보고자 한다. 각 정당별로 나누어 분석을 하였고 지역변수는 소위 'Dummy Coding' 방식으로 처리하였다.

1) 민정당 후보자분석

우선 분석에 앞서 'Dummy' 변수를 어떻게 해석해야 하는지에 대해서 간단히 논하려 한다. 회귀분석 결과 절편값은 분류되지 않은 지역(예컨대 서울, 인천, 강원, 경기, 제주 등)에서의 평균 득표율을 의미한다. 민정당 후보자들의 분석인 경우 절편값이 .33이라면, 이는 곧 서울, 인천, 강원, 경기, 제주 등지에서의 민정당 후보자들의 평균 득표율이 되는 것이다. 대구·경북에서의 민정당 후보자의 평균 득표율은 절편값(.33)+대구·경북 회귀계수(.18)가 되어 .51, 즉 51%가 되는 것이다. 마찬가지로 충남북에서의 민정당 후보자들의 평균 득표율은 절편값에 충남북의 회귀계수(.03)를 더하여 계산하면 될 것이다(.33+.03=.36, 즉 36%).

여기에서는 민정당 후보자들이 소위 지역주의적 투표성향에 의해 어떠한 영향을 받았는가를 설명해 보고자 한다. <표 3>을 보면 각 지역별 변수 네 개 중 대구·경북지역 변수 이외에는 통계적 의미가 없음을 알 수 있다.

민정당은 민정당 우세지역(대구·경북지역) 이외에는 비교적 지역적 영향을 덜 받고 있음을 알 수 있다.

<표 3> 민정당 지지의 회귀계수

변수	회귀계수	표준부분회귀계수(B)	유의도
절편	.33	-	-
대구·경북	.18	.19	p<.01
광주·전남북	.02	.03	p>.05
부산·경남	.04	.05	p>.05
충남북	.03	.03	p>.05
	N=224선거구	R square=.03	df=4/160

주: 대구·경북 변수−지역구가 대구·경북인 경우=1, 타지역인 경우=0
　　광주·전남북 변수−지역구가 광주·전남북인 경우=1, 타지역인 경우=0
　　부산·경남 변수−지역구가 부산·경남인 경우=1, 타지역인 경우=0
　　충남북 변수−지역구가 충남북인 경우=1, 타지역인 경우=0

위의 결과를 보다 상세하게 설명하면, 소위 지역주의의 영향에서 제외된 지역(서울, 경기, 강원, 제주 등)에서 민정당 후보는 평균 약 33% 정도의 득표율을 보인다(절편=.33). 그리고 대구·경북지역의 민정당 입후보자들은 타지역의 민정당 입후보자들보다 약 18% 정도 많은 득표를 하고 있음을 나타내준다(회귀계수=.18). 그리고 다른 지역변수들은 설명력을 거의 가지고 있지 못하다. 위 모델에 의한 종합적인 설명력은 약 3%에 불과하며(R square=.03) 통계적인 의미도 없다.

2) 평민당 후보자분석

<표 3>에는 평민당 후보들에 대한 분석결과가 포함되어 있다. 사용된 회귀모델의 설명력은 비교적 높으며(R square=/.35), 통계적으로도 의미가 있다. 지역주의의 영향권에서 제외된 지역에서의 평민당 후보자들의 평균 득표율은 약 20% 정도이다. 그러나 놀라운 사실은 광주·전남북지역의 입후보자들은 약 63% 정도 더 높은 득표를 하고 있다는 것이다. 또한 대구·경북, 부산·경남, 그리고 충남북지역에서는 오히려 절편값으로부터 -16%, -16%, -15% 정도로 더 낮은 득표를 하고 있음을 나타내 준다.

<표 4> 평민당 지지의 회귀계수

변수	회귀계수	표준부분회귀계수(B)	유의도
절편	.20	-	-
대구·경북	-.16	-.08	p>.05
광주·전남북	.63	.53	p<.01
부산·경남	0.16	-.09	p>.05
충남북	-.15	-.09	p>.05
	N=165 선거구	R square=.35	df=4/160

평민당 후보자들은 광주·전남북지역을 제외한 타지역에서는(대구·경북, 부산·경남, 충남북) 득표에 있어서는 많은 손해를 보고 있음을 본다. 그러나 광주·전남북지역에서 압도적으로 많은 득표를 하고 있다. 13대 총선결과만을 보면, 평민당은 가히 '전라도민의 당'이라고 해도 과언이 아닐 성싶다.

3) 민주당 후보자분석

<표 5>에는 민주당 후보자의 득표에 지역이 어떠한 영향을 주고 있는가가 잘 나타나 있다. 회귀모델 자체의 설명력은 비교적 높다(R square=.47). 지역주의의 영향권에서 제외된 지역에서의 민주당 후보자들의 평균 득표율은 약 22%이다(절편=.22). 그리고 민주당의 지지기반인 부산·경남에서 출마한 민주당 입후보자들은 평균 약 22% 정도 더 높은 득표율을 보이고 있는 반면에, 광주·전남북지역에서는 평균 약 -21% 정도로 낮은 득표율을 보

이고 있다. 또한 충남북지역에서도 평균 약 -5% 정도의 낮은 득표율을 보인다. 그러나 민정당의 지지기반인 대구·경북지역에서는 오히려 약 2% 정도의 더 높은 득표율을 보이고 있다.

이 결과에 미루어 생각해 보면, 민주당은 평민당과 지역적 기반에 있어서 가장 첨예하게 대립하고 있다. 또한 민주당이 민정당과는 그 지역적 기반에 있어서 별 심각한 대립이 없음을 볼 수 있다.

<표 5> 민주당 지지의 회귀계수

변수	회귀계수	표준부분회귀계수(B)	유의도
절편	.22	-	-
대구·경북	.02	.04	p>.05
광주·전남북	-.21	-.30	p<.01
부산·경남	.22	.56	p<.01
충남북	-.05	-.12	p<.05
	N=163 선거구	R square=.47	df=4/158

4) 공화당 후보자분석

<표 5>는 공화당 후보자들의 득표에 지역이 어떠한 영향을 주고 있는가를 잘 나타내 준다. 회귀모델 자체가 지닌 설명력은 상당히 높은 수준이다(R square=.41). 지역주의의 영향권 밖에 있는 지역에서의 공화당 후보자들의 평균 득표율은 약 18%(절편=.18)이다.

충남북지역에서 출마한 공화당 후보자들은 여타 지역의 후보자들보다 무려 평균 23% 정도의 높은 득표율을 보이고 있으며, 광주·전남북지역에서 가장 낮은 득표율을 기록하고 있음을 본다(-15%). 그리고 부산·경남지역에서는 평균 약 8% 정도 낮은 득표율을 보이고 있으며, 민정당의 지지기반인 대구·경북지역에서는 오히려 약 2% 정도 높은 득표율을 기록하고 있다.

그러한 결과는 공화당과 민정당의 지역적 지지기반 사이에는 그리 큰 대립은 없으나, 타야당(평민당과 민주당)들과는 첨예한 대립을 보이고 있음을 시사해 주고 있는 것이다.

<표 6> 공화당 지지의 회귀계수

변수	회귀계수	표준부분회귀계수(B)	유의도
절편	.18		
대구·경북	.02	.05	p>.05
광주·전남북	-.15	-20	p<.01
부산·경남	-.08	-.20	p<.01
충남북	.23	.532	p<.01
	N=163 선거구	R square=.47	df=4/158

5) 종합적 평가

위에서 13대 선거에서 정당별 후보자들의 득표율과 지역이라는 변수 사이의 관계를 살펴보았다. 그 결과 우리는 지역이라는 변수가 소위 야3당(평민, 민주, 공화)의 득표율을 설명하는 데 크게 기여하고 있음을 알았다. 민정당은 물론 자신의 지지기반인 대구·경북지역에서는 압도적인 승리를 얻어냈지만 어떤 특정한 타지역에서 크게 불리하지는 않았다.

야3당간의 지역적 지지기반을 둘러싼 갈등에서 평민당의 경우 2개의 타야당과의 대립이 심각했다. 평민당 후보자들은 어느 정당 후보자들보다도 부산·경남지역에서 훨씬 낮은 득표율을 기록하였고 충남북지역에서도 아주 저조한 득표율을 기록한 반면, 민주당과 공화당 후보자들은 광주·전남북 지역에서는 참패를 모면할 수 없었다. 그리고 민주당 후보자들은 정도는 약하지만 충남북지역에서는 고전을 면치 못하였고, 공화당 후보들은 부산·경남지역에서 역시 심각한 열세를 모면할 수 없었던 것이다.

13대 총선결과는 뚜렷한 지역주의적인 투표성향을 보여주고 있다. 지역이라는 하나의 변수를 가지고 입후보자들의 득표율의 변량의 많은 부분들을 설명할 수 있음을 보았다. 또한 지역주의적 대립현상은 소위 3야당의 지역적 지지기반 사이에서 가장 심각함을 알 수 있었다. 특히 평민당의 지지기반인 광주·전라지방과 민주당의 지지기반인 부산·경남지방의 유권자들의 투표성향은 첨예하게 대립하고 있음을 보았다. 그러한 결과로 미루어 생각해 볼때 국민들의 여망인 야당통합은 그리 쉽게 달성될 수 있을 것 같지 않다.

타정당들에 비하여 비교적 지역주의적 투표성향에 덜 영향을 받은 민정당의 경우, 야당표의 지역편중화현상으로 인한 총체적인 피해는 심각했다. 이

갑윤 교수는 다음과 같이 민정당이 받은 피해를 지적하고 있다.[9]

> 야당의 지지가 대부분의 지역에서 집중되지 않았다면 민정당의 전국 득표율 34%는 소선거구제하에서 과반수를 획득하는 데 그리 적은 것은 아니었을 것이다. 왜냐하면 야당의 분열상이 13대와 비슷한 제6대 국회의원 선거에서 여당인 공화당은 33%의 전국 득표율로 지역구 의석의 2/3를 획득했었기 때문이다.

지역주의의 영향을 많이 받은 민주당의 경우 민정당의 경우와 마찬가지로 유권자들의 지역주의적인 투표성향으로 말미암은 피해는 심각한 것이었다. 평민당에 비해 전국적으로 약 4.5% 정도 더 많은 득표를 하였으나(전국 득표율: 23.6%), 오히려 의석 수에서는 평민당에 비해 많이 모자라는 형편이 되었다(전국구 포함 평민당 의석률: 23.4%, 민주당 의석률: 19.7%). 유권자들의 지역주의적인 투표성향은 득표수에 있어서 민정당 다음으로 2위를 기록한 민주당이 오히려 제3당으로 전락하게 했다.

그러나 평민당과 공화당의 경우는 사정이 전혀 달랐다. 전국적으로 1/5에도 못미치는 득표율 19.3%를 가지고 평민당은 제1야당으로 부상하는 행운을 잡았다. 또한 공화당의 경우도 충청도에서 대승을 거둠으로써 소위 4당 체제하에서 일익을 담당할 수 있는 위치를 점하게 되었다.

앞으로도 야당표의 지역적인 집중화 현상이 지속된다면 민정당, 민주당 편에는 불리할 것이며 평민당, 공화당 편에는 오히려 유리할 것이라 전망된다. 그러나 지역주의적인 정당체제가 한국의 민주화과정을 순조롭게 하는 데 방해가 되는 것이라면, 유권자들의 그러한 지역주의적 투표성향을 어떻게 극복할 수 있는가라는 처방문제를 심각하게 생각해 보아야 할 것이다.

5. 결론

본 연구는 한국 국회의원 선거결과를 결정하는 요인들을 규명해 보고자 했다. 그러나 놀라운 발견은 12대 선거에서는 일반적으로 유권자들의 투표

---

9) 이갑윤, 「제13대 국회의원 선거에서의 투표행태와 민주화」, 경남대학교 극동문제 연구소 주최 <한국의 민주화: 과제와 전망> 제1차 워크숍 발표논문, 5쪽.

행태를 설명하는 변수들(도시화 정도, 현역의원 여부, 후보자의 지역연고, 투표율 등)에 의해 잘 이해될 수 있었는 데 반하여, 13대 선거에서는 기존의 그러한 변수들이 모두 설명력을 잃고 있다는 사실이다. 그 명확한 원인으로서 지역이라는 변수를 상정해 보았고, 13대 선거결과는 지역이라는 단일변수에 의해서 상당한 정도로 설명할 수 있음을 입증했다.

유권자들의 지역주의적인 투표성향은 결과적으로 민정, 민주 양당에게는 불리하게 작용했으며 오히려 평민, 공화 양당에게는 유리하게 작용하고 있음을 보았다. 민정당은 야당표의 지역적 편중현상으로 과반수 의석을 확보하는 데 실패하였고, 민주당은 전국적 득표율은 평민당보다 많이 획득하였음에도 불구하고 제1야당의 지위를 평민당에게 양보해야 하는 쓰라림을 맛보았다. 그러나 평민당은 유권자들의 지역주의적 투표성향에 의해 제1야당의 자리를 차지하였고 공화당은 영·호남의 지역적 갈등현상을 선거전략에 잘 이용하여 충청도민의 지역적인 감정을 불러일으키는 데 성공함으로써 4당체제의 당당한 일원으로서 정치의 장에 출현하게 되었던 것이다.

유권자들의 지역주의적 투표성향의 근본적인 원인은 두 가지로 집약될 수 있을 것이다. 그 하나는 지역간의 극심한 경제적·사회적 불평등과 광주민주항쟁 등에서 나타난 지역적인 균열현상이 유권자들의 지역감정을 자극했던 것이다. 다른 하나는 선거과정에서 각 정당들이 유권자들의 지역감정을 득표전략에 지나치게 이용했던 것이다.[10] 배규환 교수는 다음과 같이 정치인들의 지역중심적인 선거전략을 지적하고 있다:

지역감정 문제는 특정지역의 구성원들이 '지역'에서 자신의 강한 사회적 정체감을 느끼는 데서부터 시작되는데, 여기에 대한 1차적 책임은 정권을 장악하거나 대중적 인기를 누린 영·호남 출신의 정치인들에게 있는 것 같다. 이들은 한결같이 지역감정이 있어서는 안된다고 강조하였지만 선거에서의 승리를 위한 각기 연고지역에서의 이들의 연동은 지역문제에 대하여 때로는 직설적으로 때로는 묘한 뉘앙스를 담아 언급하였다.

결론적으로 본 연구결과의 의미를 종합해 보고자 한다. 첫째, 입후보자들

---

10) 배규환, 「선거과정과 지역감정」, 13-15쪽; 신광영, 「투표행위와 지역주의」, 8쪽. 위의 두 논문은 1989년 한국사회학회 주최 지역갈등 세미나에서 발표된 것이다.

의 입장에서는 어느 지역에 공천을 받는가의 문제가 선거의 당락을 결정하는 데 가장 중요한 변수가 된다는 것이다. 즉 자당에 유리한 지역에 공천이 되면 별다른 노력 없이도 거의 당선된 것이나 다름없으며 타당에 유리한 지역에 공천이 될 경우에는 아무리 노력해도 승리하기가 어렵기 때문이다. 따라서 입후보 희망자는 공천권을 갖는 당지도부에 대하여 보다 많은 노력과 시간적 투자를 해야 하며, 따라서 유권자들에 대한 접촉의 정도는 상대적으로 약화되어갈 전망이다.

둘째, 야당간의 지역적 분열현상이다. 지역적인 대립이 민주당 우세지역인 부산·경남지역과 평민당 우세지역인 광주·전남북지역 사이에 가장 심하게 나타난다. 즉 평민당 후보는 부산·경남지역에서 어느 정당후보들보다도 가장 낮은 득표율을 기록한 반면에 민주당 후보는 광주·전남북지역에서 가장 낮은 득표율을 기록했다. 이러한 양당간의 지역적 지지기반의 뚜렷한 대립현상에 비추어 볼 때 야당의 통합은 그리 쉽게 이루어질 것 같지 않다.

셋째, 여당의 약화현상이다. 야당표의 지역편중현상은 현 선거제도가 유지되는 한(소선거구제), 여당에게는 크게 불리하게 작용할 것이다. 여소야대의 정국이 앞으로도 지속될 전망이며, 여당은 타야당들의 협조 없이는 쉽사리 정국을 풀어나가기 힘들 전망이다. 요즈음 논의되고 있는 정계개편 또는 내각책임제 개헌과 같은 문제들은 그러한 상황을 탈피해 보고자 하는 여당의 힘든 노력의 일환으로 풀이된다.

넷째, 12대 총선의 소위 '신당바람'의 정체는 국민의 민주화에 대한 열망과 더불어 소외된 잠재적 야당지지자들을 선거에 동원할 수 있었던 신민당의 선거전략의 성공이었다. 12대 총선이 우리에게 주는 교훈은 기존의 권력구조가 국민의 여망을 저버릴 때 국민은 신선한 '바람'을 일으킬 수 있다는 것이다. 미국의 경우 케네디의 등장이라든가 카터의 승리와 같은 경험과, 오늘날 폴란드 자유노조의 승리와 같은 경험은 정치적인 맥락은 달라도 국민들이 선거시에 일으키는 신선한 '바람'의 일종인 것이다.

□ 참고문헌

길승흠·김광웅·안병만. 1987, 『한국선거론』, 다산.

김광웅. 1985, 「민주의식과 투표행태」, 한국정치학회 편, 『제6회 합동학술대회 논문집』.

배성동·길영환·김종림. 1975, 「한국인의 정치참여형태와 그 특성」, 한국정치학회 편, 『제1회 학술합동대회 논문집』.

신광영. 1989, 「투표행위와 지역주의」, 한국사회학회 주최 지역갈등 세미나 발표논문.

윤천주. 1987, 『한국정치체제: 정치상황과 정치참여』, 서울대 출판부.

______. 1981, 『우리나라의 선거실태』, 서울대 출판부.

이갑윤. 「제13대 국회의원 선거에서의 투표행태와 민주화」, 경남대 극동문제연구소 주최 <한국의 민주화: 과제와 전망> 제1차 워크숍 발표논문

______. 1985, 「제5공화국 국회의원 선거의 분석과 전망」, 한국정치학회 편, ≪한국정치학회보≫.

정득규. 1975, 『정치의식과 투표행태』, 박영사.

Jacobson, Gart C. 1983, *The Politics of Congressional Elections*, Boston, Toronto: Little, Brown and Company.

Hinckley, Barbara. 1981, *Congressional Elections*, Washington D.C.: Congressional Quarterly Press.

Caldeira, Gregory A. & Samuel C. Patterson. 1982, "Bringing Home the Votes: Electoral Outcomes in State Legislative Races," *Political Behavior* 4.

Jae-On Kim & B. C. Koh, 1980, "The Dynamics of Electoral Politics," in Chong Lim Kim(ed.), *Political Participation in Korea*, Santa Barbara: Clio Books.

정치발전과 투표행위
사회연줄망을 중심으로

박길성·김선업
고려대 사회학과/고려대 사회학과 강사

1. 문제제기

　정치발전과 투표행위는 불가분의 관계를 가지고 있음이 분명하다. 그것은 무엇보다도 투표행위가 정치발전의 미시적 토대(micro-foundation)를 구성하기 때문일 것이다. 민주주의를 국민에 의한 정치로 이해한다면 국민의 정치적 참여야말로 민주주의 실현을 위한 중요한 요건이며, 여기에서 정치참여의 가장 대표적인 형태가 아마도 투표행위일 것이다. 유권자의 투표행위가 얼마만큼 주권자적인 자세에서 합리적인 의사결정에 의해 이루어지느냐에 따라 한 사회의 정치발전 행로가 상당 부분 결정되는 것이다. 물론 투표 그 자체는 구체적이고 명시적인 정치구성원들의 정치지향성이나 선호를 전달해주지는 못하지만, 투표의사 결정과정과 이의 결과가 정치질서와 발전에 미치는 영향은 대단히 크다. 유권자의 투표행위가 단순히 객체로서의 대중적 산물이냐 아니면 참다운 정치참여과정의 결과이냐에 따라 한 사회의 정치발전 수준은 질적인 차이를 결과한다는 것이다.

　근대적 선거제도가 도입된 지도 반세기에 이르고 있으나 지난날의 선거과정에서 목도되는 바와 같이 우리 사회에서 전근대적인 선거풍토는 여전히 불식되지 않은 채로 남아 있다. 금권, 관권을 통한 각종 불미스러운 선거비리는 물론이거니와 학연, 지연과 같은 연고주의적 연줄망에 기초한 정치적 조직화와 투표행태는 우리 사회에 깊숙이 퍼져 있는 것으로 나타나고 있다.

특히 투표결정과정이 정책에 대한 합리적 선택이나 리더십의 선호보다 자신이 속해 있는 유형·무형의 집단소속감에 기초한 연줄망에 의해 결정됨으로써 전근대적 정치체계는 지속적으로 나타나고 있는 실정이다.

문제의 심각함은 연줄망에 의한 정치행동이 어느 특정 집단에 국한되는 것이 아니라 지위 고하를 막론하고 학력 수준에 관계없이 모든 하위집단에서 거의 예외 없이 나타나고 있음으로 인해 그것이 단시일내에 변화될 것이라고 낙관하기가 대단히 어렵다는 데 있다. 나아가 이에 대한 비난과 자성은 무성하지만 연줄망의 형성이 한국사회의 현대사적 발전과정 및 사회구조적 조건과 매우 밀접하게 관련되어 있음으로 인해 점점 더 확산되는 기미마저 보인다는 데 문제의 심각성은 더해지고 있다.

본 연구는 한국인의 투표행위를 한국사회의 정치발전을 조건짓는 주요한 고리의 하나로 설정하고, 투표행위의 결정기제를 사회적 연줄망의 틀 속에서 검색하려 한다. 우리는 개인적·집단적 연줄망이 투표에 영향을 미치는 유일하거나 배타적인 투표행위 결정인자는 아닐지라도 한국사회의 선거동원화(mobilization) 과정에서 여실히 드러나고 있음을 밝히면서 한국사회가 연줄망의 사회(network society)임을 시사하려 한다.

그간의 사회연줄망 연구는 문화적 특수성의 맥락에서 은유적으로 이해되거나 연구대상에 있어서도 특정 엘리트 집단을 크게 벗어나지 못하였다. 따라서 연줄의 사회구조적 함의를 포착할 수 있는 포괄적인 집단을 대상으로 하는 체계적인 연구의 필요성이 절실히 요구되는 것이다. 이에 본 연구는 사회연줄망의 구체적 작동과정을 투표행위와 관련지어 규명함과 동시에 투표행위에 관한 종합적 이론을 구성하려 한다. 특히 사회적 연줄망과 같은 외부적 사회관계를 통해 행사되는 비공식적 수단이나 통로에 의해 유권자의 표가 동원된다는 점을 중시하면서 투표행위이론을 전착할 것이다.

그동안 우리 학계에서도 민주정치와 선거는 불가분의 관계에 있음을 주지하면서 이에 관해 상당히 심도 있는 논의를 진행시켜 왔다. 그러나 정치발전과 선거와의 관계에 대한 대부분의 논의는 한국의 선거제도가 얼마만큼 비민주적인가 하는 일종의 선거제도 개혁론의 시각에서 진행되어온 것이 사실이다(김종림, 1991; 안병영, 1991). 정치발전이란 정치경쟁을 가능케 하는 게임 규칙(rule of game)으로서 선거제도에 의해 영향받는 것임에는 틀림이 없지만 이것 못지 않게 정치발전과 선거를 둘러싼 미시적 기초로서의 투표행위가 지니는 의미 역시 매우 중요하다. 실제로 한국 현대사의 질곡 속에서 왜곡된 모습으로 점철된 한국인의 투표행위가 비난과 자성의 대상이었음을 감안할 때, 투표행위가 어떠한 기제 속에서 어떻게 표출되었는가에 대한 논의는 새로운 정치문화의 모색이라는 점에서 시사하는 바가 크다.

이상의 전제하에서 한국사회 투표행위의 사회연줄망 분석을 위해 구체적인 연구주제를 다음과 같이 설정하였다. 먼저 사회학적 설명과 사회심리학적 설명을 중심으로 기존의 투표행위에 대한 전통적 접근들을 검토하고 나아가 사회연줄망 접근의 분석적 의의를 찾고자 한다. 여기에는 연줄망을 둘러싼 거시사회적 특성을 포함하여 사회연줄망의 내용과 형식에 따른 정치적 효과를 특정화하여 사회연줄망과 투표행위에 관한 이론적 관련성을 모색하는 작업에 초점이 두어질 것이다. 다음으로는 이론적 논의를 기초로 한국사회 연줄망의 정치적 의미를 살펴본 다음, 경험적 분석을 위한 작업가설을 도출하기로 한다. 경험적 분석주제는 지역주의가 가장 확연히 나타난 것으로 평가되는 1987년의 13대 대통령 선거시 지역주의 투표행태에 대한 사회연줄망의 도구성을 주된 설명항으로 하여 지역주의 투표행위와의 관계를 분석한다. 발견된 결과가 지니는 정치발전론적 함의를 해석하고 아울러 정치개혁의 방향에 지니는 시사점을 제시하는 것으로 마무리된다.

2. 투표행위에 관한 설명들

고전적 민주주의 이론가들은 투표를 계몽된 자기 이해의 표현이며, 민주주의적 자기정부(self-government)를 만드는 가장 중요한 수단이라고 극찬하였다. 루소(J. J. Rousseau), 밀(J. S. Mill)의 저술에 나타나듯이 투표자(voter)의 이미지는 교육받았고, 지역공동체에 적극적으로 참여하는 합리적 시민으로서 쟁점이 되는 문제에 관해 풍부한 지식을 가지고 투표를 하기 전에 후보자의 자질을 평가하는 데 있어서도 세심한 주의를 기하는 것으로 묘사되고 있다. 요컨대 투표란 다수에게 최대의 이익을 제공하는 기제일 뿐만 아니라 자질을 갖춘 후보자를 선택하는 합리적 행위(rational act)라는 것이다. 이러하기에 선거나 투표행위의 존재 그 자체가 정치발전이라는 등식화가 무리 없이 받아들여질 수 있게 되었다.

그러나 점차 투표의 실체가 무엇인가에 대한 논의와 투표과정의 경험적 연구가 진행되면서 투표에 대한 일종의 고전적 이상은 수정되거나 거부되기 시작하였다. 사람들은 자신들이 생각하는 것에 근거해서 투표하는 것이 아니라 자신들이 누구인가에 의거해서 투표한다는 것이다. 더 나아가 내가 누구와 관계를 맺고 있는가 하는 것이 정당의 선택이나 후보자의 선택에 있어가장 중요한 인자라는 것이다. 1940년대부터 본격적으로 진행되어온 투표행위에 관한 경험적 연구는 정당 선호와 후보자 선택의 기제를 사회조사(survey)에 의해 수집된 경험적 자료를 바탕으로 제시하였다. 이의 대표적인 연구가 라자스펠드(Lazasfeld)를 필두로 하는 사회학적 연구와 켐벨(Campbell)이 주도한 사회심리학적 연구이다.

1) 사회학적 접근

투표와 관련된 대중정치형태에 대한 논의 중에서 가장 널리 알려진 것이 사회학적 투표행위론일 것이다. 맑스의 사회갈등이론과 계급론에 큰 영향을 받은 사회학적 분석은 무엇보다도 18~19세기 유럽 정당체계의 출현에 대한 학문적 구명(究明)으로 대두되었다. 그것은 유럽의 정당이 사회계급, 종교, 인종, 지역 등의 하위문화들 사이의 격렬한 갈등으로 점철되었던 상황 속에서 출현되었음을 의미하는 것이다. 따라서 사회학적 시각은 유럽 정당체계의 출현을 오래된 사회세력들간의 균열(cleavage)이 정치의 장으로 표출된 것으로 본다. 다시 말해서 유럽 근대 정당체계의 발달사는 한 사회내의 주요 분열적 쟁점들, 예컨대 종교, 계급, 인종문제를 둘러싸고 정당간 경쟁과 정당체계가 조직화되고 제도화되는 역사인 것이다. 사회학적 시각은 거시역사적 관점에서 정당 그 자체, 그리고 후보자에 대한 지지 호소를 한 사회를 구성하는 주요 집단들 사이의 갈등에 관한 사회적 쟁점으로 요약하고 있다. 그러하기에 선거권이 확대됨에 따라 유럽의 정당들은 각 사회집단 이익의 대변자로서 그리고 집단 성원들의 표를 조작하고 동원하는 주체로서 자리를 굳히게 된 것이다.

　　사회학적 접근의 이러한 거시역사적 조망은 개인의 투표행위에 대한 미시적 연구에서 그 진가를 보이고 있다. 사회학적 접근의 미시적 연구는 정당에 대한 지지와 투표선택을 개인 투표자의 사회적 지위, 종교, 인종, 지역 등의 측면에서 설명하고자 한다. 이것은 투표 정치를 분석함에 있어 개인을 분석의 결절점으로 하는 사회학적 분석의 전형인 것이다. 즉 개인의 사회적 위치와 집단소속감이 특정 정당과 후보자에 대한 지지 여부를 결정하는 기본적인 요인이라는 것이다.

　　이러한 분석틀은 라자스펠드로 대표되는 이른바 투표행위에 관한 컬럼비아(Columbia) 학파에 의해 구체적인 연구로 나타나기 시작하였다. 라자스펠드와 그의 동료의 『선택(*The People Choice*)』(1944), 베렐슨과 그의 동료들(Berelson et al.)의 『투표(*Voting*)』(1954)와 같은 투표분석의 기념비적 연구가 그것이다. 이들 연구에서 밝혀진 몇 가지 결과를 살펴보면 무엇보다 투표선택은 투표자의 개인적 위치, 이를테면 계급, 지역, 인종, 종교, 소속집단 등에 의해 결정되고 강화된다는 것이다. 미국의 경우 하층, 도시지역, 카톨릭이 민주당을 선호하는 반면 상층, 농촌지역, 개신교가 공화당을 선호하는 경향을 보이는 것으로 나타나고 있다. 이외에 여러 가지의 흥미로운 분석 결과를 보여주고 있는데 그중에서 투표와 정보와의 관계도 매우 흥미롭다. 대부분의 사람들은 매스미디어에 의해 직접적으로 설득되지 않으며, 오히려 각 개인들이 속해 있는 다양한 사회연줄망, 이를테면 가족, 친구, 직장동료 속의 비공식적 여론주도자(opinion leader)에 따르는 경향이 있다는 2단계 정보흐름(two-step flow of information) 개념을 정립하였다.

　　이러한 사회학적 시각은 유럽의 맥락에서도 광범위하게 적용되고 있다. 유럽의 경우 종교와 계급이 현대 유럽인들의 정당 선호와 투표행위를 설명하는 사회적 균열 중 가장 핵심적인 것이라는 데 의견이 모아지고 있다. 이것은 사회집단을 갈라 놓는 사회적 균열상들이 유럽인들의 정당 선호에 반영되고 있음을 뜻하며, 동시에 유럽 지역에서의 투표행위 및 정당충성심을 설명하는 가장 강력한 모델임이 분명하다. 일본사회의 투표정치의 경우 유럽과는 달리 종교나 계급이 투표행위를 결정하는 주요 사회적 요인으로 나타나지 않는 반면, 도시-농촌의 지역성, 나이, 엘리트 동맹, 정당동원화 전략 등이 주요 결정인자로 작용하고 있음이 밝혀지고 있다. 일본은 유럽식의 사회적 균열상을 보이고 있지는 않지만 여타 요인, 예컨대 정치적 동원화가 투표정치의 중요한 요인이 된다는 점에서 유럽의 경험과 공통성을 보이고 있으며 사회학적 분석의 적용을 폭넓게 열어 놓고 있다. 이러한 사회학적 접근은 지역적 특수성을 전제하면서 그 내용과 설명의 범위를 넓혀 가고 있다. 요컨대 투표자의 정치적 선택은 인구학적 기제에 의한 사회집단적 기초(social group basis)에 근거하고 있다는 것이다.

2) 사회심리학적 접근

투표행위에 대한 대안적 분석틀로서 사회심리학적 접근은 미국 미시간 대학 조사연구센터를 중심으로 대두되었다. 이 접근은 투표를 개인의 내면화된 정치적 태도의 결과로 보는 정치형태론을 기본 골격으로 설정하고 있다. 즉, 투표참가 여부 및 투표선택을 결정짓는 핵심적인 요인은 다름 아니라 개별 투표자의 정치적 태도라는 것이다. 이러한 시각은 캠벨과 그의 동료들이 공동 저술한 『미국의 유권자(*The American Voter*)』(1960)를 통해 구체화되었다. 이들의 주장을 몇 가지로 정리하면 다음과 같다.

투표행위는 정당에의 충성심(일체감: party identification), 후보자에 대한 태도(candidate orientation), 현재의 선거쟁점에 대한 태도(issue orientation)의 세 가지에 의해 결정된다는 것이다. 그리고 투표자의 개별적 선택은 이들 세 가지 요소의 총합의 함수라고 규정하고 있다. 또한 이러한 세 가지 기본적 태도들은 개인의 소집단 경험과 선거운동과정의 의사소통에 의한 산물이라는 것이다. 세 가지 기본 태도들 중에서도 특히 정당일체감이 여타 두 태도들보다 더 중요하다고 강조하고 있다.

정당 선택에 관련하여 이들은 한 가정의 정당에 대한 태도는 성장기에 있는 자녀들의 정치적 태도형성에 큰 영향을 미치며, 그 결과 정당에 대한 일체감 내지 충성심은 종교적 성형과 마찬가지로 세대간 유전되는 것으로서 상당 기간 동안 변함 없이 개인의 안정된 태도로 남아 있는 것으로 파악하였다. 이에 덧붙여 정당 충성심은 여타 다른 정치적 태도에 영향을 미친다고 주장하면서, 정당에 대한 충성심과 후보자 평가나 선거쟁점에 대한 태도 사이에 높은 상관관계가 있는 것으로 조사분석을 통해 밝히고 있다. 이들 사회심리학적 접근은 투표과정에 있어 사회학적 변인의 중요성을 간과하거나 부정하지는 않는다. 그러나 사회적 요인이 투표에 미치는 효과에 관해 이들은 사회적 요인이 직접 투표에 영향을 미치는 것이 아니라 심리적 요인, 특히 정당 일체감을 통해 간접적으로 영향을 주는 것으로 파악하고 있다.

3) 사회학적 접근의 재구성: 연줄망 중심 접근

사회학적 접근의 기본 출발은 구체적이고 현실적인 사람들의 관계 속에서 사회를 설명하려는 것이다. 특히 일상 생활 속에서 다른 사람들과의 접촉이나 만남을 통해서 형성되고 유지되는 사회적 관계를 중시한다. 그것은 개인의 의사결정은 누구와 관계를 맺고 있으며 어떤 관계를 맺고 있느냐에 따라 상당 부분 결정되기 때문인 것이다. 그러나 앞서 살펴보았듯이 전통적인 사회학적 접근은 한 개인의 의사결정, 예컨대 투표행위를 개인이 지니고 있는 다양한 인구학적 속성(attributes: 지역, 연령, 성별)의 함수로만 설정하고 있을 뿐, 타자(他者)와의 관계가 투표행위를 설명하는 기제로서 매우 중요하다는 점은 간과하고 있다. 바로 여기에서 사회연줄망 분석의 문제가 제기되는 것이다. 연줄망 시각의 기본 전제는 투표자의 사회인구학적(socio-demographic) 요인에 의한 사회집단적 기초가 사회적 접촉에 의해 강화되거나 변형된다는 것이다. 그리고 연줄의 개념으로 표면화되는 사회적 접촉이 투표행위를 구명하는 더 많은 설명력을 지닌다는 것이다.

투표정치의 경우 정당이나 후보자뿐만 아니라 투표행위자들이 맺고 있는 외적 사회관계 혹은 소집단 커뮤니케이션 망(small group communication network)이 사회연줄망의 의미로서 투표행위에 동원된다는 점을 중시하여야 할 것이다. 특히 한국의 사회적 환경(social settings)을 고려할 때 이 부분이 차지하는 비중은 대단히 크다 할 수 있다. 시회적 연줄망과 소집단 관계는 한국인의 삶에 있어 매우 중요한 것임에 틀림없다. 실제로 사회적 연줄망을 통한 투표상황은 이미 한국사회 선거형태의 특징적 양상으로 굳어져 있으며 이러한 투표행위는 좀처럼 변화할 조짐을 보이고 있지 않다. 근대화되어 감에 따라 정당을 중심으로 한 정책과 쟁점 중심의 투표행위로 변모한다는 소위 산업화론의 명제에 근거한 사회발전과정을 기대하기 어려운 듯이 보인다.

사회연줄망 분석은 이러한 사회적 맥락 속에서 개인간 접촉의 유형과 한 개인이 연루되어 있는 공식, 비공식집단 내부의 영향력 소통을 논의의 핵심으로 설정하면서 이들 소통의 흐름을 살펴보고자 하는 접근방식이다. 사회연줄망은 선거과정과 연관되어 다음의 세 가지 의미를 지닌다. 하나는 후견인-피후견인(patron-client) 관계로서의 사회연줄망이며, 다른 하나는 영향력 있거나 또는 존경하는 사람에 의한 사회적 영향력의 개념으로서의 연줄망이다. 두 번째 부문인 영향력으로서의 연줄망은 직접적인 접촉을 상정할 필요가 없음이 대부분이라는 점에서 연줄망으로 볼 수 있느냐 하는 의문이 제기될 수 있지만 투표과정에서 사회연줄망적인 역할을 하고 있는 것으로 보아야 할 것이다. 이상의 두 가지는 수직적 영향력 행사로서의 연줄망이다. 마지막으로 후견인-피후견인 관계와 영향력 있는 사람의 경우처럼 수직적·위계적 요소를 내포하지 않는 일반적 사회관계로서의 연줄망이다. 실제로 일반 사회에 널리 퍼져 있는 사회적 연줄망은 아마도 이와 같은 수평적 영향력으로서의 의미일 것이다. 이와 같은 연줄망은 유권자들의 지지를 동원하는 개인간·조직간 의사소통과정으로써 개인적 의무감, 존경시, 그리고 사회관계에서 일어나는 여타의 유관한 감정들을 불러일으킴으로써 투표결정에 영향을 미치는 일반적 기제의 하나로 이해될 수 있다.

이같은 사회연줄망의 다양한 속성은 연줄의 정치적 효과가 발생하는 맥락을 구분하는 데도 유용하다. 먼저 후견인-피후견인 관계로서의 연줄망은 이미 관계 자체가 정치적 내용을 포함하기 때문에 연줄의 정치적 효과도 후견인의 직접적 수혜나 수혜의무에 대한 피후견인의 정치적 충성의 형태와 같이 보다 직접적으로 표출되는 것이 일반적이다. 정치집단이나 규모가 크지 않은 공동체내에서 발견되는 지도자와 추종자들간의 관계는 후견인-피후견인 연줄의 정치적 효과가 나타나는 대표적 사례가 될 것이다. 영향력으로서의 연줄망의 정치적 효과는 일정의 여론주도자 효과(opinion-leader-effects)의 맥락에서 설명될 수 있다. 투표자를 결정하는 문제에 직면해 평소에 정치에 별다른 관심이 없거나 지식이 부족한 유권자들이 의도적이건 비의도적이건 간에 사회연줄망내에 있는 신뢰할 만한 타자에 귀를 귀울여 그들의 의견에 따를 가능성이 커지며, 이때 신뢰할 만한 타자는 정치적 식견이 높거나 정치적 지식이 풍부한 사람이라기보다는 평소에 여러 측면에서 영향력을 행사해 왔던 연줄망내의 사람에 한정된다. 이 효과는 후보자와 선거쟁점에 대한 토론이 빈번해지고, 후보자를 선택해야 하는 결정에 직면한 상황에서 주로 나타나기 때문에 대체로 단기적이며, 선거시 후보자의 경쟁 정도나 후보자에 대한 정보의 신뢰성 등과 같은 외적 요인에 따라 연줄망의 정치적 효과가 좌우되는 경향이 크다.

일반적 사회관계로서의 연줄망은 일상적인 사회적 환경이 정치적으로 전이됨으로써 그 효과가 관측되는 것이라고 볼 때 앞서의 두 가지 관계에 비해서 '구조적 침잠성(structural embeddness)'1)(Granovetter, 1985)의 수준이 높은 상호작용체계이다. 성원들이 공통적인 특성을 공유할 뿐 아니라, 집단 내의 사회적 상호작용을 통해 성원들이 그들의 공통점을 인식하기 때문에 연줄망이 정치적 속성을 내포하는가와 거의 관계없이 상호작용의 체계적 특성에 따른 정치적 효과를 추론해 볼 수 있다. 정치적 행위의 사회관계적 기초를 확인하려는 사회학적 연구들이 일반적 관계로서의 연줄에 더 많은 관심을 보이는 이유도 이와 같이 정치적 행위의 사회적 기반을 보다 분명히 드러내 주기 때문이다. 예컨대 선거시 동원을 위한 동원망이 따로 형성되기보다는 선거 이전에 이미 비정치적으로 조직되어 있는 일상적 관계에 의존하는 경우가 대부분인 것만 보아도 비정치적인 일상적 관계망이 정치적 동원의 사회적 토대로 작용한다는 사실을 확인할 수 있다.

일상적 사회관계가 정치적 행위에 어떻게 영향을 미치는가에 대해 인지협화(認知協化)나 집단의 규범적 동조압력과 같은 사회심리적 기제가 주로 지적되어 왔다. 불협화(cognitive dissonance)의 상황을 극복하고 인지협화를 지향함으로써 발생하는 습득효과(assimilation effect)는 사람들이 주위 사람들의 태도를 습득하는 경향이 있다는 일반적 사실을 개념화한 것으로 이로부터 특정 정치적 태도에 대한 학습을 추론해 볼 수 있다. 이 경우에 자신을 둘러싼 이들의 정치적 견해가 자신이 이전에 학습한 정치적 내용이나 정당소속감과 다르더라도 그들과 일치하는 쪽으로 자신의 태도를 변화시킨다는 점을 부각한다. 즉 소집단적이고 비공식적인 맥락에서 성원에게 조화와 친밀감의

---

1) 구조적 침잠성은 행위의 존재구속성을 과도하게 강조하는 과잉사회화(oversociali-zation)의 입장과 행위의 자율성에 치중하는 과소사회화(undersocialization)의 입장을 절충하여 행위의 이중성을 균형 있게 포함하려는 개념의 하나로 이해되기도 한다(Granovetter, 1985: 481-510 참조).

분위기를 유지토록 하는 태도 일치(attitude conformity)의 압력이 정치적 신념의 경우에도 예외 없이 행사되는 것이다(Janis, 1982). 대학환경이 정치적 태도에 미치는 영향에 대한 뉴컴(Newcomb)의 고전적 연구(Newcomb, 1957)를 위시하여 구체적인 정책평가에 이르기까지 연줄망의 파트너가 정치적 태도의 모든 영역에 의미 있는 영향력을 행사하고 있음을 실증하는 적지 않은 경험적 연구결과들이 정치적 행위나 태도에 미치는 상호작용의 영향력을 실증해 보인 바 있다(Weatherford, 1982).

그렇다고 정치적 효과가 정치적 커뮤니케이션이 이루어지는 관계에만 국한되는 것은 아니다. 집단에 둘러싸인 사람은 집단과 스스로를 동일시하기 마련인데 정치도 다른 사회적 문제와 마찬가지로 집단적 관점에서 다루어질 때에는 주위 사람과 설사 정치적 문제를 토의하지 않는다 해도 준거집단의 사회적 압력에 의해 정치적 효과가 발생할 수 있기 때문이다(Huckfeldt, 1986: 20-24). 이웃, 작업장 등에서의 반복적이고 비공식적인 접촉이 특정 준거집단을 형성하듯이 다양한 사회적 맥락은 개인들간의 상호작용을 구조화하고 나아가 정치적 인지에 영향을 미치는 사회적 충성심을 형성하는 준거집단으로 작용한다. 즉 특정한 사회적 맥락내에서 이루어지는 상호작용은 정치적 성격이 아니라 하더라도 정치적 사건을 해석하거나 자신들의 집단에 이익이 되는 정당에 대한 정체감을 추구하는 데 있어 필요한 사회적 신념이나 인지를 구조화하는 준거가 됨으로써 결국 정치적 행위에 영향을 미치게 된다.

상호작용을 통해 무엇이 교환되고 흐르는가 하는 관계의 내용뿐만 아니라 관계의 형식적 특성도 행위나 태도에 미치는 효과의 차이를 가져오는 요인이다. 통합성(integration), 강도(strength), 밀도(density) 등은 연줄망의 특성을 기술하는(describe) 연줄망의 체계적 특성(Burt, 1980)임과 동시에, 더 나아가 행위나 태도를 설명하기 위한 대표적 속성이다. 성긴(sparse) 연줄망과 촘촘한(dense) 연줄망, 강한(strong) 연줄망과 약한 연줄망(weak ties) 등은 적응이나 행위양식을 설명하기 위해 도입되는 가장 전형적인 연줄망의 유형들이다. 예컨대 하층에 있어 통합성이 높은 연줄망이 적응의 이점이 있으며(Bott, 1955), 강한 연줄망은 새로운 행위양식의 수용을 지체시킨다고(Coleman, 1957) 설명한다. 또한 그라노베터(Granovetter, 1973)는 정의적인 행위나 집단 응집에는 강한 연줄이 유용하지만, 도구적 행위나 새로운 자원의 획득에는 오히려 약한 연줄이 이점이 있다는 "약한 연줄 이점 가설(the hyperthesis of weak ties)"을 제시하기도 하지만 일반적으로 관계의 통합성이나 접촉강도는 태도 수용이나 영향력의 압력을 크게 하는 요인이라고 볼 때 통합성, 강도, 밀도 등이 높은 관계에서의 상호작용의 효과가 더욱 크게 나타나는 것으로 보아야 할 것이다.

이자적 관계(dyad)의 경우에[2] 관계의 명목성, 접촉빈도(frequencies), 중첩성(mutiplexity), 친밀도 등이 이와 같은 속성을 나타내는 대표적인 지표들로 분석되어 왔다. 관계의 명목성이란 가족, 친우, 동료, 이웃 등과 같이 관계의 특성을 규정하는 것으로 사회관계의 명목성은 연줄망의 가장 기본적인 특성으로 연줄망의 효과를 탐색하기 위한 '발견적 장치(heuristic device)'로서의 의의를 지닌다고 알 수 있다. 가족관계, 친우관계, 작업장내 관계들이 정치행위에 얼마만큼의 영향력을 미치는가를 알아봄으로써 정치행위의 준거집단의 성격을 가늠해 볼 수 있기 때문이다.

접촉빈도, 중첩성 및 친밀도는 관계의 강도를 나타내는 지표들로서 서로간에 접촉이 빈번하다는 것은 상대방의 태도를 해석할 기회를 많이 가진다는 것을 의미하기 때문에 상대방으로부터 영향을 받을 가능성이 그만큼 클 것이다. 또한 중첩도는 특정한 사람과의 관계가 다양한 활동이나 역할에 동시에 관련되어 있는 정도를 말하는데, 관계가 중첩적일수록 태도동일시의 압력이 강하게 행사된다고 볼 수 있다. 예를 들어 정치적 문제는 친구와, 교육문제는 이웃과 토의하는 경우에 비해, 특정인과 모든 관계를 상의한다면 그로부터 받는 영향력이 더 클 수밖에 없다. 또한 친한 관계는 서로간에 주

---

2) 이자적 관계를 넘어서는 다자적 관계인 경우에는 연줄망의 체계적 특성을 판별하는 문제는 보다 구체적인 이론적·방법론적 전제가 필요한데 행위자들의 관련성이나 근접성을 어떻게 보는가에 따라서 관계적 접근(relational approach)과 위치적 접근(positional approach)으로 크게 구분된다. 관계적 접근은 행위자들간의 관계의 강도를 통해서 행위자들간의 관련성을 밝히는 데 비해 위치적 접근에서는 체계내에서의 행위자들의 위치를 규정하는 관계의 유형을 기술하는 것을 기본 목적으로 한다. 관계적 접근에서는 군집 모델(clique model)이, 위치적 접근에서는 구조적 등위성 모델(structural equivalent model)이 각각 대표적인 분석 모델이다 (Burt, 1982: 제2장 참조). 양자 모델이 태도분석에 지니는 상대적 의의에 대해서는 Erickson(1988)의 논의를 참조할 것.

고 받는 정보나 지식에 대한 신뢰도를 증가시켜 친밀한 관계일수록 상대방의 정보나 지식에 대한 수용도가 커지게 됨을 지적한다.

요컨대 접촉이 빈번하고 여러 활동에 동시에 참여하며 친밀도가 높을수록 상대방으로부터 영향을 받을 가능성이 커진다는 것이다. 교회 출석의 빈도나 결사체의 참여정도(Liepelt, 1971; Putman, 1966), 친구에 대한 신뢰감의 차이들이 정당선호에 미치는 효과에 관한 분석은 이자관계의 속성과 정치적 행위와의 관계를 경험적으로 확인해 주고 있는 대표적인 주제들이다. 한편에서는 이들 속성들 가운데 상대적으로 더 의미 있는 요인을 밝히려는 시도도 있어 왔는데, 친우관계의 접촉빈도와 친밀도의 효과를 평가한 웨더포드는 접촉빈도의 영향력은 거의 없는 데 비해, 지속기간과 친밀도는 매우 중요한 영향을 미친다고 지적하고, 동조와 상대방에 대한 수용성을 증진하는 결정적 요인은 메시지의 반복보다 교환에 있어서의 신뢰임을 주장한다(Huckfeldt, 1986).

결론적으로 투표행위에 대한 연줄망 중심 접근은 정치적 관계는 물론 일상적 관계를 포함하여 정치적 행위의 미시적 토대를 확인함은 물론 나아가 연줄망의 내용과 형식에 따라서 정치적 효과를 차별화함으로써 정치적 효과의 구체적 기제를 구체화했다는 점에서 의의가 있다.

3. 사회구조와 연줄망

투표행위 연구에서 사회연줄망 분석은 사회적 범주나 심리적 속성을 중시하는 전통적 접근의 한계를 보완하려는 시도로 대두되었지만 사회구조의 성격에 따라 분석주제의 특수성이 존재한다. 특히 사회분화의 양상이나 문화양식의 성격이 연줄망 분석의 주요 배경적 전제(background assumptions)를 이루어 왔는데, 계급간 이질성이 약화되는 맥락에서 계급간 관계의 정치적 효과에 주목한다거나, 집단주의를 문화적 전통으로 하는 사회에 대해서 집단적 응집이 정치행위에 미치는 의미를 주로 고려하는 것과 같은 경우를 말한다.

서구에서 노동자계급의 부르주아화(embourgeoisement)에 따른 전통적 계급적대감의 약화와 사회를 횡단하는 다양한 분업의 발생은 투표행위 연구에서 계급간 구성, 집단교차와 같은 '관계적' 요인의 도입이 요구되는 주요 사회적 배경이다(Lipset, 1981; Stephens, 1981; Rose, 1982; Kelly et al., 1985). 전통적인 계급범주 중심의 양극화가 계급과 같은 수직적 집단범주를 통해 투표행위를 설명하는 조건이었다면, 계급간 접촉의 증대, 생활양식의 계급간 동질화경향 등은 투표행위 연구에서 보다 다양한 집단간·계급간 관계가 투표행위에 미치는 효과에 주목해야 하는 요인으로 작용한다.

스웨덴의 예에서 분명히 관찰되듯이 노동자계급의 수입증가 그리고 이질적 계급들을 동일 거주지역에 혼합시키려는 의도적인 주택정책 등은 거주환경의 계급적 이질성을 크게 하고 노동자들이 중간계급 이웃과 지속적으로 접촉하는 기회를 확대시켰다. 이같은 변화는 상대적으로 사회주의적 정당을 선호하도록 권유하는 커뮤니케이션 네트워크를 거의 수용하지 못하는 결과를 가져와, 사회주의 정당에 대한 계급적 충성을 약화시키는 결과를 낳았다(Stephan, 1981). 결국 투표행위를 보다 효과적으로 설명하기 위해서 본인의 계급적 위치라는 단일 요인 대신에 거주지역의 계급간의 구성비나 이질적 계급으로 이루어진 친우관계와 같은 계급간 상호작용 과정을 밝혀 줄 수 있는 맥락적 요인의 도입이 요구되었음을 알 수 있다.

지역적 근접성을 기초로 근린, 인종, 민족, 등 일차적 속성을 중심으로 하는 집단참여의 정치적 효과에 주로 초점을 맞추는 미국의 투표행위 연구들은 산업화 상황에서도 여전히 유지 혹은 강화되고 있는 집단적 결속이 투표행위의 기초로 작용한다는 점을 부각시킨다. 즉 도시지역에 산재하고 있는 다양한 이익결사체로 성원들의 참여가 확산됨으로써 전통적인 집단귀속의식이 시민사회적 정당정체감으로 대체된다고 주장하는 공동체 해체론의 입장은 지나친 일반화로 비판된다.

예를 들어 화이트(White)의 『길모퉁이 사회(*Street Corner Society*)나 간스(Gans)의 『도시 속의 촌락(*Urban Village*)』과 같은 사회인류학적 주제들은 일차적 속성을 기초로 하는 사회적 유대가 현대 도시에서도 여전히 실질적 기능을 행사함을 살필 수 있는 대표적 근거들이다. 도시에서 촉진되는 이질적 집단과의 접촉은 서로간의 결합을 증대시키기보다는 상호이질성을 확인함으로써 집단내 충성과 집단간 적대를 강화시키는 결과로 발전되는 요인이 될 수도 있기 때문이다(Fischer, 1976; Coser, 1956: 38). 근린의 정치적 효과, 소수 민족의 사회적 연대가 정치적 통합에 미치는 영향(Huckfeldt, 1986: 7-8) 등에 관한 경험적 발견들을 미국과 같은 다인종 사회에서의 민족·인종간의 경쟁과 반목이 내집단적 결속을 통해 정치적 행위로 표출될 수 있음을 확증해 준다.3)

한편 문화적 전통과 결합되어 천착된 일상적 관계망이 투표행위의 보다 공고한 토대가 될 수 있음을 보여주는 대표적인 예가 직장이나 작업장과 같은 소집단 맥락에서 강한 사회적 결속을 유지하는 일본의 집단주의이다. 일본사회는 집단에 대한 성원들의 높은 정서적 의존성, 집단내의 갈등을 최소화하는 통제기제 등을 통해 강한 집단통합성을 유지하는데, 평생고용구조와 같은 제도가 이를 뒷받침한다. 따라서 성원들의 상호작용의 범위는 매우 제한적이고 장기간 동안 고정되어 있으며(Verba & Nie, 1972: 176) 직장내의 공식적 관계는 일상적 관계와 구분되지 않는다(Nakane, 1970: 21). 즉 특유의 집단주의적 문화양식과 제도에 의해 높은 밀도와 한정된 범위를 지닌 소집단 중심의 높은 결속력이 유지된다는 것으로 이러한 사회적 조직화는 여러 사회적 행위의 준거가 되는 것은 물론이고 종종 정치적 동원의 토대로 작용하기도 한다. 오늘날 일본사회의 높은 산업화 수준에도 불구하고 지역공동체나 장(場)이 투표결정의 주요 배경으로 작용하는 것에서 알 수 있듯이, 집단주의의 사회문화적 전통은 유권자의 사회경제적 특성이나 정치의식에 우선하여 정치적 조직의 기초나 정치적 동원의 배경으로 발현되고 있는 것이다.

---

3) 도시성에 관한 최근의 논의들 가운데는 도시적 상황에서 하위집단간 접촉이 내집단 결속을 오히려 강화하는 요인이 될 수 있음을 지적하기도 한다. 코저(Coser)의 논의에 따르면 집단에 대한 충성이나 결속에 있어 습득, 사회적 후원과 같은 통합적 과정 못지 않게 타집단과의 갈등과 적개심에 기초한 사회적 과정이 중요하다. 즉 다양한 사회집단들이 공존하는 도시적 상황에서 집단성원들은 보다 강한 집단 정체감이나 집단충성(group loyalty)을 표출하고, 강도 높은 집단내의 상호작용이 이루어지는 등의 하위문화를 생성할 가능성이 높다는 것이다(Fischer, 1976: 37).

4. 한국사회의 사회적 연줄망의 정치적 행위

1) 연줄망의 성격

정치적 행위의 기반으로서 한국사회의 일상적 관계망의 성격은 흔히 연줄로 일컬어지는 연고주의적 관계의 정치적 발전이라는 측면에서 이해될 수 있을 것이다. 학연, 혈연, 지연과 같은 연(緣)의 관계는 그 자체가 정치적 의미를 지니는 것이라기보다는 포괄적인 일상적 관계들의 핵심을 이루는 것인데, 연고주의적 연줄은 정치적 행위의 준거가 되는 미시적 구조의 하나라는 점에서 그 특성이 해명될 필요가 있다.

한국사회에서의 연줄은 공적인 제도적 원리와 구분되는 비공식적인 자원획득 통로라는 은유적 의미(김진균, 1983)에서 확인되듯이 높은 도구성을 기본 속성으로 한다(김선업, 1992). 특히 혈연, 지연, 학연과 같이 귀속주의적으로 성격이 부여된다는 점에서 통합성이 매우 높으며 나아가서 배타적인 구조를 형성한다.4)

이와 같은 귀속주의적이고 폐쇄적인 관계망은 흔히 합리적이고 개방적인 사회질서의 장애요인으로 인식되어 왔다. 특히 근대화론자들은 귀속성을 중심으로 형성되는 '강한 연줄의 이점(strength of strong tie)'을 연고주의와 같은 전통주의적인 가치지향의 외현으로 해석하여 근대적 분화의 증대에 따라 연줄의 도구성이 약화될 것으로 예상되기도 한다. 그러나 오늘날 우리 사회에서 발견되는 귀속주의적 연줄망은 연고주의화 같은 문화적 전통이나 전근대적인 가치지향의 잔존5)과 같이 전통과 근대의 양분논리를 준거로 하는 설명만으로 이해되기 어려운 측면이 있다. 전통적인 연고주의에서는 도구성보다 정의성이 중시되었으며 타집단의 배제보다는 공동체적인 통합원리로 기

---

4) 일상적 연줄망에 대한 경험적 연구에 의하면 행위의 도구성이 요구될수록 연줄망의 귀속성이 증대되고 있음을 실증하고 있다(김선업, 1992).

5) 연고주의에 대한 규정에는 이를 일종의 특수주의적(particularism) 지향으로 간주함으로써 전근대적인 태도로 이해되는 입장이 있는가 하면, 근대성 여부와 관계없는 보편적 특성으로 보는 시각도 있다. "혈연, 지연, 학연을 바탕으로 한 인간관계의 편향"(홍동식, 1990: 60)의 규정이 전자의 대표적인 예라면, 후자의 경우는 "모든 사회관계를 연의 관계로 변용, 환원, 수용하려는 특성"(임희섭, 1988: 21)에서 나타난다.

능한 측면이 크기 때문이다(임희섭, 1988). 또한 근대화에 따른 교육적 성취와 직업의 다양성이 근대지향적 가치지향을 낳는 배경임에도 불구하고 전통적인 가치지향과 연줄 동원행위간에 상관성이 미약할 뿐만 아니라 연줄망의 연고성이 근대적 사회변동에 따라 약화되고 있음을 보여주는 경험적 증거도 미약하다.6)

따라서 오늘날 우리 사회에서 귀속성을 중심으로 형성되는 폐쇄적 연줄망과 이를 기초로 하는 행위양식을 전통주의적 가치가 내재화됨으로써 나타나는 규범주의적 행위로만 파악하는 것은 만족스럽지 못하다. 행위는 내면화된 규범적 요구에 순응하기도 하지만 상황적 요인이나 이해관계에 대한 고려를 포함하는데, 특히 행위자를 둘러싼 외적 조건이 변화하고 나아가 여기에 불안정성이 수반될 때 기존 규범의 효율성에 대한 이의가 증대함으로써 황적 요인에 대한 고려가 보다 중시될 수밖에 없다.

한국사회에서 귀속주의적 연줄망이나 이에 따른 행위양식을 사회변동에 따른 상황의 불확실성에 직면한 특유의 사회적 적응요구로 파악하는 시도는 이 점에서 시사적이다. 새로운 사회적 적응의 문제를 제기한 배경은 우리 사회가 지난 동안 산업사회로의 구조적 재편성과정에서 경험한 급격한 사회변동 양상과 관계가 있다. 유래를 찾아보기 어려울 정도의 극심한 사회적 유동은 공동체적인 결속 인간형 들이 직면한 사회적 생존에 대한 위협을 증대시킨 대표적인 요인이었다. 한편으로는 상실된 공동체적 결속을 대체할 새로운 연결이 필요했으며 다른 한편으로는 새로운 사회적 질서에서 생존하기 위한 도구적 수단을 확보하는 일이 시급했다고 볼 수 있다.

더욱이 권위주의적 정치 리더십에 의해 이끌린 사회적 동원은 산업사회적 질서로의 점진적 재편성을 위한 시간적 여유를 허용치 않았다는 사실과 함

---

6) 대기업 경영자들의 내부 고용성향에 대한 한 경험적 연구(신의향·신승권, 1991)에서 내부 고용의 정도가 시간에 따라 감소한다는 것을 지적하고 "근대화의 진행에 따라 전통적인 내부 고용관행이 감소하는 경향이 있음을 추론할 수 있다"고 주장한다. 그러나 재벌기업을 대상으로 했다는 점에서 엘리트론의 문제영역을 다룬 것이며, 앞서의 지적에도 불구하고 필자들은 내부 고용은 예측불가능한 급속한 경제성장과정에서 생존하기 위한 필수적 수단이었다고 보아 상황적 요인을 강조한다.

께 이같은 상황은 상당한 불확실성을 내포할 수밖에 없었다. 예컨대 대도시의 생경한 환경으로부터 자신을 보호하기 위한 안전판의 확보가 절실했던 이주자들의 '사회보험'의 욕구나(백완기, 1988) 정치적 비합법성을 극복하기 위한 합리적 전략(김용학, 1990) 등은 제도적 논리에 의존하기보다는 기존의 공동체적 결합양식으로부터 형식을 빌어 온 '의사공동체적 결합'(임희섭, 1991)에 의존함으로써 전통적인 연고주의적 생활양식이 새로운 적합성을 지닌 채 동원되는 결과를 낳은 것이다. 연줄을 통한 집단적 결속은 집단과 개인의 운명을 동일시하는 전형적인 집단주의와는 다른, 개인의 도구적 목적을 위해 집단을 유용하는 개인주의적 집단주의(김선업, 1993)와 같은 독특한 유형의 적응방식으로 이해될 수 있다. 이렇게 볼 때 현대 한국사회에서의 연고주의적 연줄망은 서구의 경우처럼 특정한 계급적 분화의 결과나, 일본의 경우처럼 전통적 문화양식의 발현으로 이해되기보다는 문화적 양식과 산업사회적 분화 사이의 동시적 결합(synchronized association)의 결과라는 시각에서 접근하는 것이 타당할 것이다.

결국 현대 한국정치에서 혈연이나 지연에 의존한 행위양식은 전근대적 규범이나 가치의 잔존이라는 측면보다는 연고성을 중심으로 형성된 미시적 상호작용의 구조가 작동하고 있는 결과로 보아야 할 것이다. 그간 비공식적인 집단적 동원에 대한 제도적 대응의 필요성이 선거 때마다 꾸준히 제기되었음에도 불구하고, 그것이 쉽사리 불식되지 않았다는 사실 하나만 보더라도 정치적 동원의 일상적 토대가 얼마나 깊이 있게 구조화되어 있는가를 단적으로 알 수 있다.

2) 지역주의 투표와 연줄망

근래 몇 차례의 선거에서 일관되게 나타난 대표적 정향으로 지역주의를 드는 데 별다른 이견이 없을 것이다. 유권자가 자신과 후보자의 출신 지역에 기초하여 지지자를 선택하는 경향을 뜻하는 지역주의 투표행태는 87년의 대통령 선거에서 뚜렷이 드러난 이후 근래의 92년의 대선과 총선에서 이르기까지 여전히 관측되고 있다. 근래에 이루어진 투표행위에 관한 대부분의 경험적 연구에서도 후보자 선택시 유권자의 출신 지역이 직업, 교육, 경제적 수준과 같은 계층간 편차를 압도하는 설명력을 보인다는 사실이 보고되고 있다(차종천, 1988; 신광영, 1990; 김형국, 1991).

사실 지역주의 투표연구의 과제는 지역주의의 존재에 대한 검증보다는 그것의 설명에 있다고 말할 수 있다. 이미 상식화되어 있는 지역주의 투표행위에 대한 기술적 소묘보다는 왜 그와 같은 행위를 하는가에 대한 이론적 규명이 투표행위 연구의 주요 문제영역으로 다루어질 필요가 있다는 뜻이다. 정밀한 분석과정을 보여주는 경험적 연구들이 드물지 않음에도 불구하고 지역주의 투표행위의 내적 분화양상을 적확히 파악하고 이를 이론적 설명의 근거로 연결한 사례를 발견하기는 쉽지 않다.

기존의 지역주의 투표행위의 이론적 스케치(theoretical sketch)에서 주요 설명항을 구성해 왔던 요인들은 역사적으로 형성된 내집단의식으로서의 지역감정, 공업 위주 산업화과정의 결과인 지역격차, 그리고 지역에 뿌리를 둔 정치지도자나 정당에 의한 정치적 동원 등이다. 지역감정은 배타적인 집단 정체감을, 기회구조의 차이를 의미하는 지역격차는 상대적 박탈감을 각각 유발하는 요인으로, 그리고 정치 엘리트에 의한 동원은 이를 가속하는 요인으로 간주함으로써 거시사회적 조건이나 심리적 특질을 사회적 행위에 직접 대입하는 요인으로 형식을 취해 온 것이다. 그러나 사회적 행위를 거시적 구조의 단순 반영이나, 심리적 속성으로의 환원으로 이해하는 방식은 순박한 결정론이라는 비판을 면하기 어렵다. 거시구조적 요인들이 개인적 반응을 유발하는 직접적 배경으로 보기에는 구조의 범위가 매우 추상적이며, 또한 행위를 심리적 징후로 환원하는 것은 행위동기를 단순화함으로써 상황적 요인을 무시하는 문제점을 내재하기 때문이다.

이와 같은 심리학주의의 환원론과 규범주의의 내재화 논리의 단순성을 극복하려는 대안의 하나가 구조주의-분석(structural-approach)이다. 여기서 구조란 '사회성원들간의 상호관계의 틀'(Burt, 1982: 15)로써 일상적인 생활영역에서 형성되고 지속되는 관계의 체계를 가리키며 따라서 행위에 대한 구조주의적 분석은 상호작용의 체계적 성격이 행위에 미치는 효과의 분석을 의미한다.[7] 이렇게 볼 때 지역주의 투표행위에 대한 연줄망 분석은 미시적

---

7) 방법론적으로 이러한 관계구조는 개인과 거시구조 사이의 중간창(meso unit) 또는 중개항(intermediate terms)이 설정됨으로써 미시와 거시 사이의 간극을 좁히

사회구조의 하나를 일상적 상호작용 체계인 연줄망으로 간주하여 지역성과 관련된 연줄망의 특성이 지역주의 투표행위에 미치는 효과를 분석하고 설명하려는 시도이다.

우리 사회에서 투표행위의 미시적 토대의 하나로 연고성을 중심으로 하는 연줄망이 작용하고 있다는 앞서의 논의를 근거로 연줄망과 지역주의 투표행위와의 관련성을 몇 가지 측면에서 추론해 볼 수 있다. 이미 설명된 바와 같이 한국사회의 일상적 연줄망은 귀속성을 중심으로 하는 통합성의 정도가 매우 높은 구조이며 그리고 이같은 통합성은 집단귀속을 통한 사회적 적응의 긴급한 욕구에 상응하는 강한 도구성과 연결된다는 점에서 연줄망이 행위에 미치는 효과는 보다 심대할 것으로 예상된다.

이제 연줄망의 지역성과 지역주의 투표행위의 관련성을 직접적 효과와 매개적 효과의 두 모델로 양분하여 설정해 보기로 한다. 연줄망이 행위에 미치는 대표적 기제의 하나인 동조압력에 대해서 앞서 이미 설명한 바 있지만, 연줄망의 지역적 동질성은 행위일치 압력을 크게 하여 지역주의적 투표행위를 촉발하는 직접적 요인으로 작용할 것이다. 특히 거시적 차원에서 연고성을 중심으로 하는 집단간 분화나 경쟁이 격화되는 상황에서 집단내 결속을 위한 동질적인 연줄망의 압력이 보다 강화될 수밖에 없기 때문에, 지역대표자간의 대결양상을 띤 지난 대통령 선거에서 연줄망의 지역성과 지역주의 투표행위는 보다 밀접한 관련성을 보인 것이다.

투표행위에 대한 연줄망의 직접적 효과는 이해추구 동기라는 측면에서 설명될 수도 있다. 연줄망은 사회적 자원의 교환이 이루어지는 실재적인 사회적 통로로 개인적 자원이 사회적 자원으로 전이되는 체계라는 점에서 일차적 속성을 중심으로 형성된 연줄의 정치적 동원은 서로가 후견인으로 연결되는 이해관계를 내포한다. 따라서 도구적 관계에 이를수록 연줄망의 지역성이 지역주의 투표행위에 지니는 영향력은 증대될 것이다. 즉 연줄망의 통합성은 지역주의 투표에 대한 동조압력에 의해서, 그리고 연줄망의 도구성은 기대되는 이익에 대한 효과로 인해 내집단 투표성향에 영향을 미친다고

려는 시도를 의미한다. 관계망과 같은 새로운 분석단위를 설정함으로써 상황에 대한 행위자들의 의도와 이에 따른 거시사회적 결과를 고려하는 것이 가능하기 때문이다(Alexander et al., 1987).

가정해 볼 수 있다. 한편 지역주의 연줄망이 지역주의 투표행위에 미치는 간접적 경로는 연줄망이 투표행위와 관련된 태도나 행위에 영향을 미침으로써 나타나는 것이다. 지역주의적 연줄의 매개변수 효과는 예컨대 연줄의 지역성이 지역감정을 강화시키거나, 혹은 산업사회적 집단정체감을 약화시키고 이것이 다시 투표행위에 영향을 미치게 되어 관측되는 효과이다.

이상에서 설정된 분석 주제를 정리하면 첫째, 연줄망의 지역적 통합성에 따라 지역주의 투표행위에 미치는 독립적 효과가 증대될 것이며, 둘째 연줄망의 간접적 효과는 지역감정 등의 집단정체감으로 매개로 했을 때 나타날 것이며 셋째, 연줄의 도구성이 클수록 지역주의 투표행위에 미치는 효과도 클 것이다라는 것으로 요약된다. 이들 분석 주제를 검증하기 위해서 설정한 작업가설은 아래와 같다. 지역주의 투표행위의 연줄망 분석을 위해 먼저 지역과 관련된 유권자의 투표성향을 지역 내집단 투표와 지역 외집단 투표를 구분키로 한다. '내집단 투표'는 유권자가 자신의 출신 지역과 일치하는 후보자에 투표한 경우를, '외집단 투표'는 자신의 출신 지역과 다른 후보자에 투표한 경우로 각각 조작화했다. 연줄망은 평소에 유권자들이 맺고 있는 친구, 배우자 관계를 중심으로 관련 속성이 측정되었다. 수집한 자료는 수도권에 거주하는 유권자 표본을 대상으로 면접한 것으로 투표행위는 지역주의가 가장 확연히 나타난 선거의 하나인 13대 대통령 선거에서의 투표행위를 조사했다.

먼저 사회경제적 변인, 집단정체감 및 연줄망이 지역주의 투표성향에 미치는 단순 효과를 각각 살피기로 한다. 이미 설명한 바와 같이 전통적인 투표행위 연구에서 가장 일반적인 설명변인으로 다루어져 왔던 유권자의 사회경제적 배경과 사회심리학적 특성과의 관계를 분석하기로 한다(<그림 1>에서 X_1과 Y, I와 Y의 관계). 교육 수준, 직업, 연령 등 사회경제적 요인, 그리고 출신 지역과 지지정당의 집단정체감에 따른 지역 내집단 투표성향을 분석한다. 두 번째로는 친구와 배우자 연줄망의 지역성이 본인의 지역주의 투표성향에 미치는 효과를 기술적으로 분석한다(<그림 1>에서 X_{21}과 Y의 관계). 세 번째로는 친우관계, 배우자관계를 대상으로 투표행위에 미치는 독립적 효과 및 매개적 요인을 밝히기 위해 사회경제적 변인과 출신 지역 정체감, 지지정당 정체감의 효과를 동시에 고려하는 모델을 수립하여 분석한다(<그림 1>에서 $Y=X_{21}+X_1+I$). 이를 위해 교차분석(crosstabulation)과 로지스틱 회귀분석(logistic regression)의 지수들을 통해 각 요인들의 효과를 평가하고 검증할 것이다. 네 번째로는 연줄망의 통합성 및 강도에 따른 효과를 검증하기 위해 관계의 친밀도와 접촉빈도의 두 가지 속성에 따라 투표행위에 미치는 영향력을 특정화하기로 한다(<그림 1>에서 X_{22}와 Y의 관계, $Y=Y=X_{21}+X_1+X_{22}+I$). 끝으로 이해추구 동기와 지역주의 투표행위와의 관련성을 알아보기 위해 도구적 연줄의 동원 여부와 지역주의 투표행위와의 관련성을 분석하기로 한다(<그림 1>에서 X_{30}과 Y의 관계).

<그림 1> 분석항목과 관련변수들

X_1: 사회경제적 지위
    (연령, 교육 수준)

X_{21}: 연줄망의 지역성
    (배우자, 친우)

X_{22}: 연줄망의 통합성 및 강도
    (친밀도, 접촉기간)

X_{30}: 연줄의 도구성

I: 집단정체감
    (출신 지역 정체감,
    지지정당 정체감)

Y: 지역주의 투표행위
    (출신 지역 내집단투표,
    출신 지역 외집단투표)

5. 분석

1) 표본 및 측정

(1) 표본

본 연구자료는 서울 및 수도권지역에 거주하는 20세 이상 직업종사자를 모집단으로 하여 비확률적 층화표집(stratified sampling)을 통해 선정된 370명의 표본을 대상으로 하여 개별 면접을 통해 수집되었다. 표본의 성, 연령, 교육 수준 및 직업별 분포는 <표 1>과 같이 나타나고 있는데 모집단 분포에 비해 대학 이상 학력자와 중류 사무기술직 이상 직업종사자의 분포가 높아 중층 이상의 계층이 다소 과대표집되었다는 것을 알 수 있다.

(2) 주요 변수의 측정

연줄은 친구와 배우자관계를 주로 측정했는데 친구는 가장 친한 친구 한 명과, 그 다음으로 친한 친구들 한 명 이상을 같이 들도록 했으며 이들의 출신 지역이 조사되었으며 이들 상호작용의 특성을 알아보기 위해 친구와의 친밀도와 배우자와의 결혼기간이 측정되었다. 친구와 배우자 관계 이외에 도구적 관계가 조사되었는데 '직장이나 사업상의 일로 개인적으로 도움을 요청한 관계'로 조직화했다. 출신 지역 정체감과 지지정당 정체감은 "자기 자신을 평가하는 데 출신 지역이나 지지정당이 얼마만큼 중요하다고 생각하는가"의 문항에 대해서 "매우 중요하다," "비교적 중요한 편이다," "별로 중요하지 않다"의 3점 척도로 질문했다. 응답자의 사회경제적 배경으로는 출신 지역, 성, 연령, 거주연한, 교육 수준 및 직업이 조사되었다.

<표 1> 표본의 사회경제적 특성

(단위: %)

성별	남자	83.1		전문직	6.6
	여자	16.9		경영관리직	12.4
연령별	20대	24.9	직업별	중류사무기술직	10.3
	30대	31.2		일반사무기술직	26.5
	40대	28.9		자영업	15.7
	50대	15.5		생산기능직	10.5
교육 수준별	고졸 이하	42.5		비숙련직	6.3
	대학 이상	57.5			

2) 분석 결과

(1) 사회경제적 요인과 지역주의 투표성향

먼저 유권자의 출신 지역 내집단 투표와 외집단 투표비율을 산출한 다음, 유권자의 교육 수준, 직업, 연령, 거주연한(수도권 거주연한), 출신 지역에 따른 차이를 알아보기로 한다. 출신 지역 내집단 투표율은 출신 지역 경북과 경남을 분리해 충청 출신=김종필 지지, 전라 출신=김대중 지지, 경북 출신=노태우 지지, 경남 출신=김영삼 지지의 경우와 경북과 경남을 합해 충청 출신=김종필 지지, 전라 출신=김대중 지지, 경상 출신=노태우, 김영삼 지지의 두 가지로 알아보았는데 출신 지역 내집단 투표를 한 유권자는 전자의 경우에(출신 지역 경북과 경남을 분리한 경우) 48.8%, 후자의 경우가(경남과 경북을 합한 경우) 52.9%이다(이 비율은 이들 지역을 출신 지역으로 하고 있으며 현재 수도권에 거주하는 유권자를 분모로 한 비율이다).

<표 2> 주요 사회경제적 변인에 따른 출신 지역 내집단·외집단 투표율

		내집단투표/외집단투표	내집단투표/외집단투표
교육 수준별	고졸 이하	47.7/52.3	59.5/40.5
	대학 이상	50.0/50.0	58.8/41.2
직업별	전문경영관리직	61.1/38.9	66.7/33.3
	사무직	49.0/51.0	60.8/39.2
	반/비숙련	47.4/52.6	52.6/47.4
	자영업	50.0/50.0	62.5/37.5
출신 지역별	충청	30.2/69.8	30.2/69.8
	전라	68.9/31.1	68.9/31.1
	경상	52.3/47.7	88.4/11.6
연령별	34세 이하	52.0/48.0	61.1/38.9
	35~49세	42.1/57.9	55.3/44.7
	50세 이상	57.0/43.0	63.3/36.7
거주 연한	14년 이하	52.7/47.3	63.4/36.6
	15년 이상	46.3/53.7	56.4/43.6
계(N=151)		48.8/51.2	59.2/40.8

　　<표 2>는 교육 수준, 직업, 연령, 거주연한(수도권 거주연한) 및 출신 지역의 사회경제적 변인별로 지역 내집단 투표율과 지역 외집단 투표율을 단순 분석한 결과이다. 교육 수준, 직업, 연령, 거주연한, 출신 지역의 사회경제적 변인들 가운데 내집단 투표성향의 차이를 체계적으로 나타내 주는 변수는 없다. 단 연령과 출신 지역에 있어 부분적인 차이가 발견되고 있는데 30대 중반 이후와 40대의 연령층이 타연령층에 비해 지역 내집단 투표성향이 다소 강하고 전라, 경상 지역 출신이 충청 지역 출신에 비해 출신 지역 내집단 투표성향이 강하다는 것이 관측된다.

　　교육 수준이나 직업에 따른 내집단 투표성향의 차이 역시 발견되지 않아 서열적 계층요인과 관계없이 지역주의적 투표성향이 일관되게 드러나고 있다. 또한 수도권 지역에서의 거주연한에 따른 출신 지역 내집단 투표성향의 변화도 거의 없어 수도권 지역에서의 거주가 출신 지역에 대한 집단적 충성을 약화시키지 않는다는 사실을 예시한다.[8] 즉 출신 지역에 대한 아이덴티티가 현재 거주하고 있는 지역적 아이덴티티에 우선함을 시사하는 결과이다.

(2) 집단정체감과 출신 지역 내집단 투표성향

기존 연구들에서 출신 지역에 대한 정체감은 지역주의 투표행위에 상당한 영향을 미치는 것으로 확인되고 왔는데 여기에서 단순 상관관계만을 놓고 볼 때 이들간의 상관성은 그다지 높은 수준은 아니다. 출신 지역과 지지정당에 대한 정체감과 지역주의 투표성향과의 관계를 단순 분석한 <표 3>은 출신 지역에 대한 집단정체감이 높은 유권자일수록 출신 지역에 따른 지역주의 투표성향은 거의 차이가 없다. 즉 출신 지역에 대한 정체감이 강할수록 출신 지역 후보에 투표하는 경향이 다소 있지만 지지 정당에 대한 정체감의 정도는 지역주의 투표성향과 별 관계가 없다는 것이다.

<표 3> 출신 지역 및 지지 정당에 대한 정체감에 따른 지역주의 투표성향

	출신 지역 내집단 투표	출신 지역 외집단 투표	F값	유의도
출신 지역 정체감	1.17*	1.07	3.67	p<.09
지지 정당 정체감	1.08	1.05	.48	N.S.

*: 점수가 높을수록 정체감이 높음

(3) 사회적 연줄망과 지역주의 투표

먼저 가장 친한 친구의 출신 지역이 지역주의적 투표성향에 어떠한 효과를 가져오는가를 단순 교차분석한 것이 <표 4>인데 가장 친한 친구와 출신 지역이 같은 사람은 그렇지 않은 사람에 비해 출신 지역 내집단 투표를 하는 경향이 높고, 반면 친한 친구와 출신 지역이 다른 사람은 출신 지역 외집단 투표를 하는 경향이 상대적으로 더 크다는 것을 보여준다. 즉 가장 친한 친구가 같은 지역 출신인 유권자의 69.4%가 자신의 출신 지역의 후보자에게 투표하는 데 비해 가장 친한 친구가 다른 지역 출신인 유권자는 51.0%만이 출신 지역 후보자에게 투표한다.

배우자와 출신 지역이 동일한지의 여부와 지역주의 투표와의 한계를 단순 교차분석한 것이 <표 5>인데 친구의 경우에 비해 그 차이가 다소 떨어지

---

8) 이는 블라우(Blau, 1977) 등이 말하는 공간에 의한 구조적 효과가 지역 내집단 투표행위에 작용하지 않음을 간접적으로 증명하는 결과이다. 그에 의하면 도시사회에서 높은 이질성은 이질적인 개인들간의 결합을 촉진시키는 구조적 모수(structural parameter)의 하나로 간주된다.

지만 배우자 역시 지역주의적 투표행위에 영향을 주는 관계의 하나임이 확인되고 있다.

<표 4> 가장 친한 친구의 출신 지역에 따른 지역주의 투표성향

(단위: %)

	같은 지역 출신	다른 지역 출신
지역 내집단 투표	69.4	51.0
지역 외집단 투표	30.6	49.0
	chisq=5.6, p<0.05, N=146	

<표 5> 배우자의 출신 지역에 따른 지역주의 투표성향

(단위: %)

	같은 지역 출신	다른 지역 출신
지역 내집단 투표	65.0	52.2
지역 외집단 투표	35.0	47.8
	chisq=3.1, p<.08, N=127	

사회경제적 변인을 통제한 후 배우자와 친구의 출신 지역이 지역주의 투표행위에 미치는 독립적 효과를 알아보기 위해 본인의 연령, 교육 수준, 출신 지역 내집단 친구 유무, 출신 지역 내집단 배우자 여부와 출신 지역 내집단 투표를 로지스틱 분석을 통해 알아 본 것이 <표 6>이다. <표 6>에서는 응답자의 교육 수준, 직업, 연령은 친구의 출신 배경이 지역주의적 투표행위에 별 영향을 미치지 못해 응답자의 사회경제적 차이에 관계없이 친구의 출신 배경이 출신 지역에 근거한 후보자 선택에 영향을 주고 있음을 보여준다.

<표 6> 지역주의 투표행위에 대한 로지스틱 분석 결과

	모델 1
연령	-.03
교육 수준	.02
출신 지역 내집단 친구	-.02*
출신 지역 내집단 배우자	-.09*
상수	.55

주: *는 p>.05을 나타냄.

(4) 정치적 아이덴티티와 출신 지역 정체감에 따른 연줄망의 효과

연줄의 정치적 효과에 영향을 미치는 매개적 요인의 하나로 정치적 아이
덴티티 수준을 고려해 보기로 한다. 정치는 평상시 대다수 시민이 항상 관심
을 갖는 주제는 아니며 선거기간이라 하더라도 모든 유권자들이 후보자와
선거쟁점에 대한 이해를 위해 충분한 노력을 하는 것은 아니다. 평소에 정치
적 관심이 많거나 정치적 아이덴티티가 강한 사람은 자신의 정치적 신념이
형성되어 있고 이에 따라 투표행위가 이루어지는 데 비해, 정치적 식견이나
관심이 적은 사람들은 의도적이건 비의도적이건 사회연줄망내에 있는 신뢰
할 만한 타자에 귀를 기울일 가능성이 그만큼 높다는 점에서 앞서 분석에서
지지 정당의 아이덴티티와 지역주의 투표행위간의 직접적 효과가 발견되지
못했음에도 불구하고 정치적 관심이나 아이덴티티 수준은 연줄의 작용이나
효과에 영향을 미칠 수 있는 매개요인으로 작용한다고 볼 수 있다.

여러 정치적 태도들 가운데 지지정당에 대한 아이덴티티의 정도에 따른
친구의 출신 지역의 투표행위에 대한 영향력을 분석한 것이 <표 7>이다.
지지정당에 대한 정체감에 따라 친구관계가 지역주의적 투표행위에 미치는
효과가 다르다는 것이 확인된다.

<표 7> 지지정당 정체감에 따른 친구의 출신 지역별 지역주의 투표행위

(단위: %)

투표행위 \ 지지정당 정체감 \ 친구	정체감 낮음		정체감 높음	
	동일 지역 출신	다른 지역 출신	동일 지역 출신	다른 지역 출신
지역 내집단 투표	70.1	39.5	62.9	59.8
지역 외집단 투표	29.9	60.5	37.1	40.2
	chisq=6.3, p<0.01		N.S	
	N=67		N=64	

정치적 정체감이 낮은 유권자의 경우 친구의 출신 지역의 본인과 같은 유
권자의 70.1%, 친구와 출신 지역이 다른 유권자의 39.5%가 자신과 같은 지
역 출신의 후보자에 투표해 친구의 출신 지역이 본인의 후보자 선택에 유의
미한 효과를 미쳤음을 알 수 있다. 반면에 지지 정당 정체감이 높은 유권자

는 친구와 출신 지역이 동일한 유권자의 62.9%, 친구와 출신 지역이 다른 유권자의 59.8%가 자신과 같은 지역 출신의 후보자를 선택한 것으로 나타나고 있어 지지 정당에 대한 정체감이 낮은 경우에 비해서 친구의 출신 지역이 본인의 후보자 선택에 미치는 효과는 상대적으로 미약하다.

특히 자신과 출신 지역이 같은 후보자에게 투표하는 내집단 투표보다 출신 지역이 다른 후보자에게 투표하는 외집단 투표행위에 정치적 아이덴티티의 효과가 더 큰 것으로 나타나고 있다. 즉 정치적 아이덴티티의 수준이 낮을수록 자신과 다른 출신 배경을 지닌 친구의 사회적 또는 정치적 견해나 태도가 행위의 준거가 되기 쉽다는 것인데 이같은 발견은 낮은 정치적 효율감이나 정치적 무관심이 높을수록 이에 대한 집단적 동원이 보다 용이하다는 일반적 지적과 일치하는 결과이다. 배우자 출신 지역의 효과 역시 정치적 아이덴티티의 영향을 받는다는 것을 알 수 있다. 지지 정당에 대한 아이덴티티가 강한 유권자는 배우자의 출신 지역과의 일치 여부와 관계없이 일정한 내집단 투표경향을 유지하는 데 비해 지지 정당에 대한 정체감 정도가 낮은 경우에는 배우자 출신 지역과의 일치 여부에 따라 지역주의 투표성향이 크게 달라진다. 배우자와 출신 지역이 다른 유권자의 내집단 투표는 지지 정당 정체감이 높은 유권자의 67.5%에 이른 데 비해 정체감이 낮은 유권자는 40.5%로 낮아져 특히 배우자의 출신 지역이 본인과 다를 때, 정치적 정체감의 효과가 두드러진다는 사실을 확인할 수 있다.

출신 지역에 대한 정체감 역시 연줄의 효과에 영향을 미치는 대표적인 심리적 매개요인의 하나이다. 앞의 분석에서 출신 지역 정체감이 지역주의 투

<표 8> 지지 정당 정체감에 따른 배우자 출신 지역별 지역주의 투표행위

(단위: %)

투표행위 \ 지지정당 정체감 \ 친구	정체감 낮음		정체감 높음	
	동일 지역 출신	다른 지역 출신	동일 지역 출신	다른 지역 출신
지역 내집단 투표	65.7	40.5	60.6	67.5
지역 외집단 투표	34.3	59.5	39.4	32.5
	chisq=3.9, p<0.05		N.S	
	N=62		N=53	

표행위에 미치는 독립적 효과는 그다지 높지 않은 것으로 나타났는데 연줄의 작용에 영향을 미치는 매개적 효과는 예상해 볼 수 있다.

출신 지역 정체감의 정도에 따라 친구 출신 지역의 효과를 나누어 교차분석한 <표 9>는 평소에 출신 지역에 대한 정체감이 낮은 사람에 비해 출신 지역에 대한 정체감이 높은 사람이 친구나 배우자의 출신 지역으로부터 영향을 받는 정도가 적다는 사실을 보여준다. 즉 출신 지역에 대한 정체감이 높은 사람은 친구나 배우자의 출신 지역이 자신과 일치 또는 불일치하는가와 관계없이 일정한 투표성향을 보이는 반면에 출신 지역에 대한 정체감이 낮은 사람은 주위 사람의 출신 지역으로부터의 영향을 상대적으로 더 받는다는 것이다. 이는 출신 지역에 대한 정체감이 연줄망이 지역주의 투표행위에 미치는 단순 효과를 어느 정도 억제하는 요인이라는 것을 보여주는 결과이다.

<표 9> 출신 지역 정체감에 따른 친구 출신 지역별 지역주의 투표행위

(단위: %)

투표행위 \ 친구 ↗ 지지정당 → 정체감	정체감 낮음		정체감 높음	
	동일 지역 출신	다른 지역 출신	동일 지역 출신	다른 지역 출신
지역 내집단 투표	71.9	49.2	63.1	53.3
지역 외집단 투표	28.1	50.8	36.9	46.7
	chisq=3.9, p<.05		N.S	
	N=72		N=69	

<표 10> 출신 지역 정체감에 따른 배우자 출신 지역별 지역주의 투표행위

(단위: %)

투표행위 \ 친구 ↗ 지지정당 → 정체감	정체감 낮음		정체감 높음	
	동일 지역 출신	다른 지역 출신	동일 지역 출신	다른 지역 출신
지역 내집단 투표	76.5	42.1	56.1	67.6
지역 외집단 투표	23.5	57.9	43.9	32.4
	chisq=7.4, p<.01		N.S	
	N=62		N=66	

<표 11>의 로지스틱 분석표에서 모델 2는 모델 1의 변인에 위에서 단순 분석된 출신 지역 정체감과 지지 정당 정체감의 두 가지 사회심리학적 매개변인을 도입한 후의 각 변인이 지역주의 투표에 미치는 독립효과를 로짓 분석한 결과이다.

출신 지역이나 지지정당에 정체감을 도입한 모델 2에 있어, 출신 지역이나 지지정당에 대한 정체감 정도 자체는 지역주의 투표행위에 대한 유의미한 설명변인은 아니지만, 이들을 도입하지 않은 모델 1에 비해서 친구 및 배우자 연줄의 효과를 비교해 보면 친구의 효과는 강화되는 반면, 배우자의 효과는 다소 떨어지고 있는 것으로 나타나고 있다. 즉 출신 지역 정체감이나 지지정당 정체감을 통제했을 때의 연줄이 미치는 독립효과는 배우자에 비해 친구가 상대적으로 강하다는 것을 의미한다. 이같은 결과는 한편으로 우리 사회에서 친구관계가 행위의 대표적 준거가 되고 있음을 예시하는 것이지만 본 연구대상이 거의 남성이라는 점에서 일방적인 성(sex) 효과가 반영되어 있음을 염두에 두어야 한다. 즉 여기서 배우자 효과는 대부분 남편에 대한 부인의 영향력을 의미한다고 볼 때 이것이 미약하다는 사실은 가부장제라는 남성 우위 가족제도의 특성이 나타난 결과로 해석된다.

<표 11> 지역주의 투표행위에 대한 로지스틱 분석 결과

	모델 1	모델 2
연령	-.03	-.04
교육 수준	.04	.04
출신 지역 내집단 친구	-.06*	-.08*
출신 지역 내집단 배우자	-.09*	-.05*
출신 지역 정체감		.03
지지 정당 정체감		.01
상수	.55	.16

주: *는 p>.05을 나타냄.

(5) 연줄망의 특성과 투표행위

① 친밀도 및 상호작용

친구가 행위나 태도에 영향을 미치는 영향은 인지일치론에서 예시되는 바와 같이 친우와의 친밀도, 자신의 의견이나 생각을 상대방과 비교할 수 있는 접촉도나 메시지의 교환 정도 등에 따라 차이가 있을 수 있다. 여기서는 친구와의 친밀도 및 상호작용 빈도에 따른 친구관계의 효과를 살펴보기로 한다. 친구와의 친밀도는 상대방의 태도나 의사를 수용하는 데 전제가 된다는 점에서 동조나 일체감의 차이를 낳는 기본적 요인의 하나이다. 상호 신뢰를 전제로 이루어지는 관계에서 동조와 수용성을 증진시키는 것은 단순한 메시지의 반복이라기보다는 교환에 있어서의 신뢰라는 사실이 경험적 연구에서도 확인되듯이 친할수록 친구로부터 발생하는 동조 압력은 그만큼 크다고 볼 수 있다. 또한 친구와의 상호작용은 서로간의 인지나 태도의 일치, 불일치를 확인하고 자신의 태도를 수정하거나 서로간의 동조를 이룰 기회를 뜻하기 때문에 친구와의 상호작용이 빈번할수록 친구로부터의 영향은 그만큼 클 수밖에 없다.

<표 12> 친구와의 친밀도와 지역주의 투표행위

(단위: %)

	가장 친한 친구		다음으로 친한 친구	
	동일 지역 출신	다른 지역 출신	동일 지역 출신	다른 지역 출신
지역 내집단 투표	69.4	51.0	43.6	38.1
지역 외집단 투표	30.6	49.0	56.4	61.9
	chisq=5.6, p<0.05		N.S	
	N=146		N=142	

　먼저 친밀도에 따른 친구관계의 효과를 알아보기 위해 가장 친한 친구와 그 다음으로 친한 친구의 출신 지역이 지역주의 투표행위에 미치는 영향을 비교한 결과가 <표 12>이다. 이미 분석된 바 있는 가장 친한 친구의 출신 지역과 지역주의 투표 사이의 상관성과는 대조적으로 그 다음으로 친한 친구의 출신 지역과 지역주의 투표행위와는 거의 관계가 없는 것으로 나타나 친구와의 친밀도가 내집단 투표성향에 영향을 준다는 사실을 단적으로 보여준다. 또한 둘 다 친한 친구임에도 불구하고 이들이 미치는 효과가 확연히 구분되고 있음은 우리 사회의 연줄망에서 연줄을 이루고 있는 사람들과의 근접도에 따른 차별효과가 매우 크다는 것을 말해 준다.

　<표 13>은 친구와의 상호작용 빈도의 효과를 알아보기 위해 친구와 만나는 빈도로 조작화한 상호작용의 빈도와 출신 지역 내집단 투표행위와의

관계를 분석한 것이다. 동일한 지역 출신의 친구를 두고 있는 사람 65명을 대상으로 친구와의 접촉 정도와 지역 내·외집단 투표성향을 교차분석한 결과, 친구와 접촉빈도가 높은 사람의 78.9%가 출신 지역 후보에 투표한 데 비해, 상대적으로 접촉빈도가 높지 않은 사람은 56.7%만이 지역 내집단 투표성향을 보여 같은 출신 지역 친구라 하더라도 이들과 빈번히 만나는 사람이 빈번히 만나지 않는 사람에 비해 내집단적 투표를 하는 경향이 높다는 것을 알 수 있다. 이같은 결과는 친구간의 상호작용의 효과가 지역주의적 투표행위에 내연되어 있음을 실증하는 것이다.

<표 13> 동일 출신 지역 친구와의 접촉빈도에 따른 지역주의 투표행위

(단위: %)

	높음	낮음
내집단 투표	78.9	56.7
외집단 투표	21.1	43.3
Chisq=5.87, p<.05, N=65		

배우자와의 상호작용 효과를 결혼연한을 통해 간접적으로 알아본 것이 <표 14>의 결과이다. 결혼연한이 15년 미만인 경우와 15년 이상인 경우의 두 범주로 나누어 배우자 효과를 분석해 본 결과, 결혼기간이 15년 미만인 부부에서 배우자 효과가 나타난 반면 15년 이상인 부부에서는 배우자 효과가 거의 발견되지 않았다. 이는 친구와의 상호작용이 빈번할수록 친구효과가 커진다는 앞서의 결과와 다소 상반된 것으로 볼 수 있으나 배우자와의

<표 14> 결혼기간별 지역주의 투표행위

(단위: %)

	결혼기간 15년 미만		결혼기간 15년 이상	
	동일 지역 출신	다른 지역 출신	동일 지역 출신	다른 지역 출신
지역 내집단 투표	80.3	47.0	53.9	50.3
지역 외집단 투표	19.7	53.0	46.1	49.7
chisq=6.0, p<0.01			N.S	
N=70			N=57	

순수한 상호작용의 효과라기보다는 일종의 결혼주기 효과로 해석하는 것이 타당할 것이다. 결혼 전기는 후기에 비해 부부 서로가 가지고 있는 태도나 생각의 차이가 드러날 가능성이 높고 따라서 서로 동조나 일체감을 위한 노력을 많이 하기 때문에 결혼 후기에 비해 배우자와의 태도나 행위의 일치가 나타날 가능성이 큰 것이다.

<표 15> 지역주의 투표행위에 대한 로지스틱 분석 결과

	모델 1	모델 2	모델 3
연령	-.03	-.03	.02
교육 수준	.02	.02	.01
출신 지역 내집단 친구	-.06*	-.08*	-.12*
출신 지역 내집단 배우자	-.09*	-.05*	-.10*
출신 지역 정체감		.04	.04
지지 정당 정체감		.01	.01
친구와의 접촉도			.12*
결혼연한			-.11*
상수	.55	.16	-.51

주: *는 p>.05을 나타냄.

앞서 분석된 로짓 분석의 모델 1과 모델 2에 친구와의 상호작용과 결혼연한이라는 연줄망의 두 가지 특성을 첨가하여 이들이 지역주의 투표행위에 미치는 효과를 종합적으로 분석한 것이 <표 15>의 모델 3의 결과이다. 모델 3의 분석 결과는 먼저 친구관계와 배우자관계가 지역주의 투표행위에 미치는 독립효과가 모델 1이나 모델 3에 비해 클 뿐만 아니라 결혼연한이나 친구와의 접촉도는 지역주의 투표행위를 설명해 주는 유의미한 변인으로 나타나고 있다. 이는 결혼연한이 짧은 출신 지역이 동일한 배우자나 접촉도가 크다고 했을 때 출신 지역이 같은 친구가 있는 경우에 동일 출신 지역 후보자에 투표할 확률이 그만큼 높다는 것을 의미한다.

② 도구적 행위와 투표

여기서 우리의 관심은 도구적 목적으로 연줄을 동원한 경험과 행위의 효율성 정도가 지역주의 투표행위에 어떠한 영향을 미치는가이다. 연줄의 동원은 구체적으로 평소에 친밀도가 높지 않았더라도 동창이나 동향 사람, 친척들에게 직장이나 사업상의 일로 도움을 요청한 경우를 말하는데 이익추구의 목적성이 강한 의도적 행위이다.

도구적 행위와 내집단 투표행위와의 관계를 분석한 것이 <표 16>인데 도구적 연줄 동원과 지역 내집단 투표성향과의 부분적 상관성이 확인되고 있다. 특히 고교동창, 대학동창, 동향 사람 및 친척들 가운데 고교동창이나 동향 사람과의 도구적 접촉 정도는 내집단 투표성향에 유의미한 효과를 미치는 데 비해 대학동창이나 친척과의 접촉도에 따른 투표성향의 차이는 나타나지 않는다. 친척에 비해 고교동창과 동향 사람에게서 출신 지역의 동질성이 높다고 볼 때 특히 고교동창 연줄의 투표행위에 미치는 효과가 가장 크다는 사실은 행위의 도구성이 지역성을 매개로 증대되며 이 경우에 연줄 동원행위가 정치적 행위에 미치는 효과 또한 크다는 것을 알 수 있다.

<표 16>은 도구적 의도로 동원한 연줄의 효율성 수준과 지역주의 투표행위와의 관계를 단순분석한 것이다. 이 결과 역시 앞서의 연줄 동원경험의 경우와 같이 고교동창의 경우 도구적 행위의 효율성이 지역주의 투표행위를 증진시키는 것으로 나타나고 있다. 이에 비해 동향 사람과의 접촉은 실질적으로 도움이 되었다고 해도 지역 내집단 행위를 크게 강화하지는 않는다. 이는 단순한 도구적 행위보다는 집단일체감이나 정체성을 증진시킬 수 있는 특별한 집단구조를 전제로 했을 경우에, 지역주의와 같은 집단주의적 정치행위로 연결될 수 있음을 말해 주는 결과이다. 즉 콜린스 등의 문화론자들이 주장하듯이(Collins, 1981) 이해추구행위라 하더라도 집단적 결속이나 경험의 공유와 같은 문화적 자본을 공유할 때 집합주의적 행위로 발전하게 됨을 간접적으로 시사한다.

<표 16> 도구적 행위의 효율성과 지역주의 투표행위

	고교동창	대학동창	동향 사람	친척
내집단 투표	1.79	1.77	1.77	1.88
외집단 투표	1.43	1.50	1.73	1.62
F값	5.30	2.15	0.07	3.50
유의도	*	N.S.	N.S.	*

6. 맺음말

지금까지 분석에서 확인된 가장 일반적인 사실은 연줄망의 지역성이 지역주의 투표행위에 매우 체계적인 영향력을 미치고 있다는 점이다. 사회경제적 지위의 차이에도 불구하고 연줄망의 효과는 일관되게 유지되고 있으며 사회심리학적 특성을 압도하는 설명력을 보여주고 있다. 연줄망의 통합성에 따른 효과로 관계의 친밀도나 상호작용의 빈도는 연줄망의 정치적 효과를 증대시키는 특성으로 확인되었다.

여기에서 분석한 친구와 배우자의 두 관계 가운데 연줄망의 지역성이 지역주의 투표행위에 미치는 효과는 배우자관계에 비해서 친구관계의 효과가 일반적으로 높은 것으로 나타나고 있어 가부장적 사회구조의 성별 효과의 차이가 관측되었으며 연줄망의 도구성 강화에 따라 정치적 효과가 두드러진다는 사실도 밝혀졌다. 또한 지역의식이나 정당정체감과 같은 집단정체감을 매개로 하는 연줄망 효과의 다양한 기제도 발견되었다.

본 연구결과의 함의로는 먼저 사회연줄망 분석의 의의를 확인했다는 것을 들 수 있다. 지역주의 투표행위가 일상적인 상호작용이나 접촉 양상과 같은 미시적 토대에 기초한다는 사실은 사회연줄망 분석이 기존의 사회심리학적 특성이나 사회경제적 변인들에만 의존했던 방식에 비해 투표행위에 대한 설명력이 보다 증대될 수 있음을 뜻한다. 더 나아가서 여기서 발견된 분석 결과들은 앞서 예상했듯이, 한국사회가 연줄의 사회이며 정치적 행위의 경우에도 이런 양상은 예외가 없다는 결론을 뒷받침한다.

전통적인 정치발전론의 시각에서 발전의 한 양상은 귀속주의적 행위의 극복을 뜻한다.9) 전통적인 규범이나 가치에 의존한 행위에서 객관적 이해관계에 기초한 합리적 행위로의 전환을 근대적 정치질서의 근간으로 보기 때문이다. 이같은 입장을 준거로 할 때 한국정치의 사회환경은 저발전사회의 특성을 띤다고 말할 수 있다. 그러나 이같은 판단은 연줄 의존행위가 한국사회의 산업화 양상과 깊은 관련성을 지니고 있을 뿐만 아니라 나름대로의 합리

---

9) 릭스(Riggs)가 정치발전과 관련된 선호가치의 하나로 들고 있는 SARUS(Specificity: 특수성, Achievement: 성취, Rationality: 합리성, Universalism: 보편주의, Secularism: 세속주의)가 대표적 예이다(Riggs, 1984: 159-260).

성을 지닌 채로 유지되고 있다는 사실에 비추어 근대와 전통이라는 단순 도식에 의존한 과잉일반화(overgeneralization)로 평가될 수도 있다.

이 문제에 대한 생산적 토론을 위해서는 과도기적 현상과 사회적 특수성이라는 상반된 규정들이 주의 깊게 살펴져야 한다. 전자는 연고주의적 연줄망에 의존한 투표행위가 산업사회로의 이행과정에 나타나는 전통적 가치의 잔존에 의한 아노미나 가치체계의 이중성에서 연유한 것으로 보아 장기적으로 산업화의 진행에 따라 연고성이 점차 해소될 것이라는 소위 수렴론적 (convergency) 시각을 견지한다. 후자의 입장에서는 연고주의라고 규정되는 문화적 특수성은 연고주의적 행위에 상당히 장기적인 효과를 주는 것으로 이해한다. 이 점에 관련해서 우리의 주장은 적어도 단기적으로 볼 때 투표행위의 연고주의적 토대가 쉽사리 약화될 것으로 기대하기 어렵다는 것이다. 이러한 주장은 근대주의적 가치지향이 지역주의 투표에 대한 연줄망의 독립적인 영향력을 약화시킨다는 증거가 발견되지 않았으며 연고주의적 관계의 강한 도구성이 정치적 동원을 용이하게 하는 구조로 깊이 자리잡고 있다는 지금까지의 경험적 분석 결과에 근거를 두고 있다. 시민사회적 윤리에 입각한 공동체적 연대가 귀속성을 중심으로 하는 의사공동체적 결속을 대체하지 못하고, 집단적 결속이 배타적 내집단 원리를 크게 벗어나고 있지 못하는 상황이 여전히 지속되는 현실 또한 이를 반영하는 것이다.

결국 우리 사회에서 이미 구조로 존재하고 있는 연고주의적 관계망을 재생산해 내는 기제는 단순한 규범적 지향이나 사회심리학적 특성이라기보다는 그같은 관계가 지닌 도구적인 효율성에 있다고 보아야 한다. 연줄의 도구적 효율성은 연줄이 실제로 효율적이거나 아니면 적어도 그렇다고 믿는 신념을 의미하는데 '강한 관계의 이점'에 기초한 정치적 행위가 정치영역의 분화와 발전을 지연시키는 요인으로 작용하고 있음에는 틀림없다. 정치적 발전은 새로운 규범, 활동, 보상과 제재 등을 필요로 하며 이는 새로운 정치적 관계를 필연적으로 요구한다는 점에서 연고주의적 관계의 역기능을 지적할 수 있다. 구조기능론적 표현처럼 발전의 지체는 정치구조의 분화 욕구가 새로운 통합원리를 통해 충족되기보다는 기존의 강한 사회적 관계에 안주함으로써 발생하는 분화와 통합 사이의 불연속성(discontinuity)을 의미하는 것이기도 하다(Smelser, 1981: 280-281).

　오늘날 정치개혁은 새삼 중차대한 국가적 과제로 대두되고 있다. 정치자금법의 개정을 시발로 주로 정치 내적 개혁을 겨냥하고 있는 법적 정비가 본격화될 시점에 있다. 이같은 개혁이 산적한 우리 사회의 정치적 과제를 얼마나 해결할 수 있을지 지금으로서는 속단하기 어렵다. 정치개혁의 성과는 정치발전의 장애요인으로 작용해 왔던 사회구조적 요인들을 얼마나 극복할 수 있는가에 달려 있다고 볼 때 정치 외적인 사회적 개혁을 수반하지 않으면 안 된다. 우리가 여기에서 관심을 가지는 연고적 정치행위의 극복은 흔히 의식개혁의 범주에서 다루어져 왔지만 의식개혁이 단순히 규범주의적인 가치변화와 같은 교설로 극복될 수 없음은 자명하다. 연고주의 관계의 도구적 이점이 약화되지 않는 한 새로운 새로운 정치적 관계의 수립이 지연될 수밖에 없기 때문이다. 현실적으로 이를 해결할 수 있는 방책은 연줄망의 효율성에 대체할 수 있는 '기능적 대안물'의 제시이다. 시민사회적 연대를 비롯한 '약한 연줄'에 기초한 사회적 참여가 정치적 힘을 확보하는 것은 새로운 관계의 정치적 효율성을 예시하는 현실적인 사례가 될 수 있다. 또한 이론적인 측면에서의 과제는 산업화와 정치행위 사이의 관계가 일반론 대신에 '특수성'으로서의 문제영역에서 다루는 일이다. 연고주의에 관한 문제의 인식, 연구, 처방은 한국사회가 당면하고 있는 중요한 문제일 뿐만 아니라 해명되어야 할 문제라는 점에서 이에 입각하고 있는 특수한 이론이 가능하다(이종범, 1979). 따라서 연줄망, 가치규범, 그리고 투표행위간의 체계적 관련성을 보다 깊이 있게 이해하고 나아가 이에 입각한 태도 변용의 원리를 규명하는 것은 정치발전의 현실적 기초를 강구하기 위한 이론적 논의의 하나가 될 것이다.

□ 참고문헌

김선업. 1992, 「한국사회 연줄망의 구조적 특성」, ≪한국사회학≫ 26집(여름).
＿＿＿＿. 1993, 「연고주의와 연줄망」, 임희섭·박길성 편, 『오늘의 한국사회』, 나남.
김용학. 1990, 「엘리트 충원에 있어서의 지역격차」, 한국사회학회 편, 『한국의 지역주의와 지역갈등』, 성원사.
김용학·김진혁. 1990, 「지역감정의 관계적 분석: 결혼연결망을 중심으로」,

　　　《한국사회학》 24집(여름).
김종림. 1991, 「한국 선거제도가 내포하고 있는 왜곡효과는 어느 정도인가」,
　　　《계간 사상》 겨울호.
김형국. 1991, 「제13대 대통령 선거 투표형태 연구: 그 지정학적 분석」, 김종
　　　철 외 편, 『지역감정 연구』, 학민사.
이종범. 1979, 「한국행정학 연구의 방향과 과제」, 《한국정치학회보》 13집.
송복. 1990, 『한국사회의 갈등구조』, 현대문학사.
신광영. 1990, 「투표행위와 지역주의」, 『한국의 지역주의와 지역갈등』, 성원사.
______. 1992, 「춘천지역에서의 지역주의와 투표행위: 두 가지 투표행위 논
　　　리의 경험적 검증」, 《한국사회학》 제26집(여름).
안병영. 1991, 「선거제도 개혁론」, 《계간 사상》 겨울호.
임희섭. 1991, 「공동체의 해체문제」, 한국사회학회 편, 『현대 한국사회문제
　　　론』, 한국복지사회연구소 출판부.
차종천. 1988, 「지역주의적 선거와 유권자」, 《한국사회학》 22집(겨울).
Alexander, Jeffrey. C. 1987, "From Reduction to Linkage: The Long View of
　　　the Micro-Macro Link," in J. C. Alexander et al.(eds.), *The Micro-Macro
　　　Link*, California: Univ. of California Press.
Berelson, B. R. et al. 1954, *Voting: A Study of Opinion Formation in a
　　　Presidential Election*, Chicago: Univ. of Chicago Press.
Bott, E. 1955, "Urban Family: Conjugal Roles and Social Networks," *Human
　　　Relations* 8.
Burt, Ronald S. 1980, "Model of Network Structure," *Annual Review of
　　　Sociology* 6.
______. 1982, *Towards Structural Theory of Action*, New York: Academic Press
Campbell, A, et al. 1960, *The American Voter*, N.Y.: John Wiley.
Coleman, J., E. Katz, & H. Menzel. 1957, "The Diffusion of an Innovation
　　　among Physician," *Sociometry* 20.
Boser, L. 1956, *The Function of Conflict*, N.Y.: Free Press.
Eulau, Heinz & Johnathan W. Siegel. 1981, "Social Network and Political
　　　Behavior: A Feasibility Study," *Western Political Quarterly* 34.
Fischer, Claude S. 1975, "Towards a Subculture Theory of Urbanism," *American
　　　Journal of Sociology* 80.
Granovetter, Mark. 1973, "The Strength of Weak Ties," *American Journal of
　　　Sociology* 81.
______. 1985, "Economic Action, Social Structure, and Embeddness," *American*

Journal of Sociology 91.

Huckfeldt, Robert. 1986, *Politics in Context: Assimilation and Conflict in Urban Neighborhood*, N.Y.: Agathon Press.

Janis, Iring L. 1982, *Group Thinking*, Boston: Houghton Mifflin.

Kelly et al. 1985, "The Decline of Class Revisited: Class and Party in England, 1964~1979," *American Political Science Review* 79.

Lazasfeld, P. et al. 1944, *The People's Choice: How the Voter Make Up His Mind in a President Campaign*, N.Y.: Columbia Univ. Press.

Liepelt, Klaus. 1971, "The Infrastructure of Party Support in Germany and Austria," in Mattei Dogan & Richard Rose(eds.), *European Politics*, Boston: Little Brown.

Lipset, Seymour Martin. 1981, *Political Man: The Social Bases of Politics*, N.Y.: John Hopkins University press.

Nakane, Chie. 1970, *Japanese Society*, Berkeley: Univ. of California Press.

McAllister, Ian. 1983, "Social Contacts and Political Behaviour in Northern Ireland, 1968~1978," *Social Network* 5.

Newcomb, T. M. 1957, *Personality and Social Change: Attitude Formation in a Student Community*, N.Y.: Dryden.

Putman, Rober D. 1966, "Political Attitudes and the Local Community," *American Political Science Review* 60.

Riggs, Fred W. 1984, "Development," in G. Sartori(ed.), *Social Science Concepts: A Systematic Analysis*, Beverly Hills: Sage.

Rose, Richard. 1982, "Form Simple Determinism to Interactive Model of Voting: Britain as an Example," *Comparative Political Studies* 15.

Sheingold, Carl A. 1973, "Social Network and Voting: The Resurrection of a Research Agenda," *The American Sociological Review* 38.

Smelser, Neil J. 1981, "Toward a Theory of Modernization," in A. Etzioni & E. Etzioni-Halevy(eds.), *Social Change: The Adevent and Maturation*, London: Routledge & Kegan Paul.

Stephens, John D. 1981, "The Changing Swedish Electorate: Class Voting, Contextual Effects, and Voter Volatility," *Comparative Political Studies* 14.

Verba, Sidney & Norman H. Nie. 1972, *Participation in America: Political Democracy and Social Equality*, N.Y.: Harper and Row.

Weatherford, M. Stephen. 1982, "Interpersonal Networks and Political Behavior," *American Political Science Review* 75.

쟁점투표에 관한 비교연구
미국의 베트남 전쟁과 영국의 포클랜드 전쟁 사례를 중심으로

이원규

전북대 행정학과

1. 서론

투표행태에 관한 전통적인 민주주의 이론과 '스페이셜 시어리(spatial the-ory of voting)'는 ① 유권자들은 후보자들이 쟁점이 되고 있는 이슈들에 관하여 어떠한 입장을 취하고 있는지 알아야 하고, ② 유권자들은 자기 자신의 사익(私益)이라는 관점에서 후보자들을 평가해야 하며, ③ 유권자들은 자신의 사익에 가장 크게 기여하리라고 생각하는 후보자에게 투표한다고 전제한다. 더 나아가 스페이셜 시어리는 유권자들뿐만 아니라 후보자들 역시 합리적으로 행동한다고 전제한다. 다시 말해 각 후보자는 정책에 관하여 자신들에 의해 표명된 입장들, 후보자들의 속성, 자신과 자신이 속한 정당들의 과거의 업적들과 같은 일련의 사항들이 선거에서 그가 얻게 되는 표의 수와 직접적인 상관관계가 있다는 것을 인지하고 있다.[1]

정당과의 동일체의식(party identification)이 투표의사 결정에 있어서 점점 덜 중요하게 되고—특히 1964년 미국 대통령 선거 후—선거에서 정당의 영향력이 매스미디어 정치(media politics)로 인하여 점차 감소되어 감에 따라, 후보자들의 이슈에 대한 견해가 근래의 선거유세에서 보다 중요하게 되었다. 그러나 근래의 대중투표에서—특히 자신의 한 표가 수백만 표의 하나에 지

---

1) James M. Enelow & Melvin J. Hinich, *The Spatial Theory of Voting: An Introduction*, Cambridge Univ. Press, 1984, p.3.

나지 않을 때-대부분의 유권자들은 후보자들의 이슈에 관한 견해를 알기 위하여 많은 시간과 정력을 투입할 의욕을 느끼지 않는다. 그 결과 유권자들은 후보자들이 특정한 이슈에 대하여 어떤 입장을 취하고 있는지 모르는 경우가 왕왕 발생된다. 그러나 비록 어느 특정한 이슈가 유권자들에게 미치는 영향은 별로 크지 않다 하더라도, 각 개인들의 투표행태와 정당과의 유대감은 그들이 특정한 이슈에 대하여 취하고 있는 입장에 의하여 크게 영향을 받는다는 것을 부인할 수는 없다.[2] 한편 유권자들은 이슈에 대한 입장이 자신들과 전혀 다른 후보자들에게는 거의 투표하지 않는다. 특히 "신정치 이슈 (new politics issues)"들은 유권자들로 하여금 소속 정당을 뛰어넘어 투표하게 하며, 선거결과에 대하여 잠재적으로 큰 영향을 미친다.[3]

그러나 투표의사 결정에 있어서 이슈의 중요성은 선거에 따라서 변해 왔다. 미국에서는 1950년대부터 쟁점투표(issue voting)가 점점 더 주목을 받게 되었다. 일반적으로 이야기하여, 미국 유권자들의 정책관(Policy views)은 몇 년 사이에 크게 바뀌지는 않는다. 그들은 도전자(challenger)가 당선되면 정책변화가 얼마나 많이 나타날 것인가에 지대한 관심을 갖는다. 미국 유권자들은 만약 도전자가 당선되었을 때 정책변화가 극적으로 나타나리라고 명백히 생각되면 그 도전자에게 투표하려고 하지 않는다. 1964년의 미국 대통령 선거에서 많은 공화당원들은 골드워터(B. Goldwater)가 당선되면 정책변화가 극적으로 나타나리라고 믿었기 때문에 민주당 후보인 존슨(L. B. Johnson)에게 투표했다. 대부분의 경우 실제로 유권자들의 투표에 영향을 주는 것은 외교나 국방정책 이슈라기보다 국내 정책결과이다. 그러나 대처(M. Thatcher)는 1983년 영국 총선에서 1968년 미국 대통령 선거에서의 후보자들과는 달리 포클랜드 전쟁 이슈(Falklands crisis)를 적극적으로 활용하여 승리로 이끄는 데 크게 기여하였다.

본 논문에서는 미국에서의 정당본위 투표(partisan voting) 성향과 영국에서의 계급투표(class voting) 성향의 감퇴를 간략히 언급한 후, 쟁점투표란 무

---

2) 정당과의 일체감은 다시 유권자들이 선거시 이슈와 후보들을 어떻게 인식하느냐에 영향을 준다. Russell J. Dalton, *Citizen Politics in Western Democracies: Public Opinion and Political Parties in the United States, Great Britian, West Germany, and France*, Chantham Housse, 1988, p.200.

3) Ibid, p.199.

엇이며 쟁점투표가 되기 위한 필요충분조건은 무엇인가를 쟁점투표를 연구하기 위한 하나의 보조 연구사례로서 남녀노소, 계층, 지역에 관계없이 전국민들의 일상생활에 깊은 영향을 끼쳤으며, 양국민들의 지대한 관심 속에 치러졌던 베트남 전쟁 이슈(The Vietnam War Issue)와 포클랜드 전쟁 이슈(The Falklands War Issue) 가 과연 투표의사 결정에 실제로 영향을 미쳤는지, 미쳤다면 어느 정도인지를 분석하는 것은 의의가 있다고 생각한다. 국민들에게 지대한 관심사로 부각되었으며, 전쟁 중에 혹은 전쟁 직후에 각기 선거가 실시된 만큼 실제로 양국 국민들이 이슈에 입각하여 투표했느냐는 차치(且置)하고도 이의 분석은 의의가 있다고 하겠다. 이와 아울러 당시의 선거에서 유권자들이 가장 관심을 가졌고 유권자들의 투표의사 결정에 가장 큰 영향을 미친 요인들은 무엇이었으며, 전쟁 이슈가 유권자들의 투표의사 결정에 미치는 영향을 어느 정도 상쇄하는 효과를 가져왔는지를 분석하고자 한다. 끝으로 쟁점투표 자체가 안고 있는 문제점과 분석상의 난제를 제시하고, 특히 미국에서 쟁점에 근거한 투표가 나타나기 어려운 이유를 영국과 관련하여 설명하고자 한다.

2. 미국과 영국에서의 쟁점투표의 부상

1) 쟁점투표란 무엇인가

오늘날 과연 쟁점투표가 존재하느냐에 관해서는 큰 논쟁이 있다. 사회학적 또는 심리학적 접근방법을 취하는 초기의 학자들은 유권자들은 무엇이 선거유세의 쟁점이 되고 있는지 잘 모르거나 무관심하다고 생각한다.[4] 베럴슨(Berelson) 등은 대중들은 선거유세 이슈(campaign issues)에 대하여 거의 알지 못하며, 설령 그들이 이슈를 알고 있다고 하더라도 그 이슈에 대하여 후보자들이 어떤 입장을 견지하고 있는지 잘못 해석하는 경향이 있다는 것이다.

---

4) V. Ottati, M. Fishbein & S. E. Middlestadet, "Determinants of Voters' Beliefs about the Candidates' Stands on the Issues: The Role of Evaluative Bias Heuristics and the Candidates' Expressed Message," *Journal of Personality and Social Psychology* 55(4), 1988, p.517.

한편 다운즈(Downs)와 피시바인(Fishbein)과 같은 상당수의 학자들은 후보자들이나 정당들이 이슈에 대하여 지니고 있는 입장에 대한 유권자들의 정보는 주로 객관적 현실에 의존한다고 생각한다.[5] 더 나아가 그들은 선거는 후보자들이나 정당들에 의해서 제공되는 경합하는 이슈에 대한 대처방안들 가운데 어느 하나를 선택하는 기회를 부여한다고 주장한다.[6] 그러나 오늘날 대부분의 학자들은 이슈가 투표의사 결정에서 차지하는 중요성을 경시하고 있다. 그들은 유권자들의 특성(characteristics of candidates)에 대한 피상적인 이미지와 후보자들에 대한 감정적인 반응들이 후보자들의 이슈에 대한 견해보다 훨씬 더 중요하다고 생각한다.[7]

 '유권자는 후보자들의 이슈들에 대한 견해를 잘 알고 있으며, 투표시 자신의 사적인 이해관계에 입각하여 후보자들을 평가한다'는 관점에 입각한 쟁점투표는 전통적인 투표행태이론(the expressive theory of voting)이 1970년대의 투표행태 변화를 설명하는 데 실패한 이후 점점 더 널리 알려지게 되었다.[8] 사르빅과 크레웨(Sarlvik & Crewe)에 의하면, 각 유권자는 전반적으로 판단하여 자신의 견해를 가장 잘 대변해 줄 수 있는 정당에 투표한다는 것이다.[9] 만약 한 유권자가 어떤 면에서는 보수당(保守黨)이 다른 점에서는 노동당(勞動黨)이 자신의 사익을 보다 잘 대변할 수 있다고 생각한다면, 그는 그의 관심사의 중요성을 비교형량하여 그의 총체적 사익을 보다 많이 증진시켜 줄 수 있는 정당에 투표한다.[10]

 선거에서 이슈가 가장 중요한 결정인자라고 주장하는 학자들은 새로운 분석기법으로 '소비자이론(comsumer theory)'과 '투자이론(investment theory)'을 개발했다. 투자이론은 유권자는 장래의 복지후생의 증진, 즉 자신에게 가장 큰 개인적 이득을 가져다 줄 수 있다고 생각되는 정당에 투표한다고 하며, 소비자이론은 유권자는 정부의 역할에 대한 자신의 견해와 가장 유사한

---

5) Ibid.

6) Russell J. Dalton, op. cit., 1988, p.97.

7) V. Ottati, M. Fishbein & S. E. Middlestadt, op. cit., 1988, p.518.

8) Anthony Heath et al., *How Britain Votes*, N.Y.: Pergamon Press, 1985, p.89.

9) B. Sarlvik & I. Crewe, *Decade of Dealignment*, Cambridge, N.Y.: Cambridge Univ. Press, 1983, p.248.

10) Ibid.

정당이나 후보에 투표한다고 주장한다.[11] 쟁점투표론자들에 의하면 "쟁점투표는 일반대중의 욕구를 정책결정자에게 명확히 전달하고 동시에 이를 피할 수 없도록 만들어 반응성을 제고시킴으로써 일반 대중의 의사를 정책에 반영시킬 확률을 높인다"는 점에서 볼 때 어느 이론보다도 민주주의적이라고 주장한다.[12]

2) 쟁점투표의 판별기준

켐벨(A. Campbell) 등에 의하면 쟁점투표라고 하기 위해서는 최소한 세 가지의 요건이 필요하다고 한다. 그들에 의하면 유권자는 무엇이 현재 쟁점(issue)이 되고 있는지 알아야 하며, 그 이슈에 대한 자신의 견해가 정립되어 있어야 하며, 특정한 한 후보자의 이슈에 대한 견해가 자신의 견해와 매우 가깝다는 것을 인식해야 한다는 것이다.[13]

본 논문에서 나는 유의미한 쟁점투표가 되기 위한 필요조건으로서 다음과 같은 6가지 조건을 제시하고자 한다.

첫째, 유권자들이 특정한 이슈에 대하여 관심을 가져야 하며, 그 이슈는 유권자들에게 매우 중요한 사안(salience)으로 생각되어야 한다. 다시 말해 유권자들이 그 문제를 정부가 해결해야 할 가장 중요한 사안으로 생각해야 한다.

둘째, 그 이슈에 대한 유권자들의 견해가 정립되어 있어야 한다.

셋째, 후보자 역시 그 이슈에 대하여 명확한 견해를 가져야 한다. 만약 후보자가 이슈에 대한 명확한 견해를 피력하지 않으면 유권자들은 후보자가 당선된 뒤 어떻게 행동할지 예측할 수 없다.

넷째, 후보자의 이슈에 대한 견해는 다른 후보자의 그것과 비교하여 반드시 반대가 되지는 않을지라도 구별될 수 있어야 한다.[14] 만약 후보자들이 이

---

11) Ibid., p.90.

12) Kenneth J. Meier & James E. Campbell, "Issue Voting," *American Politics Quarterly* 7(1), 1979. 1, p.21.

13) A. Campbell et. al., *The American Voter*, N.Y.: John Wiley & Sons, 1960, p.180.

14) Kenneth J. Meier & James E. Campbell, op. cit., 1979, p.23. 힌클리(Hinckley)는 미국 대통령 선거에서는 40~60%의 사람들이, 하원의원 선거에서는 20~

슈에 대하여 모두 같은 입장을 견지하고 있다면 유권자들은 이슈에 근거한 투표를 할 수 없다.

다섯째, 유권자들은 후보자나 정당의 이슈에 대한 견해를 정확히 파악하고 있어야 한다.

끝으로 유권자들은 자신의 사적인 이해관계에 입각하여 후보자의 이슈에 대한 견해를 평가하고 또 이에 근거하여 표를 던져야 한다. 비록 필연적으로 요구되는 조건은 아니지만 당선자는 선거전의 이슈에 대한 그의 태도와 합치하여 행동할 것이 기대된다.

3. 미국과 영국에서 이슈가 선거에 미치는 영향

영국에서 계급투표 성향이 약화되면서 그 공백기를 쟁점투표가 메우게 됨에 따라, 영국 유권자들은 투표시 점점 더 합리적인 의사결정을 하게 되었다. <그림 1>에서 보는 바와 같이, 영국에서 쟁점투표 성향의 증가는 계급투표 성향의 퇴조와 다소 그 궤를 같이하고 있다. 계급투표 성향이 높을 때 쟁점투표 성향은 낮으며 쟁점투표 성향의 증가율이 계급투표 성향의 감소율보다 크다. 일반적으로 이야기해서 사람들은 자신들이 지난 선거에서 지지했던 정당의 이슈에 대한 입장들이 불만족스러울수록 더 다음 선거에서 정당 선호를 바꾸는 경향이 있다. 1974년 선거에서 보수당에 투표한 유권자들 가운데 실업정책에 관하여 노동당의 정책에 아주 근접한 견해를 가진 사람일수록 다른 누구보다도 더 1979년 선거에서 정당 선호를 바꾸는 성향이 높았다.[15] 보수당에 근접한 정책 선호를 지닌 자유주의자들은 다음 선거에서 보수당에 투표하는 경향이 있으며, 노동당과 비슷한 정책견해를 지닌 자유주의자들은 노동당에 투표하는 경향이 있다. 그러나 비록 그들이 일체감을 느끼고 있는 정당의 특정한 이슈에 대한 입장에 대한 견해 차이로 선거에서 다른 정당에 표를 던진다 할지라도, 그들 역시 상당한 부분의 이슈에 관하여

30%의 사람들이 쟁점투표가 되기 위한 최소한의 요건을 충족하고 있다고 주장한다.

15) B. Sarlvik & I. Crewe, op. cit., 1983, p.252.

는 여전히 이전의 정당(previous party)에 공감하고는 한다.16)

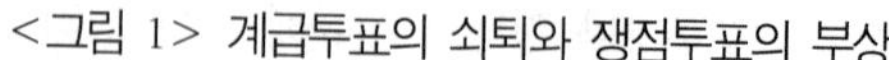

<그림 1> 계급투표의 쇠퇴와 쟁점투표의 부상

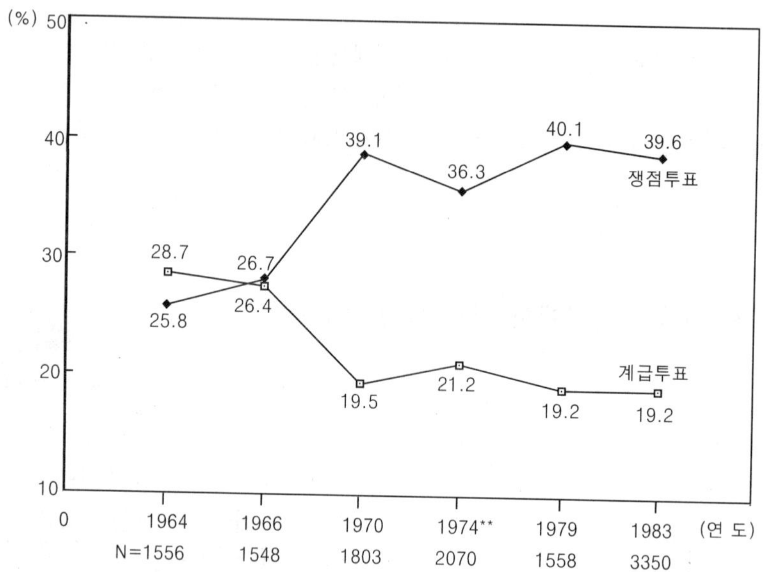

주: 1) 1974**는 두 선거의 평균치를 나타냄.
   2) 괄호 안의 수치는 표본수 N을 나타냄
출처: Mark N. Franklin, "Assessing the Rise of Issue Voting in Britain Election since 1964," *Electorial Studies* 4(1), 1985. 4.

미국 유권자들의 투표행태에 영향을 미치는 이슈는 무수히 많이 있는데, 그 대표적인 예로서 국방 이슈, 에너지 이슈, 총기사용규제 이슈(gun control issue), 보건건강 이슈와 낙태 이슈(abortion issue)를 들 수 있다. 낙태 이슈와 더불어 국방정책에 관한 이슈, 특히 전쟁을 둘러싼 이슈는 보다 가시적이기 때문에 오랫동안 미국과 영국의 선거에서 유권자들의 지대한 관심을 모아왔다. 예릭(Yeric)과 토드(Todd)에 의하면 미국이 국제적 갈등에 직접적으로 간여하게 될 때, 그리고 미국민들이 무력이 국제평화를 유지하는 데 긴요한 열쇠가 된다고 생각할 때, 미국민들은 국방정책 이슈에 대하여 지대한 관심을 갖는다고 한다.17) 더 나아가 오늘날 전체 예산 중에서 국방예산이 차지하는

---

16) Ibid., p.259.

비중이 매우 크기 때문에 자연히 유권자들은 국방 이슈에 지대한 관심을 갖게 된다.

그러나 국방 이슈가 투표행태에 어떠한 영향을 미치는가, 특히 선거에서 정당선호에 미치는 영향에 관하여는 거의 연구가 되어 있지 않으며, 있다 하더라도 극히 드문 것이 현실이다. 노포스(H. Norpoth)에 의하면 제1차 세계대전에서부터 베트남 전쟁에 이르기까지 미국이 전쟁에 개입하여 이기든 혹은 지든 간에 정부 여당은 선거에서 심각한 타격을 받아왔다는 것이다.[18] 반면에 영국에서는 처칠 정부(Churchill government)가 독일과의 전쟁에서 승리를 거두었음에도 불구하고 불과 몇 개월 뒤에 있은 1945년 총선에서 패배했는가 하면, 대처 정부(Thatcher government)는 포클랜드 전쟁(Falklands War)의 승전 후 1년만에 시행된 1983년 영국 총선에서 압도적인 승리를 거두었다.[19]

나는 여기에서 영·미 양국민들의 지대한 관심 속에 치루어진 베트남 전쟁과 포클랜드 전쟁을 둘러싼 이슈가 전쟁중과 전쟁 직후에 각기 치러진 선거에서 유권자들의 투표의사 결정에 어느 정도 영향을 미쳤는지를 분석하고자한다. 이를 위하여 미국의 대통령 후보자들과 영국의 정당지도자들은 베트남 전쟁 이슈와 포클랜드 전쟁 이슈에 대하여 각기 어떠한 자세로 임했으며, 이를 자신들의 득표를 위한 수단으로 활용했는지를 분석한다. 아울러 유권자들은 이 전쟁 이슈에 입각하여 후보자를 선택했는지를 고찰한다. 만일 유권자들의 중대한 관심사안이었던 전쟁 이슈가 투표의사 결정에 크게 영향을 미치지 못했다면, 그 원인은 어디에 있었는지를 종합적으로 분석하고자 한다. 다시 말하여 만약 영·미 유권자들이 이슈에 입각한 투표행태를 보이지 않았다면, 후보자 선택에서 유권자들은 실제로 어떠한 요인들에 입각하여 투표의사 결정을 했는지를 분석하고자 한다.

---

17) Jerry L. Yeric & John R. Rodd, *Publick Opinion: The Visible Politics*, 2nd ed., F. E. Peacock Publishers, Inc., 1989, p.133.

18) Helmut Norpoth, "Guns and Butter and Government Popularity in Britain," *American Political Science Review* 81(3), 1987. 9, p.949.

19) Ibid.

1) 베트남 전쟁 이슈

대다수의 미국인들은 베트남 전쟁에 대하여 지대한 관심을 가졌으며, 60%의 사람들이 전쟁 초기에는 "성조기를 향하여 모여드는 애국심의 고양(rally-round-the flag phenomena)"으로 인하여 베트남 전쟁을 지지하였다. 일반적으로 미국민들은 그가 민주당원이건 공화당원이건 또는 어느 정당에 소속되지 않는 무소속이건 관계없이, 전쟁이나 극도의 경제적 침체와 같은 국가적 위기상황에는 대통령을 중심으로 모여들고 지원한다. 그러나 전쟁이 장기화됨에 따라 대통령의 전쟁수행에 대한 지지도는 점점 약화되는데, 그 약화되는 속도는 자신이 어느 정당에 속하고 있느냐, 다시 말하여 대통령 정당에 일체감을 느끼느냐, 반대당에 동일체의식을 느끼느냐에 따라 달리 나타난다. 야당원이나 야당에 일체감을 느끼는 사람일수록 여당원과 비교할 때 더 빨리 그들의 지지를 철회하는 경향이 있다.[20]

베트남 전쟁 역시 전쟁이 장기화되고 그 비용과 희생이 점점 더 증가함에 따라, 미국 유권자들은 점차 베트남 전쟁을 "추잡한 소규모의 전쟁(dirty little war)"으로 간주하게 되었으며 더 나아가 극력히 반대하게 되었다. 뮐러(Mueller)에 의하면 일반적으로 국민들의 대통령의 전쟁 수행에 대한 지지도는 전쟁 초기의 광적인 열광이 가심에 따라서 매년 대략 5~6%의 감소를 보인다고 한다. 베트남 전쟁에 개입한 1965년 초부터 현직 대통령인 존슨(L. B. Johnson)이 베트남 전쟁에 대한 비등하는 반대여론에 기인한 급격한 인기의 하락으로 끝내 대통령 불출마를 결심한 1968년 초 사이에, 갤럽 여론조사에 의하면 존슨의 인기는 70%에서 40%로 떨어졌다(Gallop, 1980). 존슨 대통령 자신도 베트남 전쟁으로 인하여 자신의 대중적 인기가 20% 정도 떨어졌다고 생각했다.[21]

1968년 미국 대통령 선거에서 베트남 전쟁 이슈는 미국 유권자들에게 매우 중대한 관심사였다. 1968년 초에 미국은 베트남에 50만이 넘는 병력을

---

20) John Mueller, *War, Presidents and Public Opinion*, N.Y.: John Wiley and Sons, Inc., 1973, pp.208-213.

21) Helmut Norpoth, "The Falklands War and Government Popularity in Britain: Rally without Consequence or Surge without Decline?" *Electoral Studies* 6(1), 1987. 4, p.5.

투입했으며, 매주 약 1백 명의 미 병사들이 전사했기 때문에, 베트남 전쟁은 남의 일이 아닌, 다시 말해 대안(對岸)의 불이 아닌 일상생활에 피부로 다가오는 심각한 사안이었다.22) 공식적인 전쟁의 개입선언 없이 미적미적 이끌려 시작된 이 전쟁(undeclared war)에 대한 반대여론과 소요가 대학 캠퍼스를 비롯한 도처에서 나타났다.

베트남 전쟁이 대다수의 미국민들의 일상생활에 직접 간접적으로 영향을 미치고 있어, 미국민들은 베트남 전쟁 이슈에 대하여 높은 관심을 지니고 있었다. 유권자들의 40% 이상이 베트남 전쟁을 워싱턴 연방정부가 해결해야 할 가장 중대한 문제로 인식하고 있었다. 대부분의 정치분석가들은 만약 미국민들이 1968년 대통령 선거에서 정책 선호에 입각하여 투표했다면, 그들은 베트남 전쟁에 대한 자신들의 견해에 토대를 두어 투표권을 행사했을 것이라고 생각했다.23)

그러나 베트남 전쟁에 대한 미국민의 지지는 1966년부터 점차 감소하기 시작했다. 그 원인의 하나는 텔레비전이 베트남 전쟁 현장에서 벌어지고 있는 참혹한 살상행위, 폭격에 폐허화되고 그을린 촌락, 그리고 부상병과 이재민들의 참담한 모습들을 여과과정 없이 그대로 생생하게 미국민들의 안방까지 보도하였기 때문에 자연히 미국민들 사이에 전쟁에 대한 혐오감이 싹트고 증폭되었다. 그 결과 대다수의 미국민들은 정부의 정책, 특히 베트남 전쟁의 확전에 대하여 큰 불만을 가지게 되었다. 당시의 갤럽 여론조사에 의하면 대다수의 미국인들은 미국 정부가 베트남에 군대를 파병한 것은 큰 실책이었다고 생각했다는 것이다. 1968년까지는 베트남 전쟁은 심각한 저항 특히 집권당인 민주당 내부로부터도 심각한 저항을 받았다. 그 결과 민주당 정부는 많은 국민적 지지를 상실했으며, 현직 대통령인 존슨은 재선을 포기하게 되었다.

비록 베트남 전쟁 이슈가 대다수 미국인들에게 중대한 관심사였지만 1968년 대통령 선거에서 양 정당후보에 대한 투표에는 거의 영향을 미치지 못했다. 페이지와 브로디(Page & Brody)에 의하면 베트남 전쟁 이슈에 대한 견해

---

22) Benjamin I. Page & Richard A. Brody, "Policy Voting and the Electoral Process: The Vietnam War Issue," *The American Political Science Review* LXVI(3), 1972. 9, p.1980.

23) Ibid.

차가 유권자들의 후보선택에 미치는 영향은 1~2%의 사소한 것이었다고 한
다.24) 유권자들은 경합하는 두 후보 닉슨(Nixon)과 험프리(Humphrey)의 베트
남 전쟁에 대한 정책에 근거하여 투표권을 행사하지 않았다. 베트남 전쟁 이
슈가 1968년 대통령 선거에서 거의 영향을 미치지 못했던 이유는 유권자들이
베트남 전쟁 이슈에 대해 민주, 공화 양당후보 사이에 거의 차이점을 발견하
지 못했다. 양 정당후보들은 특정한 베트남 정책에 관하여 거의 언급하지 않
았으며, 될 수 있으면 베트남 전쟁 이슈, 특히 미래의 정책방향에 대하여 언
급하는 것을 피하려고 하였기 때문에, 미국 유권자들은 양 후보가 베트남 전
쟁에 관하여 어떠한 입장을 취하고 있는지 정확히 인식할 수 없었다.

비록 닉슨이 주요한 선거 이슈로 베트남 전쟁의 개입을 들고 나왔으며,
소위 닉슨의 "비밀계획(secret plan)"으로 알려진 것을 통하여 전쟁을 끝내겠
다고 선거유세에서 약속했지만, 그는 구체적으로 어떠한 정책수단을 통하여
베트남 평화를 달성할지에 관하여는 거의 언급하지 않았다. 1968년 8월 8일
제29차 공화당 전당대회에서 있은 닉슨의 후보지명 수락연설문 총 253개의
문장 가운데 오직 25개 문장만이 베트남 전쟁과 관련되어 있었다.25) 그런데
그 25개 문장 가운데 단 6개 문장만이 미래의 베트남 정책에 할애되어 있었
으며, 그것도 다음에 보는 바와 같이 구체적이 아니라 일반적인 정책내용으
로 서술되어 있었다.

> … 나의 첫 번째 목표는 베트남 전쟁을 명예롭게 종식시키는 것입니다. 그러나
> 또한 더 많은 베트남인들의 희생을 방지하는 정책이 수립되어야 합니다. 이런 이
> 유로 모든 평화유지기관들과 외국군의 개입은 재평가되어야 합니다. 미국은 지난
> 25년 동안 너무나 많은 노력과 희생을 베트남 전쟁에 쏟아 부었습니다. 작금 미
> 국은 부유하며 많은 인구를 지닌 국가이긴 하지만 현재 미국에는 2억의 미국 시
> 민이 거주하고 있는 반면 자유세계에는 20억의 인구가 거주하고 있습니다. 나는
> 이제 자유세계의 다른 나라들이 세계평화와 자유를 지키는 데 드는 비용의 정당
> 한 몫을 부담해야 한다고 생각합니다. 나의 이러한 주장이 신고립주의를 뜻하는
> 것은 아닙니다. 그것은 미국이 세계 도처에 있는 우방국들이 우리와 마찬가지로
> 중대한 이익이 걸려 있는 그와 같은 투쟁들에 동참하자는 의미에서 신국제주의
> (new internationalism)를 의미합니다.26)

---

24) Ibid., p.982.
25) Ibid., p.988.

험프리는 닉슨보다도 훨씬 관심을 덜 보였다. 그는 1968년 8월 29일 후보지명 수락연설에서 미래의 베트남 정책에 관하여 단 세 문장만을 언급했으며, 그것도 다음과 같이 장래 무엇을 구체적으로 하겠다는 것은 거의 언급하지 않았다.

　… 나는 한 시민으로서 대통령 후보자로서 그리고 부통령으로서 내 권한의 범위내에서 파리의 협상을 도울 수 있는 모든 노력을 기울이겠습니다. 우리가 배웠어야 했던 교훈의 하나는 미래의 정책이 반드시 과거의 정책들에 의해 제약을 받을 필요가 없다는 것입니다. 만일 내가 대통령이 된다면 나는 그 교훈을 베트남의 평화를 추구하는 노력에 활용할 것입니다.[27]

험프리는 1968년 9월 30일 솔트레이크 시(Salt Lake City)에서 있은 연설에서 베트남 정책에 관하여 다음과 같이 언급했다.

　… 대통령으로서 나는 평화를 달성하기 위한 하나의 모험으로 월맹에 대한 공격을 중단하도록 하겠습니다. 왜냐하면 그러한 조처가 협상을 성공으로 이끌고 전쟁을 단기간에 끝내는 지름길이라고 믿기 때문입니다. 그것은 또한 우리의 군대를 보호하는 최선의 방책이 될 것입니다. 그와 같은 모험을 감행함에 있어 나는 공산주의자들의 월남과 월맹 사이에 비무장지대를 복원하려는 의사를 직접적이든 간접적이든, 행위에 의하든 말에 의하든, 증거에 역점을 두어 살펴본 후 실행에 옮기겠습니다. 만약 월맹 당국이 우리의 믿음을 저버린다면 나는 북폭(北爆)을 재개할 권리를 유보하겠습니다. …북폭에 대한 중단조치에는 다음과 같은 후속조치가 뒤따를 것입니다. ① 월남인들이 전쟁수행의 보다 큰 부담을 안게 되면서 미국 군대의 체계적인 감축, ② 국제적인 감시하의 휴전과, 미국군과 월맹군을 포함한 모든 외세의 철수에 대한 감시, ③ 선거결과를 자진해서 승복하겠다는 조건하에 인민해방전선을 포함한 베트남의 자유선거의 실시.[28]

양당 후보들은 베트남의 미래에 관하여 거의 언급하지 않았다. 닉슨은 베트남 전쟁 처리를 둘러싼 존슨 행정부의 실책을 강조한 반면 험프리는 베트

---

26) Keesing's Contemporary Archives: Weekly Diary of World Events, 1967~1968, p.22937.
27) Ibid., p.22964.
28) Ibid., p.22988.

남의 미래에 관한 자신의 견해를 명확히 밝히지 않은 채 단지 사람들로 하여금 과거의 실패를 잊고 미래만을 생각하도록 유도하려 했다.[29] 당시 험프리와 닉슨 모두 베트남 전쟁의 해결방안에 관한 뚜렷한 비전과 구체적 해결방안을 가지고 있지 못했다. 따라서 그들은 베트남 정책에 관하여 언급할 때 일지라도 자신들의 견해를 막연하고 모호하게 표현하였다. 그렇게 함으로써 두 후보는 모두 극히 민감한 사안인 베트남 전쟁 이슈를 잘못 건드림으로써 자신들과 견해를 달리하는 사람들의 표를 잃기를 원치 않았기 때문이다. 어떠한 사안에 대하여 너무 명확하고 구체적으로 자신의 견해를 표명하지 않는 것이 흔히 후보자가 표를 얻는 데 있어서 최선의 방책이 된다. 다시 말하여 정책 이슈들에 관하여 명확한 입장을 취하는 것보다 모호한 태도를 취하는 것이 표를 얻는 데 유리하기 때문에 후보자들은 자신의 태도나 견해를 모호하게 호도하려는 충동을 지니게 된다.[30] 다운즈(A. Downs)에 의하면 양당제도하에서 경합하는 각 정당은 이념적인 면에서 서로 상대편을 향하여 움직이려는 경향을 보이는데, 그렇게 함으로써 보다 폭넓은 대중적 지지를 획득할 수 있기 때문이다. 양당제도하에서 각 당이 정강정책을 애매모호하게 함으로써 유권자들을 비합리적인 토대하에서 판단하도록 몰아가는 것은 정당의 입장에서 보면 이성적이라고 볼 수도 있다.[31]

미국 유권자들은 1966년 대통령 선거에서 베트남 정책에 관하여 닉슨과 험프리간에 차이점을 거의 혹은 전혀 인식하지 못했으며, 그들 모두 당선되면 같은 방식으로 처신하리라고 생각했다. 미시간 대학 조사연구소(The Survey Research Center of the Univ. of Michigan)의 1968년 선거 후에 있은 조사결과에 의하면, 1968년 선거에서 험프리, 닉슨, 왈라스(Wallace)에게 각기 투표한 세 유권자 집단의 인식이 모두 험프리와 닉슨이 베트남 전쟁에 관하여 취하고 있는 견해의 차이가 같은 거리를 유지하고 있는 것으로 나타났다는 것이다.

---

29) Page & Brody, op. cit., 1972, pp.986-990.

30) Jon A. Krosnick, "Psychological Perspectives on Political Candidate Perception: A Review of Research on the Projection Hypothesis," presented paper at the annual meetings of the Midwest Political Science Association, 1988, p.1.

31) Anthony downs, *An Economic Theory of Democracy*, Harper & Row, 1957, p.115.

<표 1> 1968년 대통령 선거에서 험프리와 닉슨 사이의
베트남 전쟁에 대한 견해 차이의 정도에 대한 인식

험프리와 닉슨간의 인식된 거리	후보자에 대한 선호				
	험프리 투표자 A	닉슨 투표자 B	왈라스 투표자 C	A : B : C F율	A or B : C F율
베트남 전쟁	1.4	1.4	1.4	0.14	0.28
N 평균치	357	438	91		

주: 수치는 베트남 전쟁에 대한 1~7점 척도상의 험프리와 닉슨의 견해의 인식 사이의 거리의
절대치에 대한 평균값이다. F율은 그 평균치들이 통계적으로 유의미하지 않은 (p>.05)값
들 사이의 차이를 가리킨다.
출처: Granberg & Brown, "The Perception of Ideological Distance," 1989.

비록 왈라스가 기성 정치와 명백히 궤를 달리했지만, 그 역시 베트남 전
쟁 이슈보다는 민권 이슈 같은 것들이 더 중요하다고 생각했기 때문에, 비교
적 베트남 전쟁에 관하여 적게 언급하였으며 그것도 주변적인 이슈만을 강
조했을 따름이다. <표 2>는 베트남 전쟁 이슈에 관하여 왈라스와 험프리간
또는 왈라스와 닉슨간의 차이의 인식에 있어서 유의미하게 다르지 않은 세
후보자집단을 보여주고 있다.

<표 2> 1968년 대통령 선거에서 왈라스와 양당후보간의 거리에 대한 인식

베트남 전쟁에 관하여 인식된 거리	후보자에 대한 선호				
	험프리 지지자 A	닉슨 지지자 B	왈라스 지지자 C	A : B : C F율	A or B : C F율
험프리와 왈라스	2.7	2.5	2.5	2.17	0.88
닉슨과 왈라스	2.0	2.1	1.8	2.59	2.73
N 평균치	366	386	92		

주: 수치는 1~7점 척도상에 베트남 전쟁에 관한 험프리와 왈라스, 닉슨과 왈라스간의 인식된
견해차의 절대치의 평균값이다.
출처: Granberg & Brown, op. cit.

베트남 전쟁에 관한 공화, 민주 양당후보의 견해가 유사하다는 것은 양당
체계하에서 표의 극대화를 추구하는 후보자들은 이슈에 대하여 비슷한 입장
을 취하게 된다고 주장한 선거경쟁이론(theories of electoral competition)과
부합됨을 보여준다. 마찬가지로 험프리와 닉슨이 베트남 전쟁 이슈에 대하
여 애매모호한 태도를 취한 것은 '많은 경우, 극단적으로 말하여 모든 경우

모호한 입장 견지가 어느 특정한 입장을 취하는 것보다 후보자에게 더 많은 이득을 안겨준다'는 이론과 일맥상통한다. 더 나아가 차이점을 인식한 사람들일지라도 확신할 어떤 근거하에서 인식한 것은 아니고 단지 후보자들이 그들이 바라는 위치에 서 있는 것으로 가정했을 따름이다.

미국 역사상 그 어느 때보다 1968년 선거에서 인종에 따른 투표성향의 극심한 양극화현상이 나타났다. 1968년 선거에서 97%의 흑인 유권자들이 험프리에게 표를 던진 반면 35%도 채 안되는 백인 유권자들만이 험프리를 지지했다.[32] 흑인들은 백인들보다 더 많이 베트남 전쟁에 징집되었고 더 많은 희생자를 냈기 때문에 베트남 전쟁의 개입에 대하여 더 강하게 반발하였지만 선거에서 민주당 후보인 험프리를 지원한 것은 아이러니가 아닐 수 없다. 그것은 그들이 베트남 전쟁 이슈보다 민권운동의 확산이 상대적으로 더 중요하다고 생각했기 때문에 그러한 투표행태를 보인 것이 아닌가 생각된다. 그러한 연고로 비록 베트남 전쟁 이슈가 매우 심각하게 받아들여졌음에도 불구하고 그들은 투표시 베트남 전쟁이 아닌 다른 정치적·사회적 고려들에 입각하여 투표했다.

또한 베트남 전쟁에 대한 반대의 정도와 경제적 지위의 수준 사이에는 강한 역의 관계가 있었다. 베트남 전쟁 이슈에 대한 주민들의 찬반의사를 묻는 조사에서, 노동자계층과 저소득계층은 중간계층이나 상위계층보다 더 강렬히 베트남 전쟁에 반대하는 입장을 표명했다.[33] 그들이 그렇게 강렬히 반대한 이유 중의 하나는 일반적으로 저소득계층의 가정에서 출생한 젊은이들이 고소득계층의 가정에서 태어난 젊은이보다 더 많이 전쟁에 끌려가고, 또 전쟁터에서 더 높은 희생률을 보였기 때문이다. 한(Han)은 "저소득계층은 아마도 전쟁을 개인적 또는 가족적 고려하에서 본 반면 상위계층은 미국 사회

---

32) Ibid., p.433.

33) 할란 한(Harlan Han)은 1966년부터 1968년 사이에 베트남 전에 관하여 행하여진 주민 찬반 의사투표를 이용하여 투표행태를 분석하였다. 그는 5개 군(county)의 조세수입 상황과 센서스 조사자료를 분석에 이용하였다. 그가 이용한 5개 군은 디어본(Dearborn), 미시간: 샌프란시스코(San Francisco), 캘리포니아(California): 케임브리지(Cambridge), 매사추세츠(Massachusetts): 매디슨(Madison), 위스콘신(Wisconsin): 베버리 힐스(Berverly Hills), 캘리포니아이다.
Harlan Han, "Correlates of Public Sentiments about War: Local Referenda on the Vietnam Issue," *American Political Science Review* 64(1), 1970. 12, pp.1186-1198.

의 보지(保持)와 같은 정의를 앞세운 거창한 집단적 행위로 본 것 같다"고 결론지었다.[34]

<표 3> 1966~1968년간 5개 군의 센서스 자료에 입각한
사회경제적 특성과 베트남 전쟁의 참전 반대간의 상관계수

		디어본 (1966) (N=18)	디어본 (1968) (N=18)	비버리 힐스 (1968) (N=5)	샌프란시스코 (1968) (N=122)	매디슨 (1968) (N=27)	케임브리지 (1967) (N=30)
연소득 (단위: 달러)	5,000 미만	+.83***	+.82***	+.70	+.39***	+.57***	−.27
	5,000~9,999	+.66***	+.78***	+.74	+.19*	−.06	−.59***
	10,000~14,999	−.81***	−.85***	+.53	−.44***	−.41*	+.37*
	15,000 이상	−.50*	−.64***	−.67	−.30***	−.19	+.54***
교육	8년 이하	+.79***	+.81***	+.40	+.24***	+.00	−.71***
	9~11년	+.53*	+.68***	+.80	−.03	−.13	−.74***
	고교 졸업생	−.45*	−.34	+.53	+.38***	−.30	−.55***
	대학교 졸업생	−.65**	−.78***	−.75	−.18*	−.24	+.81***
직업	전문직·관리직 종사자	−.66***	−.80***	−.63	−.30***	+.00	+.76**
	서기직·판매직 종사자	−.66***	−.68***	+.73	−.22**	−.14	−.14
	장인, 십장 종사자	+.11	+.28	+.43	−.11	−.38*	−.44**
	직공노동지	+.71***	+.81***	+.23	+.16*	−.13	−.70***
	비고용자	+.51*	+.40*	+75	+.39***	+.44**	−.44**

주: 1) 표의 수치는 각각의 비율을 나타냄.
  2) * .05 유의도; ** .01 유의도; *** .001 유의도
출처: Harlan Han, op. cit., 1970.

일반적으로 이야기해서, 1968년 선거에서 매파적 성향을 지닌 사람들은 닉슨에 투표하는 경향이 강한 반면 비둘기파적 성향의 유권자들은 험프리에게 투표하였다. 결론적으로, 1968년 선거에서 각 당 후보의 유세기법이 정책투표(policy voting)를 할 수 없도록 활용되었기 때문에, 미국 유권자들은 베트남 전쟁을 둘러싼 정책 정향(定向)을 후보자 선택 기준으로 사용할 수 없었다. 그 결과 1968년 선거에서 후보자들의 개인적 특성(personal characteristics)이 다른 어떤 변수보다도 후보자를 고르는 데 중요한 역할을 하게 되었다. 그러나 만약 유권자들에게 베트남 전쟁 이슈에 관한 명확한 대안들이 1968년 선거에서 제시되었더라면, 미국 유권자들은 후보자들의 베트남 전쟁

---

34) Ibid., p.1192.

이슈에 대한 입장을 명확히 파악하고 이슈에 대한 자신들의 선호와 관련시켜 후보자 선택에 활용할 수 있었을 것이다.[35]

2) 포클랜드 전쟁 이슈

포클랜드의 영유권을 둘러싸고 영국과 아르헨티나는 해묵은 갈등을 거듭해 왔는데, 먼저 아르헨티나는 자신들이 포클랜드의 전 주인인 스페인의 계승자일 뿐만 아니라 자신들의 해안선이 포클랜드에 인접해 있으며, 19세기 초에 수년 동안 그 섬을 점령하고 있었다는 것을 포클랜드의 영유권 주장의 근거로 내세웠다. 이에 반하여, 영국은 1933년 이래 계속하여 포클랜드를 점령해 왔으며 포클랜드 주민들도 영국의 통치를 계속 받기를 원한다는 결의를 한 바 있다고 주장했다. 영국 정부는 더 나아가 UN 총회도 식민지의 독립과 자치에 관하여 "식민지 주민들의 의사가 무엇보다도 존중되어야 한다"고 결의한 바 있다고 상기시키면서 포클랜드에 대한 영유권을 주장해 왔다.

갈티이리(L. F. Galtieri) 장군이 이끄는 아르헨티나 군사혁명위원회(military junta)가 1982년 4월 2일 포클랜드를 침공하여 점령한 직후, 영국의 대처 수상은 긴급 국무의회를 소집했으며, 의회의 긴급 임시회의에서 "포클랜드는 적의 침공으로부터 해방되어야 하며 가능한 한 빨리 영국 정부당국의 관할하에 놓여야 한다면서, 이를 위해서 준비가 완료되는 대로 빠른 시일내에 대규모 병력을 파견해야 한다"고 연설하였다.[36] 미국과 EC 역시 아르헨티나의 침공을 비난했으며 포클랜드로부터 아르헨티나군의 즉각 철수를 강력히 요구하였다. 헤이그(Haig) 특사와 기타 여러 채널에 걸친 중재노력이 실패한 후 미국도 영국 편을 들었다. 야당과 언론을 포함한 대중의 여론은 압도적으로 영국 해군병력의 포클랜드 파병을 지지하였다. 양당인 노동당 당수 푸트(M. Foot)는 비록 33명이나 되는 자당 소속의원들의 반대 이탈에도 불구하고 포클랜드 파병을 지원하였다. 4월 중순의 여론조사는 국민들이 대처 정부의 위기관리능력을 매우 신임하고 있었음을 보여주고 있다. 즉

---

35) Benjamin S. Page & Richard A. Brody, "Policy Voting and the Electoral Process: The Vietnam War Issue," *American Political Science Review* LXVI, 1972. 9, pp.979-995.

36) Keesing's Contemporary Archives, 1982. 6. 11, p.31530.

83%의 국민들이 함대 파병을 지지했으며, 67%의 국민들은 아직 정부당국에 의해서 공식적으로 결정이 내려지지 않았는데도 불구하고 영국군의 포클랜드 상륙에 찬성의사 표시를 하였다.[37] 250명의 영국 병사들이 그 전쟁에서 전사하고 10억 파운드를 전비로 썼음에도 불구하고 영국 국민들의 전쟁 승리를 위한 총화단결체제(rally-round-the flag phenomena)는 베트남 전쟁과는 달리 전쟁기간 내내 줄곧 지속되었다.[38]

영국의 경우 정당의 정책이 그 정당의 지도자의 정책과 언제나 명확히 구별되는 것은 아니다. 비록 포클랜드 전쟁에서 얻은 대처의 인기가 100% 그대로 보수당의 이득으로 전이된 것은 아니지만, 대처 수상의 포클랜드 전쟁에 대한 단호한 대처방식과, 제한된 적은 희생 속에 신속히 그리고 성공적으로 수행된 섬의 재탈환은 집권 보수당에 큰 행운을 안겨주었다. 버틀러와 카바나프(Butler & Kavanagh)의 표본조사에 의하면, 포클랜드 전쟁 직후 시행된 1983년 총선에서 오직 28%의 보수당 후보들만이 포클랜드 전쟁을 선거유세에서 언급했으며, 노동당 후보의 14%, 자유당 후보의 6%, 사회민주당 후보는 전혀 언급하지 않는 데서 보는 바와 같이 그 전쟁의 중요성과 견주어 볼 때 포클랜드 전쟁은 1983년 총선에서 상대적으로 적은 직접적 주의를 끌었다.[39] 하지만 포클랜드 전쟁의 승리는 영국민들에게 자신감과 자존심을 부여했으며 집권당인 보수당에 대한 국민적 신뢰를 강화하는 데 크게 기여하였다. 그것은 또한 많은 보수당원들로 하여금 자신을 가지고 권력의 장악을 위해 매진할 수 있는 계기를 부여하였다. 정부에 대한 신뢰감은 의사당에서 그리고 공직사회에서 피부로 느낄 수 있었다.[40]

1983년 영국 총선에서 보수당의 선거유세의 구호는 "단호한 대처(the resolute approach)"였다. 대처 수상은 근래의 다른 수상들과는 달리 자신과 자신의 영도하의 보수당의 일련의 정책과 이념을 총칭하여 "대처리즘(Thatch-

---

37) Helmut Norpoth, "The Falklands War and Government Popularity in Britain: Rally without Consequence or Surge without Decline?," *Electoral Studies* 6(1), 1987. 4, p.13.

38) Ibid.

39) David Butler & Dannis Kavanagh, *The British General Election of 1983*, N.Y.: St. Martin's Press, 1984, p.256.

40) Ibid., pp.11-12.

erism),” “대처라이트(Thatcherite)”와 같이 자기 자신의 이름을 부여하였다. 대처리즘의 요체는 정부기구의 축소, 정부책임의 감소, 조직화된 사익집단과의 대결 지양 등이다.41) 대처리즘의 사상적 토대는 정부가 쓸 수 있는 자원과 지혜는 한정되어 있는 만큼, 정부의 영향력은 적절한 영역에 국한되어야 한다는 신자유주의(neo-liberalism)와 강한 국가(strong state)이다. 비록 그녀의 정책들이 물질적 측면에서 성공적이었다는 겉으로 드러난 징표는 거의 없지만, 그녀의 단호한 대처방식은 집권 4년쯤에 가서는 널리 인정받게 되었다.42)

반면에 영국민들에게 투영된 제1야당인 노동당의 지배적인 이미지는 분열, 극단주의, 그리고 허약한 리더십이었다. 1983년 총선에서 노동당은 대처의 인기에 맞서기 위해 극단적인 정강정책을 제시하면서 선거유세를 하였다. 노동당은 EEC로부터 탈퇴, 핵무기의 폐기, 사회보장비의 증대, 산업국유화의 증대, 상원(House of Lords)의 폐지, 여우사냥의 금지와 같은 과격한 정책공약을 내걸었다.43) 1983년 총선에서 보수당에 투표한 노동당원 가운데 33%가 BBC/갤럽 여론조사에서 그들의 이탈의 이유로 “노동당의 과격주의(extremism in the Labour Party)”를 들고 있다.44) 또한 뒤늦게 노동당을 이탈하여 보수당이나 자유당/사민당 연합전선(Liberal/SDP Alliance)에 표를 던진 사람들 가운데 38%가 그들의 이탈사유로 노동당의 과격주의를 언급했다.45)

그러나 총선 2년 전만 하더라도 대처는 여론조사에서 영국 역사상 가장 인기 없는 수상으로 기록되었다. 1982년에는 물가상승률이 대략 5%로 내려갔지만 실업자 수는 전후 최고의 수준인 3백만 명으로 늘어났으며 실업률은 12.7%에 달하였다. 그로 인해 대처의 지지율은 1981년 10월에는 24%로 떨어졌다.46) 실업률의 증대는 사민당/자유당 연합전선(SDP-Liberal Alliance)의

---

41) Austin Ranney, *Britain at the Polls, 1983: A Study of the General Election*, Duke: AEI, 1985, p.184.

42) David Butler & Dannis Kavanagh, op. cit., 1984, p.2.

43) Roy Macridis(ed.), *Modern Political System: Europe*, 6th ed., Englewood Cliffs: Prentice Hall, 1978, p.48.

44) Austin Ranney, op. cit, 1985, p.183.

45) Ibid.

46) Roy Macridis, op. cit., 1978, pp.48-49.

이례적인 인기 상승과 1981년 보궐선거의 승리를 여론조사에서 가져왔다. 여론조사에서 사민당/자유당 연합전선이 양대 주요 정당인 보수당과 노동당을 앞섰다는 것은 영국 정치의 근본적인 재편을 고려해야 한다는 견해를 강화시켰다. 그 결과 포클랜드 침공 전까지는 대다수의 시사평론가들과 정치인들은 어느 한 정당이 다수의 의석을 확보하지 못한 채 정치적 불안정이 나타나리라고 예측했다.[47]

그러나 대처 정부의 인기는 <그림 2>에서 보는 바와 같이 1982년 4월과 5월 사이에 극적으로 올라갔다. 약 두 달 사이에 무려 11%나 인기가 올라갔다. 1982년 7월 이후에는 그 지지율이 완만하게나마 내려가기는 했지만 1982년 7월에는 대처 정부의 지지율은 47%까지 올라갔다. 1983년 총선에

<그림 2> 시간(1979. 7~1983. 6.)의 경과에 따른 정부 지지도의 변화

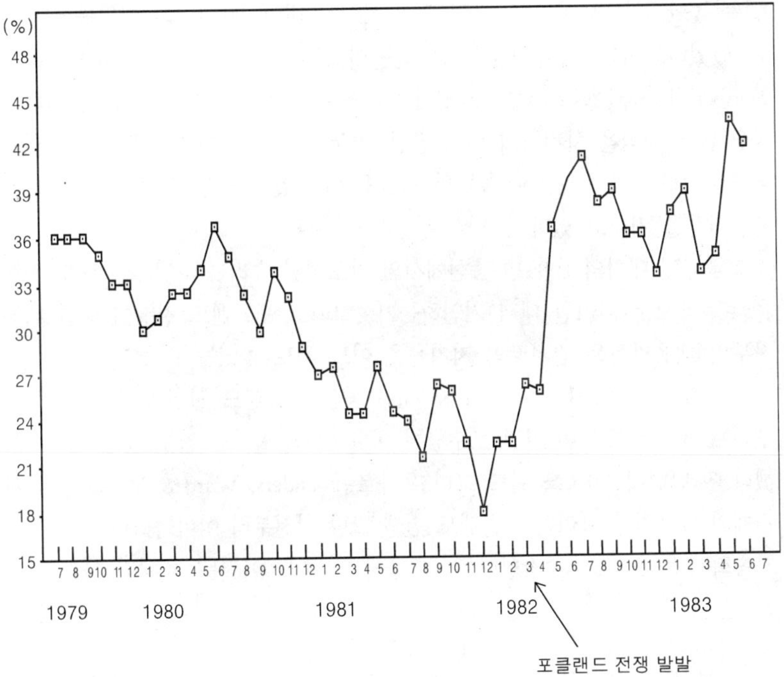

출처: David Sanders et. al., "Government Popularity and the Falklands War: A Reassessment."

---

47) David Butler & Dennis Kavanagh, op. cit., 1984, p.12.

서 집권 보수당은 총유효투표의 42.4%를 얻었으며, 그들의 하원의석 수는 해산 당시의 의석 수와 비교할 때 317석(총의석 수 650석)에서 334석(총의석 수 635석)으로 늘어났다. 집권 보수당의 해산 당시의 하원의석 수와 1983년 총선 이후 구성된 하원의석 수를 모든 야당들의 의석 수의 총계와 비교할 때 해산 전에는 보수당이 여타 야당들의 총의석 수보다 33석이 많았으나 새 의회에서는 144석이 많았다.[48] 이와 같이 1983년 영국 총선은 버틀러의 표현과 같이 제2차 세계대전 이후 최초로 현직 수상이 압승을 거두어 재임한 케이스이다.

반면에 제1야당인 노동당은 겨우 27.6%의 득표를 함으로써 선거에서 참패를 당했는데도 불구하고, 다행히 1인 1구 다수대표제인 영국 선거제도의 모순에 힘입어 209석(총의석 수의 32.2%)의 의석을 획득할 수 있었다. 노동당은 제2야당인 사민당/자유당 연합전선과 비교할 때 전국적 득표율은 겨우 2.2% 높았지만 그 의석 수는 큰 폭의 차이를 내며 제1야당의 지위를 고수할 수 있었다. 이와 같이 1구 1인 선출의 소선거구제의 다수대표제(single-member district system)는 제1당과 제2당은 그들이 얻은 득표율에 비하여 훨씬 많은 의석을 차지하게 되는 반면, 전국적으로 그 지지가 분산되어 있는 제3당 이하 군소정당들은 그들의 득표율보다 훨씬 적은 의석을 얻게 되는 불합리성을 지니고 있다.

그렇다면 대처의 1983년 총선에서의 압도적인 승리는 과연 포클랜드 전쟁을 효율적으로 처리한 데서 기인하는가? 그리고 포클랜드 전쟁에 대한 대처정부의 대응방식은 집권당의 지지율을 어느 정도 높였는가? 클라크, 스튜어트 그리고 주크(Clarke, Stewart & Zuk) 등은 포클랜드 전쟁에 대한 대처 정부의 효율적인 대응이 집권 보수당에 대한 지지율을 7% 정도 높였다고 주장했다.[49] 반면에 샌더스, 워드 그리고 마르쉬(Sanders, Ward & Marsh)는 국가 경제의 효율적인 관리는 포클랜드 전쟁 발발 이전부터 이미 집권당의 인기를 가속화시켜 왔다고 주장한다.[50] 그들에 의하면 어쨌든 호웨(G. Howe)의

---

48) Austin Ranney, op. cit., 1985, p.xiii.

49) H. D. Clarke, M. C. Stewart & G. Zuk, "Politics, Economics and Party Popularity in Britain, 1979~83," *Electoral Studies* 5(2), 1986. 8, p.152.

50) David Sanders, Hugh Ward & David Marsh, "Government Popularity and the Falklands War: A Reassessment," *British Journal of Political Science* 17, Part 3,

1982년의 예산의 성공적인 관리집행의 결과로써 정부의 인기는 급상승하게 되어 있었는데 이것이 우연히 포클랜드 위기와 맞물려서 나타났을 따름이라는 것이다.[51] 또한 노포스(Norpoth)에 의하면, 포클랜드 전쟁은 1982년 4월과 5월에는 대처 정부의 지지도를 12% 정도 올렸으나 아르헨티나가 항복한 6월에 들어서서는 실질적인 지지율의 상승은 없었다는 것이다.[52] 그리고 이 지지율의 상승분은 이후 계속하여 매달 약 5%(1.0~0.95) 정도씩 감소되어 왔다는 것이다.[53] 그리하여 포클랜드 전쟁으로 상승되었던 인기는 점차 하강하여 총선이 시행된 1983년 6월에 이르러서는 전쟁 이전과 비교하여 대략 6% 정도 상승된 지지율을 보여주었을 따름이었다고 주장한다.[54]

포클랜드 위기가 집권 보수당의 지지율을 상승시키고 야당인 노동당이나 자유/사민당 연합전선의 인기를 하락시켰다는 것은 명백하다. 그러나 포클랜드 전쟁이 1983년 총선에 미친 직접적 영향은 우리가 흔히 생각하는 바와 같이 그렇게 크지 않다. 어떻게 생각하면 보수당의 지지도는 증가하지 않았다고도 할 수 있다. 실제로 1983년의 보수당의 인기는 1979년에 비하여 약 1.5% 정도 감소했다. 전쟁영웅으로서 대처 수상의 인기는 그대로 직접적인 표의 획득으로 연결되지 못했다. 포클랜드 전쟁의 승리로 대처 수상의 인기는 5% 이상 올라갔지만 그녀가 영도하는 보수당은 1983년 총선에서 같은 정도의 득표율의 신장을 거두지 못했다. 그 이유의 하나는 영국에서 지도자에 대한 국민적 지지의 증감이 자동적으로 총선에서 집권당의 득표의 증감으로 나타나지 않는다는 데 있다.[55] 영국 유권자들은 누가 정당을 영도하느냐보다 정당이 추구하는 것이 과연 무엇이냐를 투표의사 결정에서 중요시하는 경향이 있다.[56]

1987. 7, p.281.

51) Ibid.

52) Helmut Norpoth, "Guns and Butter and Government Popularity in Britain," *American Political Science Review* 81(3), 1987. 9, p.952.

53) Helmut Norpth, "The Falklands War and Government Popularity in Britain: Rally without Consequence or Surge without Decline?" *Electoral Studies* 6(1), 1987. 4, p.14.

54) Ibid.

55) Helmut Norpoth, op. cit., 1987. 9, p.955.

56) Ibid.

보수당의 총선의 압승은 오히려 제1야당인 노동당의 내분과 1구 1인 선출의 소선거구제에 기인한 제3당의 참패가 더 크다. 노동당내의 중도파와 좌파간의 분쟁은 유권자들의 신뢰감을 상실케 했으며 수권정당으로서의 능력을 의심케 했다. 반면에 대처 수상의 외국 침략자에 대한 단호한 대처방식은 영국 유권자들에게 보수당 정부의 통치능력에 대한 신뢰감을 고양시켰다. 그러므로 포클랜드 전쟁의 1983년 총선에 대한 직접적 영향은 생각보다 크지 않다 하더라도 간접적 영향, 특히 유권자들에 대한 파급효과(spillover effect)는 매우 크다고 할 수 있다.

3) 베트남 전쟁 이슈와 포클랜드 전쟁 이슈의 비교

영국의 보수당 후보인 대처는 전승 무드에 편승한 국민들의 집권당에 대한 호의적인 감정을 재빠르게 포착하고, 선거에서 이를 십분 활용하여 선거 쟁점화함으로써 자신에게 유리하게 국민들의 의사를 이끌어 내 1984년 총선에서 압도적인 승리(landslide victory)를 거두었다. 대처 정부는 포클랜드 전쟁을 단기간에 승리로 이끌었을 뿐만 아니라 영국민들의 전쟁승리를 위한 총화협력체제가 전쟁기간 내내 줄곧 지속되었다. 그렇다고 하여 포클랜드 위기가 1983년 총선에 미친 직접적 영향은 우리가 흔히 생각하는 바와 같이 그렇게 크지는 않았다. 제1야당인 노동당의 내분은 국민적 신뢰감을 상실케 했고, 1구 1인 선출의 소선거구제는 집권 보수당을 하여금 득표율에 비하여 훨씬 많은 의석 수를 획득케 했으며 그 지지도가 전국적으로 분산된 제3당들의 참패를 가져왔다. 이와 같은 노동당의 내분과 소선거구제가 포클랜드 사태에 상승작용하여 집권 보수당의 압승을 가져왔는데, 오히려 전자의 영향이 후자보다 더 크다고 할 수 있다. 그렇지만 속전속결식 전쟁의 승리는 영국민들에게 자신감과 신뢰감을 안겨 줌으로써 집권당에 호의적인 분위기를 조성하였음은 부인할 수 없는 사실이다.

이에 반하여 미국의 베트남 전쟁은 영국의 포클랜드 전쟁과 달리 지지부진한 가운데 장기화되면서 큰 희생자를 내기 시작하였으며, 이에 더하여 매스미디어, 특히 TV가 베트남 전쟁의 실상, 즉 전쟁의 포화로 부상당하거나 사망한 병사의 모습이라던가, 폐허화되고 일그러지고 불에 탄 촌락의 풍경과 헐벗고 굶주린 난민의 생활상 등을 여과과정 없이 안방에 그대로 생중계를 함으로써 미국민들 사이에 반전감정(anti-war sentiment)이 고조되었다. 그러나 민주, 공화 양당 후보 모두 이러한 민감한 이슈를 잘못 건드림으로써 표를 잃을 것을 두려워 했기 때문에 중도적인 입장을 취했다. 실제로 그들 모두 '뜨거운 감자(hot potato)'가 되어 버린 이 골치 아픈 전쟁을 어떻게 처리해야 할지 명확한 비전을 가지고 있지 못했기 때문에 되도록이면 베트남 전쟁 이슈를 선거쟁점화하려고 하지 않았으며, 불가피하게 언급하는 경우에도 애매모호한 태도로 이를 호도하려고 하였기 때문에 유권자의 의사결정에 크게 어필하지 못했다.

또한 미국의 경우 1968년 선거에서 인종에 따른 투표행태의 차이를 보여주고 있는 반면 전통적으로 계급투표 성향을 보여주던 영국은 계급투표 성향의 퇴조와 탈물질주의자들(Postmaterialist)의 등장과 더불어 계급을 초월하여 포클랜드 전쟁의 영웅인 대처를 압도적으로 지지하였다. 또한 영국의 경우 전쟁 이슈를 선거에서 십분 활용하고 이 전쟁 이슈가 유권자들의 투표의사 결정에서 주요한 변수로 작용한 반면 미국의 경우 베트남 전쟁 이슈가 선거에서 주요 쟁점화되지 못했으며, 특히 흑인들의 경우 전쟁 이슈보다는 자신들의 사회경제적 지위의 신장과 관련되는 민권법(civil rights act)이나 민권운동 또는 실업률의 감소와 경기회복과 같은 경제적 이슈가 더 중요하다고 생각했으며 이러한 사회경제적 이슈에 근거하여 투표하였다. 역사적으로 볼 때 미국 대통령 선거 후보자들은 보통 국방 이슈를 선거유세에서 중요시하나 실제로 미국 유권자들은 이 이슈에 대하여 잘 알지 못할 뿐만 아니라 일관성도 결여되어 있다. 국방 이슈에 관한 정책정향이 유권자들의 투표행태에 미치는 영향도 미미하였다.[57]

영국의 유권자들은 집권정당의 성과뿐만 아니라 집권당과 야당의 이슈에 대한 우선순위도 고려하여 투표의사 결정을 한다.[58] 영국민들이 점점 더 합리적으로 되어 감에 따라 후보자들이 이슈에 근거하여 투표하는 성향도 커질 것이다. 따라서 이러한 유권자들의 변화의 추세를 무시한 채 전통적인 정

---

57) Helmut Norpoth "Guns and Battler and Government Popularity in Britain," *The American Political Science Review* 81(3), 1989. 3, p.123.

58) Harold D. Clarke, M. C. Stewart & G. Zuk, op. cit., 1986, p.136.

당에 대한 충성심에 기인한 투표에 안주하는 정당은 유권자들이 매우 중요하게 생각하는 욕구를 주의 깊게 파악하여 이를 기술적으로 잘 정책에 반영시키는 정당에 비하여 성공적이지 못할 것이다.[59]

밀러에 의하면 경제 침체는 현직 대통령에게 감표요인으로 작용하나, 그렇다고 하여 경제활황이 반드시 득표에 도움을 주는 것은 아니다.[60] 유권자들은 주로 경제적 성과의 부정적 측면에 관심을 기울인다. 베트남 전쟁 중 인플레가 진행되는 가운데 고용률은 저하되었기 때문에 정부에 대한 원성은 높아갔으며, 그 여파로 존슨 대통령은 끝내 출마를 포기하게 되었다. 대처 정부의 인플레 진정의 상대적인 성공은 별로 득표에 반영되지 않은 반면 실업률의 증가는 감표요인으로 작용했다. 즉 실업률의 증가는 포클랜드 전쟁의 승리가 가져온 긍정적 득표효과만큼 감표요인으로 작용한 반면, 인플레의 진정이라는 경제적 성과는 포클랜드 전쟁기간 동안 대처 정부의 인기에 별로 영향을 주지 못했다.[61]

4. 쟁점투표의 문제점

유권자들로 하여금 이슈에 근거하여 투표하는 것을 어렵게 하는 요인들은 많이 있으며, 유권자들이 이슈에 대하여 취하는 태도가 그들의 투표의사 결정에 미치는 유형과 정도를 측정하는 방법에는 많은 문제점이 있다. 사실 유권자들이 실제로 특정한 이슈에 대하여 어떠한 입장을 취하고 있으며, 후보자를 선택할 때 과연 자신들의 이슈에 대한 선호를 고려하는지는 알기가 거의 불가능하다고 해도 과언이 아니다. 대다수의 유권자들은 후보자들이 당해 이슈에 관하여 공식적으로 표명한 견해들을 면밀히 분석하지 않고 막연히 후보자들의 이슈에 대한 입장을 인식한다. 그 결과 유권자들은 때때로 후

---

59) Mark N. Franklin, op. cit., 1985, p.53.

60) John Mueller, *War, Presidents and Public Opinion*, N.Y.: John Wiley and Sons, Inc., 1973.

61) David Sanders, Hugh Ward & David Marsh, "Government Popularity and the Falklands War: A Reassessment," *British Journal of Political Science* 17, Part 3, 1987. 7, p.285.

보자들의 이슈에 대한 입장을 잘못 인식하는 오류를 범하고는 한다. 그들은 흔히 자신들이 좋아하는 후보자는 자신들과 같은 견해를 취하리라고 단정하는 오류를 범하는 경향이 있다.

　여기에서 쟁점투표가 안고 있는 문제점과 측정상의 난점을 종합적으로 분석하면 다음과 같다.

　첫째, 유권자들은 자신의 이슈에 대한 견해를 자기가 좋아하는 후보자에게 투영시켜 생각하려는 경향이 있다. 유권자들은 각 후보자가 그들이 취하기를 원하는 입장에 서 있는 것으로 인식하는 경향을 지니고 있다.[62] 예컨대 베트남 전쟁의 경우 닉슨을 지지하는 공화당원들 가운데 극단적인 매파는 닉슨이 극단적인 매파라고 생각하고, 극단적인 비둘기파는 닉슨이 극단적인 비둘기파로 간주하는가 하면, 중도파는 닉슨 역시 중도파로 여긴다는 것이다. 기권자들에서도 역시 투영효과(projection)을 찾을 수 있으나, 그 정도는 닉슨과 험프리 사이에 베트남 전쟁에 관한 견해차가 거의 없다고 생각하는 유권자들보다 훨씬 덜 일반적이었다.[63]

　또한 '설득효과(persuasion effect)' 역시 쟁점투표의 영향을 측정하는 것을 어렵게 만드는 요인이 되고 있다. 비록 그 영향은 그렇게 크지 않다 하더라도 특정한 후보자를 좋아하는 유권자는 후보자의 이슈에 대한 견해를 마치 자신의 견해인 양 생각하는 경향이 있다. 다시 말하여 유권자들로부터 호감을 받는 후보자는 유권자를 설득하여 자신의 견해와 유사한 견해를 취하도록 할 수 있다.[64]

　둘째로, 정책 선호에 입각하여 투표하는 것을 방해하는 '할로우 이펙트(halo effect)'를 들 수 있다. 노동쟁의를 처리하는 노동당의 솜씨를 높이 평가하는 유권자들은 노동당의 불완전고용문제를 다루는 능력 역시 호의적으로 바라보는 경향이 있다.

　셋째로, 쟁점투표의 영향을 측정하고 평가하는 데 있어서 제기되는 문제점의 하나는 여론조사 결과는 매우 유동적이고 가변적일 뿐만 아니라 흔히

---

62) Benjamin I. Page & Richard A. Brody, op. cit., 1972.

63) Ibid.

64) Charles M. Judd, David A. Kenny & Jon A. Krosnick, "Judging the Positions of Political Candidates: Models of Assimilation and Contrast," *Journal of Personality and Social Psychology* 44(5), 1983, p.955.

왜곡되는 경향이 있다. 왜냐하면 소위 '조용한 다수(silent majority)'는 당해 이슈에 대하여 거의 관심을 가지지 않는데도 불구하고 지대한 관심을 표명하고 열심히 뛰는 열성파(activist)들로 인하여 그 열성파들의 견해가 전체의 견해인 양 오인되기 때문이다.[65]

넷째, 정당이나 후보자들은 선거에서 새로운 이슈를 제기함으로써 자신의 잠재적 지지자계층 가운데 어느 하나라도 자신의 지지대열에서 떨어져 나가는 것을 원하지 않기 때문에 이슈의 제기에 소극적인 관계로, 일반적으로 선거시 유권자들에게 선택권이 주어지는 이슈는 극히 적은 것이 현실이다.

다섯째, 유권자들은 신문이나 텔레비전과 같은 매스미디어를 통하여 간접적으로 후보자의 이슈에 대한 견해를 접하게 된다. 그런데 전국적인 네트워크를 지닌 신문이나 텔레비전 방송 등은 후보자들의 이슈에 대한 견해보다도 인간성이나 사생활 등을 홍미 위주로 편집하여 보도하거나 방송한다. 매스미디어가 이와 같이 비정책적 이슈에 과도한 비중을 부여하여 보도함으로써 이슈나 정책에 토대를 둔 유권자들의 선택에 도움을 주지 못하고 오히려 경우에 따라서는 이를 방해하는 경향마저 보이고 있다. 더구나 후보자들의 인간성 등과 관련된 비정책적 이슈의 보도비율은 시간의 흐름에 따라 점점 증가하는 경향이 있다. 그라버(Graber)에 의하면 1968년 미국 대통령 선거에서 신문에 보도된 이슈와 후보자의 인간성간의 비율은 44 : 56였으나, 1972년 대통령 선거에서는 36 : 64로 바뀌었다. 1972년 대통령 선거에서 텔레비전 방송의 보도비율은 37 : 63였다.[66]

여섯째, 선거유세에서 광범하게 회자되는 정책 이슈들은 흔히 정치적 논쟁을 단순화시키고 일반 대중들로 하여금 쉽게 이해할 수 있도록 "경제적 보수주의자," "뉴딜 진보주의자"와 같은 일련의 라벨을 띠고 등장하기 때문에 추상적이고 구체성을 결하고 있는 것이 보통이다. 그런데 문제는 이와 같은 추상적인 라벨은 유권자들마다 다른 의미로 인식된다는 것이다. 각 유권자들은 동일한 정치적 라벨의 정책적 의미를 각기 다르게 이끌어 내는 경향이 있다. 그와 같은 정치적 라벨(political labels)은 유권자들이 지니고 있는

---

65) Sidney Verba & Richard A. Brody, "Participation, Policy Preferences and the War in Vietnam," *Public Opinion Quarterly* 34, 1970, p.325.

66) Thomas E. Patterson, *The Mass Media Election*, N.Y.: Praeger Publishers, 1980, p.24.

이슈에 대한 견해의 인식에 실질적으로 영향을 줄 뿐만 아니라, 유권자들이 후보자들의 이슈에 대한 입장을 파악하기 위하여 정보를 수집하려는 노력을 가로막고 있다. 더 나아가 경우에 따라서는 정치적 라벨은 유권자들로 하여금 후보자들의 이슈에 대한 정책적 견해에 관하여 그릇된 정보를 제공하기도 한다.

일곱째, 어느 한 유권자가 정당의 특정한 이슈에 대한 견해에 공감한다 할지라도 반드시 그 정당에 표를 던지는 것은 아니다. 유권자들은 구체적인 정책의 차이에 의거하여 투표하는 것이 아니라 정당의 통치능력이나 비정책적 이슈 또는 어느 정당이나 후보에게 투표할 때 자신과 가족의 득이 되는가에 입각하여 투표한다. 크레웨의 조사에 의하면 투표소에 들어가는 사람들이 가장 중요시하는 것은 가족의 행운(family fortunes)이라는 것이다.[67] 자기 가족의 장래 경제상황에 대하여 낙관적인 유권자일수록 현상 유지를 원하게 되고 그 결과 집권당에 표를 던지게 된다. 중도 성향의 노동당 의회지도자와 좌파 열성당원간의 싸움, 사회민주당의 내분, 사회민주당과 자유당(Liberals)간의 싸움이 1979년과 1983년 영국 총선에서 유권자들에게 신뢰를 잃게 했으며, 그들의 통치능력에 회의를 초래함으로써 총선에서 패배를 가져왔다. 게다가 전반적인 경제상황에 대한 느낌이라는 것도 개인이 피부로 느끼는 것이라기보다 매스미디어를 통해서 얻게 된 정보에 토대를 둔 것이다.[68]

끝으로 우리들은 아직까지도 유권자들이 얻은 정치적 정보를 어떻게 선거시 의사결정에 전이시키는가에 관하여 많은 것을 알지 못하고 있다.

5. 요약 및 결론

유권자들의 투표의사 결정에는 장기적 요인들과 단기적 요인들이 복합적으로 작용한다. 1950년대 이래 쟁점투표 성향은 서서히 증가하고 있으나, 유권자들의 투표의사 결정시 후보자들의 이슈에 대한 견해는 후보자들의 개인

---

67) Henry Drucker et. al., *Developments in British Politics* 2, N.Y.: St. Martin's Press, 1988, p.53.
68) Harold D. Clarke, M. C. Stewart & G. Zuk, op. cit., 1986, p.127.

적 이미지나 정당에 대한 유권자들의 일체감에 비하여 덜 중요하게 여겨지고 있음은 부인할 수 없는 사실이다.[69] 유권자들은 후보자들의 이슈에 대한 입장을 신문과 방송 등을 통해서 간접적으로 알게 되는데, 일반적으로 선거유세기간중 매스미디어의 보도는 정책적 이슈보다 비정책적 이슈에 주안점을 두어 보도하며, 선거유세 이슈는 덜 특징적이며 덜 구체적이기 때문에, 유권자들이 후보자들의 이슈에 대한 견해에 대하여 후보자들이 지니고 있는 견해를 유권자들이 정확히 아는 것은 거의 불가능하다. 특히 본질적으로 이슈가 없는 정치에서는 유권자들이 선택할 수 있는 정책대안들이 한정되어 있기 때문에 곧잘 후보자들의 인간성이나 전문기술적 능력 또는 다른 비정책적 요인들에 근거하여 투표하고는 한다.[70] 뉴만(Newman)은 그 대표적 예로서 1972년 미국 대통령 선거에서 일부 유권자들이 맥거번(McGovern) 선거유세 방영 때문에 자기들이 좋아하는 TV 프로그램인 <스타트렉(Star Trek)>이 취소되었다고 하여 그 반발로 타당 후보인 닉슨을 찍은 사례를 들고 있다.[71]

비록 유권자들이 이슈에 관심이 있고 또 이슈가 유권자들에게 매우 의미있게 여겨진다 하더라도, 유권자들이 후보자들의 이슈에 대한 입장을 명확히 인식하지 못하거나, 후보자들의 이슈에 대한 견해가 모호하게 표출될 때에는 그 이슈는 유권자들의 의사결정에 거의 영향을 미치지 못한다. 미국의 선거유세, 특히 대통령 선거유세는 덜 합리적이고 보다 개인적인 특성이 투영되어 있다. 결과 미국 유권자들은 대통령 후보자나 정당들에 의해 표명되는 철학적 사고에 덜 익숙하다. 따라서 미국 유권자들은 양당간의 광범한 정책적 견해의 중첩으로 인하여 민주당원과 공화당원간의 정치적 차이점을 그다지 인식하지 못하고 있다.[72] 반면에 영국 정당에서 이데올로기는 미국 정당에 비하여 보다 중요한 역할을 수행한다. 영국 정당은 이슈에 관한 명확하고 일관된 입장을 표명하기 때문에—특히 경제적 이슈에 있어서—영국 유권자들은 보수당과 노동당간의 차이점을 아주 구체적으로 인식하고 있다. 예

---

69) 그라버(Graber)는 유권자들에게 왜 특정한 후보에게 투표했느냐는 물음에 대체로 3/4이 후보자의 개인적 특성(personality traits)을 들고 있음을 지적하고 있다. Graber, *Mass Media and American Politics*, p.184.

70) W. Russell Newman, *The Paradox of Mass Politics*, p.25.

71) Ibid.

72) Russell J. Dalton, op. cit., 1988, p.195.

를 들어 경합하는 두 정당이 어떤 이슈를 공히 중요한 이슈로 간주하면서도 그 이슈에 대한 견해가 상이할 때 영국 유권자들은 자신들의 견해와 비교적 근접한 정당을 선택한다.[73]

둘째로, 미국 유권자들 가운데 당적을 갖지 않는 사람들(independents)의 증가와, 영국 유권자들 가운데 선거 때마다 당을 바꿔가면서 투표하는 사람들의 증가로 인하여 쟁점투표에 근거한 투표행태의 분석이 어렵다. 왜냐하면 그런 사람들은 그 당시의 사회적 분위기와 바람에 따라 이리저리 흔들릴 뿐만 아니라 정책사안에 대한 일관성도 지니고 있지 못하기 때문이다. 따라서 이슈가 투표에 미치는 영향을 분석할 때는 단순히 실체적 이슈의 확실한 고려에만 의존해서는 안된다.

셋째로, 미국의 이원선거에는 네 가지 유형의 후보자들이 있는데, ① 당선이 확실한 후보자(sure winners), ② 당선이 거의 확실하면서도 상황에 따라서는 자칫하면 당선이 위협받을 수 있는 후보자(vulnerables), ③ 당선의 가능성이 있는 유망주(hopefuls), ④ 낙선이 확실한 후보자(sure losers)가 곧 그것이다. 당선이 확실한 후보자는 이슈가 선거의 쟁점으로 떠오르는 것을 원하지 않는다. 당선이 기정사실화된 현역 의원들은 도전자들의 성명서나 유세 문안들의 비일관성을 지적함으로써 의도적으로 유권자들로 하여금 도전자들이 이슈에 대하여 지니고 있는 견해에 혼란을 초래하려고 한다.[74] 당선의 확실성이 위협받는 자와 당선유망주는 이슈를 선거유세의 쟁점화하기를 원한다. 그들은 어느 편에도 기울지 않은 무소속 유권자들을 상대로 광범하게 호소하여 지지를 획득하고자 한다. 매이휴(Mayhew)는 미국 하원선거에서 도전자들이 당선될 가능성이 없는 수많은 선거구(safe districts)의 존재가 쟁점투표를 어렵게 한다고 주장한다. 설리반과 오코너(Sullivan & O'Connor)에 의하면 1966년 미하원의원 선거구 435개 가운데 단지 73개 선거구만이 경쟁적이었으며 후보자들의 정책선택의 기회를 부여했다고 한다.[75] 미하원의원 선거에서 경쟁적 선거구들이 사라짐으로써(vanishing marginal districts) 이슈

---

73) Harold D. Clarke, M. D. Stewart & G. Zuk, op. cit., 1986, p.128.

74) James M. Enelow & Melvin J. Hinich, op. cit., 1984, p.53.

75) John L. Sullivan & Robert E. O'Connor, "Eelectoral Choice and Popular Control of Public Policy: The Case of the 1966 House Elections," *The American Political Science Review* 66, 1972.

에 관한 논쟁과 쟁점투표 성향이 약화되었다.[76]

넷째로, 많은 정치학자와 소수의 정치인들은 ① 정당이 선거유세에서 명확하고 일관성 있는 정책을 유권자들에게 제시하고, ② 유권자들은 후보자들이 제시한 정책에 근거하여 투표하며, ③ 집권당은 선거에서 공약한 정책을 집행하며, ④ 집권당의 정책성과가 다음 선거에서 투표로 나타나는 책임정당제도(responsible party system)를 미국 정당정치에 도입할 것을 주장한다.[77] 그들이 책임정당제도의 도입을 주장하는 이유는 권력분립에서 파생되는 원심성의 정치성향을 강력한 정당제도를 확립함으로써 극복할 수 있다는 데 있다. 그런 의미에서 볼 때 의회내의 다수당의 존재는 책임정당제도의 정착에 매우 긴요하다.[78] 그러나 이슈에 대한 선호보다 후보자들의 특성에 입각하여 투표하는 경향이 있는 미국 유권자들의 투표행태로 인하여 미국에 책임정당제도가 정착되는 데는 어려움이 있다. 반면에 미국 정당과 달리 영국 정당은 이데올로기와 결부되어 용이하게 판별된다. 더 나아가 내각이 일체가 되어 정책을 결정하고 의회에 대해 책임을 지는 영국의 하원내각제도는 영국민들로 하여금 이슈의 선호에 입각하여 투표하는 것을 용이하게 하며 책임정당정치의 구현에 기여한다.

다섯째, 유권자들의 선호가 정상분포곡선을 이루고 있는 양당정치하에서는 후보자들은 이슈에 대하여 중도적 입장을 취하고자 한다. 왜냐하면 바로 그 지점이 대다수의 유권자들이 선호하는 곳이며 후보자들은 극단적인 입장을 취함으로써 대다수의 유권자들의 지지를 잃는 우를 범하기를 원치 않기 때문이다.[79] 따라서 양당정치하에서 경합하는 각 정당은 득표를 위하여 서로 상대편을 향하여 이동함으로써 종국에는 두 정당이 정강정책이나 활동면

---

76) 반면에 제이콥슨(Jacobson)은 미하원의원 선거에서 한계선거구(marginals)는 사라지지 않았다고 주장한다.

77) Kenneth Janda, Jeffrey M. Berry & Jerry Goldman, *The Challenge of Democracy: Government in America*, 2nd ed., Boston: Houghton Mifflin Company, 1989, p.304.

78) Nelson W. Polsby & Aaron Wildavsky, *Presidential Elections*, 7th ed., N.Y.: The Free Press, 1988, p.viii.

79) 후보자들이 선호점을 중앙으로 이동시키면 극단적인 견해를 취하고 있는 유권자들을 잃을지 모르나 중도적인 입장을 견지하고 있는 다수의 유권자들의 지지를 도출해 낼 수 있는 이점이 있다. Dalton, op. cit., 1988, p.117.

에서 거의 동일해지게 된다.[80] 비록 중앙에서 두 정당이 합치되는 것을 저지하는 저항력이 있기는 하지만 중도적인 견해를 갖고 있는 대다수의 유권자들로부터 광범한 지지를 얻어낼 수 잇는 최상의 방책이기 때문이다. 1964년 선거에서 공화당은 대부분의 유권자들이 너무나 극단적으로 보수주의적이라고 여기는 골드워터를 대통령 후보로 지명하였다. 그 결과 물론 당시 국내 사회 전반의 분위기가 현직 대통령에게 호의적이기는 했지만 민주당 후보인 존슨이 압승을 거둘 수 있었다.[81] 1979년과 1983년 영국 총선에서 보수당과 노동당은 공히 중앙에서 떨어져 갔기 때문에 사민당과 자유당의 연합전선이 중도성향의 유권자들의 지지를 획득할 수 있는 여지가 커졌다. 더욱이 노동당은 보수당이 오른쪽으로 이동한 것보다 더 멀리 왼쪽으로 이동하였기 때문에 보다 많은 표를 상실하였다.[82]

여섯째, 미국에서는 기성 양당정치에 대한 환멸이 유권자들로 하여금 신정당이나 군소정당에 표를 던지도록 유도하지 못했다. 1968년 대통령 선거에서 왈라스나 1980년의 앤더슨(Anderson)과 같이 간헐적으로 인기를 끈 제3당이나 무소속후보자가 있었으나, 이들 역시 양대 정당으로부터 대규모의 표의 이동을 촉발시키지는 못했다. 반면에 영국의 경우 양대 주요정당에 대한 충성심의 약화와 쟁점투표 성향의 증가는 주된 정당의 분열과 새로운 정당의 진출에 이바지하였다. 아일랜드 자치를 위한 아일랜드인의 성원은 1885년과 1918년 사이에 80명의 아일랜드 국민당의 의회 진출을 도왔으며, 1970년대 중반의 스코틀랜드 민족주의 열풍은 스코틀랜드 국민당(The Scottish Natinal Party)에 유사한 결과를 가져다 주었다.[83]

결론적으로 이야기하여, 오늘날 대다수의 미국 유권자들은 이슈에 근거하여 투표할 수 있는 능력을 갖추고 있으며, 1968년 대통령 선거에서 보는 바와 같이 선거유세기법이 쟁점투표를 방해하지 않는다면 대다수 미국 유권자들은 기회가 주어질 때 이전에 비하여 투표시 이슈를 보다 중요시할 것이다. 영국민들 역시 점점 더 합리적으로 되어 감에 따라 이슈에 근거하여 투표하는 성향도 커질 것이다. 따라서 이러한 유권자들의 변화추세를 무시한 채 전

---

80) Anthony Downs, op. cit., 1957, p.117.
81) 1964년 당시의 미국 국내는 평온했고 경제는 호황국면이었다.
82) Anthony Heath et. al., op. cit., 1985, p.89.
83) David Butler & Dennis Kavanagh, op. cit., 1984, p.4.

통적인 정당에 대한 충성심에 기인한 투표에 안주하는 정당은 유권자들이
매우 중요하게 생각하는 욕구를 주의 깊게 파악하여 이를 기술적으로 정책
에 잘 반영시키는 정당에 비하여 성공적이지 못할 것이다.

끝으로 쟁점투표의 활성화를 위해서는 후보자의 공천과정에서 정당의 역
할을 강화할 필요가 있다. 정당의 이슈에 대한 공식적 입장과 병행하여 정당
이 후보자를 선발하면 유권자들이 다양한 후보자들의 이슈에 대한 입장을
파악하는 것이 보다 용이해질 것이다.[84]

□ 참고문헌

Boyd, Richard W. 1972. 7, "Popular Control of Public Policy: A Normal
    Vote Analysis of the 1968 Election," *American Political Science Review*
    LXVI(2).

Butler, David & Dannis Kavanagh. 1984, *The British General Election of 1983*,
    N.Y.: St. Martin's Press.

Butler, David & Donald Stokes. 1974, *Political Change in Britain*, 2nd. ed.,
    N.Y.: St. Martin's Press.

Campbell, Angus et. al. 1960, *The American Voter*, N.Y.: John Wiley & Sons.

Cavanagh, Thomas E. & James L. Sundquist. 1985, "The New Two-Party Sys-
    tem," in John E. Cobb & Paul E. Peterson(eds.), *The New Direction in
    American Politics*, Washington D.C.

Clarke, H. D. M. C. Stewart & G. Zuk. 1986. 8, "Politics, Economics and
    Party Popularity in Britain 1979~83," *Electoral Studies* 2(2).

Cochran, Clarke E., Lawrence C. Mayer, T. R. Carr, & N. Joseph Cayer.
    1986, American Public Policy, 2nd. ed., N.Y.: St. Martin's Press.

Dalton, Russell J. 1988, *Citizen Politics in Western Democracies: Public Opinion
    and Political Parties in the United States, Great Britain, West Germany, and
    France*, Chatham House.

Downs, Anthony. 1957, *An Economic Theory of Democracy*, Harper & Row.

Drucker, Henry et al. 1988, *Developments in British Politics* 2, N.Y.: St.

---

84) Thomas E. Patterson, op. cit., 1980, p.180.

Martin's Press.

Enelow, James M. & Melvin J. Hinich. 1984, *The Spatial Theory of Voting: An Introduction*, Cambridge: Cambridge Univ. Press.

Epstein, Leon. 1986, *Political Parties in the American Mold*, Madison: The Univ. of Wisconsin Press.

Falnigan, William H. & Nancy H. Zingale. 1989, Political Behavior of the American Electorate, 6th ed., Dubuque: Wm.C. Brown Publishers.

Ferguson, Thomas & Joel Rogers. 1987, "The Myth of America's Turn to Right," in Bruce Stinebricker(ed.), *American Government* 87/88, The Dushkin Publishing Group, Ind.

Franklin, Mark N. 1985. 4, "Assessing the Rise of Issue Voting in British Elections since 1964," *Electoral Studies* 4(1)

Granberg, D. & S. Holmberg. 1988, *The Political System Matters*, Cambridge: Cambridge Univ. Press.

Han, Harlan. 1970. 12, "Correlates of Public Sentiments about War: Local Referenda on the Vietnam Issue," *American Political Science Review* 64(1)

Heath, Anthony, Roger Jowell & John Curtice. 1986. 4. "Understanding Electoral Change in Britain," *Parliamentary Affairs* 39(2).

Heath, Anthony et. al. 1985, *How Britain Votes*, N.Y.: Pergamon Press.

Himmelweit, Hilde, Patrick Humphreys & Marianne Jaeger. 1985, *How Voters Decide*, Milton Keynes: Open Univ. Press.

Hinckley, Barbara, 1981, *Congressional Elections*, Washington, D.C.: Congressional Quarterly Press.

Janda, Kenneth, Jeffrey M. Berry & Jerry Goldman. 1989, *The Challenge of Democracy-Government in America*, 2nd. ed., Boston: Houghton Mifflin Company.

Judd, Charles M., David A. Kenny & Jon A. Krosnick. 1983, "Judging the Positions of Political Candidates: Models of Assimilation and Contrast," *Journal of Personality and Social Psychology* 44(5).

Keesing's Contemporary Archives: Weekly Diary of World Events, 1967~68.

Krosnick, Jon A. 1988, "Psychological Perspectives on Political Candidate Perception: A Review of Research on the Projection Hypothesis," presented paper at the 1988 annual meetings of the Midwest Political Science Association.

Macridis, Roy(ed.), 1978, *Modern Political Systems-Europe*, 6th. ed., Englewood

Cliffs: Prentice Hall.

Meier, Kenneth J. & James E. Campbell. 1979. 1, "Issue Voting," *American Politics Quarterly* 7(1).

Mueller, John, 1973, *War, Presidents and Public Opinion*, N.Y.: John Wiley and Sons, Inc.

Nie, Norman H., Sidney Verba & John R. Petrocik. 1976, *The Changing American Voter*, Cambridge, Massachusetts: Harvard Univ. Press.

Norpoth, Helmut. 1987. 4, "The Falklands War and Government Popularity in Britain: Rally without Consequence or Surge without Decline?" *Electoral Studies* 6(1).

______. 1987. 9, "Guns and Butter and Government Popularity in Britain," *American Political Science Review* 81(3).

Ottati, V. M. Fishbein & S. E. Middlestadt. 1988, "Determinants of Voters' Beliefs about the Candidates' Stands on the Issues: The Role of Evaluative Bias Heuristics and the Candidates' Expressed Message," *Journal of Personality and Social Psychology* 55(4).

Page, Benjamin I. & Richard A. Brody. 1972. 9, "Policy Voting and the Electoral Process: the Vietnam War Issue," *The American Political Science Review* LXVI(3).

Patterson, Thomas E. 1980, *The Mass Media Election: How Americans choose Their President*, N.Y.: Praeger Publishers.

Polsby, Nelson W. & Aaron Wildavsky. 1988, *Presidential Election*, 7th. ed., N.Y.: The Free Press.

Ranney, Austin. 1985, *Britain at the Polls, 1983: A Study of the General Election*, Duke: AEI.

RePass, David E. 1971. 6, "Issue Salience and Party Choice," *The American Political Science Review* LXV(2).

Rubin, Richard L. 1981, *Press, Party, and Presidency*, W. W. Norton & Company.

Sanders, David, Hugh Ward & David Marsh. 1987. 7, "Government Popularity and the Falklands War: A Reassessment," *British Journal of Political Science* 17, Part 3.

Stinebricker, Bruce(ed.). 1987, *American Government* 87/88, The Dushkin Publishing Group, Ind.

Sullivan, John L. & Robert E. O'Connor. 1972, "Electoral Choice and Popular Control of Public Policy: The Case of the 1966 House Elections," *The*

American Political Science Review 66.

Verba, Sidney & Richard A. Brody. 1970, "Participation, Policy preferences and the War in Vietnam," *Public Opinion Quarterly* 34.

Ward, Hugh & David Marsh. 1987. 7, "Government Popularity and the Falklands War: A Reassessment," *British Journal of Political Science* 17, Part 3.

Wattenberg, Martin P. 1986, *The Decline of American Political Parties*, Cambridge: Harvard Univ. Press.

Wood, David et. al. 1982, *Comparing Political System-Power and Policy in Three Worlds*, 2nd. ed., N.Y.: John Wiley & Sons.

Yeric, Jerry L. & John R. Todd. 1989, *Public Opinion-the Visible Politics*, 2nd. ed., F. E. Peacock Publishers, Inc.

정치 불참의 의미와 성격

강정인

서강대 정치외교학과

1. 들어가는 말

밀(J. S. Mill)과 같은 19세기의 고전 민주주의 사상가들은 민주주의에 있어서 시민들의 적극적인 정치 참여를 강조했다. 60년대의 신좌파(New Left) 역시 참여민주주의를 기본적인 목표로 추구했다. 그러나 이러한 이상에도 불구하고 현대의 민주국가, 특히 안정된 민주주의를 구가하고 있는 영국과 미국에서는 정치적 무관심(political apathy)이 팽배해 있고 선거참여를 비롯한 시민들의 정치 참여도 저조하다. 번햄(W. D. Burnham)은 미국 정치의 투표율 변화를 개관하면서 "변모하는 미국 정치세계의 가장 두드러진 특징은" 19세기 말 이래 유권자의 선거참여율의 장기적인 하락이라고 지적한 바 있다.[1] 번햄의 조사에 따르면 1876년에서 1896년 사이의 평균투표율은 78.5%였는데(Burnham 1965: 10), 현대 미국 시민의 통상적인 선거참여율은 더욱 저조하다. 심지어 1980년 이래 미국 대통령 선거에 있어 유권자의 참여율은 50%를 약간 상회할 뿐이다. 미국에서 19세기 말 이래 시작된 이러한 하락추세가 경제생활의 풍요화, 유권자의 향상된 교육 수준, 선거등록절차의 간소화, 남부 흑인들의 참정권 부여에도 불구하고 일어났다는 사실은 가히 역설적이라고 아니할 수 없다(Abramson & Aldrich, 1982: 502).

---

1) Burham(1965: 10-11). 번햄의 1965년 연구는 대략 45%의 미국 유권자들만이 규칙적인(core) 투표자들이며, 40% 정도는 아예 정치세계의 바깥에 머무르고 있다는 사실을 밝히고 있다.

적어도 1960년대 중반까지만 해도 민주주의의 이상과 현실간의 괴리의 심화가 곧바로 많은 학자들에게 경각심을 불러일으키지는 않았다. 오히려 어떤 학자들은 그러한 현상을 긍정적으로 해석하기도 했다. 예컨대 유라우 (H. Eulau)는 두드러진 선거쟁점이 없던 1950년대 미국 유권자들의 온건한 투표참여율이 "행복의 정치(politics of happiness)"를 반영하는 것이라고 주장 했다(Eulau, 1956). 립셋(S. M. Lipset) 역시 많은 수의 빈곤한 시민들이 갑자 기 정치에 참여하기 시작하면, 그들의 행태가 이전의 안정된 민주주의를 위 협할 것이라고 주장했다(Lipset, 1960: 216-219). 그리고 슘페터(Schumpter) 의 뒤를 이은 많은 경험적 민주주의 이론가들 또한 일정한 양의 시민들의 정치적 무관심을 안정된 자유민주주의의 운영에 바람직하고 순기능적인 것 으로 보았다(예컨대 Berelson et al., 1954; Key, 1961).

그러나 민권운동, 신좌파운동, 반전운동 등 '운동의 정치'가 활발하던 60 년대 중반에 들어서면서 던컨과 루크스(Duncan & Lukes, 1967), 데이비스 (Davis, 1967) 그리고 워커(Walker, 1966)와 같은 비판적 학자들은 경험적 민주주의 이론이 너무 자족하고(complacent) 있다고 비판했다. 비판자들은 미국 정치에 만연한 광범한 정치적 무관심과 비참여가 "능동적이고 양식 있 는(informed) 시민"이라는 민주주의의 이상을 배반하는 것으로서 강렬한 정 치적 소외의식을 표출하는 것이며, 정권의 정당성을 부인함은 물론 나아가 민주주의 자체에 대한 위협으로 해석될 수 있다고 주장했다.

하지만 정치적 분위기가 다시 반전하여 1970년대 중반에 이르러 운동의 정치가 퇴조하고 정치가 '일상적인 평온'을 되찾게 됨에 따라, 보수적인 정 치학자들, 예컨대 삼각위원회(Trilateral Commission)의 학자들은 전혀 다른 시각에서 '민주주의의 위기'를 진단하였다(Crozier et al., 1975). 60년대의 비 판적 학자들이 민주주의의 위기를 시민들의 적극적인 정치적 관심과 참여의 부재에서 구한 반면, 70년대에 보수적인 학자들은 '민주주의의 과잉(excesses in democracy)'에서 민주주의의 위기를 진단하였던 것이다. 보수적인 주류 학자들과 기업 및 통치 엘리트들은 60년대에 접어들면서 여태껏 조용하던 공중(the public)이 정치적으로 동원되어 자신들의 요구를 제시하게 됨에 따 라 위기를 느꼈다. 왜냐하면 그들의 요구는 권력과 부의 근본적인 재분배 없 이는 충족될 수 없었기 때문이다. 그리하여 크로지에(M. Crozier), 헌팅턴(S.

P. Huntington) 및 와타누키(J. Watanuki)에 의해 대표되는 삼각위원회 학자들은 자신들의 공저인 『민주주의의 위기(*The Crisis of Democracy*)』(1975)에서 "민주주의의 절제(moderation in democracy)"를 촉구하였다. 헌팅턴은 또한 민주적 절차가 적절한 영역은 제한되어 있으며, 민주주의의 효과적인 운영은 통상 개인과 집단에 있어서의 일정한 무관심과 비참여를 필요로 한다고 주장하였다(Crozier, 1975: 115).

반면에 급진주의자들과 좌파는 공중의 정치적 관여의 부재를 민주주의의 위기로 보았다. 그들은 많은 사람들이 기존의 리더십과 정치제도에 환멸을 느낀 결과, 정치에 등을 돌리고 소비주의나 쾌락주의에 빠져든다고 주장했다. 이러한 맥락에서 아렌트(Arendt)는 『혁명론(*On Revolution*)』(1963)에서 '대중'이 공적인 영역을 저버렸고, 자유주의적 국가는 공적인 영역을 찬탈하여 공적인 업무를 관료, 전문가, 전문적인 정치가들에게 내맡겼으며, 이들은 무력한 방관자로 전락한 대중 앞에서 공적인 자유에 대한 잔인한 희극을 연출하고 있다고 비판했다(p.276). 촘스키(Chomsky, 1982) 역시 공공의 관심의 부재와 시민들의 수동성이 기술관료들과 순응주의적 지식인들의 도움을 받는 미국 기업자본주의 및 통치 엘리트들의 활동에 기인한 것이라고 주장했다. 요컨대 너무나 많은 참여가 보수주의자와 자유주의자들에게 있어 민주주의의 위기라면, 급진주의자와 좌파이론가들에게는 너무나 적은 정치적 참여와 관심이 민주주의의 위기를 구성했던 것이다.

최근의 남한 정치에서도 제6공화국 출범 당시 유권자들의 대통령 선거와 국회의원 선거참여율은 상당히 높았던 반면, 1991년 시행된 지방의회 선거 및 1992년에 시행된 국회의원 총선거의 투표참여율은 상당히 저조했다. 이러한 상반된 현상의 원인과 함의를 놓고 언론과 학계에서 활발한 논의가 전개된 바 있다(구범모, 1992; 박종민, 1992; 이남영, 1992). 그러나 그 원인이 여하튼 남한 정치도-향후 상당한 우여곡절을 겪기는 하겠지만-의회정치의 활성화 및 지방자치의 제도화에 의해서 민주화의 추세가 불가피할 것으로 생각된다. 이에 따라 시민들이 투표나 기타 선거에 관련된 활동을 통해 정치에 참여할 기회가 훨씬 많아질 것이다. 그렇다면 이에 상응하여 나타날지도 모르는(또는 이미 나타나고 있는) 정치적 무관심이나 불참현상에 관해 자유민주주의의 보편성의 차원에서의 일반적인 원인에 대한 탐구는 물론 한국적 정치상황의 특수성에서 연유하는 특별한 원인에 대한 해석이 학문적으로 요청된다 할 것이다.

따라서 필자는 정치 불참의 의미와 성격을 둘러싸고 주로 미국 학계에서 전개된 논쟁을 정리하여 제시함으로써 자유민주주의하에서 정치적 불참이 지니는 의미와 성격을 밝히고자 한다. 이를 위해 필자는 우선 정치 불참을 명료하게 개념화하여 그 개념이 '초연함(aloofness)'과 '배제(exclusion)'라는 '일면' 상호모순된 의미를 담고 있다는 점을 지적하고자 한다. 그리고 자유민주주의하에서의 정치 불참을 둘러싼 다원론자와 참여론자의 상호대립된 논쟁을 '초연함'으로서의 정치 불참과 '배제'로서의 정치 불참으로 나누어 비판적으로 고찰, 정리할 것이다. 결론에서는 정치 불참에 대한 다원론자와 참여론자의 상반된 입장이 그들의 상이한 정치관 및 민주주의관과 연관되어 있음을 밝히고서 두 입장이 지닌 문제점 및 한계를 논의하고자 한다.

2. 정치 불참의 의미

미국과 같은 안정된 자유민주국가에서 광범하게 유포된 정치 불참 현상에 대해 보수적 학자들과 진보적 학자들이 위에서 제시한 것과 같이 대조적인 태도를 취하는 것은 정치 불참에 대한 상이한 개념화(conceptualization)에서 비롯된다고 할 수 있다. 그러나 이에 대한 고찰에 앞서 정치 불참의 상황과 의미를 명료하게 정리할 필요가 있다. 우선 외관상의 비행위(inaction)나 침묵(acquiescence)이 명백한 정치적 의미─정치체제에 대한 지지나 반발(dissent)─를 획득하는 상황은 우리의 논의에서 배제된다. 예컨대 정부가 시민들에게 참여를 강제하는 국가에서의 정치 불참은 부작위(不作爲, negative action: 의도적으로 요구되거나 기대되는 행위를 하지 않는 것)에 의한 정치 참여나 정권에 대한 시민들의 저항에 접근한다. 그러한 경우에는 어떠한 행동이 정치 불참을 구성하는지 판단하기가 지극히 어렵다. 하지만 그러한 상황은 오히려 예외에 속한다. 왜냐하면 그러한 상황은 시민들이 적군의 점령이나 전체주의적인 정권에 저항할 때처럼 특별한 상황이 부작위에 정치적 의미를 부여하는 경우이기 때문이다. 그러나 정치 불참이 바람직한가에 관련된 논쟁은 시민들이 참여할 것인가의 여부를 결정할 수 있는 자유가 일면 제도적으로 부여되어 있기 때문에 그러한 예외적인 상황이 발생하는 경우가 드문 자유민주주의 체제하에서 의미를 갖는다는 점을 상기할 필요가 있다.

또한 정치 불참과 정치적 무관심의 관계를 명확히 이해할 필요가 있다. 이론가들은 정치 불참문제를 통상 '정치적 무관심'이라는 제목하에 논의하기도 한다. 그들은 정치적 무관심이라는 용어를 정치적 소외, 정치적 무관심 또는 정치적 참여의 부재 등 다양한 현상을 지칭하기 위해 사용한다. 많은 학자들이 이 개념을 정확하게 정의하지 않고 다소 모호하게 사용해 온 것이다. 사전에 따르면, 무관심은 '다른 사람들이 관심을 갖는 것에 대해 감정, 정념 또는 관심을 느끼지 않는 일정한 마음의 상태'를 의미한다. 하지만 감정이나 관심의 부재는 인간의 내면적 심리상태에 관한 것이기 때문에 경험적이고 계량적인 방법으로 측정하기가 사실상 불가능하다. 따라서 정치학자들이 '정치적 무관심'을 주제로 하여 논쟁을 하는 경우라도, 그들이 실제 논의하는 것은 정치 참여의 부재로 나타난 정치적 무관심을 논한다는 점에서, 정확히 말하면 정치적 불참(또는 정치적 비참여: political nonparticipation)을 놓고 이론상의 논쟁을 전개하는 것이라고 할 수 있다. 물론 정치적 무관심은 대개 정치적 활동의 부재로 나타나겠지만(Palma, 1970: 2), 정치적으로 무관심한 사람도 다른 사람들과 동조하여 투표와 같은 간단한 정치활동에 참여할 수 있으며, 반면에 정치에 관심이 많은 사람도 다양한 이유로 실제 정치활동에 참여하지 않을 수 있다. 따라서 정치학자들이 이른바 '정치적 무관심'을 놓고 벌이는 논쟁은, 엄밀히 말하면 '정치 불참'을 놓고 전개하는 논쟁이라고 할 수 있다.[2]

브레이브루크(D. Braybrooke)는 정치 불참을 두 가지 차원에서 개념화한다. 그 첫째는 시민들이 정치에 대하여 '초연하게 거리를 유지하는 것('remaining aloof' from politics)'이고, 둘째는 시민들이 정치로부터 '배제되는 것('being excluded' from politics)'이다. 브레이브루크는 둘 다 비참여를 의미하지만 각각 독립적이고 상호배타적인 범주이기 때문에 혼동되어서는 안

---

2) 그렇기 때문에 이 논문에서는 '정치 불참'이라는 용어를 주로 사용하였다. 그러나 학계의 관행상 '정치적 무관심'이라는 용어도 종종 사용하였는데 이러한 차이점을 정확히 인식하는 한 무방하다고 생각한다.

된다고 주장한다. 만약 어떤 사람이 초연하기 때문에 참여하지 않는다면 그는 정치로부터 배제된 것이 아니다. 만약 어떤 사람이 배제되었기 때문에 참여할 수 없는 것이라면, 그 사람의 초연함의 문제는 애당초 일어나지도 않는다(Braybrook, 1975: 62).[3] 이 두 개의 범주는 상호배타적으로 보이지만 '정치 불참'이라는 단일한 개념은 빈번히 두 개의 범주를 다 포섭한다. 이러한 개념상의 애매함이 비참여를 둘러싼 논쟁의 많은 것을 설명할 수 있다. 정치 불참을 초연함으로 보는 사람들은 그것을 심각한 정치적 문제로 보기보다는 오히려 시민의 자유권의 행사로서 보호하고자 하는 경향이 있는 반면, 그것을 배제로 보는 자들은 비참여를 치유되어야 할 중대한 정치적 질병으로 진단할 가능성이 높다.

이하에서 필자는 정치 불참 또는 정치적 무관심을 둘러싼 논쟁을 브레이브루크의 이분법인 '초연함' 대 '배제'개념을 사용하여 검토하고자 한다. 또한 필자는 비참여의 개념을 명료화함에 있어 이러한 이분법이 지닌 한계를 검토할 것이다. 비록 그 이분법이 최초의 접근법으로는 충분하지만, 정치 불참이라는 현상을 둘러싼 애매함과 미묘함을 충분히 설명하는 데는 중요한 한계가 있기 때문이다.

3. '초연함'으로서의 정치 불참

슘페터(1950), 립셋(1960), 베렐슨(Berelson et al., 1954), 알몬드 및 버바(Almond & Verba, 1965)와 같은 현대의 경험적 민주주의 이론가들은 이른바 민주주의라는 정치제도를 옹호하고 있기는 하지만, 정치에 있어서 일반 시민들의 광범하고 적극적인 참여의 가능성과 바람직함에 대해서는 의문을 품게 되었다. 많은 경험적 연구들은 일반 시민들이 정치적으로 무능하며 건전한 정치적 판단력을 결여하고 있다는 것을 보여준다(Berelson et al., 1954:

---

3) 브레이브루크는 이 두 개의 범주가 상호배타적이라고 생각하는데, 사실 그렇지 않다. 인간은 초연함과 배제의 느낌을 동시에 경험할 수 있다. 오히려 필자가 결론부에서 주장할 것처럼 이 두 개의 범주는 양 극단을 대표할 뿐이다. 하지만 브레이브루크의 이분법은 시민들이 정치에 참여하지 않는 이유에 관해 대립된 두 견해를 정리하는 데 매우 유용하다.

307; Key, 1961). 따라서 경험적 이론가들은 일반 시민의 역할보다는 엘리트 정치 또는 전체로서 정치체계의 작동과정에 보다 많은 주의를 기울이게 되었다. 그리하여 그들은 적극적이고 양식 있는(informed) 시민의 참여를 강조하는 고전민주주의 이론을 수정하고자 한다.[4] 그들은 자신들의 학문적 주된 관심을, 일반 시민의 참여가 고전민주주의가 비전으로 제시했던 이상에 훨씬 못미침에도 불구하고 영미의 정치체제가 누리는 민주주의의 '안정성'을 설명하는 데 기울인다.

이러한 경험적 이론들은 그 기본적 가정에 있어서 '자유주의-다원주의적(liberal-pluralist)' 민주주의 이론이라고 할 수 있다.[5] 그 이론들은 시민사회가 착종하는 이해관계에 따라 여러 방향으로 끌려다니는 개인으로 구성되어 있다—한 개인의 충성심은 이해관계에 따라 한 집단을 추종하기도 하고 다른 집단을 추종하기도 한다—라고 전제하는 점에서 다원주의적이다. 또한 그 이론들은 개인이 합리적으로 쾌락을 극대화하고 고통을 최소화하고자 한다고 전제하는 점에서 자유주의적이다. 여기서 필자는 민주주의와 정치 불참에 대한 자유주의-다원주의적 견해를 사토리(G. Sartori), 존스(W. H. M. Jones), 달(R. Dahl) 그리고 알몬드와 버바의 이론을 분석함으로써 검토하겠다.

자유주의-다원주의적 이론가들은 정치적 기회균등의 보장이 민주주의를 확보하는 데 충분하다고 생각한다.[6] 따라서 사토리는 자신의 『민주주의 이론(*Democratic Theory*)』(1973)에서 다음과 같이 주장한다.

---

4) 슘페터의 민주주의 이론에 대한 비판적 검토로는 강정인(1993: 20-32)을 볼 것.

5) 이러한 경험적 이론들에 비판적인 학자들은 그러한 이론화작업을 '최근의 민주주의 이론(recent theories of democracy),' '민주주의 신이론(the new theory of democracy),' '민주적 수정주의(democratic revisionism),' '민주적 엘리트 이론(democratic elitism)' 또는 '민주주의에 대한 현실주의적 견해(the realistic view of democracy)'라고 명명하기도 했다. Walker(1966), Bachrach(1967), Duncan & Lukes(1967), Davis(1967), Pateman(1970)을 볼 것. 실질적인 쟁점으로부터 우리의 주의를 분산시키는 이러한 용어들이 가지고 있는 부정적인 어감을 피하기 위해 필자는 이러한 이론들은 '자유주의-다원주의적' 민주주의 이론이라고 부르겠다.

6) 형식적 기회균등이론의 보수성에 관해서는 강정인(1993: 143-186)을 볼 것.

> 설사 민중(demos)이 수적으로 소수 또는 소수 집단의 군집에 불과하다 해도, (민주적) 원리는 예외 없이 모든 사람에게 기회가 제공된다는 규칙이 준수되는 한 유효하다. …민주적 또는 자치적(isocratic) 규칙을 시행한다 함은 그 사용을 방해하는 장애물을 제거해야 된다는 것을 의미하고, 이보다 많은 것을 의미할 수 없다. 왜냐하면 실제적인 사용은 관련된 당사자의 문제이기 때문이다(pp.90-91).

일단 "방해물과 장애물이라고 주장된 것들이 제거되면," 정치적 무관심은 "어느 누구의 잘못도 아니며," 따라서 우리는 비난해야 할 희생양을 찾는 것을 중단해야 한다고 사토리는 말한다(pp.88-89). 따라서 정치적 무관심은 그의 민주주의 이론에 하등의 문제도 제기하지 않는다. 민주주의하에서는 능동적인 시민이 있는 것처럼 수동적인 시민도 있기 마련이다. 정치 참여에 대한 외부적인 장애물이 현대민주주의에서는 제거되었다고 판단하기 때문에, 그는 정치적 무관심을 정치로부터의 자발적인 '초연함'으로 해석한다.

따라서 사토리는 이러한 정치적 무관심에 대해 단지 두 개의 해결책을 제안·검토해 보고는 그 해결책들이 반민주적이며 무의미한 것이라고 기각해 버린다: "우리는 정치적 무관심을 강제를 통해 해결하든지 아니면 정치적으로 능동적인 사람들에게 일정한 벌칙을 가해 정치적으로 소극적인 사람들이 유리하도록 만들어야 한다"(p.90). 하지만 상상력이 빈곤한 사토리의 대안은 사이비 선택을 강요할 뿐이다. 즉 사토리에 따르면 우리는 두 개의 대안, 곧 현행의 만연된 정치적 무관심 아니면 현상태를 악화시킬 수도 있는 반민주적이고 비현실적인 처방 중에서 어느 하나를 선택해야 한다. 현행의 만연된 정치적 무관심에 대한 유일한 대안이 사태를 반민주적으로 악화시키는 데 불과하다면 우리는 현상(現狀: the status quo)을 받아들이는 수밖에 없다.

광범한 정치적 무관심을 주어진 것으로 받아들이면서, 사토리는 실제의 민주주의를 "적극적인 민중의 권력"으로 규정한다. 비록 그는 다른 이론가들처럼 정치적 무관심이 민주주의의 작동에 순기능적이라고까지 주장하지는 않지만 여전히 다음과 같이 주장한다:

> 우리의 체제의 결함은 민주적 결함이며, 권력이 인민들에게 귀속한다고 주장한 다음에 그들이 권력을 사용하지 않는다고 개탄하는 것은 말도 안된다. 왜냐하면 바로 이것이야말로 인민이 통치자라는 규칙의 준수가 함축하는 바이기 때문이다 (p.91).

사토리는 시민들의 활동가적인 정치 개입과 반응을 장려하는 것에 대해, 이는 "인민주권론의 대중화(massification)"를 가져오고, "인민의 실제적 의지를 허울로 만들 뿐"이라면서 우려를 표명한다(p.87).

하지만 유감스럽게도 사토리는 비참여에 관해 제기할 수 있는 가장 중대한 질문을, 의식적이건 무의식적이건 간에 무시해 버린다. 누가 능동적인 시민이고 누가 수동적인 시민인가? 그들은 왜 그러한가? 능동적인 시민은 성, 연령, 인종, 종교, 재산, 기타 사회경제적 지위에 상관없이 무작위적으로 분포되어 있는가? 만약 많은 경험적인 연구들이 지적하는 것처럼, 여성, 소수민족, 저학력층, 빈곤층이 남성, 지배적 인종집단, 고학력층 및 부유층보다 정치에 더 무관심하고 비활동적이라면 이러한 차이는 무엇을 의미하는가? 만약 후자의 집단이, 미국에서의 정치 참여에 대한 버바와 나이(Verba & Nie, 1972)의 연구가 밝히고 있듯이 정치 참여의 강도 및 유형(mode)에 있어서 전자의 집단보다 광범위하게 그리고 강력하게 참여한다면, 이러한 차이는 무엇을 드러내는가? 만약 정치 엘리트나 정책이 적극적으로 정치에 참여하는 계층의 선호에 순응하거나 그 선호를 반영하는 경향이 있다면, 이는 사회경제적 불평등이 불평등한 정치 참여를 통해 적어도 유지되거나 나아가 확대 재생산되는 것을 의미하지 않는가? 정치사회화이론이 제시하듯이, 능동적이고 적극적으로 정치에 참여하는 속성은 인간의 통제를 벗어난 선천적인 기질에서 유래하는 것이라기보다는 사회적으로 습득된 행동의 일환이다. 그리고 이는 성, 계층, 교육, 및 인종적 배경에 따라 차별성을 갖게 마련이다. 따라서 사토리는 정치적 무관심과 비참여를 성, 연령, 빈부 격차, 교육 수준, 인종적 배경 등과는 아무런 상관이 없는 자발적인 초연함으로 개념화하고 있는 것으로 보인다.

50년대 정치적 무관심을 옹호한 유명한 논문인 「무관심을 옹호하며(In Defence of Apathy)」에서 영국의 정치학자인 존스는 투표의무—이는 사토리가 제시한 반민주적인 처방 중의 하나에 해당한다—와 관련하여 정치적 무관심의 문제를 논의하고 있다. 존스는 민주주의를 '참여'와 '동의'의 관점에서보다는 "사태를 처리하는 양식(manner), 사안을 다루는 방식"으로 기술한다(Jones, 1954: 35). 따라서 그는 "투표권은 사상의 상호작용과 이익의 충돌이 적절히 일어나도록 확보하는 데 필요한 한도에서 행사되어야 한다"라고 주장한다(p.35). 존스에게 있어서 온당한 정치활동은 입법부에서 수행되는 것이며 시민들의 정치 참여는 의회민주주의의 준비단계를 마련하는 것이다. 참여와 동의는 입법부내에서의 적절한 논쟁을 유발하는 차원에서 중요하거나 바람직한 것일 뿐이다. 그 결과 민주정치에서의 정치 참여의 역할은 대의정치의 역할에 부수적인 것에 불과하게 된다.

사토리처럼 존스 역시 정치적 무관심을 정치로부터의 초연함으로 고려한다.

> 그것(정치적 무관심)은 여하튼 인민들이 정치에 대해 느끼는 바에 따라 정치에 관심을 가질 수도 있고 안 가질 수도 있을 만큼 자유롭다는 것을 의미한다. 유권자 중 무관심한 층의 존재는, 말하자면 자유민주주의의 징후이다. 자유민주주의는 정치적 활동을 주로 시간과 재능의 낭비라고 여기는 사람들이 존재하며 앞으로도 항상 존재할 것이라는 점을 인정할 태세가 되어 있으며, 그런 사람들이 스스로 정원을 가꾼다든지, 음악을 즐긴다든가, 그밖에 무엇이든 자신들의 욕구에 따라 다른 일에 종사하도록 방임할 준비가 되어 있다. …인간은 단순한 정치적 동물 이상의 존재이다(pp.36-37).

이 인용구에 담겨 있는 이미지는 정치를 다른 여가활동－예컨대 정원가꾸기나 음악 감상－과 더불어 경쟁하는 활동으로 묘사하고 있다. 이러한 개념화는 정치활동의 공적인 성격을 탈색시키고, 이를 다른 사적인 활동과 유사한 것으로 고려한다. 정치활동이 공동선에 대한 집단적인 숙의(collective deliberation)를 요구한다는 관념은 전적으로 배제되어 있다. 더욱이 존스가 정치를 '정원가꾸기'나 '음악 감상'과 비교한 것은 정치란 주로 그러한 여가를 향유할 수 있는 중산층 이상의 관심사항이라는 것을 암시한다. 심지어 존스는 정치적 무관심을 시민들이 현상에 만족한 결과로 본다. 일정한 사람들은 정치 참여가 다른 활동보다 덜 보람 있다고 생각하며, 상대적으로 기존의 정치상황에 만족하고, 따라서 정치를 다른 사람에게 내맡겨 놓는다고 생각한다. 그러므로 참여하지 않을 자유가 존중되어야 한다는 그의 결론은 지극히 당연한 것이다.

그러나 사토리에 대해 제기했던 질문이 존스에게도 제기될 수 있다. 즉 존스는 자신들은 정치에 부적격이라고 생각하기 때문에, 또는 '나와 같은 사람들은 정부가 하는 바에 아무런 발언권이 없다'라는 생각하에 정치에 무관심한 사람들에 대해서 어떻게 대꾸할 것인가? 먹고 사는 데 바빠서 정치에 참여하는 것은 물론 정치에 관심을 가질 수도 없는 사람들에 의한 비참여는 어떻게 볼 것인가? 의무적인 투표제도에 대한 강한 반론을 펴기 위한 수사적인 주장에 몰두한 나머지 존스 역시 정치적 무관심을 초연함으로 개념화하고, 따라서 정치로부터의 배제의 측면을 무시해 버린다.

정치에 참여하지 않을 자유를 주장하는 사토리 및 존스와는 달리 달은 참여의 문제를 손익계산의 관점에서 접근한다. 달은 정치활동이란 시민들에게 시간상의 투자를 요구하기 때문에 비용이 많이 드는 활동이라고 간주한다(Dahl, 1970b: 44). 달은 제퍼슨이 대의민주제를 승인함에 있어서 자신이 말하는 이른바 '경제의 원리(criterion of economy)'—루소(J. J. Rousseau)는 이 원리를 거절했다—를 수용했다고 주장한다(1970b: 41). 그는 『현대 정치분석론(*Modern Political Analysis*)』(1970a)에서 정치 불참의 결정요소를 논하면서 다음과 같이 말한다.

> 사람들은 다른 종류의 인간활동으로부터 기대되는 보상에 비해 정치적 활동으로부터 얻어지는 보상에 대한 평가가 낮을수록 정치에 관여할 가능성이 낮아진다. 많은 사람들에게 있어서 정치활동은 다른 활동보다 훨씬 덜 만족스러운 결과를 가져온다. …요컨대 많은 사람들에게 정치활동의 기회비용은 그것을 가치가 있도록 만들기에 너무나 높다고 할 수 있다(1970a: 79-80).

그리고 나서 그는 정치 불참에 대한 다섯 가지의 추가적 이유를 제시한다. 한 개인은 다음과 같은 경우에 정치에 관여할 가능성이 낮아진다:

① 만약 그가 자신이 참여하지 않을 경우에 당면할 대안이 별로 다르지 않다고 생각하는 경우
② 만약 그가 여하튼 결과를 의미심장하게 변경시킬 수 없기 때문에 자신이 하는 바가 대수롭지 않다고 생각하는 경우
③ 만약 그가 자신이 관여하지 않더라도 결과에 만족할 것이라고 믿는 경우
④ 만약 그가 자신의 지식이 효과적이기에는 너무나 제한되어 있다고 느끼는 경우
⑤ 자신이 관여하는 데 커다란 장애적 조건이 존재하는 경우(1970a: 81-84).

위의 다섯 가지의 경우 중 세 번째의 경우는 집합행동에 있어서 소위 '무

임승차(free ride)'의 문제를 일으키는 전형적인 사례이다. 첫 번째와 두 번째의 경우는 참여의 결과로 얻는 이익이 대수롭지 않은 경우이다. 네 번째와 다섯 번째의 경우는 참여에 수반되는 비용의 측면을 강조한다. 즉 효과적인 참여에 필요한 지식을 획득하거나 참여시 당면하게 되는 장애물을 제거하는데 많은 비용이 드는 경우이다. 따라서 달이 제기하는 정치 불참에 대한 다섯 가지의 추가적인 이유란 그가 처음에 명시한 공리주의적 원리가 좀더 구체화된 데 불과할 뿐이다.

그런데 달은 비참여를 정치로부터의 초연함으로 보는가 아니면 배제로 보는가? 비참여에 대한 달의 다섯 번째의 이유는 특정한 개인이 (장애물로 인해) 배제되었기 때문에 참여하지 않는다는 점을 시사한다. 달은 금지할 정도로 높은 비용은 효과적으로 사람들이 정치에 참여하는 것을 배제한다고 주장할 법하다. 참여의 비용이 일반 사람들에게는 얼마 안되는 데 반해 일정 부류의 사람들에게 감당할 수 없을 정도로 높다면, 전자는 정치 참여의 여부를 선택할 수 있겠지만, 후자는 정치로부터 배제되었다고 할 수 있다.[7] 그렇다면 달의 비참여에 대한 설명은 '초연함'과 '배제' 양자를 다 강조하는 것으로 보인다. 그러나 우리들이 이런 결론에 도달하기 위해서는 달의 이론적인 틀 전반을 고려해야 할 것이다.

달은 민주주의를 주로 '참여'의 관점에서 "참여의 기회가 모든 성인 시민들간에 광범하게 공유되는 정치체제"로 정의한다(1970a: 7). 그러나 그는 어떤 정치체제가 민주주의라고 불리기 위해서는 '얼마나 광범하게' 참여의 기회가 공유되어야 하는가에 대한 기준을 명시하지 않는다. 다만 그는 다른 연구에서 다음과 같이 주장하고 있다:

> 미국헌법 발전의 중추적인 지침은 전인구의 모든 적극적이고 정당한 집단들이 결정과정의 중대한 단계에서 자신들의 목소리를 들리게 할 수 있는 정치체제로의 진화이다(1956: 137).

---

7) 손익계산에 따른 참여여부의 결정의 문제는 '배제'와 '초연함'이 질적으로 다른 이분법적인 범주가 아니라 연속성을 띤 정도의 차이에 불과한 이분법이라는 전제에 서 있다. 그러나 그러한 사고는 정치체제의 정당성을 의심하지 않고 주어진 것으로 받아들인다는 한계를 지니고 있다.

물론 달은 일정한 집단, 특히 흑인집단들이 과거에 정상적인 정치활동에 참여하는 데 중대한 장애가 존재했다는, 곧 체제로부터 배제되어 있었다는 점을 시인한다. 그러나 그는 그러한 집단들도 정치영역에 다음과 같은 방법으로 진입할 수 있다고 지적한다:

① '비정상적인' 정치활동—예컨대 폭력—에 종사하거나 그러한 행동에 종사한다고 위협함으로써, ② 체제내에 있는 기왕의 집단의 정당성을 박탈하겠다고 위협함으로써, 그리고 ③ 정당성을 획득하여 내집단으로 하여금 외집단을 포섭하도록 동기를 부여함으로써(1956: 138).

따라서 달은 60년대 흑인들에 의한 민권운동이 미국의 정치체제가 작동한다는 자신의 논지를 지지하는 것으로 해석한다. 배제된 집단들은 적극적으로 체제에 진입하고자 하였고, 중대한 장애가 제거되는 등 정책이 변했으며 결국 그들은 체제에 수용되었기 때문이다.

미국역사를 개괄적으로 조망한 후, 달은 '정상적인' 미국의 정치과정은 "적극적이고 정당한 집단은 무엇이든 결정과정의 일정한 단계에서 자신들의 목소리가 들리게 할 수 있는 높은 개연성"을 창출한다라고 주장한다(1956: 150). 과거에는 단지 두 집단—공산주의자와 흑인—만이 배제되어 왔는데, 이제 흑인들은 정상적인 체제에 동화되었고 극소수의 공산주의자만이 배제되었다고 달은 보기 때문이다. 따라서 이제 달은 일부 공산주의자를 제외한 시민들의 불참을 정치로부터 초연함으로 해석할 근거를 확보한 것처럼 보인다. 왜냐하면 공산주의자들이 소극적인—곧 정치에 참여하지 않는—미국 성인 유권자의 40% 중 극히 일부에 불과하다는 점은 명백하기 때문이다.

하지만 사토리에 대해 제기한 비판이 달에게도 여전히 적용된다. 만약 달의 주장이 타당하다면 극소수의 공산주의자를 제외한 대부분의 불참자들은 참여에 대한 중대한 장애가 존재하지 않는 상황에서 단순히 손익계산의 결과 합리적으로 참여하지 않는 데 불과한가? 비참여에 관한 달의 손익분석이 전제하고 있는 방법론적 개인주의는 정치 불참의 문제를 구조의 문제로서보다는 개인의 문제로서 제시하는 경향이 있다. 그러한 손익분석이 간과하기 쉬운 질문은 '주어진 체제하에서 왜 일부 사람들에게는 정치 참여가 이득이 되는 행위인 데 반해 다른 사람들에게는 참여하지 않는 것이 이득이 되는가?

왜 일부 사람에게는 참여의 비용이 적게 드는데 다른 사람들에게는 많이 드는가'이다. 즉 헌법과 법률이 형식적으로는 모두에게 균등하게 참여할 기회를 보장하는데, 불참자들은 왜 빈자, 노동계급, 소수 민족, 여성에 집중되어 있는가라는 구조적 질문이다.

더욱이 참여에 수반되는 득실은 주어진 공동체의 문화적 규범, 전통 및 습속에 따라 다양하기 때문에 사회적 상황이 '무엇이 그 누구에게 얼마만한 이익이 되는가'를 결정한다. 즉 구조적 개혁에 의해 현행의 득실 수준보다 불참자에게 따르는 참여의 비용을 줄이고 이득을 증대시킴으로써 현행의 자유민주주의적인 정치체제를 더욱 참여적으로 만들 수 있다는 것이다. 만약 그러한 개혁이 도입되면, 그렇지 않았을 때보다 많은 사람들이 정치적 결정을 작성하고 자신의 사적인 이익과 필요를 공동선과 연관시키는 것을 배우는 과정에 보다 균등하게 참여할 수 있을 것이다. 만약 그러한 개혁이 도입되면, 그렇지 않았을 때보다 많은 사람들이 정치적 결정을 작성하고 자신의 사적인 이익과 필요를 공동선과 연관시키는 것을 배우는 과정에 보다 균등하게 참여할 수 있을 것이다. 만약 이와 같이 사회의 기본적 틀이 변혁된다면, 시민들은 상이한 종류의 비용/이득 함수에 따라 행동할 것이다. 그러나 만약 우리가 기존의 사회적·정치적 틀을 주어진 것으로 받아들이고 비용/이득의 표준을 그 틀에서 도출한다면, 그러한 분석적 기준에 집착하는 것은 단지 현상(現狀)을 지속시키는 데 봉사할 뿐이다.

하지만 달은 자신의 이론이 가진 보수적 함의에도 불구하고 미국사회에 만연하고 있는 정치적 무관심의 수준에 만족하지 않는다. 워커(Walker, 1966)의 비판에 대한 답변에서 달은 현대 미국에서 "참여의 수준"이 "개탄할 정도로 낮으며," 자신은 "훨씬 높은 수준의 정치활동이, 특히 참여의 수준이 가장 낮았던 계층에서" 활발하게 전개되기를 기대한다고 시인한다 (1966: 301). 그러나 달은 현행의 체제에 대한, 실천가능한 대안적인 체제를 적극적으로 모색하지 않는다.[8] 그 반면에 달은 자주 이상화되는 고대 아테

---

8) 『혁명 이후?(*After the Revolution?*)』(1970b)에서 달은 산업민주주의를 그의 "다두제적(polyarchal)" 민주주의의 정당한 구성요소로 도입한다. 실로 그는 현대의 일정한 문제에 대한 해결책으로 산업민주주의는 '결코 무시될 수 없다'고 주장한다. 그러나 그의 산업민주주의는 산업체에 대해 대의민주적 원리를 적용하는 것, 곧 노동자들이 기업의 최고회의체에 대표를 선출, 파견하는 것에 불과하다(p.134 이

네와 뉴잉글랜드(New England)의 지방 의회(town meetings)에 상당한 크기의 정치적으로 무관심한 계층이 존재했다는 점을 지적한다. 그는 또한 폴리스가 민회에 참석하는 대가로 아테네 시민들에게 일당 6오볼즈(obols)씩을 지급했으며 뉴잉글랜드의 인민법원은 출석하지 않는 시민들에게 벌금을 부과했다는 사실을 언급한다(1970a: 78-79). 아테네와 뉴잉글랜드의 많은 시민들이 통상적으로 믿는 것보다 정치에 별다른 관심을 갖지 않았다는 달의 지적은 현대 자유민주주의에도 존재하는 광범한 정치적 무관심계층의 존재를 정당화하기 위해 제출된 듯하다. 그러나 과거의 아테네와 뉴잉글랜드가 무관심한 시민들을 정치에 참여시키기 위해 많은 노력을 기울였다는 사실은 달의 입장을 궁색하게 만든다. 달은 아테네와 뉴잉글랜드의 민주정부가 시민들의 정치 참여를 촉진시키기 위해 왜 그와 같이 비상한 노력을 경주했었는가를 곰곰히 생각해 볼 필요가 있을 것이다. 아테네와 뉴잉글랜드에서 취해진 그러한 조치는 현대의 자유민주국가에는 그에 상응하는 노력이 없다는 점과 명확한 대조를 이룬다.

마지막으로 정치 불참을 개인적인 관점에서 분석하는 학자들 이외에, 이를 민주주의의 운영에 도움이 된다는 의미에서 거시적으로 분석하는 학자들도 있다.9) 이들 학자들은 정치적 무관심과 불참을 정치체계 전반의 입장에서 분석한다. 그들은 암묵적으로 비참여적인 시민들은 자발적으로 정치에 초연한 것이며, 설사 체제가 일정한 사람들을 정치에서 배제한다고 할지라도 그러한 배제는 바람직하다는 가정을 받아들인다. 너무나 많은 참여는 체제에 무리한 하중을 가하며 안정적이고 원활한 민주주의의 운영에 방해가 된다고 생각하기 때문이다.

여기서 필자는 비교정치학, 특히 정치문화에 대한 선구적인 저작으로 알려져 있으며 남한의 정치학 교과서에도 광범위하게 인용되어 커다란 영향력을 행사하고 있는 알몬드와 버바의 『시민문화(*The Civic Culture*)』(1965)를 위에서 언급한 입장의 대표적인 사례로서 분석해 보겠다. 자신들의 저작의 결론을 내리는 장인 「시민문화와 민주적 안정(The Civic Culture and Demo-

---

하 참조).

9) 앞에서 간단히 언급한 바 있는 삼각위원회 학자, 립셋 이외에도 밀브래스(Milbrath, 1965: 152) 등을 지적할 수 있다.

cratic Stability)」에서 알몬드와 버바는 정치문화가 안정적이고 효과적인 민주주의를 창출하고 유지할 수 있는 한계(범위)에 대해서 문제를 제기한다 (p.336). 민주적 이상과 실제 민주주의 운영간의 괴리를 주목한 다음에, 그들은 현실정치에 적합하도록 민주주의 이론을 수정한다. 즉 그러한 괴리를 통해 민주주의의 실패(또는 불완전함)를 진단하는 대신 이론을 현실에 맞게 조정해야 한다는 시각에서 알몬드와 버바는 다음과 같이 기술하고 있다:

> … 혹자는 아마도 (합리적·활동가적 행위자 모델과 민주적 현실간에 존재하는) 괴리[the gap (between the rational-activist model and democratic realities)]는 그 기준이 너무나 높게 설정되었기 때문에 생기는 것이라고 주장할 법하다. 정치적 사안의 복잡성을 전제하고 개인의 시간에 가해지는 다른 요구들은 감안할 때, 그리고 합리적인 정치적 결정을 내리는 데 필요한 정보를 얻기가 어렵다는 점을 고려할 때, 일반 시민이 이상적인 시민이 아니라는 점은 놀라운 일이 아니다. 개인의 비정치적인 영역에서의 이익을 감안할 때 합리적·활동가적 모델에 부응하기 위해 필요한 시간과 노력을 정치활동에 투자하는 것은 상당히 비합리적일 것이다. 단순히 그러한 선량한 시민이 될 만한 가치가 없을 것이다(p.340).

따라서 비참여를 줄이는 방안을 강구하고 민주적 이상에 부합되게 현실을 개혁하려고 시도하는 대신, 알몬드와 버바는 정치적 무관심과 비참여를 구원할 수 있는 숨겨진 덕목, 곧 '보이지 않는 손'의 정치적 대응물—정치적 무관심이 민주주의의 원활한 기능을 어떻게 자비롭게 돕는가—을 찾고자 한다. 그들의 모색은 다행히 헛되지 않아 절묘한 설명을 고안해 낸다. 우선 그들은 "정부의 권력(governmental)과 정부의 순응성(governmental responsiveness)간의 적절한 균형을 유지하는 것이야말로 민주주의의 가장 중요하고 어려운 과제"라고 선언한다(p.341). 정부의 순응성은 일반 시민들이 적극적으로 정치에 참여할 것을 요구하나 정부의 권력은 그들이 상대적으로 "수동적이고 비관여적이며 엘리트에 충성스러울" 것을 요청한다(p.343). 요컨대 정부의 권력과 순응성간의 이러한 긴장은 민주체제의 시민들에게 모순된 요구를 하게 된다는 것이다(p.343). 그러나 민주적 체제는 물론 민주적 시민들에게 부과된 이같은 모순된 요구들에 의해서 빚어지는 미묘하고 난해한 균형의 문제는 다행스럽게도 미국과 영국에서 정치구조와 정치문화에 의해 유지되고 있다는 것이 그들의 주장의 요지이다(p.343).

이러한 주장에 도달하기 위해 알몬드와 버바는 '일반 시민들의 태도와 엘리트의 태도가 상호작용하는 방식'에 자신들의 관심을 기울인다(p.343). 이 단계에서 그들은 정치 불참의 긍정적인 역할을 제시한다. 즉 권력과 순응성 사이의 긴장은 분열된 유권자들, 곧 참여적인 유권자와 비참여적인 유권자의 분포에 의해서 해결된다. 첫째, 무관심하고 수동적인 시민들이 적극적이고 영향력 있는 시민들과 한 체제에서 공존하며, 둘째 "개인에게 있는 일정한 모순적인 태도"가 그의 참여를 조정한다는 것이다(p.344).

시민들은 자신들이 영향력이 있다고 믿고 또한 정치에서 적극적인 역할을 취할 의미가 있다고 느끼는 반면, 현실에서 그들은 적극적인 참여자가 아니다. 신화와 현실간의 이러한 괴리는 통치 엘리트로 하여금 활동할 공간을 남겨 놓는다. 하지만 알몬드와 버바에 따르면 시민들은 주관적으로 능력을 보유하고 있고 그러한 신화에 따라 행동할 능력을 가지고 있다는 점에서 '잠재적으로' 적극적이다. 적극적인 시민상의 규범에 대한 시민들의 강력한 커미트먼트는—이는 민주적 신화를 담고 있는 '시민문화'에 의해서 지속된다—엘리트를 견제하는 기능을 수행한다(p.346). 또한 알몬드와 버바는 적극적인 참여자로서의 시민들의 자기 이미지와 그들의 실제적인 수동성간의 비일관성이 시민들의 자아 내부에서 긴장을 불러일으키지 않는다고 주장한다. 그들의 다른 관심과 비교해 볼 때 시민들은 정치에 대한 커다란 애착이나 관여의식을 느끼지 않기 때문이라는 것이다(p.348). 하지만 필자는 알몬드와 버바의 추론과 반대되는 방향으로 해석하는 것도 가능하다고 생각한다. 즉 정치적 행위가 그 자체로서 일정한 보상을 수반한다고 보는 입장에서는 인과관계가 반대로 흐른다. 사람들은 정치가 사소하거나 주변적이기 때문에 깊이 관여하지 않아도 스트레스를 느끼지 않는 것이 아니라, 정치를 심각하게 받아들이고 깊이 관여하였다가 실망하는 것이 심각한 개인적인 스트레스를 창출하기 때문에 아예 정치를 사소하거나 주변적인 것으로 합리화시키고 정치에 대한 참여나 애착을 미리부터 포기할 수 있다는 것이다.

알몬드와 버바에 따르면 적극성과 수동성간의 균형은 단순히 개인의 태도뿐만이 아니라 그러한 태도가 체제내의 상이한 인간들에게 분포되어 있는 방법에 의해서도 유지된다(p.351). 하지만 알몬드와 버바가 제시하는 것은 사람들의 적극성이 성, 부, 교육 수준, 인종 등에 따라서 다르다는 것이 아니라, 개인의 활동성은 사안의 현저함(salience)에 연관되어 있다는 것이다. 일정한 사안의 현저함이 증대하면 다른 여타 시민들의 활동은 소극적으로 남아 있는 반면, 그러한 사안에 특별한 이해관계를 가진 특정한 집단의 정치활동은 증대한다. 다행스럽게도 사안의 현저함이 모든 시민들에게 동시에 증대되는 것은 아니기 때문에 정치체제는 돌발적으로 전복되기보다는 여전히 안정적으로 남아 있게 된다(p.352).

따라서 알몬드와 버바는 정치 참여에 관해 아무런 구조적 장애를 생각하지 않은 것으로 보인다. 미국에서 참여의 문은 크게 열려 있으며 사람들은 그 사안이 자신들에게 얼마나 중요한가에 따라서 참여여부를 결정한다. 이러한 견해는 정치적 무관심이 유권자들에게 임의로 분포되어 있다는 것을 함축하는 것으로 보인다. '많은' 개인들이 정치에 적극적인 것처럼, '많은' 다른 개인들은 보다 수동적인 시민의 역할을 떠맡는다(p.339). 알몬드와 버바는 '많은' 시민들이 한편으로 적극적이고 영향력 있는 시민으로서의 자화상과 다른 한편 정치행동에 있어서의 실제적인 수동성간의 괴리를 균등하게 공유하는 것으로 전제하는 것처럼 보인다. 그들의 최종적인 분석에서 알몬드와 버바는 그들이 말하는 익명의 수동적인 다수 시민들의 계급, 인종적 배경, 교육 수준, 성(性) 등—이전의 장(章)들에서 그들이 조사하고 분석한 바 있는—사회경제적 배경의 불평등과 정치 참여의 불평등간의 상관관계가 지니는 함의를 결코 논의하지 않는다.

또한 알몬드와 버바는 리더십이 수동성과 적극성의 미묘한 균형 위에서 행사되기 위해서 정치란 시민들에게 현저함이 낮아야 한다고 역설한다(p.355). 그들은 시민의 정치 참여가 이분법적인 감정적 요소와 계산적 요소로 구성되어 있다는 전제하에 두 요소의 균형이 필수적이라고 주장한다. 그들은 '적극적인(active)' 참여를 특정한 정당이나 집단, 정치체제나 현직 엘리트에 대한 맹목적인 충성이라는 관점에서 감정적이라고 생각하여(p.355) 시민의 적극적인 참여를 반기지 않으며, 또한 이성의 역할을 인간 행위의 계산적인 차원으로 좌천시킨다. "정치에 대한 도구적인(instrumental) 정향과 감정적인(emo-tional) 정향 사이에는 균형이 유지되어야 한다. …정치 참여는… 순전히 도구적이거나 순전히 감정적이어서는 안된다"(p.354). 결과적으로 알몬드와 버바는 "적극적이고(active)" "이성적인(rational)" 참여를 "감정적이고" "계산적인

(calculative)” 참여로 대치해 버린다. 그들은 인간의 행위를 지나치게 단순화된 비합리적/감정적 대 계산적/도구적인 행태로 이분화시킴으로써 인간 행위의 다양하고 풍성한 차원을 황폐화시킨다. 예컨대 인간 행위에 대한 이해에 있어서 비판적이고 의사소통적(communicative)인 차원을 전적으로 제거해 버린다. 하지만 아리스토텔레스, 루소 그리고 밀이 정치 참여를 옹호하는 주장을 전개함에 있어서 주로 의존한 것은 인간 행위의 바로 이러한 측면이었던 것이다.

알몬드와 버바의 엘리트 역시 적극적인 참여에 대해 동일한 두려움을 공유한다. “엘리트는 시민들이 적극적으로 요구를 하기 때문이 아니라 시민들이 적극적으로 나서는 것을 방지하기 위해서 순응적으로(responsively) 행동한다”(p.353). 이 견해에 따르면 정치란 엘리트에 의한 ‘예방적 행위의 기예(the art of preventive action)’－프리드리히(Friedrich, 1937: 17-18)는 ‘예상하고 취한 조치에 의한 통치(rule of anticipated reaction)’라고 부른 바 있는－가 된다. 따라서 정치적 무관심은 엘리트가 나라를 잘 다스리고 있다는 징후이며 시민들이 정부의 활동을 만족스럽게 승인하고 있다는 것을 의미한다. 알몬드와 버바의 이론에서 정치 불참이나 무관심이 시민을 정치무대에서 ‘배제’한 결과일 수 있다는 관념이 자리잡을 곳은 없다. 정치무대에는 주로 소수의 엘리트가 등장하고 다수의 조용한 대중은 수동적으로 남아 있으며 간헐적으로 자신들의 통치자를 선택하기 위해서 표를 던질 뿐이다. 그들의 결론에서 알몬드와 버바는, 정치는 통상적으로 보통의 시민에게 주변적이라는 피상적인 사실(ostensible fact)로서 시작하여 정치는 그런 식으로 유지되어야 한다는 처방으로 끝맺고 있다(이 얼마나 멋진 사실과 당위의 일치인가!).

지금까지 검토한 바에 따르면 현대의 경험적 민주주의 이론가들이 주로 정치 불참을 타율적인 배제로 보기보다는 자발적인 초연함으로 개념화하는 것을 알 수 있다. 따라서 그들은 정치적 참여를 위한 균등한 조건이 법적, 형식적으로 확보되어 있는 한 정치 불참을 심각한 문제로 생각하지 않는 이론적 성향을 갖게 된다. 또한 그들은 지나치게 높은 투표율이나 정치 참여가 정치 엘리트의 원활한 국정수행에 제약이 되고 정치불안을 초래하며, 시민들의 요구의 과부하(demand overload)로 인해 정부의 국정수행능력이 마비

되고 시민들이 지나치게 정치화될 경우 공동체를 분열시킨다고 우려한다. 따라서 이들은 알몬드와 버바처럼 오히려 적당한 정도(얼마나?)의 정치적 무관심과 비참여는 민주주의의 안정된 운영에 도움이 된다고 이론화하는 경향이 있다.

4. '배제'로서의 정치 불참

정치 불참을 '초연함'으로 보는 견해와는 달리 이를 '배제'로서 보는 견해는 저조한 투표율이나 만연된 정치적 무관심은 정치공동체가 특정한 계층이나 집단의 사람들을 구조적으로 배제한 결과 나타난 현상으로서, 이는 '인민에 의한 지배'라는 민주적 원리에 반하고 결과적으로 자유민주주의를 실질적으로 소수 엘리트에 의한 과두제적인 지배로 전락시키기 때문에, 궁극적으로 자유민주주의의 위기나 실패를 의미한다고 주장한다. 정치 불참을 초연함으로 보는 견해들은 나름대로 일관성과 동질성을 유지하고 있는 데 반해, 이를 배제의 결과로 보는 견해들은 그 접근법이나 직접적인 원인의 해석에 있어 동질적이지 않다.

여기서 필자는 이 견해들을 대략 세 가지로 분류하여 검토하고자 한다.

그 하나는 배제로서의 정치 불참의 원인이 대의적인 정치제도의 존재 자체에서 유래한다고 보는 견해이다. 루소의 『사회계약론』이 이러한 주장을 전형적으로 대변하고 있으며, 현대의 학자 중에서 월프(R. P. Wolff)와 에치오니(A. Etzioni)는 자유주의-다원주의적인 현행의 정치제도가 비참여를 초래한다고 주장한다. 둘째로, 산업민주주의(industrial democracy)를 주장하는 페이트만(C. Pateman)과 바크라크(P. Bachrach)는 시민들의 정치 참여로부터의 배제의 원인을 일터의 구조와 공공의 통제를 벗어난 대기업의 출현에서 찾는다. 세 번째의 견해는 배제로서의 비참여가 소외에서 비롯되는 것으로 이론화하며 계급구조가 비참여에 미치는 영향을 강조하는 경향이 있다. 피니프터(A. Finifter)와 세네트와 콥(R. Sennett & J. Cobb)은 이런 시각에서 정치적 소외의 문제를 다루고 있다. 비록 이 세 개의 견해가 논리적으로 각각 구분되지만, 그 구분은 정치 불참을 주로 어느 각도에서 접근하느냐 하는 시각과 강조점의 차이에서 비롯되기 때문에 상호 양립불가능한 것은 아니다. 여기서 필자는 루소, 월프, 에치오니, 바크라크, 페이트만, 피니프터 그리고 세네트와 콥의 입장을 검토하겠다.

루소(1864)는 가장 강력하게 직접민주주의를 주장한 이론가로서 비참여의 원인을 대의제의 본질에 내재하는 배제성에서 찾고 있다. 『사회계약론』에서 루소는 정치적 대표들이 시민들을 노예화한다고 비판한다. "어느 국가든 대표들을 임명하자마자, 그 국가는 더이상 자유롭지 않다. 그 국가는 더이상 존재하지 않는다"(p.101). 나쁜 정부하에서는(이 범주에 루소는 물론 대의제 정부를 포함하고 있다) "일반 의지가 관철되지 않을 것으로 예상되기 때문에 어느 누구도 (회의에) 참석하기 위해 한 발자국도 움직이지 않으며 그 진행에 대해서 관심을 보이지 않는다"(p.99).

따라서 루소는 당시 영국의 대의제를 다음과 같이 비판한다:

> 영국국민은 그들이 자유롭다고 생각하지만 이는 전적으로 잘못된 것이다. 왜냐하면 그들은 오직 의회의 의원을 선거하는 기간 동안만 그렇기 때문이다. 의원이 선출되자마자 국민들은 노예화되고 하잘것없는 존재가 되고 만다(p.99).

루소는 대의제 정부가 인민의 주권을 찬탈하는 항상적인 위험을 담고 있다고 보며 따라서 그런 형태의 정부에 대해 매우 경멸적인 견해를 취한다. 그는 대의제의 관념이 "봉건 통치, 곧 인류를 타락시키고 인간의 이름을 더럽힌 무의미하고 사악한 통치"에 근원을 두고 있다고 비판한다(p.100). 따라서 루소는 대의민주제하에서 채택되고 있는 보통선거권과 선거제도가 시민들의 권력을 강화하는 측면보다는 시민들의 자유의 행사를 제약하는 측면을 강조한다. 이러한 제도는 모든 시민에게 공사에 참여할 기회를 제공한다는 점에서 시민들의 권력을 강화한다. 그러나 그 제도들이 인민들의 정치 참여의 역할을 그들의 이름으로 다스릴 대표를 선출하는 데 국한시킨다면, 이 제도들은 시민들에게 스스로 자치할 수 있는 기회를 박탈하는 셈이 된다. 따라서 대의제는 인민의 정치 참여를 보완하는 제도가 아니라 시민을 노예화하고 정치적 사안에 대해 무관심하게 만드는 대안으로 묘사된다. 요컨대 루소에게 있어 정치 불참은 명백히 정치로부터 배제되고 소외된 결과이다.[10]

로젠버그(Rosenberg, 1954)는 선거제도의 이러한 제약적인 기능을 다른 각도에서-"선거의 주기성(electorial periodicity)"이 시민들의 참여열정과 리듬을 꺾어 버린다는 차원에서-조명한다. 정치적 무관심의 원인을 개괄적으로 정리하면서 로젠버그는 정치적 무관심을 "선거의 주기성"과 연관시킨다. 로젠버그는 "선거의 주기성은 인간의 반응과 잘 조율되지 않는다"라고 지적한다. 왜냐하면 선거의 주기성은 시민들에게 "그들의 권력을 자신들의 기분 여하에 따라서가 아니라 임의로 미리 결정된 시기에 행사하도록" 요구하기 때문이라는 것이다. 기존의 엘리트에 대해서 화가 난 개인이나 특정 후보를 열광적으로 지지하는 개별 유권자는 투표를 다시 하기 위해서 상당히 오랫동안 기다려야 한다. 그러나 "생리학상 인간이 오랜 기간 동안 높은 수준의 감정적인 열정이나 관여감을 유지하는 일은 어렵기" 마련이다(p.358). 따라서 보다 전형적인 반응은 정치에 대한 감정적인 집착을 자제하는 것이다. 일단 감정이 철회되면 시민들이 적극적으로 정치활동에 종사할 가능성은 엷어진다. 이처럼 선거체제는 시민들의 권력을 강화하는 면도 있지만 정치 참여의 조건을 설정함으로써 동시에 제한하는 면도 있다는 것이다.

루소가 대의제도의 본질이 정치적 무관심을 초래한다고 생각한 반면에, 월프(1968)와 에치오니(1970)는 잘 조직화된 집단에게 유리하게 작용하는 자유주의-다원주의적 민주주의의 현행 관행에 초점을 맞춘다. 월프에 따르면, 미국 다원민주주의의 현행 제도는 "형성되기 시작하는 집단보다 기존의 집단을 항상 선호한다"(p.152). 만약 일부 집단의 관심이 조직화된 이익집단의 범주를 벗어나게 되면, 그 집단은 아무런 주의도 받지 못한다. 그리고 정책결정자가 심각하게 고려하는 '정당한' 이익은 비조직화된 이익-빈자, 여성, 소수민족 등-을 포함하지 않기 때문에 커다란 사회적 중요성을 지닌 많은 사안들이 전혀 논의되지 않는다는 것이다(117-118). 월프의 논점은 앞에서 인용한 바 있는 달의 견해와 좋은 대조를 이룬다: "…인구 중 적극적이고 정당한 집단은 무엇이든 결정과정의 일정한 단계에서 효과적으로 자신들의 목소리를 들리게 할 수 있다 …." 달의 적극적이고 정당한 집단이 월프의 "기존의 집단"에 불과하다는 점은 명백하다. 월프에게 있어 비조직화되고

---

10) 하지만 대의제도와 정당제도를 부인하는 루소의 입장은 현대 민주국가의 크기 등을 고려할 때 많은 문제점을 안고 있는데 이에 대한 고전적인 비판으로는 E. Barker(1962: xxxv-xxxix)를 참조할 것. 바커의 비판에 대한 논박으로는 Pateman (1975: 464-467)을 참조할 것.

소극적인 자들의 비참여는 그들의 이익을 무시하거나 억압하는 권력의 다원주의적인 결합방식에서 비롯된다고 할 수 있다.

1960년대 미국에서 시위의 숫자, 빈도 및 범위의 증대를 설명하면서, 에치오니는 월프의 주장을 보강한다. 그는 투표, 편지 쓰기, 탄원서 쓰기, 신문광고, 선거기부, 로비 등 선거와 관련된 정치적 활동이 특히 특권화된 집단에게 적합하다고 주장한다(p.18). 이러한 기법을 효과적으로 사용하기 위해서는 돈, 학력, 조직이라는 자원이 필요하기 때문이다. 달의 주장과는 달리 이러한 자원들은 일반 시민들이 상대적으로 접근하기 어렵다. 에치오니에 따르면 대부분의 입법과 주요 행정조치들은 선거과정을 통해서가 아니라 관련된 주요 이익집단의 선호에 따라 유지되고 추진된다(p.18). 따라서 빈자, 소수 민족의 구성원, 여성, 소비자 등 비조직화된 시민들은 자신들의 정치적 요구를 효과적으로 표현할 수 없다. 왜냐하면 정치체제의 성격이 그러한 표현에 간섭하기 때문이다. 따라서 에치오니는 체제가 이러한 시민들이 제도화된 채널을 통해 정치에 참여하는 것을 구조적으로 배제하기 때문에 시위가 빈발한다고 본다.

루소, 월프, 에치오니와는 대조적으로 페이트만과 바크라크는 정치적 무관심이 본질적으로 자유민주주의의 사회경제적 구조에서 연유하는 것으로 본다. 자유민주주의체제하에서 정치적 영역은 전형적으로 사회생활의 다른 영역으로부터 분리되어 있다. 『시민문화』를 비판하는 가운데 페이트만은 노동계급의 시민들은 사회구조가 그들의 무관심을 유도하기 때문에 과도하게 (disproportionately) 정치에 무관심하다고 한다(Pateman, 1980: 76). 즉 정치적 무관심은 알몬드와 버바가 믿고 싶어하는 것처럼 무작위적으로 분포되어 있는 것이 아니다. 그녀는 사회경제적 지위가 낮은 시민들의 정치사회화 과정의 누적적인 효과는 그들을 자유민주주의의 정치문화에 있어서 정치적으로 소극적인 방향으로 몰아 간다고 주장한다(1980: 76, 95). 요컨대 사회경제적 제약이 사회의 일정한 구성원들을 정치로부터 배제한다는 것이다.

낮은 사회경제적 지위를 가진 구성원들로 하여금 정치에 불참하게 만드는 정치사회화 과정 중에서 페이트만은 직장에서의 일상적인 경험과 산업체의 권위구조를 우선적으로 지적한다. 즉 산업체에서의 권위주의적인 체제가 노동대중들로 하여금 정치적으로 순종적이고 수동적이게끔 유도한다는 것이다. 페이트만은 상급자들이 직장에서 노동자들의 존엄과 자유를 무시하는 것이 궁극적으로는 정치적 무관심을 초래한다고 주장한다(1970: 50). 그렇기 때문에 그는 정부 외의 제도와 조직들의 영역을 포괄하기 위해서 '정치'의 개념을 넓혀야 하며, 정치 참여의 개념을 산업체에도 확장시켜 직장에서의 중요한 결정에 대한 노동자들의 참여를 확대해야 한다고 주장한다(1970: 106). 일단 산업체 역시 고유한 의미에서 일종의 정치적 체계로 간주되면, 실질적인 경제적 평등이 산업민주주의에 필수적이라는 점을 알게 될 것이다. 게다가 직장에서의 참여 경험의 교육적 효과는 노동자들의 이해관계에 대한 인식을 넓히고, 다른 영역에서의 정치 참여에 필요한 실천적인 능력을 계발시킬 것이라고 주장한다(1970: 95). 이처럼 페이트만은 직장민주주의를 통해서 노동자들이 공적인 영역과 사적인 영역의 연관관계를 보다 잘 인식할 수 있게 되고 중앙정부의 대표자들의 활동을 잘 평가하게 되며, 전국적 범위를 갖는 결정을 내리기 위해 부름을 받았을 때 현명하게 결정할 수 있는 능력을 가지게 되고, 국가적인 대표자들이 내린 결정이 자신들의 삶에 미치는 영향을 잘 저울질할 수 있게 된다고 본다(1970: 110).

바크라크 역시 페이트만처럼, 주로 공식적인 정치제도에 주의를 기울이고 개인의 삶에 긴밀한 영향을 미치는 사회경제적 상황을 무시하는 민주주의 이론가들에 대해 반론을 제기한다. 그는 민주적 참여를 "사람들이 자신들에게 중요하고 그들의 삶에 직접적으로 영향을 미치는 공적인 사안에 관해 토의하고 공식화하고, 결정하는 과정"이라고 정의한다(Bachrach, 1975: 41). 바크라크는 사회경제적 지위가 낮은 사람들의 많은 수가 정치적으로 무관심하고 무지하다는 점을 인정한다. 일상 생활의 노고에 지친 사람들은 그들의 울분이나 허무감을 정치적인 선호로 표출해 낼 수 있는 에너지나 능력이 없다는 것이다. 바크라크가 보기에 하층계급의 사람들이 자신들의 요구를 정치적 사안으로 전환시키는 데 실패하는 이유는 주로 그들의 무력감과 궁극적으로 그들을 정치체제의 밖에 묶어 두고자 하는 엘리트들의 권력 행사에서 비롯된다(1975: 46). 직장에서도 경영진은 노동자들의 참여할 권리를 부인한다. 따라서 노동자들은 지적인 의견을 형성할 경험을 결여하게 되고, 자신들의 이익을 집약적으로 표출할 수 있는 경험, 작업환경을 개선하는 데 기여할 수 있는 통찰력을 얻을 수 있는 경험, 그리고 자신들의 삶에 정치적 의미를 부여할 수 있는 경험 또한 결여하게 된다는 것이다. 그러므로 사회경제적 지위가 낮은 사람들의 사실상의 참정권 박탈은 주로 정치적인 억압이 아니라 사회경제적인 심각한 박탈에서 유래한다(1975: 42). 따라서 바크라크는 조직화되지 않은 자들, 빈자들, 그리고 약자들은 계급차별적인 정치체제로부터 배제되어 있다고 주장한다(1975: 45). 그러나 직장의 결정과정에 대한 직접적인 참여경험은 무관심한 사람들을 정치화시켜 정치적으로 적극적이게 만들 것이라고 바크라크는 주장한다.

바크라크는 심지어 '만족함'에서 비롯되는 비참여도 반대하는 것으로 보인다. 그는 정치 참여가 이중적인 기능, 곧 "목적한 결과를 얻는 수단과 보다 많은 자기통제감 및 공동체에 대한 인식을 얻을 수 있는 기회를 주는 과정"으로서의 역할을 하는 것으로 본다(Bachrach, 1975: 50). 달이 취하는 공리주의적 사고에 따르면 개인은 자신의 이익을 보호하기 위해서 정치에 참여할 필요가 없으면 없을수록 더 많은 이득을 얻는다. 그러나 바크라크는 개인이 단기적으로 참여에 따르는 비용과 이득을 계산한 후에 참여하지 않는 것을 선택하면, 장기적으로 참여로부터 비롯되는 잠재적인 개성과 가치의 변화가능성이 처음부터 없어진다고 본다.

요컨대 루소, 월프, 에치오니 및 로젠버그는 선거 및 다원적인 이익집단을 포함한 정치적 대의제도가 정치 불참을 유발한다고 본 반면에 바크라크와 페이트만은 일반 시민들이 거의 대부분의 삶을 보내는 직장과 산업체의 권위구조가 정치적 무관심의 주된 원인이라고 본다. 전자는 대의기구를 개혁하거나 폐지하고 정치영역을 시민들의 보다 직접적인 참여를 위해 개방할 것을 원하는 데 반해, 후자는 페이트만이 말하는 이른바 "참여적 사회(a participatory society)"를 권장한다. 페이트만과 바크라크는 정치적 조직의 개념을 확대하여 산업체와 대기업도 나름대로의 정치체계라고 주장한다. 따라서 그들은 참여의 민주적 원리를 이들 (전통적인 의미에서의) 사적인 제도에도 적용할 것을 주장한다. 그들의 설명에 따르면 일, 교육, 여가생활에 영향을 미치는 결정에 보다 많이 참여하는 것은 시민들의 무관심을 약화시키고, 보다 자신감 있는 그리고 정치적으로 깨어 있는 시민을 계발함으로써 공공정신을 크게 선양시킨다는 것이다.

페이트만과 바크라크는 정치적 무관심의 근원이 보다 심층적인 사적 일상

생활에 놓여 있다고 주장하면서 부를 실질적으로 재분배하고 일터의 인간관계를 재구조화할 것을 제안한다. 하지만 그들은 국가적 차원에서의 정치제도의 개혁은 제안하지 않는다. 말하자면 국가적 차원에서의 시민의 참여는 여전히 선거에서의 투표에 국한되는 것으로 보인다.[11] 그렇다면 루소, 월프, 로젠버그 등의 입장에서는 페이트만과 바크라크의 제안이 시민들의 전국적인 정치에 대한 무관심을 약화시키기보다 오히려 증대시킬 수 있다는 비판을 제기할 수도 있다. 페이트만 자신이 산업민주주의에 관한 유고슬라비아의 경험을 논하면서 경고하듯이, 노동자들이 산업민주주의를 경험하는 상황이 무시되어서는 안된다. 그러나 일상적인 삶과 긴밀한 관계에 있는 산업민주주의에의 경험은—인간의 관심이 제한될 수밖에 없다는 관점에서—오히려 전국적인 정치를 외면하는, 곧 시민들은 탈정치화시키는 경향을 증대시킬 수도 있다. 물론 이러한 가능성의 현실화가 페이트만이나 바크라크가 원하는 바는 아닐 것이다. 그러나 이들은 이 문제에 대해 설득력 있는 대안을 제시하고 있지 못하다.

정치적 무관심과 불참을 배제의 결과로 보는 또 하나의 견해는 정치적 소외를 논의하는 이론에서 발견된다. 소외가 맑스주의적 문헌에서는 객관적인 사회적 상황을 지칭하지만, 소외를 정치적 무관심이나 불참과 관련하여 논의하는 학자들은 주로 인간의 심리적 상태에 초점을 두고 그것을 논한다. 피니프터와 세네트와 콥은 개인에 대한 소외의 심리적 효과를 주로 논의한다. 피니프터는 정치적 무관심을 정치적 소외의 증상으로 본다. 피니프터는 시먼(M. Seeman)의 소외유형을 좇아서 정치적 소외를 "정치적 무력감(political powerlessness)," "정치적 무의미성(political meaninglessness)," "인지된 정치적 무규범성(perceived political normlessness)," 그리고 "정치적 고립감(political isolation)"으로 나누어 고찰하고 있다(Finifter, 1972: 190-192).

배제로서의 정치 불참은 물론 정치적 항의나 시위 역시 정치적 소외에서 비롯되는 것으로 설명되는 것이 통상적이기 때문에 피니프터(1972)는 "정치적 무력감"과 "개인적 무력감(personal powerlessness)"을 구분하고 있다. 그녀에 따르면 전자는 "스스로 정부의 활동에 영향을 미칠 수 없다는 개인의

---

11) 페이트만(1975)은 이러한 문제점의 극복을 시도하나 루소의 대안을 반복하는 데 불과하다.

느낌"(p.191)이고 후자는 자신의 일상생활에 대한 통제감을 결여하고 있다는 개인의 느낌을 지칭한다(p.184). 만약 그가 개인적 통제감은 가지고 있는데 정치적으로 무력하다고 느낀다면 그는 항의활동에 종사할 개연성이 높다. 피니프터는 "개인적인 통제감은 사람들로 하여금 자신들의 정치적 무력감에 대해 무언가 하도록 권장한다"라고 주장한다(pp.184-185). 그런데 정치적 무력감을 표현하는 개인은 체제가 통상적인 절차에 의해서는 변화하지 않을 것이라고 느끼기 때문에 폭동, 소요, 시위 등 다양한 형태의 항의행위나 반란행위에 호소하게 된다는 것이다.

정치적 무력감 이외에도 피니프터는 정치적 소외의 다른 차원을 제시한다. 즉 개인이 어떠한 의미 있는 정치적 선택도 가능하지 않다고 느끼는 것(정치적 무의미성), 정치적 관계를 규율하게 되어 있는 규범이나 규칙이 붕괴되었고 지정된 행태로부터의 일탈이 통상적이라는 느낌(아노미), 그리고 사회의 다른 구성원들이 광범하게 공유하는 정치적 규범과 목표와 거부(정치적 고립감)가 그것이다(1972b: 190-192). 개인이 이런 느낌을 가지게 될 때 그러한 사람에게 정치적 참여가 무의미하고 부적절하게 보이는 것은 당연하다. 정치적 참여는 기껏해야 순응주의적인 형식(conformist fomality)에 불과한 것으로 보일 것이다. 소외된 개인에게 정치의 규칙은 레인(Lane, 1962)의 기술에 따르면 "불공정하고 부담스럽고 부당하다"(p.162). 만약 그러한 정치적 소외가 성, 계급, 교육 또는 인종적 배경에 따라 구분되는 인구의 일정한 부분에 집중되어 있으면 정치적 소외로부터 비롯되는 불참은 정치로부터의 배제를 구성한다고 결론짓는 것이 논리적이다.

『계급의 숨은 상처(*The Hidden Injuries of Class*)』(1972)라는 책에서 세네트와 콥은 노동계급의 사회경제적 소외가 배제로서 비참여로 이르는 과정을 묘사하고 있다. 다른 사람의 명령―권력행사―을 주로 받기만 하는 노동자들은 "자신들의 선택의 자유와 자아발전"이 매우 제한됨을 느낀다(p.110). 한 개인이 다른 사람의 명령을 많이 받으면 받을수록 그 사람은 자존심(self-respect)을 유지하기 위해 더욱더 그러한 사실을 부인해야 한다. 정치에 관여하지 않는 노동자들의 전형적인 반응은 다음과 같다. 첫째, 정치가 중요하지 않거나 무의미하다고 생각하는 것이며, 둘째 정치의 중요성을 부인하지 않되 자신을 정치로부터 격리시키는 것이다(p.119). 전자의 경우 사람들은 자신의 자아를 보호하기 위해 자신의 사고를 조작하여 정치란 자신들의 삶에 주변적이라고 스스로를 납득시킨다. 후자의 경우 사람들은 자신을 둘러싸고 있는 정치적 상황이 자신의 진정한 자아와 아무런 관계가 없는 것처럼 행동한다(p.208). 세 번째의 반응은 사람들이 자신들은 정치에 관여할 자격이 없다는 생각을 묵묵히 받아들이는 것이다(p.95, 119). 어느 경우나 전형적인 외부적 반응은 정치적 불참이나 무관심이다. 이러한 주장에 따르면 정치 불참을 초연함으로 보는 견해는 광범한 노동계급의 불참에 대해 죄책감 없는 무관심을 조장하는 태도에 불과하다.

5. 맺는 말

정치 불참은 오직 민주주의체제하에서만 문제가 된다. 플라톤이나 모어(T. More)와 같은 근대 이전의 정치사상가들도 때로 철학자가 정치에 참여해야 하는가 하는 문제를 제기한 적은 있다. 하지만 그들의 논의는 정치적 무관심이나 비참여를 철학자의 초연함—적절한 정치적 역할을 수행함으로써 정치체에 봉사하는 것을 꺼리는 것—의 관점에서 보았던 것이었다. 정치적 무관심에 대한 그들의 관심은 시민으로서의 인간이 아니라 철학자로서의 인간이었던 것이다.

그렇다고 하여 정치적 무관심이 현대의 자유민주주의의 도래 이전에는 전혀 문제가 되지 않았던 것은 아니다. 앞에서 논의된 것처럼, 아테네 민주제의 전성기에도 많은 사람들이 정치에 무관심했다. 투키디데스(Thucydides)가 『펠로폰네소스 전쟁(*The Peloponnesian War*)』에서 묘사한 바에 따르면 페리클레스(Pericles)는 민주주의를 통해서 함양된 아테네 시민들의 "행복한 다재다능함(happy versatility)"을 찬양하는 한편 무관심한 시민들을 "무용한" 사람들이라고 비난했다(Thucydides, 1951: 105). 동시에 아테네 민주제는 노예, 여자, 체류 외국인이 정치로부터 배제되는 것을 당연시하였다. 시민권은 제한되었고 따라서 특권으로 간주되었기 때문에, 무관심한 시민은 자신의 특권을 포기하고 정치로부터 초연한 태도를 유지하는 것으로 간주되었던 것이다. 반대로 시민권의 개념이 봉건제하에서 의미를 상실하게 되었을 때 정치적 무관심의 문제는 일어나지 않았다.

현대의 민주주의 체제를 둘러싸고 있는 정치문화는 모든 성인의 참여를 바람직한 이상으로 제시한다. 따라서 현대의 자유민주주의 체제는 헌법에 보통선거권을 도입하는 등 다양한 정치적 권리를 보장한다. 그럼에도 불구하고 현대의 자유민주주의 체제에 만연한 정치적 무관심과 비참여는 헌법에 구현된 이상에 반하기 때문에 더욱더 심각한 문제라고 아니 할 수 없다. 그런데 만연되어 있는 정치적 무관심과 비참여를 치유하고자 할 때 일어나는 미묘한 문제는 그 해결책이 사람들에게 참여를 강제해서는 안되지만 동시에 사람들을 정치로부터 배제해서도 안된다는 것이다. 즉 그 해결책이 민주적 원리에 부합되어야 한다는 것이다.

이제껏 필자는 정치 불참에 관한 두 개의 상반된 견해를 검토했다. 그 하나는 비참여를 시민의 초연함으로 보는 견해이고, 다른 하나는 시민의 배제로 보는 견해이다. 통상 다원주의자들은 전자의 입장을 취하고 참여민주주의자들은 후자를 취한다. 던컨과 류크스(1967: 162)가 지적하듯이 정치적 무관심의 문제는 다원주의자와 참여론자들의 이론적 입장을 구분하는 중요한 논쟁의 하나이다. 하지만 다원론자와 참여론자들이 정치 불참을 각기 상반된 시각에서 개념화하는 주된 원인은 궁극적으로 그들의 정치관 및 민주주의관의 상이함에서 비롯된다. 필자는 이를 다른 논문에서 검토한 적이 있지만, 이것은 그들의 정치 불참에 대한 상이한 개념화를 이해하는 데 필수적이므로 여기서 간단하게 다시 논의해 보기로 하자.12)

정치사상사에서 정치에 관한 근본적인 개념화는 대체로 두 가지 정치관, 곧 공동체적 정치관과 도구적 정치관으로 분류할 수 있다. 공동체적 정치관에 따르면 정치란 "참여적이고 민주적이며 수직적이라기보다는 평등적이고, 공공 정신에 의해 발양되며 다른 사람들을 인간으로서 그들의 관심과 추구하는 바에 따라 취급하는" 인간 상호간의 활동이다(Pitkin, 1972: 208). 따라서 공적 생활의 참여는 인간됨을 완성하는 것이며 인간됨에 필수적이다. 공동체적 정치관은 건전한 정치체와 개인의 자아발전을 위해서 정치 참여의 내재적(intrinsic) 중요성을 강조한다. 아리스토텔레스가 인간은 정치적 동물

---

12) 이하의 공동체적 정치관과 도구적 정치관에 관한 논의 및 두 견해에 대한 비판으로는 강정인(1993: 32-46)을 참조할 것.

이라고 말했을 때 그가 의미하고자 했던 바는 인간은 폴리스—자치적인(self-governing) 도시국가—에서의 시민됨에 의하여 자신의 잠재성을 실현할 수 있다는 것이었다.

이와 대조적으로 도구적 정치관은 위계질서, 조직, 엘리트로 구성된 정치생활을 상정한다. 정치생활은 또한 희소한 재화와 자원(부, 권력, 위광 등)을 둘러싼 경쟁적인 투쟁에 의하여 특징지어진다. 이 견해에 의하면 공동체적 정치관이 제시하는 것과는 달리 현실의 정치는 권력과 이익을 추구하는 게임으로서 정치제도는 일정한 사람들의 이익과 권력을 나머지 사람들의 위협에 대항하여 보존하는 데 봉사한다. 그러므로 도구적 정치관에 따르면 정치참여란 그 자체가 내재적인 가치를 지니지 않으면 다만 일반시민이 자신의 사적인 관심과 이익을 추구하기 위해 사용하는 다양한 수단 중의 하나에 불과하다. 사람들은 그들이 자신들의 이익을 위해서 무언가를 원할 때 정치에 참여하게 된다(Pitkin, 1972: 208).

공동체적 정치관은 인간을 그 본성상 정치적 동물로 보는 데 반하여 도구적 정치관은 이를 부인한다. 공동체적 정치관에 따르면 인간은 '자연적으로(by nature)' 그리고 '정상적으로' 정치생활에 적극적으로 관여하고자 한다. 다만 그 잠재성의 실현이 현실에 있어서는 방해받을 수 있을 뿐이다. 따라서 '자연스러운' 정치적 관심이나 참여가 특별한 설명을 필요로 하는 것이 아니라 부자연스러운 정치적 무관심이나 불참이 특별한 설명을 필요로 하는 것이 된다. 반대로 도구적 정치관에 따르면 인간은 기본적으로 정치에 관심이 없으며 정치란 기껏해야 주변적인 활동에 불과하다. 인간의 자연적인 상태는 정치적인 휴지(休止), 즉 정치적 활동의 부재상태이다. 인간은 정치영역에서 권력이나 사적인 이익을 추구함에 있어 다른 인간들을 '협상,' '선전,' '조작'의 대상과 수단으로 삼는다. 정치란 소수의 정치가들에게 이외에는 그 자체로서 가치가 있거나 의미 있는 활동이 아니기 때문에 인간이 기본적으로 비정치적이 되고자 하는 것은 당연하다.

특히 자유주의적 인간관에 따르면, 기본적으로 인간은 결코 만족할 수 없는 욕구를 지닌 경제적인 동물로서 최소의 비용(고통)으로 최대의 효용(쾌락)을 추구한다. 정치 참여도 이러한 인간의 사적인 이득을 추구하는 수단에 불과하다. 그러나 개별 시민들에게는 통상 그보다 직접적이고 훨씬 이득이 남는 활동들이 널려 있다. 따라서 그는 자신의 목적을 생활의 다른 영역에서 훨씬 효과적으로 추구할 수 있다. 그러므로 정치 참여는 인간이 그의 개인적인 이익을 추구하기 위해서 채용하는 많은 수단과 전략 중의 하나에 불과하며, 달의 논의에서 나타난 것과 같이 시간, 돈, 지식 및 조직상의 투자를 요하는 비용으로 개념화된다. 정치 참여는 시민들이 통치자의 순응성(順應性, responsiveness)과 문책성(問責性, accountability)을 확보하기 위해 부담하는 비용이기 때문에 선거제도, 즉 시민의 투표를 확보하기 위한 정치가들의 자유경쟁제도가 이상적인 참여형태로 나타난다. 왜냐하면 시민들은 정부의 순응성과 문책성을 보장할 수 있는 한 비용으로서의 정치 참여를 최소화하고 좀더 이득을 많이 가져오는 사적인 활동에 종사할 기회를 극대화하고자 하기 때문이다.

앞의 논의에서 알 수 있듯이 정치 불참을 '배제'로서 보는 참여론자의 견해는 공동체적 정치관과 친화력이 있고, '초연함'으로 보는 다원론자의 견해는 도구적 정치관과 친화력이 있다. 그리고 공동체적 정치관은 정치활동의 참여가 인간의 기본적 욕구를 만족시키는 활동이라고 상정하기 때문에 정치적 무관심이나 비참여를 정치적 소외로 논의할 수 있다. 그러나 도구적 정치관에 따르면 정치활동이란 대부분의 시민들에게 보다 본질적인 인간의 사적인 경제활동이나 사회적인 활동을 보호, 촉진하기 위한 주변적인 활동에 불과하기 때문에 정치적 무관심이나 비참여는 오히려 정상적인 것으로 개념화되기도 하며, 정치 참여의 중요성은 기껏해야 선거에서의 투표 등을 통해 정치가들의 권력남용을 방지하기 위해 필요한 보조적인 활동으로서 거론될 뿐이다. 따라서 (자유민주주의가 전제로 하고 있는) 도구적 참여관에 따르면 투표행위나 기타 정치 참여활동이 직접적으로 인간의 기본적 욕구를 충족시켜 인간됨을 완성시키는 행위가 아니기 때문에, 정치적 활동에 적극적으로 참여하지 않는다고 해서 정치적 소외를 논하기는 어렵다. 다만 일반 사람들에게는 그러한 수단의 사용이 쉽게 열려 있는 데 반해 특정 집단의 사람들에게 외부적 장애 등으로 인해 그러한 수단이 즉각적으로 이용가능하지 않다면 이는 본질적인 활동이 아니라 주변적인 활동에 있어서의 '약한' 소외에 불과할 뿐이다.

마지막으로 우리는 다원론자와 참여론자의 논쟁을 위에서 논의한 정치관의 차이를 대전제로 하여 몇 가지 시각에서 조망할 수 있다. 첫째, 우리는 두 견해 공히 피트킨(H. F. Pitkin)이 말하는 이른바 "개념상의 혼란(conceptual puzzlement)"에 빠져 있다고 볼 수 있다. 둘째, 두 견해는 정치적 비참여의 문제를 상이하게 취급하고 있다. 다원론자는 비참여를 쿤(T. Kukn)의 개념을 사용하여 말하자면 "정상적인 문제(puzzle)"로 보는 데 반하여 참여론자들은 "비정상태(anomaly)"로 보고 있다. 셋째, 이 두 상반된 견해는 적어도 플라톤 이래 정치사상에 있어서의 고전적 문제의 하나인 '현실 대 외양(reality vs. appearance)'의 문제를 제기한다. 이를 좀더 자세히 고찰해 보기로 하자.

첫째, 정치적 무관심이나 불참에 관해 광범한 일반화를 시도하면서 다원론자와 참여론자들은 개념상의 혼란에 빠진다. 피트킨에 따르면 이러한 현상은 우리가 언어상의 "질서에 대한 욕구" 또는 우리의 "일반성에 대한 집착"으로 인해 "일관성을 결여한 또는 모순된 함의를 가진" 단어나 현실에 일관된 의미를 부여하고자 할 때 일어난다(Pitkin, 1972: 85, 89, 91). 비참여는 두 개의 비일관적인 또는 모순된 의미—즉 초연함과 배제—를 담고 있다. 그러나 다원론자와 참여론자는 자신들이 선호하거나 자신들에게 유리한 단편적인 경험으로부터 그것을 일반화하되 현실의 다른 모순된 측면은 무시한 주장을 가지고 '서로 만나지 않는 말다툼(talking past each other)'을 하고 있다.

다원론자들은 통상 기회균등과 보통선거권의 보장이 시민들의 참여를 확보하는 데 충분하다고 믿는다. 나아가 그들은 사람들이 정치에 일종의 도구적 합리성을 가지고 참여한다—사람들이 암묵적으로 모종의 손익계산을 한다—라고 주장한다. 즉 사람들은 폴스비(N. Polsby)가 지적하듯이 "자신들이 가장 관심을 가진 영역"에 참여한다는 것이다[Polsby, 1959: 235(Connoly, 1972: 401에서 재인용)]. 이러한 손익계산에 입각한 설명은 정치 불참을 정치로부터의 자발적인 초연함으로 제시하는 경향이 있다. 존스는 보다 많은 시간을 정원일이나 음악 감상에 쏟고 싶어하는, 그리하여 정치로부터 초연하고자 하는 중상(中上)계급의 사례를 토대로 하여 정치적 무관심을 옹호하는 강력한 주장을 전개하고 있다. 다원론자는 정치적 무관심을 개인의 자유라는 이름 아래 보호하고자 한다. 즉 그들은 민주국가에서 사람들에게 정치

참여를 강제하는 것을 피하기 원한다.

이와 대조적으로 참여론자들은 비참여를 배제로 묘사하는 경향이 있다. 참여론자들은 비참여의 예를 노동계급, 여성, 저학력층 등과 같은 소외된 집단의 삶에서 끌어온다. 무관심한 사람들의 사회경제적 지위나 사회화 경험, 현대 민주제도의 성격, 그리고 산업사회의 구조를 비판적으로 검토함으로써 참여론자들은 무관심한 사람들이 정치로부터 배제되고 소외되었다고 주장한다. 민주적 공식은 모든 사람이 자신의 삶에 영향을 미치는 정치적 사안에 참여할 것을 요구하는 데 반해, 사회정치적 구조의 일정한 측면은 참여를 방해하는 방향으로 작용한다는 것이다. 따라서 빈자 등 사회적으로 불리한 지위에 있는 사람들 사이에서 주로 발견되는 광범한 정치적 무관심이 지속되는 한, 그리고 그러한 차별을 지속시키고 조장하는 현재의 사회정치적 구조가 그대로 남아 있는 한, 참여론자들은 정치적 무관심을 자발적인 탈퇴(with-drawal)로 보는 이론이 진정한 현실을 은폐하는 이데올로기라고 비판할 것이다. 게다가 참여론자들은 참여의 교육적 효과를 진지하게 받아들이기 때문에 이들 중의 일부—가령 루소와 바크라크—는 시민의 초연함마저도 그것이 자신들의 개선기회를 포기하는 것에 해당한다는 이유로 비난하는 성향이 있다.

이상에서 볼 때 두 견해 다 일정한 결함을 가지고 있다. 즉 두 입장 모두 정치 불참을 그것에 관한 단지 몇 가지의 예로부터 일반화한 것으로서, 편파적이고 단순한 것이다.[13] 어느 누구도 민주주의가 투표에 대한 의무를 부과하여야 한다는 제안에 반대하여 존스가 보호하고자 하는 '정치로부터의 자유(freedom from politics)'의 중요성을 무시하고 싶지는 않을 것이다. 아렌트는 그러한 정치로부터의 자유를 "고대세계의 종언 이래 우리가 향유해 온 가장 중요한 부정적인 자유(negative liberties)의 하나"라고 부른 바 있다(1963: 284). 하지만 부정적인 자유의 의미 있는 행사는 일정한 조건을 필요로 한다. 정치공동체는 평범한 시민에 의한 실질적이고 평등한 참여를 수용하기 위해 적절한 제도를 마련해야 한다.

---

13) 하지만 대부분의 참여론자들은 중산계급의 정치 불참이나 자발적인 초연함은 심각한 문제를 제기한다고 생각하지 않기 때문에 '초연함'으로서의 불참을 소홀히 한다고 말하는 것이 공평할 것이다. 그들 역시 다원론자들이 주장하는 '정치로부터의 자유'가 보호되어야 한다는 데 동의할 것이다.

둘째, 쿤의 "패러다임(paradigm) 변환"을 통한 과학적 진보에 관한 이론과 "정상적인 문제"와 "비정상태"의 구분은 정치 불참을 둘러싼 상반된 해석을 이해하는 데 일정한 시사점을 제시한다.『과학혁명의 구조(*The Structure of Scientific Revolution*)』(1970)에서 쿤은 "패러다임"을 "일정 기간 동안 이론가들에게 모범적인 문제와 해답을 제공하는 보편적으로 인정된 과학적 성과"로 정의한다(p.viii). 과학자들에게 무엇이 의미심장한 과학적 활동인가에 대한 기준을 제시함으로써, 패러다임은 과학자들의 공동체에 문제선택에 대한 지침을 마련해 준다(pp.11-12, 17-18). 한편 공동체는 패러다임에 의해 제시된 "정상적인 문제"에 대한 해답을 구하는 것을 자신의 과업으로 삼는다. 패러다임은 과학자들의 공동체에 문제를 선별하는 기준을 제공하는 것이다.

패러다임이 당연시되는 한 정상적인 문제들은 해답이 있는 것으로 상정된다. 패러다임이 해결할 수 있는 문제를 제시한다는 가정은 과학자들에게 연구를 통해 발견할 수 있는 것에 대한 예상과 확신을 가능케 한다(p.39). 실제의 연구결과가 그러한 기대를 충족시키는 한 과학은 정상적으로 진행한다고 말해진다(정상과학: normal science). 그러나 빈번히 그러한 기대가 좌절되고 연구가 패러다임과 부합하지 않는 사실을 드러내게 될 때, 과학자의 공동체는 그 믿음에 있어서 위기를 겪게 되며 지배적인 패러다임에 대한 그 구성원의 확신은 흔들리게 된다. 쿤은 과학자들의 조정하고자 하는 노력에도 불구하고 정상과학을 통해 패러다임과 화해시킬 수 없는 발견들을 기술하기 위해 '비정상태'의 개념을 도입한다(pp.52-53).

쿤이 사용한 패러다임의 개념을 현대의 자유민주주의 체제를 설명하기 위한 자유민주주의 이론, 곧 다원주의 이론에 적용한다면(Wolin, 1968), 다원론자는 비참여를 자유민주주의의 많은 "정상적인 문제들" 중의 하나로 보는 경향이 있는 반면 참여론자들은 "비정상태" 중의 하나로 보는 성향이 있다고 말할 수 있다. 우리가 정치 불참의 문제를 자유민주주의라는 틀(패러다임) 안에서 발견될 수 있다는 것을 의미한다. 그러나 만약 우리가 정치적 무관심을 자유민주주의 이론과 체제가 당면한 비정상태로 고려한다면, 이것은 그 해결책이 자유민주주의의 틀(패러다임) 안에서 발견될 수 없으며 그 틀 자체를 재고할 것을 요구한다는 것을 의미한다.

다원론자는 비참여를 자발적인 초연함으로 보는 경향이 있다. 따라서 사토리와 존스에게 있어 정치적 무관심은 심지어 문제도 아니며, 이론가들은 개인의 무관심을 정치로부터의 자유를 향유하는 것으로 존중해야 한다. 또한 손익계산 분석을 사용하는 것 역시 정치적 무관심을 참여에 수반되는 비용과 이익에 대한 조심스러운 계산에 근거한 초연함으로 제시하는 경향이 있다(이 계산에 따르면 무관심은 자유민주주의하에서는 이해할 수 있는 합리적인 현상이다). 그럼에도 불구하고 경험적 연구에 의해 지속적으로 확인되는 광범한 정치적 무관심에 대해 여전히 마음이 편치 않을 경우, 바이마르 공화국에서 일어났던 것과 같은 높은 수준의 정치 참여는 민주주의를 위협하는 한편(Thompson, 1970: 12-13), 일정한 양의 정치적 무관심은 민주주의의 안정과 통치가능성에 긍정적인 기여를 한다는 정교한 설명을 제출한다.

이와 대조적으로 루소, 월프, 바크라크, 페이트만, 피니프터 및 세네트와 콥은 비참여를 배제로, 곧 심각한 문제로 고려하는 경향이 있으며 그 원인을 자유민주주의의 근본적인 구조에서 찾는다. 그들은 대의제도, 현행 미국의 다원주의적 민주주의, 산업체에서의 권위구조, 계급구조를 그 원인으로서 제시한다. 따라서 그들은 광범한 정치 불참을 치유하기 위해 자유민주주의의 사회·정치적 구조(패러다임)의 근본적 변혁을 추구, 요구한다.

하지만 광범한 정치적 무관심이 비정상태라고 해서 그 비정상태가 필연적으로 이론과 실제에 있어서 자유민주주의의 위기를 가져오는 것은 아니다. 쿤에 따르면 한 이론이 사실과 완전히 부합하는 경우란 결코 없으므로 정상과학은 '지속적이고 공인된' 비정상태가 존재함에도 불구하고 효과적으로 기능한다. 즉 그 비정상태가 너무나 강력해서 패러다임의 근본적인 가정과 전제를 위협하고, 그리하여 과학자들이 여러 가지 일탈된 방법으로 패러다임을 작동시키며 궁극적으로 예전의 패러다임이—적어도 예전의 비정상태를 새로운 문제로 변환시키고 연구를 위한 새로운 문제를 산출하는—새로운 패러다임에 의해 대체되기 전에는 예전의 패러다임이 남아 있게 마련이다(Kuhn, 1970: 18, 23, 67-68). 하지만 쿤은 언제 (그리고 어떻게) 비정상태가 패러다임의 위기를 촉발하는지에 관해서 명료하게 설명하고 있지 않다. 나아가 자연과학과는 달리 정치이론의 경우에는 어떻게 정상적인 문제를 비정상태로부터 구별할 수 있는지의 문제가 더욱더 어렵다. 왜냐하면 우리가 정치세계에서 보는 것은 자연계에서 관찰하는 것보다 훨씬 더 관찰자의 개념과 이론틀에 의존하기 때문이다(Pitkin, 1972: 115).

마지막으로 비참여에 대한 이분법적인 개념화-초연함이냐 배제냐-는 초기의 개념화로서는 유용하지만, 동시에 그것은 근본적으로 우리를 호도(糊塗)할 우려가 있다는 점이 지적되어야 하겠다. 초연함과 배제는 단지 비참여의 양극을 대표할 뿐이다. 즉 불참은 자발적인 초연함으로부터 비자발적인 배제에 이르는 연속선상에 놓여 있는 것으로 볼 수 있다(Schaar, 1981: 257). 이러한 양극의 사이에서 이 두 요소의 다양한 배합은 비참여를 단순한 흑백 논리로 파악하는 것을 어렵게 한다.

한편으로 인간의 의식과 행위의 미묘함, 복잡함, 애매함 그리고 다차원성, 다른 한편 우리를 둘러싸고 있는 상황으로 인해 정치적 '사실'은 물리적인 사실보다 훨씬 더 일탈적이고 심지어 모순된 해석을 담지하고 있다. 이러한 문제에 대한 냉정한 인식은 비참여를 이분법적으로 인식하는 것이 적절한가에 대한 의문을 제기한다. 무엇보다도 행위자와 관찰자는 동일한 상황과 현상에 대해 상이한 해석을 제시할 수 있다. 세네트와 콥이 묘사한 노동자들은 (자신들의 자유롭고 존엄한 자화상을 유지하기 위해) 자신들이 자발적으로 정치로부터 물러나 있다고 생각할 것이다. 반면 관찰자는 사회적 구조가 그들을 정치로부터 배제하고 있다고 주장할 것이다.

또 인간은 배제되었다는 느낌과 초연하다는 느낌을 동시에 공유할 수 있다. 예컨대 어떤 모임에 초대받지 않아서 가지 않을 때 우리는 이런 식으로 합리화한다. 한편으로 초대받지 않아서 배제되었다고 느끼지만, 다른 한 편 어차피 초대받았어도 자신은 가기를 원하지 않았을 것이라고 생각하며 초대받지 않은 사실에 대해 개의치 않는다는 초연함을 유지하고자 하는 것이다. 그리고 나중에 생각해 보면 어느 편이 더 진정한 사실인지 자신도 알기 어렵게 된다. 가령 정치를 규율하는 기존의 규칙과 구조가 자신의 진정한 욕구를 충족시키는 방향으로 구조화되어 있지 않다고 판단하는 시민은-예컨대 내세의 구원만을 중시하는 하층계급의 시민은-설사 참여할 수 있다 하더라도 참여하지 않거나 참여하기를 원하지 않을 것이다. 그 경우 그는 정치로부터 '배제'되어 있는가 아니면 '초연함'을 유지하고 있는 것인가? 다른 예로 여성들이 정치에 참여하지 않았던 시대를 생각해 볼 수 있다. 객관적으로 그들은 정치로부터 배제되어 있었다. 그러나 그들이 일정한 가치를 내면화하여, 자신들이 '남성들만의 더러운' 정치로부터 자발적으로 물러나 있다고 생각한다면 우리는 그들의 비참여를 '배제'로 보아야 하는가 아니면 '초연함'으로 보아야 하는가? 우리는 그것을 행위자의 관점에서 해석해야 하는가 아니면 관찰자의 관점에서 평가해야 하는가? 우리의 역사적 상황에 비추어 보아야 하는가 아니면 행위자들이 처했던 역사적 상황에 비추어 해석해야 하는가?

이러한 질문들은 초연함과 배제라는 이분법적인 구도에서는 쉽게 대답될 수 없는 것들이다. 그것들은 우리에게 어떻게 사회의 진정한 구조를 그 구조가 구성원들이나 다양한 외부의 관찰자들에게 제시하는 외양으로부터 구별할 수 있겠는가라는 문제를 제기한다. 정치적 현실을 구성원들의 공유된 의식과 동일시하는 상호주관성(intersubjectivity)의 극단적인 이론은 외양과 현실의 구분을 해체할 것이다. 반면에 우리의 의식과 인지를 단순히 부차적인 현상으로 파악하는 구조주의적 이론은 우리의 의식과 현실의 복잡한 상호작용을 포함할 수 없을 것이다.

□ 참고문헌

강정인. 1993, 『자유민주주의의 이념적 초상』, 문학과지성.

구범모. 1992, 「14대 총선의 정치사회학적 의미」, 한국정치학회 편, 『선거와 한국정치』.

박종민. 1992, 「정치불신의 의미」, ≪한국정치학회보≫ 26집 1호.

이남영. 1992, 「투표참여와 기권: 제14대 국회의원 선거분석」, 한국정치학회 편, 『선거와 한국정치』.

Abramson, Paul & John H. Aldrich. 1982. 6, "The Decline of Electoral Participation in America," *American Political Science Review* 76.

Almond, Gabriel & Sidney Verba. 1965, *The Civic Culture*, Boston: Little Brown.

______. 1980, *The Civic Culture Revisited*, Boston: Little Brown.

Arendt, Hannah. 1963, *On Revolution*, N.Y.: Viking.

Bachrach, Peter. 1967, *The Theory of Democratic Elitism*, Boston: Little Brown.

______. 1975, "Interest, Participation, and Democratic Theory," Pennock and

Chapman.

Barker, Ernest(ed.). 1962, *Social Contract*, N.Y.: Oxford Univ. Press.

Berelson, Bernard, P. F. Lazarsfeld & W. N. McPhee. 1954, *Voting*, Chicago: Univ. of Chicago Press.

Braybrooke, David. 1975, "The Meaning of Participation and of Demands for It," Pennock and Chapman.

Burnham, Walter Dean. 1965. 3, "The Changing Shape of the American Political Universe," *American Political Science Review* 59.

Chomsky, Noam. 1982, *Toward A New Cold War*, N.Y.: Pantheon.

Connolly, William E. 1972, "On 'Interest' in Politics," *Politics and Society* 2 (Summer).

Crozier M. J., Samuel P. Huntington & J. Watanuki. 1975, *The Crisis of Democracy*, N.Y.: New York Univ. Press.

Dahl, Robert. 1956, *A Preface to Democratic Theory*, Chicago: Univ. of Chicago Press.

______. 1966. 6, "Further Reflections on 'The Elitist Theory of Democracy'," *American Political Science Review* 60.

______. 1970a, *Modern Political Analysis*, 2nd. ed., Englewood Cliffs, N.J.: Prentice-Hall.

______. 1970b, *After the Revolution?* New Haven: Yale Univ. Press.

Davis, Lane. 1967, "The Cost of Realism," McCoy and Playford.

Duncan, Graeme & Steven Lukes. 1967, "The New Democracy," McCoy and Playford.

Etzioni, Amitai. 1970, *Demonstration Democracy*, N.Y.: Goldon and Breach.

Eulau, Heinz. 1956, "The Politics of Happiness," *Antioch Review* 16.

Finifter, Ada(ed.). 1972, *Alienation and the Social System*, N.Y.: Jone Wiley & Sons.

Friedrich, Carl J. 1937, *Constitutional Government and Politics*, N.Y.: Harper & Brothers.

Habermas, Jürgen. 1977, "Hannah Arendt's Communication Concept of Power." *Social Research* 44(Spring).

Jones, W. H. Morris. 1954. 2, "In Defence of Apathy," *Political Studies* 2.

Keim, Donald W. 1975, "Participation in Contemporary Democratic Theories," Pennock and Chapman.

Key, V. O. Jr. 1961, *Public Opinion and American Democracy*, N.Y.: Knopf.

Kuhn, Thomas. 1970, *The Structure of Scientific Revolution*, 2nd. ed., Chicago: Univ. of Chicago Press.

Lane, Robert. 1962, *Political Ideology*, N.Y.: The Free Press of Glencoe.

Lipset, Seymour M. 1960, *Political Man*, Garden City, N.Y.: Anchor.

McCoy, Charles A. & John Playford(eds.). 1967, *Apolitical Politics*, N.Y.: Cromwell.

Milbrath, Lester. 1965, *Political Participation*, Chicago: Rand McNally College Publishing Co.

Palma, Giuseppe Di. 1970, *Apathy and Participation*, N.Y.: The Free Press.

Pateman, Carole. 1970, *Participation and Democratic Theory*, Cambridge: Cambridge Univ. Press.

______. 1975, "Sublimation and Reification: Locke, Wolin and the Liberal Democratic Conception of the Political," *Politics and Society* 5(4).

______. 1980, "The Civic Culture: A Philosophic Critique," in Almond & Verba(eds.), *The Civic Culture Revisited* 57(102), Boston: Little Brown.

Pennock, J. R. & J. W. Chapman(eds.). 1975, *Nomos XV: Participation in Politics*, N.Y.: Lieber-Atherton.

Pitkin, Hanna F. 1972, *Wittgenstein and Justice*, Berkeley: Univ. of California Press.

Rosenberg, Morris. 1954, "Some Determinants of Political Apathy," *Political Quarterly* 18(Winter).

Rousseau, Jean-Jacques. 1964, *The Social Contract and Discourses on the Origin of Inequality*, in Lester G. Crocker(ed.), N.Y.: John Willy & Sons.

Sartori, Giovanni. 1973, *Democratic Theory*, Westport, Conn.: Greenwood Press.

Schaar, John H. 1981, *Legitimacy in the Modern State*, N.Y.: Transaction Books.

Schumpeter, Joseph A. 1950, *Capitalism, Socialism, and Democracy*, N.Y.: Harper & Row

Sennett, Richard & Jonathan Cobb. 1972, *The Hidden Injuries of Class*, N.Y.: Vintage.

Thucydides. 1951, *The Peloponnesian War*, N.Y.: Modern Library.

Verba, Sidney & Norman Nie. 1972, *Participation in America*, N.Y.: Harper and Row.

Walker, Jack. 1966. 6, "A Critique of the Elitist Theory of Democracy," *American Political Science Review* 60.

Wolff, Robert Paul. 1968, *The Poverty of Liberalism*, Boston: Beacon.

Wolin, Sheldon. 1968, "Paradigms and Political Theories," in Preston King & B. C. Parekh(eds.), *Politics and Experience* 125(52), Cambridge: Cambridge Univ. Press.

제3부
여론과 언론

신문 뉴스 분석을 통해 본 정치권력구조의 네트워크
신문 데이터베이스 분석

강명구
서울대 신문학과

1. 문제의 제기

지난 30여 년간 한국정치는 군부의 강권적 통치로 인해 구조적으로 왜곡되어 불신의 대상이 되어 왔다. 최근 진행되고 있는 개혁 드라이브에 대한 대중들의 지지와 기대는 바로 왜곡된 정치구조에 대한 불신을 반영하고 또 그에 대한 반작용으로 이해될 수 있으나 정권의 교체로 인해 정치구조에도 커다란 변화가 일어나고 있다.

정치적 변화의 시점에서 그동안 왜곡된 형태로 구조화된 정치권력의 양상에 대한 과학적 분석은 앞으로의 권력구조의 변화를 전망하는 데 필수적인 기초가 된다. 한국사회의 사회성격 논쟁과 사회구성체 논쟁이 보다 추상적이고 거시적인 관점에서 이루어지면서 동시에 사회적 이행의 틀을 모색하기 위한 동기를 지니고 있었다면, 우리가 관심을 가지는 지난 시대의 권력구조에 대한 구조적 분석은 추상화 단계를 낮추어 행정·사법·입법으로 구성되는 권력행사기구와 권력 엘리트들의 연결망을 대상으로 한다.

이러한 우리의 관심은 곧바로 다음 질문으로 이어졌다. 군부독재, 과대성장국가, 관료적 권위주의 체제 등으로 일컬어지는 국가, 시민사회, 정치사회의 구체적 권력구조의 모습은 어떤 것인가. 대통령 1인 중심체제로 일컬어지는 권력의 핵심조직은 어떤 권력 엘리트들이 어떠한 연결망을 통해 권력의 뭉치(clique)를 이루고 있는가 등의 질문이 그것이다.

이러한 질문에 답하기 위해 우리는 신문의 정치 뉴스가 이들 정치영역의 권력기구와 권력 엘리트들의 상호관련을 매일매일 보도하고 있다는 사실에 주목했다.

다행스럽게도 1990년부터 한국언론연구원은 9개 중앙 일간지의 신문기사 데이터베이스를 구축해 왔다. 데이터베이스로 구축된 9개 일간지의 정치·경제·사회면의 기사는 현대 한국사회의 변화하는 양상에 대한 역사적 기록이다. 이들 데이터베이스로 구축된 기사들의 컴퓨터 프로그램을 통해 해독과 분석이 가능했기 때문에 이 연구가 가능했다.

정치권력구조의 네트워크에 대한 분석을 통해 우리가 기대하는 것은 첫째, 권력구조에 대한 1차적인 실증적 분석으로 누가 그리고 어떤 기구가 권력 연결망 안에서 핵심적인 또는 주변적인 위치를 차지하고 있는가를 밝히는 일이다. 둘째, 이러한 권력구조의 연결망이 시기별로 변화하는 양상을 알아보는 작업이다. 3당 통합, 정권교체 등의 주요한 정치적 변화의 계기에 따라 중심과 주변에 위치하는 정치인과 권력기구의 관계 역시 변화할 것이기 때문이다.

불행하게도 언론연구원 데이터베이스가 90년 1월부터 구축되었기 때문에 90년 2월 3당 통합 이전의 권력구조에 대한 분석이 불가능했고 자료 수집의 시점인 92년 4월은 국회의원 총선거 직후였기에 이번 연구에서는 이러한 시계열에 따른 분석은 이루어지지 못했다. 이 점은 후속 연구를 기대한다.

2. 방법론적 검토

1) 사회구조 분석의 연원

사회현상을 연구하는 입장들은 크게 개인주의적 접근방법과 구조주의적 접근방법으로 나눌 수 있다. 개인주의적 접근방법은 개개인이나 사물의 내재적 속성들에 따라 사회현상을 분석하고 개별요소들의 속성에 기초하여 설명한다. 이러한 입장은 사회구조를 있는 그대로 파악하기보다는 구조적 요인으로 유목화하여 개별 요소들의 속성으로 설명하는 환원주의적인 입장을 택한다.

반면 구조주의적 접근방법은 개인이나 사물들간의 관계를 분석하고 이를 기초로 하여 사회 전체의 구조를 파악하는 한편, 사회관계 속에서 제약된 개인이나 사물들의 활동을 구조적으로 설명하는 비환원주의적인 입장을 택한다. 그리고 개인이나 사물들의 내재적 속성보다 이들간의 관계를 중시하고, 관계의 총합으로서 사회구조를 파악한다는 점에서 구조주의는 관계주의적이다. 구조내에 위치하는 개별요소들에게 구조는 객관적으로 주어지는 구조적 강압인 동시에, 개별 요소들은 관계변화에 따라서 자신의 필요에 따른 선택을 통하여 사회구조의 변화를 초래한다는 점에서 동태적 사회구조를 가정한다. 관계주의적 구조주의는 구조기능주의와 바로 이 동태적 성격에서 극명하게 구별된다.

사회과학에서 이러한 구조주의적 접근방법은 상당한 역사적 연원을 갖고 있다. 스코트(J. Scott)는 최근의 『사회망 분석(*Social Network Analysis*)』(1991)이라는 책을 통하여 사회과학내의 구조주의적 입장에는 세 가지 각기 다른 전통이 있으며, 이들이 합류하여 사회망 분석이라는 실증적인 연구경향을 만들고 있다고 주장한다. 여기서 그의 논의를 되풀이할 필요는 없으므로, 세 가지 전통을 간략하게 살펴보는 데서 그치도록 하겠다.

첫째는 1930년대 미국으로 망명온 독일의 모렌(J. Moren)과 하이더(F. Heider) 등의 학자로 대표되는 계량사회학(sociometry)과 집단역학(group dynamics)의 연구결과이다. 이들은 사회관계의 기초가 되는 대인관계의 형식적 속성을 소시오그램(sociogram)에 담기 위하여 노력하였다. 이전까지 사회의 형식적 구조를 기술하기 위한 노력들이 '관계의 거미집,' '사회편제,' 혹은 '네트워크' 등의 비유적 표현에 그치고 있었던 데 비해, 모레노를 위시한 이들은 사회의 형식적 구조를 체계적으로 연구하기 위한 분석틀을 제시하였다.

둘째는 1930, 40년대에 미국 하버드 대학을 중심으로 오스트레일리아 출신 교수들인 워너(W. L. Warner)와 메이요(E. Mayo)로 대표되는 전통이다. 이들은 개인활동을 공동체와 분리해서 논의하는 데는 한계가 있다는 점을 강조하고, 개인활동을 제대로 이해하기 위하여 그들이 속한 집단의 유형을 파악하고, 집단내의 개인행동을 연구하고자 하였다. 유명한 호오돈 연구는 이들이 공장활동이나 공동체활동들을 관찰한 결과이다. 이 연구보고서는 여러 소시오그램을 통하여, 관리를 위한 공식적 관계 이외의 여러 가지의 비공식적 관계가 존재한다는 것을 밝히는 한편, 개별노동자들의 비공식적 인간관계를 잘 파악하고 있는 경영자들이 성공적인 관리능력을 발휘한다는 것을 보여주고 있다.

셋째는 글룩크만(N. Gluckman)으로 대표되는 영국 맨체스터 대학의 사회인류학자들이다. 글룩크만은 갈등과 권력이라는 사회구조의 두 가지 중요한 요소에 특히 관심을 갖고, 사회통합을 이루기 위한 활동으로서 협상, 조정, 강제 등을 강조하였다. 맨체스터 학자들은 제도화된 기구를 통한 제도적 관계나 규범보다는 실제적인 갈등을 통해 행사되는 권력과 이에 따른 관계의 실제 모습에 더 많은 관심을 가졌다.

사회구조 분석은 60년대에 들어와서 결정적인 전기를 맞는다. 이전까지 간단한 형태의 소시오그램을 그림으로써 대인관계를 살펴보는 것이 고작이던 것이 실제 사회의 구조를 실증적으로 다루는 수준의 연구로 발전하게 된 것이다. 사회구조 분석에 획기적 변화를 가져온 두 가지 기술혁신은 그래프 이론과 MDS기법(Multi-Demensional Scaling)의 개발이다. 1930년대 독일에서 개발되었으나 그때까지 사회과학에서 전혀 관심을 끌지 못하였던 그래프 이론이 차츰 사회구조 연구자들에게 알려지면서, 이전의 주된 연구대상이었던 소규모 그룹의 관찰을 벗어나 연구대상의 범위를 넓힐 수 있는 계기를 마련하여 주었다. 그래프 이론은 구조분석의 이론전개에 있어서 수학적 정교함을 제공할 수 있기 때문이다. MDS기법은 개인이나 집단들간의 관계를 이들간의 일정한 거리로 나타냄으로써 사회공간을 지도화할 수 있게 하였다. 요소들간의 거리를 기준으로 두세 개의 차원으로 이루어지는 사회공간에 관찰된 모든 요소들을 한꺼번에 지도화하고, 이들간의 관계를 선으로 이어줌으로써 사회구조를 가시화하는 데 기여하였다.

이러한 기법들을 주요 분석도구로 하여 하버드 대학을 중심으로 하는 일단의 사회망 분석 연구자들은 실제상황에서의 개인이나 기구들간의 정보교환과 권력행사에 미치는 구조의 영향과 개인이나 기구들이 구조를 발현에 기여하는 과정에 대한 연구를 진전시켰다. 화이트(H. White)를 비롯한 하버드 그룹은 특정한 주제에 구애됨이 없이 모든 종류의 사회구조를 모델화하는 데 관심을 두면서 수학적인 정교함을 가진 실증적 구조분석에 골몰하였다. 사회구조의 표면적 관계나 심층관계들을 모델화하기 위하여 네트워크 분석을 이용하고, 추상적인 수준에서 이론화한 도구로써 그래프 이론을 비롯한 수학적 지식을 이용하였다.

2) 본 연구의 목적

본 연구는 신문기사를 통해 나타나는 권력 엘리트와 사회기구들간의 관계를 관찰하고 이들을 종합하면서 권력구조를 탐색하자는 데 그 목적이 있다. 이때 사회구조는 사회구성원들간의 관계의 총화로서 정의된다.

신문기사를 작성하는 기자들은 권력 엘리트들간의 상호작용을 관찰하는 '구조 관찰자'의 역할을 맡는 셈이며, 관찰의 결과로서 권력 엘리트들은 기자가 작성하는 하나의 기사내에서 '동시출현'된다고 가정된다. 기사내의 동시출현은 두 가지 경우를 포함한다. 그 하나는 권력 엘리트들이나 사회기구들간의 '상호작용'이 기자들에 의해 직접 관찰되는 경우이며, 다른 하나는 권력 엘리트들간이나 사회기구들간의 '일정한 관계' 자체가 기자들에 의하여 포착(혹은 유추)되는 경우이다.

앞에서 관계의 총화로서 사회구조를 정의한 것은 상호작용과 관계라는 구체적인 관찰대상과 관련되어 사회구조의 동태성을 잘 드러내 준다. 실증적인 수준에서의 구조분석은 사회구조가 객관적으로 존재하면서 사회구성원들에게 강요되는 측면보다는 사회구성원들간의 관계가 바뀌면서 구조변화가 초래된다는 측면에 중점을 둔다. 따라서 사회관계나 상호작용은 사회구조의 구체적 표현이며 동시에 구조변화의 동인이다.

3) 구조분석의 기본 개념

사회구조를 사회구성원들간의 관계의 총화로 정의하는 방식은 몇 가지 추가적인 개념정의를 필요로 한다. 사회구성원들은 권력 엘리트 개인(기구에 대한 분석에서는 개별 기구)으로 존재하기도 하지만 일단의 권력 엘리트들이 하나의 집단을 이루어 존재하는 경우도 있다. 개인과 집단이 사회구조를 이루는 방식에는 세 가지 수준이 존재한다. ① 개인과 개인의 관계, ② 개인과 집단의 관계, ③ 집단과 집단의 관계가 그것이다. ①의 관계는 소집단을 이용하는 초보적 사회구조 연구에서 주로 다루던 대인관계이며, 본격적인 사회구조 연구에서는 ②와 ③이 더욱 중요하게 다루어진다. 개인과 집단 혹은 집단과 집단이 관계를 이루면서 사회구조의 전체적 모습을 드러내고, 이러한 사회구조 속에서 개인과 집단의 역할이 드러나기 때문이다.

개인과 집단의 관계는 사회구조내의 역할에 따라서 다시 두 가지로 구분된다. 그 하나는 개개인들이 모여서 하나의 집단을 형성하는 집단내 관계이며, 다른 하나는 다른 집단내의 개인들이 집단과 집단간의 연결에서 맡는 역할을 나타내는 관계이다. 집단내 구성원들간의 관계를 나타내는 지수로서 흔히 중심도가 사용된다. 중심도가 높은 요소를 중심요소라고 부르며 중심도가 낮은 요소는 주변요소라고 부른다. 중심요소와 주변요소를 연결짓는 관계를 강한 고리(strong ties)라고 한다(Granovetter, 1973).

중심 - 주변의 용어법은 집단간 관계에서도 그대로 적용된다. 집단간 관계에는 중심집단과 주변집단이 있으며 집단간 관계에서도 위계질서가 수립될 수 있다. 집단간 위계질서의 유무에 따라서, 또한 집단간 연결역할을 각 집단내의 어느 요소가 맡는가에 따라서 사회구조는 현저하게 다른 네 가지의 모습을 보인다. 위계질서의 존재유무에 따라서 수직적 통합과 수평적 통합으로 구분되며, 통합에 기여하는 요소의 집단내 위치에 따라 강력한 통합과 느슨한 통합으로 구분된다.

'강력한 수직적 통합'은 중심집단의 중심요소(central-central)와 주변집단의 중심요소(peripheral-central)를 잇는 사회구조를 이루며, '느슨한 수직적 통합'은 중심집단의 주변요소(central-peripheral)와 주변집단의 중심요소 혹은 주변요소(peripheral-central, or peripheral-peripheral)를 잇는 사회구조를 이룬다.

반면 대등한 집단들간을 잇는 수평적 통합은, 집단내의 중심요소들간의 연결을 통한 '강력한 수평적 통합'과 집단내의 주변요소들을 통하여 이어지는 '느슨한 수평적 통합'으로 나뉜다. 앞서의 강한 고리에 대한 반대개념으로, 느슨한 수평적 통합에 기여하는 연결고리를 약한 고리(weak ties)라고 부른다(Granovetter, 1973). 강한 고리는 수직적 통합을 통하여 집중적 사회구조를 이루는 반면, 약한 고리는 수평적 통합을 통하여 다원적 사회구조를 이룬다.

<표 1> 통합의 유형과 강도에 따른 사회구조의 구분 집단간 위계질서 유무

		집단간 위계질서 유무	
		수직적 통합	수평적 통합
통합의 강도	강력한 통합	중심집단 - 중심요소와 주변집단 - 중심요소	각 집단의 중심요소들 연결
	느슨한 통합	중심집단 - 주변요소와 주변집단 - 중심, 주변	각 집단의 주변요소들 연결

4) 신문기사상의 동시출현빈도를 이용한 구조분석 방법

(1) 구조관찰자로서의 신문기자

구조관찰자로서 기자들의 역할은 제한적이다. 구조관찰자로서의 기자들에 의한 상호작용 관찰이나 관계 관찰은 그 자체로서 구조를 드러내 주지는 않는다. 구조는 개별요소들간의 상호작용과 관계들이 총체적으로 파악되면서 드러나는 일종의 심층구조인데, 기자들의 관찰은 개별요소들을 잇는 상호작용과 관계들에 국한되기 때문이다.

따라서 구조관찰자로서 기자의 역할은 구조의 일부인 개별요소들간의 관계나 상호작용을 관찰하는 것에 그치는 것으로 가정되며, 기자들이 사회구조 전체를 인식한다거나 관찰한다고 가정할 필요는 없다.

(2) 동시출현빈도를 이용한 구조분석

관계나 상호작용을 나타내는 것으로 간주되는 기사내의 동시출현은 관계나 상호작용의 성질보다는 관계의 유무(혹은 강도)에 관심을 둔다. 본 연구의 목적이 사회구조 분석에 있는 만큼 관계의 유무가 일차적 관심의 대상이 되는 것은 당연하다. 관계가 일정 수준 이상의 강도를 보이는 경우에 한하여 그 관계가 실제적으로 중요한 관계라고 간주한다. 그러나 실제로 어느 정도의 관계를 기준으로 할 것인지 결정하기란 쉽지 않다.

관계유무만을 다루고 관계의 성질을 고려에 포함하지 않는 것은 문제로 지적될 수 있다. 따라서 이러한 유형의 연구들이 축적되면서 관계의 유무와 함께 관계의 성질에 대한 연구로 진전되어야 하며, 관계의 질과 양, 두 가지 모두를 포괄하는 연구로 발전되어야 한다는 데는 이의가 있을 수 없다. 그러나 요소들간의 친소라는 양적인 관계속성을 긍정/부정의 질적 구분으로 전환하거나, 사회관계에서 적대관계를 영원한 것처럼 설정하는 비현실적이고 비역사적인 접근방법은 별로 도움이 되지 않을 것이다.

(3) 분석자료

본 연구에서 사용된 자료는 한국언론연구원의 신문 데이터베이스에 수록된 사회·정치관련 기사들이다. 분석기간은 지난 1990년 1월부터 1992년 4월까지 총 28개월이며, 주요 9개 일간지(《조선》 《동아》 《중앙》 《한국》 《경향》 《서울》 《국민》 《세계》 《한겨레》)의 정치·사회면에 수록된 기사들의 전집을 대상으로 하였다. 일차적으로 이들의 단순출현 빈도와 정치사회적 중요도에 따라서 연구자들이 임의로 파워 엘리트 121명과 주요 사회기구 62개를 추출하고, 신문 데이터베이스를 이용하여 이들간의 기사내 동시출현빈도를 측정하였다.

동시출현빈도는 분석기간 중 121명의 파워 엘리트와 62개 사회기구들이 동시에 출현하는 9개 일간지의 사회·정치면 기사의 수를 나타낸다. 앞서 지적한 관계의 강도를 동시출현빈도를 기준으로 하여 어느 정도 이상의 동시출현빈도를 구조적으로 유의미한 관계로 볼 것인지를 결정하여야 한다. 본 연구에서는 분석기간 전체를 통하여 평균적으로 9개 일간지 모두에 2주에 한 번 이상 동시에 나타나는 요소들간의 관계(분석기간중 동시출현빈도 488회=9개 일간지×121주/2회)를 구조적으로 의미 있는 관계라고 보고, 그 이하의 동시출현빈도는 무시하였다.

(4) 구조분석 방법

사회구조는 요소들간의 동시출현빈도를 총체적으로 파악할 때 드러난다. 동시출현빈도는 요소들간의 상호작용이나 관계를 나타내는 미시적 자료일 뿐이며, 구조는 이들 미시적 관계들을 종합하여 분석하는 거시적 수준의 분석대상이다. 행렬형태로 만들어지는 동시출현빈도 자료를 이용하여 사회구조를 추출해 내는 과정은 두 가지로 진행된다.

그 하나는 전체 네트워크내에서 개별 요소들이 차지하는 위치를 살펴보는 한편, 권력 엘리트 121명이나 권력기구 62개들의 전체 네트워크와 구분되는 개별 사회부문[행정부, 입법부(여/야), 사법부, 재야 및 기타]내에서의 위치를 살펴본다. 이러한 과정을 위하여 개별 요소의 중심도를 계산하고, 전체 네트워크에서의 중심도와 개별 네트워크내에서의 중심도를 비교하는 것으로 개별 요소들의 역할이 분명하게 드러날 것으로 기대된다. 전체 네트워크에서 중심적 위치를 차지하는 요소가 개별 네트워크에서도 중심적인 것이 일반적안 현상이다. 그러나 전체 네트워크에서 중심적 위치를 차지하던 요소가 개별 네트워크에서는 주변적인 위치를 차지하는 경우도 있으며, 전체 네트워크에서 주변적이지만 개별 네트워크에서는 중심적인 위치를 차지하는 경우도 있다. 이러한 논의를 앞서의 중심과 주변이라는 용어법과 연관짓는 경우 더욱 흥미로운 점을 보여준다. 전체 네트워크내에서 중심적이지만 개별 네트워크에서 주변적인 요소는 집단간 연결에 있어서 약한 고리를 만들고 있음을 알 수 있으며, 전체 네트워크에서는 주변적이지만 개별 네트워크에서 중심적인 요소는 집단내 연결에 있어서 강한 고리를 만들고 있음을 알 수 있다.

두 번째의 분석은 앞서 중심도 분석결과를 종합하기 위하여 MDS기법을 통하여 사회공간을 찾아내고, 이 사회공간내에 파워 엘리트들간 그리고 사회기구들간의 거리를 나타냄으로써 사회구조의 전체적인 모습을 밝혀 내고자 한다. MDS기법은 요소들간의 거리를 종합적으로 나타냄으로써 가까운 거리에 있는 요소들간의 공통점을 통하여 요소들을 쉽게 집단화할 수 있는 장점을 갖고 있다. 이는 MDS도표상에 요소들을 나열하고, 이들간의 관계를 나타내는 선을 이어줌으로써 전체적인 사회구조를 드러내고자 하는 분석방법이다. 이러한 분석들을 수행하기 위한 네트워크 분석도구로서 본연구는 가장 널리 사용되는 'UCINET 4'를 사용하였다.

3. 연구결과의 분석

1) 전체 중심도 분포로 본 한국 권력 네트워크의 특성

앞 절에서 설명되었듯이 중심도란 많은 사람들과 어떤 형태로든 관계를 가지고 있고 다른 사람들과의 거리가 적은 만큼 집단에 있어서 중심적인 위치를 차지한다는 개념이다. 본 연구는 중심도를 산출하는 기준으로 동시출현빈도를 사용하였다. 다시 말해 중심도란 '자주 만나는 사람이 중심도가 높고, 접촉의 횟수가 적을수록 중심도가 낮다'라는 의미를 가진다. 예를 들어 대통령이 모든 정치, 사회인사들과 개별적으로 만날 수도 있고 비서실이나 총리, 여당의 당직자를 통해 간접적으로 만날 수도 있다. 또 야당 국회의원이 야당의원들만 주로 접촉하는 경우도 있고 여당의 주요 당직자와 정부관료들과 밀접한 관계를 가지는 수도 있다. 이때 관계의 주체(정치인이든 정치기구든 간에)는 그 관계들 사이에서 중심적인 위치를 차지할 수도 있고 주변적인 위치를 차지할 수도 있다. 또 위치의 중심도는 낮지만 역할에 있어서 중요한 고리를 차지할 수도 있다. 중심도란 이 경우 관계내에서의 위치가 중심적인지의 여부와 여타의 관계주체들과 어떤식의 관계를 가지는지, 더 나아가 그 집단의 관계망이 어떻게 분포되어 있는지를 밝히는 중요한 지표가 될 수 있다.

본 분석에서 사용한 중심도 지수는 'Degree' 지표인데 이 지표는 각 요소들과 인접한 요소들의 수를 나타내는 개념이므로 각 정치인이나 정치기구들 주변에 얼마나 많은 관계들이 존재하는지, 그리고 주로 존재하는 관계가 어떤 요소와 이루어지는지를 살펴봄으로써 전체 관계의 네트워크에서 차지하는 위치를 알아낼 수 있다. 중심도 지수는 등간척도로 볼 수 있으며 따라서 나타난 수치들 사이의 상대적인 의미이지 비율의 의미는 아니다. 예를 들어 중심도가 1부터 20까지 나타났을 때 전체 분포의 편차를 알아본다는 의미이지 중심도 20인 요소가 중심도 1인 요소보다 20배 중요하다는 의미는 아닌 것이다. 따라서 중심도가 0이라는 것의 의미는 아무런 역할이 없다는 것이 아니라 상대적으로 극히 미비한 중심도를 가진다는 의미인 것이다.

이러한 개념을 바탕으로 한국사회에서 정치권력을 행사하는 주요한 주체들인 정치인과 정치기구들을 대상으로 분석을 행하면 다음과 같다.

(1) 정치인들은 권력 네트워크 안에서 어떤 위치를 차지하는가

일차로 한국언론연구원의 신문 데이터베이스 자료 중 기사내에 동시에 출현하는 빈도 수를 추출하여 출현빈도가 많은 121명의 정치인을 연구대상으로 추출하고 이들을 대상으로, 1990년 1월부터 1991년 4월까지 28개월 동안 9개 일간지에 최소한 2주에 한 번꼴로 출현하는 경우, 즉 동시출현빈도

488회(28개월 121주×9/2) 이상을 의미 있는 경우로 간주하고 정치인 121명의 중심도 지수를 산출하였다.

<표 2>와 <그림 1>의 그래프에서 보는 것처럼 한국의 정치인들은 정치권력의 중심부에 접근하고 있는 정도(중심도)로 볼 때 상위 소수 정치인들만이 권력의 중심부에 포진해 있고 나머지 대다수 정치인들은 정치권력의 주변부에 위치하고 있다고 볼 수 있다. 노태우 대통령이 19, 여당대표 12, 야당총재 9 등 중심도 5 이상의 정치인은 121명 중 9명에 불과하고 1 이상의 중심도를 가지는 사람도 24명에 불과하다. 나머지 97명은 중심도 0으로 극히 미미한 중심도를 차지하고 있다. 이러한 분석의 결과는 우리 정치권력

<표 2> 정치인의 중심도 분포(FREEMAN'S DEGREE CENTRALITY)

(총 121명)

이름	중심도	이름	중심도	이름	중심도	이름	중심도
노태우	19	김덕룡	0	박형규	0	이재오	0
김영삼	12	김봉호	0	박희태	0	이종구	0
김대중	9	김상근	0	백기완	0	이 철	0
김종필	8	김상협	0	서기원	0	이철용	0
박태준	7	김수환	0	서동권	0	이해찬	0
김윤환	6	김영배	0	서영택	0	이홍구	0
이종찬	6	김영일	0	서준식	0	장기욱	0
이기택	5	김영진	0	서청원	0	장기표	0
박철언	5	김용환	0	손주환	0	장병조	0
김정길	3	김우중	0	송갑석	0	장석화	0
정주영	3	김원기	0	심순범	0	정구영	0
박준병	2	김재순	0	안응모	0	정대철	0
노재봉	2	김종인	0	오용운	0	정동성	0
박준규	1	김종호	0	유병언	0	정문화	0
정원식	1	김종휘	0	유종하	0	정순덕	0
전두환	1	김진현	0	유창순	0	정해창	0
노무현	1	김태식	0	윤 관	0	정호용	0
조윤형	1	김현규	0	윤형섭	0	조경식	0
강영훈	1	나웅배	0	이부영	0	조세형	0
최각규	1	남덕우	0	이상수	0	조 순	0
이수정	1	단병호	0	이상연	0	채문식	0
최호중	1	문동환	0	이상훈	0	최병렬	0
이승윤	1	문희갑	0	이수호	0	최영근	0
이상옥	1	박관용	0	이어령	0	최영철	0
공로명	0	박상천	0	이연택	0	최창윤	0
권노갑	0	박세직	0	이용만	0	현홍주	0
권영각	0	박영숙	0	이우재	0	홍성철	0
김관석	0	박종근	0	이우정	0	황병태	0
김광일	0	박찬종	0	이원배	0		
김근태	0	박창수	0	이일규	0		
김기춘	0	박필수	0	이재근	0		

주: 평균 - 0.81, 표준편차 - 2.54

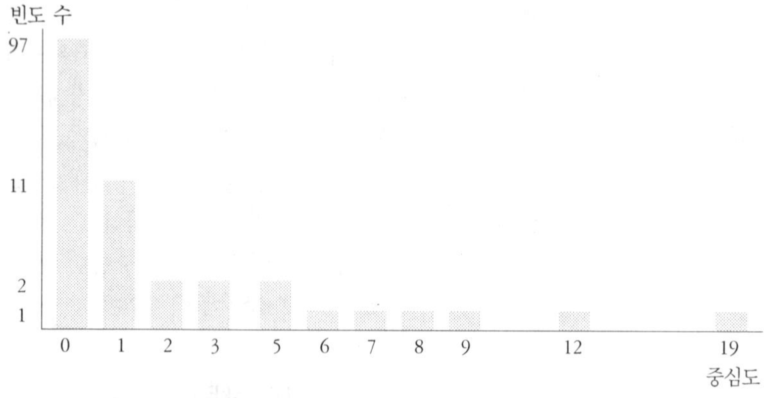

<그림 1> 전체 121명 정치인들의 중심도 분포

구조가 극단적으로 편중되어 있음을 보여준다. 몇몇 소수 정치지도자들만이 대다수 정치인들과 연결을 가지며 중심적인 위치를 차지하고 있고 나머지 대부분의 정치인들은 주변화되어 있다. 또 중심도 1 이상 3이하의 인물들을 중간 정치지도자라고 본다고 하더라도 이들의 중심도 지수가 대통령이나 여야 당수들에 비해 극히 낮기 때문에 권력망에서 중간 위치를 확보한다고 보기는 어렵다. 이러한 분석은 뒤에 행해질 관계망의 뭉치분석(clique analysis)에서 더욱 확연히 드러나 한국의 경우는 권력구조의 중간허리 부분이 매우 취약함을 보여주고 있다. 권력구조에 대한 기존의 연구들은 주로 서구의 경우를 기반으로[1] 권력 네트워크 모델, 즉 최고권력자를 정점으로 하고 중간 관리자를 매개로 여러 집단을 이끌고 있다는 피라미드형 모델을 제시하고 있는데 본 연구의 결과는 이러한 모델이 한국의 실정에는 부적합하다는 의미를 내포하고 있다고 하겠다. 왜냐하면 중심도 지수의 분포가 보여주듯이 권력의 위계 모델이 설정한 중간매개자 집단이 우리에게는 존재하지 않고 있기 때문이다.

물론 김종림 교수의 피라미드형 모델은 정당조직을 대상으로 한 것이기 때문에 의미가 좀 다를 수 있으나 우리가 주목하는 것은 한국의 권력구조에 관한 많은 연구들이 모델을 설정한 것은 아닐지라도 암묵적으로 위계적으로

---

1) 김종림, 「한국의 권력조직 원형에 관한 소고: 의회과정을 중심으로」, 한국의회발
   전연구회 지원논문, 1986.

<그림 2> 피라미드형 권력 네트워크 모델

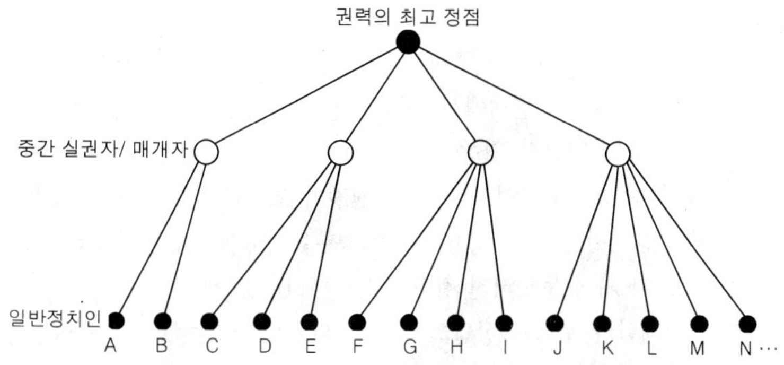

<그림 3> 방사선형 권력 네트워크 모델

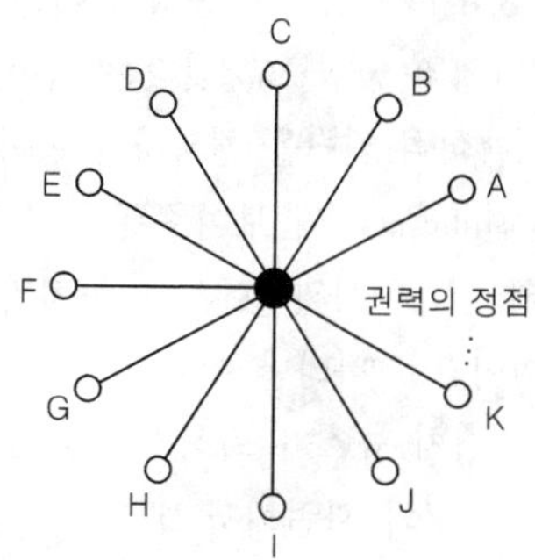

형성된 피라미드형을 설정하고 있다는 것이다. 그러나 본 연구의 자료는 피라미드형보다는 수평적 연결이 없이 소수 권력의 핵심부와 대다수 정치인들이 개별적으로 연결되는 방사선형에 가까운 형태를 보여준다. 방사선형은 더 쉽게 말해 수평적 연결이 없는 거미줄의 망조직을 연상하면 된다.

(2) 정치기구들의 중심도 분포

정치인의 경우와 마찬가지로 동시출현빈도가 높은 62개의 정치기구들을 연구대상으로 추출한 뒤 의미 있다고 여겨지는 동시출현빈도 488회를 기준으로 중심도를 측정하였다. 그 결과 정치인의 경우에서 분석한 것과 마찬가지로 권력의 중심도 측면에서 각 기구가 고르게 분포되어 있는 것이 아니라 양 극단으로 몰리는 현상을 나타내고 있다. 즉 소수의 권력기구에 과도하게 관계가 집중되는 권력구조를 드러내고 있다.

삼권분립의 자유민주주의 정치체제란 입법, 사법, 행정이 상대적으로 독립되어 있고 상호독립성의 전제에서 권력을 행사한다. 그러나 현대사회는 행정기구의 비대화라는 일반적 경향을 지니게 되고 지난 30여 년간 한국정치의 진행은 군사독재라는 특수성으로 인해 행정기구의 비대화 경향을 증폭시켰다. 그런데 신문기사를 통해 상호작용의 정도를 분석한 결과는 국회와 정당 등의 입법기구가 가장 두드러진 정치기구로 나타났고 재무부, 경제기획원, 건설부 등의 경제관련 부처가 상당히 중요한 위치를 점하고 있는 것으로 나타났다. 따라서 이러한 분석에 대한 해석은 다른 방향에서의 접근이 필요하다고 여겨진다. 청와대가 국회에 비해 대단히 낮은 중심도를 나타낸 것은 청와대에서 행하는 권력의 상당수가 직접 대통령의 이름을 통해 나타나는 경우가 많아서 그런 것이지 청와대의 중심도가 낮다는 의미로 해석할 수 없다. 동시에 우리 현실 정치에서 핵심적 권력을 행사하는 청와대의 권력행사과정은 선진국의 '선샤인 액트(sunshine act)'가 보여주듯이 공개되지 않는 경우가 많다. 이것은 안기부와 군부의 권력행사과정에서도 마찬가지이다. 또한 의회의 권력이 행정부보다 중심적이라고 나타난 이유는 현실 사회의 권력관계가 그렇다기보다는 우리 신문의 정치 뉴스가 의회정치를 중심으로 보도되기 때문일 것이다. 이 점은 우리의 연구와 관련해서 대단히 중요한 의미가 있다.

본 연구의 핵심문제는 신문 뉴스를 통해 드러나는 정치현실의 모습을 밝히는 것이다. 신문 뉴스에 나타난 정치현실은 부분적으로 실제의 현실을 반영하고 또 부분적으로 왜곡하기도 한다. 이때 뉴스에 나타난 현실의 모습이 부분적 반영과 부분적 왜곡이라는 한계를 가지고 있다고 해서 뉴스를 매개로 현실을 살펴보는 작업이 무의미해지는 것은 아니다. 왜냐하면 현실정치의 권력관계를 인식하는 여러 가지 방식 가운데 신문의 정치·사회 뉴스를 통해 나타난 정치현실을 인식하는 것도 그중의 한 방법이며 대다수의 시민들은 이러한 방식으로 정치세계를 접하고 있기 때문이다. 따라서 우리가 신문 뉴스 분석을 통해 현실정치의 권력구조를 분석한다는 것은 더욱 엄격히 말하면 기자들이 보여주는 현실 정치의 모습을 분석하는 것이 된다

이러한 전제를 받아들일 수 있다면 의회기구가 행정기구보다 중심도 지수

<표 3> 정치기구의 중심도 분포

(총 62개)

국회	27	국세청	3	개발연구원	0
민자당	19	KBS	3	경찰청	0
민주당	12	선관위	3	과학기술처	0
국무총리	10	교육부	2	교통부	0
청와대	9	공보처	2	노동부	0
재무부	8	대법원	2	노총	0
경제기획원	7	은행감독원	2	동자부	0
국방부	6	농림수산부	2	무역진흥공사	0
건설부	5	국회의장	2	문화부	0
지방검찰청	5	삼성	1	미대사관	0
현대	5	시의회	1	보사부	0
민정계	5	주한미군	1	상공회의소	0
외무부	4	한국은행	1	시경	0
민중당	4	검찰청	1	시청	0
내무부	4	전민련	1	전경련	0
공화계	4	통일원	1	전노협	0
신민계	4	고등법원	1	증권감독원	0
안전기획부	4	지방법원	1	치안본부	0
법무부	3	MBC	1	헌법재판소	0
보안사	3	대검찰청	1	환경처	0
상공부	3	전대협	1		

주: 평균 - 2.97, 표준편차 - 4.59.

<그림 4> 정치기구들의 중심도 분포

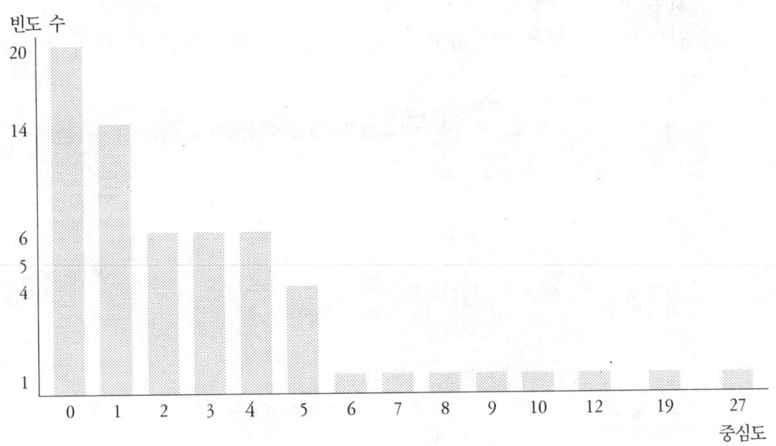

가 높게 나타난 것은 현실의 권력관계를 신문의 정치 뉴스가 정확히 반영하고 있지 못하다는 의미가 된다. 이것은 우리 언론의 정치 뉴스 취재구조가

국회에 편중되어 있고 정치인들의 가십 거리가 주가 되는 경향, 그로 인해 생활에 영향을 미치는 행정부의 정책과 의사결정에 대해서는 극히 가볍게 취급하거나 정치 뉴스의 대상에서 배제하는 관행 때문이라 할 수 있다. 동시에 우리의 권력행사과정과 의사결정과정이 투명하게 공개되지 않고 그것을 법률적, 제도적으로 강제할 장치(예를 들어 정보공개법, 회의공개법 등)가 없다는 현실정치의 저발전도 커다란 요인이 된다. 이러한 한계를 염두에 두면서 우리가 주목하는 것은 이들 정치기구들간의 권력 네트워크 안에서의 상대적 위치이므로 각 부문별로 내부의 네트워크를 살펴보는 것이 필요하다.

2) 전체 네트워크내에서 부문별로 살펴본 중심도 분포

(1) 정치인들의 분포

① 정부 각료

전체 정치인 121명 중 행정부의 정부각료 인물은 45명(37%)이었다. 이들 45명 가운데 중심도 1이상인 인물은 10명으로 정부각료 중 22%가 의미 있는 중심도 수치를 나타내고 있다. 즉 전체 정치인 중 정부각료들은 비교적 고른 중심도 분포를 가지고 있다고 할 수 있다. 그러나 노태우의 중심도가 19로서 압도적인 중심을 형성하고 있으며 뒤를 이은 박철언이 5로서 정무장

<표 4> 정부각료들의 중심도 분포

(총 45명)

노태우	19	김종휘	0	이용만	0
박철언	5	김진현	0	이종구	0
노재봉	2	문희갑	0	이홍구	0
강영훈	1	박세직	0	장병조	0
이상옥	1	박필수	0	정구영	0
이수정	1	서동권	0	정문화	0
이승윤	1	서영택	0	정해창	0
정원식	1	안응모	0	조경식	0
최각규	1	유종하	0	조 순	0
최호중	1	유창순	0	최병렬	0
공로명	0	윤 관	0	최영근	0
권영각	0	윤형섭	0	최영철	0
김기춘	0	이상훈	0	최창윤	0
김영일	0	이어령	0	현홍주	0
김종인	0	이연택	0	홍성철	0

관이었던 실질적 위치에 비해 6공화국 당시의 정치 실세로서의 위치를 보여주고 있다. 또한 중심도 2인 노재봉은 청와대 비서실장과 국무총리로서 청와대 중심의 정부구조가 드러나고 있다. 중심도 1인 인사들도 최호중 외무장관과 이승윤 부총리를 제외하면 총리나 청와대 관계 인물이고 동구권외교나 북방외교가 이슈가 되었던 당시의 상황을 인식한다면 청와대 중심의 행정부 각료들의 권력구조는 더욱 분명해진다고 하겠다. 이러한 현상은 정치기구들의 중심도를 살펴볼 때 총리의 중심도가 청와대에 비해 높았던 사실을 상기하면 청와대라는 기구가 아니라 대통령 개인이라는 정치적 구심점을 향해 집중되어 있다는 사실을 알 수 있다. 즉 청와대는 대통령의 부속기구로서 작용하므로 정치기구들 사이에서는 그 역할이 대통령에 비해 두드러지지 않는 것이다.

② 여당 정치인

여당 정치인은 총 24명으로 121명 중 비율은 야당이나 재야 및 기타 인물들과 비교해 그다지 두드러지지 않으나 중심도가 높은 인물이 압도적이다. 즉 중심도 6 이상인 상층부 정치인을 5인이나 포함하고 있다. 이들은 여당의 수뇌부들로서 그 중심도가 보여주는 수치대로의 위상을 분명히 보여주고 있다. 여당 정치인이 121명 중 24명을 차지한 것과 대조적으로 전체 121명 중 상층부를 대표하는(중심도 1이상) 24명 중에 7명이 포함된다는 사실은 매우 흥미로운 것이다. 즉 여당 정치인 가운데 수뇌부가 아닌 일반 정치인으로서 거론되는 인물은 극히 적다는 것이다. 이러한 사실은 중심도는 높지 않으나 여당 정치인으로 호명되는 정치인의 수가 야당에 비해 오히려 적다는

<표 5> 여당 정치인들의 중심도 분포

(총 24명)

김영삼	12	김영진	0	이상수	0
김종필	8	김용환	0	이상연	0
박태준	7	김재순	0	장기욱	0
김윤환	6	김종호	0	정동성	0
이종찬	6	나웅배	0	정순덕	0
박준병	2	박관용	0	정호용	0
박준규	1	박희태	0	채문식	0
김덕룡	0	서청원	0	황병태	0

데서 알 수 있듯이, 상대적으로 정치권력의 저변부를 차지하는 일반 정치인의 기반이 여당이 오히려 취약하다는 것을 알 수 있다. 이러한 분석결과는 동시에 여당내의 권력관계가 대단히 권위주의적이며 소수 여당 정치지도자에게 집중되어 있음을 보여준다.

③ 야당 정치인

야당 정치인에 포함되는 인물은 총 121명의 정치인 중 27명으로 여당의 경우보다 오히려 많다. 그러나 중심도 수치에 있어 높은 비중을 차지하는 김대중과 이기택, 김정길을 제외하면 나머지 야당 정치인들은 그다지 정치권력의 중심부외는 연관을 가지고 있지 않다. 그러나 앞에서도 지적했듯이 야당의 정치인들은 일반 정치인으로서 그 기반이 비교적 탄탄하다고 할 수 잇다. 야당 정치인으로 이름이 오른 사람들의 면면을 살펴보면 대부분 개인적 지명도로 인해 정치적 위상을 획득하고 있으므로 야당 정치인의 저변은 비교적 다양하다고 하겠다.

<표 6> 야당 정치인들의 중심도 순위

(총 27명)

김대중	9	김원기	0	이우정	0
이기택	5	김태식	0	이원배	0
김정길	3	김현규	0	이재근	0
노무현	1	박상천	0	이 철	0
조윤형	1	박영숙	0	이철용	0
권노갑	0	박찬종	0	이해찬	0
김광일	0	손주환	0	장석화	0
김봉호	0	신순범	0	정대철	0
김영배	0	이부영	0	조세형	0

④ 재야 및 기타 정치인

재야 및 기타 관련인물들이 총 24명으로 여당이나 야당 정치인들만큼이나 수적 비중을 차지하고 있다는 사실은 놀랄 만하다. 그러나 이들이 중심도에 있어서는 그다지 주목할 만하지 못해 정치 전반부에서는 상당히 많은 사람들이 거론되고 있으나 정치적으로 중심적인 위치를 가진 집단과는 거리가 있음을 알 수 있다. 뒤에서 이들 구성원간의 상관도를 구해 보면 알 수 있겠으나 이들의 구성이 매우 다양한 집단을 대표하고 있으므로, 중심도는 낮으

<표 7> 재야 및 기타 정치인들의 중심도 분포

(총 24명)

정주영	3	남덕우	0	서준식	0
전두환	1	단병호	0	송갑석	0
김관석	0	문동환	0	유병언	0
김근태	0	박종근	0	이수호	0
김상근	0	박창수	0	이우재	0
김상협	0	박형규	0	이일규	0
김수환	0	백기완	0	이재오	0
김우중	0	서기원	0	장기표	0

나 권력의 외곽에서 이들끼리 어떤 뭉치를 형성하고 있으리라는 가정도 그 타당성에 있어서는 희박해 보인다. 정주영의 중심도가 3으로 가장 높게 나타난 것은 이 시기가 국민당의 급격한 상승과 맞물려 있기 때문이다. <표 7>에서 보듯이 이들 대다수 재야인사들은 신문의 정치·사회면에 자주 등장하기는 하지만 권력의 핵심이나 정치인들과의 연관은 거의 없는 것으로 판단된다. 야당과 재야정치가 이렇게 차이가 나는 것은 신문의 정치 뉴스가 재야정치를 야당정치와 어떻게 차별화하고 있는가를 잘 보여주는 대목이라 할 수 있다.

(2) 정치기구들의 분포

① 행정부

정치기구 62개 중 행정부처 관련 기구는 30개로 거의 절반가량의 비중을 차지하며 이들의 중심도 평균은 2.65로 전체의 평균 중심도 2.97보다는 약간 낮으나 30개 행정부처 가운데 전체 평균중심도보다 높은 중심도를 가지는 기구가 14개로서 대체로 행정부처들은 고르게 권력을 행사하고 있는 것으로 나타난다. 즉 각 부처별로는 입법기구들에 비해 낮은 중심도를 보이고 있지만 주요 정치권력을 행사하는 기구들 중에서 압도적인 수적 비율을 차지함으로써 여러 분야에 걸쳐 권력을 행사하고 있다는 것을 알 수 있다. 행정부처 중에서는 총리와 청와대를 제외하고는 재무부, 경제기획원, 건설부, 상공부, 국세청 등 경제관련 부처의 중심도가 두드러지고 있어 행정적인 정치권력의 주요한 부분이 경제부분에서 행사되고 있음을 알 수 있다. 그 밖에 국방부의 중심도가 6으로 상당히 높은 것은 분단상황이라는 한국적 특수성으로 미루어 짐작할 수 있으며, 외무부나 통일원의 부각은 6공화국 정치상

<표 8> 행정부 관련 기구들의 중심도 분포

(총 30개)

국무총리	10	법무부	3	개발연구원	0
청와대	9	상공부	3	과학기술처	0
재무부	8	국세청	3	교통부	0
경제기획원	7	선관위	3	노동부	0
국방부	6	교육부	2	동력자원부	0
건설부	5	공보처	2	문화부	0
외무부	4	농림수산부	2	보건사회부	0
내무부	4	은행감독원	2	시청	0
안전기획부	4	통일원	1	증권감독원	0
보안사	3	한국은행	1	환경처	0

황에서 북방외교, 동구권 수교 등이 중요한 정치사안이었다는 점을 감안하면 높은 중심도를 가지는 이유를 설명할 수 있다. 안기부나 보안사 등의 보안기구들이 각각 중심도 4와 3으로 높게 나타나 이들 기구들의 정치적 위상이 직접 드러나지는 않지만 매우 높음을 알 수 있다. 선관위의 중심도가 상당히 높은 것도 두드러지는 현상인데 이 시기에 지방의회나 보궐 선거 등 선거 이슈가 많았으므로 상대적으로 선관위의 위상이 높아지고 있다.

② 입법부

62개 정치기구 중 입법부 관련 기구는 9개인데 입법부 관련 기구들의 중심도 평균은 8.4로서 전체 정치기구들의 중심도 평균의 약 3배 가량으로 월등히 높다. 그리고 9개 기구 중 7개가 전체 중심도 평균을 넘는 기구들이며, 더구나 전체 평균 중심도 2.97보다 낮은 국회의장의 경우는 개인 자격으로서 실질적으로 국회에 포함되며 시의회의 경우는 조직된 지 얼마되지 않은 신생기구이므로 사실상 입법관련 기구들의 중심도는 정치기구 전체로 볼 때 압도적으로 상위그룹을 형성하고 있다고 할 수 있다. 이러한 사실은 한국의 정치현실이 입법부, 즉 국회 위주로 이루어져 있다고 볼 수도 있겠으나, 앞 절에서 가정했듯이 '동시출현빈도'라는 지표가 '둘 이상의 기구들간의 상호 커뮤니케이션'을 의미하고 있으므로 주로 국회를 통해 표출되었던 상호작용들은 동시출현빈도에 반영되었으나 행정부처들간의 상호작용은 가시화되지 않고 있다는 한국적인 취재관행이나 관급 보도자료에 의존하는 현실을 지적하고 있다고 할 수 있겠다.

<표 9> 입법부 관련 기구들의 중심도 분포

(총 9개)

국회	26	공화계	4
민자당	19	신민계	4
민주당	11	국회의장	2
민정계	5	시의회	1
민중당	4		

입법기구 중 민중당의 중심도가 4로서 전체 정치기구들 중에서 상당히 높게 나타나고 있는데 민정계, 신민계, 공화계가 실질적으로 민자당과 민주당에 포함되므로 입법기구내에서 민중당의 중심도는 상대적으로 매우 낮다고 할 수 있다. 그러나 뒤에서 살펴볼 재야기구들(전민련, 전대협, 전노협)과 비교해 볼 때는 민중당이 의회구도라는 제도권의 형식 안에 존재함으로써 상대적으로 국회와 관련해 많이 거론되어 현실 정치의 표면에 올라 있었음을 알 수 있다.

③ 사법부

정치기구 62개 중 사법부 관련 기구는 10개이며 이들의 중심도 평균은 1.1이다. 전체 중심도 평균인 2.97을 넘는 기구는 지방검찰청뿐이며, 지방검찰청과 검찰청, 대검찰청은 모두 사법관련 기구이기는 하나 행정부 소속이므로 실지로는 행정 위주의 사법권이 행사되고 있다고 할 수 있다. 더구나 상위법기관인 대법원이나 대검찰청보다 지방검찰청의 중심도가 높은 것은 행정권력과 직접적으로 관련된 사법기구의 정치권력이 보다 중심적이라는 분석을 더욱 뒷받침하고 있는 것으로 보인다. 결과적으로 사법부의 정치권력은 전체적으로 볼 때 자체적으로는 권력의 중심에 진출해 있지 않은 주변부적인 것이다.

<표 10> 사법부 관련 기구들의 중심도 분포

(총 10개)

지방검찰청	5	대검찰청	1
대법원	2	헌법재판소	0
검찰청	1	치안본부	0
고등법원	1	경찰청	0
지방법원	1	시경	0

④ 재야 및 기타 기구

정치기구 63개 중 재야 및 기타 기구들은 13개인데 이들의 평균 중심도는 1로서 여타 분야에 비해 가장 낮다. 더구나 중심도 5인 현대는 정주영과 관련되어 당시의 정치적 상황에 의해 주요한 기구로 거론된 것이므로 한국방송공사(KBS)를 제외한 기타 기구들은 사실상 유명무실한 권력기구들이라고 할 수 있다. KBS와 MBC가 기타 부문에서 주요 권력기구로 등장한 것은 우리나라의 경우 언론이 매우 중요한 권력기구로서 존재한다는 사실을 보여 준다. 즉 언론이 권력에 대해 객관적인 입장을 취하는 것이 아니라 권력망에 깊숙이 관여하고 있다는 것이다. 즉 현실 사회에서의 정치적 중요성이라는 측면은 접어두고 전민련이나 전대협, 전노협 등은 신문 지상에서 주요한 권력기구로 등장하지 못하고 있음을 나타낸다.

<표 11> 재야 및 기타 기구들의 중심도 순위

(총 13개)

현대	5	상공회의소	0
KBS	3	무역진흥공사	0
삼성	1	전경련	0
MBC	1	전노협	0
전민련	1	미대사관	0
전대협	1	노총	0
주한미군	1		

이렇게 볼 때 한국에 있어서 정치권력은 행정부와 입법부 위주로 행사되고 있으며 권력 중심으로의 진출이라는 측면에서 극도로 중앙집중화되어 있다는 사실을 드러내 준다. 최고 중심도 지수를 나타낸 국회(26)와 민자당(19), 민주당(11)은 이들을 제외한 기구들이 대부분 0에서 2, 3정도의 중심도를 가진다는 사실에 비추어 상당한 정도의 중심도를 가지는 것이라고 판단되기 때문이다.

3) 각 부문내에서의 상호관계에 의한 중심도 분포

앞 절에서 이루어졌던 분석이 전체 정치인이나 정치기구들은 대상으로 그들 사이의 중심도 분포를 살펴본 것이었던 데 비해 이번에 살펴볼 중심도 분포는 각 부문별로 그 부문안에서의 구성원들간 중심도 분포를 알아본 것이다. 따라서 전체를 대상으로 살펴본 중심도가 전체 정치권력을 대상으로 관계를 획득한다는 의미에서의 중심도였다면, 각 부문내에서의 중심도는 같은 부문내의 구성원들끼리 어떤 관계의 중심도를 나타내고 있는가를 알아보는 것이다. 따라서 전체 정치권력구조에서 뿐만 아니라 부문별로 이루어지는 권력분포를 알아볼 수 있다. 이러한 분석은 단순히 중심적인 위치를 차지하는 정치인이나 정치기구를 분석하는 것에서 나아가 획득된 중심도가 어떤 관계 정치인들이나 정치기구를 대상으로 이루어지는 것임을 밝히기 위해서 필요한 작업이라 여겨진다.

(1) 정치인들의 분포

① 정부각료

정부각료들 사이의 중심도 분포를 살펴보면 노태우의 압도적인 위상과 중심도 1이상 정부각료들의 면면은 전체 정치인을 대상으로 중심도 분포를 살펴본 것보다 중심도 위치가 낮아지고 있다. 특히 박철언은 전체 중심도가 5로서 6공화국 실세로서의 위치를 보여주었던 것에 비해 정부각료들 사이에서의 중심도는 상당히 격하되어 다른 각료들과 같은 정도의 위상을 보여주고 있다. 이러한 사실은 박철언의 정치권력 획득이 정부각료로서 행정부내

<표 12> 정부각료들 사이의 중심도 분포

(총 45명)

노태우	9 (19)	김종휘	0 (0)	이용만	0 (0)
강영훈	1 (1)	김진현	0 (0)	이종구	0 (0)
노재봉	1 (2)	문희갑	0 (0)	이홍구	0 (0)
박철언	1 (5)	박세직	0 (0)	장병조	0 (0)
이상옥	1 (1)	박필수	0 (0)	정구영	0 (0)
이수정	1 (1)	서동권	0 (0)	정문화	0 (0)
이승윤	1 (1)	서영택	0 (0)	정해창	0 (0)
정원식	1 (1)	안응모	0 (0)	조경식	0 (0)
최각규	1 (1)	유종하	0 (0)	조 순	0 (0)
최호중	1 (1)	유창순	0 (0)	최병렬	0 (0)
공로명	0 (0)	윤 관	0 (0)	최영근	0 (0)
권영각	0 (0)	윤형섭	0 (0)	최영철	0 (0)
김기춘	0 (0)	이상훈	0 (0)	최창윤	0 (0)
김영일	0 (0)	이어령	0 (0)	현홍주	0 (0)
김종인	0 (0)	이연택	0 (0)	홍성철	0 (0)

주: 괄호 안의 수치는 정치인 121명 전체 네트워크에서 살펴본 중심도 수치임

의 위치나 역할에 따른 것이 아니라 행정부 외부, 즉 여당이나 야당 등 다른 부문의 연관에 의해 획득되고 있는 것이라는 것을 알 수 있다. 즉 박철언은 전체 정치인 중에서 정부각료라는 실제적 위치와는 별도로 정치적 행동을 취하고 있으며, 뒤의 네트워크망 분석부분에서 밝혀지겠지만 대통령과의 연관을 통해 정치권력을 행사하고 있다.

② 여당 정치인

여당 정치인 24명 사이의 중심도 분포를 살펴보면 정부각료의 경우와 마찬가지로 상위 인물들의 구성에는 차이가 없다. 그러나 김종필과 박태준의 중심도가 전체의 경우에는 김윤환, 이종찬과 비교해 상대적으로 우위를 획득하고 있었으나 여권 내부로 들어오면 차이를 보이지 않는다. 즉 박태준, 김종필은 여권의 수뇌부로서 야당이나 정부, 대통령과의 관계를 통해 더 많은 정치권력을 행사함으로써 정치권력의 중심부로 접근해 있다는 것이다. 반면 김윤환이나 이종찬은 상대적으로 김종필, 박태준에 비해 여권 내부의 역할을 통해 자신의 정치적 중심도를 획득하고 있다고 할 수 있다. 그러므로 김윤환, 이종찬의 역할은 여권내에서 여당 정치인들 사이의 관계에 더 역점이 주어지고 있다고 볼 수 있다.

<표 13> 여당 정치인들 사이의 중심도 분포

(총 24명)

김영삼	6 (21)	김영진	0 (0)	이상수	0 (0)
김종필	4 (8)	김용환	0 (0)	이상연	0 (0)
김윤환	4 (6)	김재순	0 (0)	장기옥	0 (0)
박태준	4 (7)	김종호	0 (0)	정동성	0 (0)
이종찬	4 (6)	나웅배	0 (0)	정순덕	0 (0)
박준규	1 (1)	박관용	0 (0)	정호용	0 (0)
박준병	1 (2)	박희태	0 (0)	채문식	0 (0)
김덕룡	0 (0)	서청원	0 (0)	황병태	0 (0)

주: 괄호 안의 수치는 정치인 121명 전체 네트워크에서 살펴본 중심도 수치임

③ 야당 정치인

마찬가지로 야당 정치인들도 상층부의 인물구성에서는 차이가 없다. 그러나 김대중의 위상이 전체 정치인을 고려했을 때에 굉장히 낮은 중심도를 나타내고 있으며 김정길이 중심도 수준에서 괄목할 만한 상승을 보이고 있다.

이러한 사실은 김대중의 중심도가 김정길의 중심도와 필적할 만하다는 의미라기보다는 김대중이나 이기택은 대통령이나 여권의 수뇌부와의 관계를 통해 야당내의 위상을 유지하는 반면 김정길은 당시 야당의 원내총무로서 야당 일반 정치인들과의 관계를 통해 야당 내부의 구심체 역할을 하고 있었기 때문이라고 보는 것이 타당하다. 그러므로 김대중의 야당 내부에서의 중심도는 상대적으로 낮아지는 반면 김정길의 중심도는 상승하고 있는 것이다. 이러한 김정길의 위상 상승은 정부각료의 경우에 박철언의 중심도가 낮아지는 경우와 대조적으로 특징적인 것이다. 김대중의 중심도와 주요 관계망이 대통령이나 여당 수뇌부를 대상으로 하고 있다는 사실은 위에서 네트워크망 분석을 행하면서 다시 한 번 제시될 것이다.

<표 14> 야당 정치인들 사이의 중심도 분포

(총 27명)

김대중	3 (9)	김원기	0 (0)	이부영	0 (0)
김정길	3 (3)	김태식	0 (0)	이우정	0 (0)
이기택	2 (5)	김현규	0 (0)	이원배	0 (0)
노무현	1 (1)	박상천	0 (0)	이재근	0 (0)
조윤형	1 (1)	박영숙	0 (0)	이철용	0 (0)
권노갑	0 (0)	박찬종	0 (0)	이해찬	0 (0)
김광일	0 (0)	손주환	0 (0)	장석화	0 (0)
김봉호	0 (0)	신순범	0 (0)	정대철	0 (0)
김영배	0 (0)	이 철	0 (0)	조세형	0 (0)

주: 괄호 안의 수치는 정치인 121명 전체 네트워크에서 살펴본 중심도 수치임

④ 재야 및 기타 정치인

이미 앞 절의 전체 정치인들 사이에서 재야 및 기타 정치인들의 중심도 분포에서 예견되었듯이 이들 사이의 유의미한 중심도 분포는 보이지 않는다. 즉 이들은 각기 산발적으로 관계망을 형성하고 있다는 것이다. 이 사실은 청와대나 총리, 입법부의 중심도 분포를 해석할 때 이미 밝혔듯이 재야 부문에 대해 한국의 신문 뉴스들은 재야를 하나의 조직된 구조로 다루지 않는다는 것이다. 즉 실제로 재야단체들이 많은 잠재적이고 암묵적인 정치적 관계망을 형성하고 있음에도 불구하고 이들의 정치적 위치는 산발적으로 보도되고 있으며 중심부의 정치세력과는 연결시키고 있지 않다는 것이다. 그러나 재야세력들이 뉴스에 등장하는 경우 이슈가 대부분 상층부 권력자들이나 대통령을 대상으로 한 것이었음을 감안한다면 이들 세력은 정치권으로부터 철저

히 소외되고 있다는 사실을 내포한다.

<표 15> 재야 및 기타 정치인들 사이의 중심도 분포

(총 24명)

정주영	0 (3)	남덕우	0 (0)	서준식	0 (0)
전두환	0 (1)	단병호	0 (0)	송갑석	0 (0)
김관석	0 (0)	문동환	0 (0)	유병언	0 (0)
김근태	0 (0)	박종근	0 (0)	이수호	0 (0)
김상근	0 (0)	박창수	0 (0)	이우재	0 (0)
김상협	0 (0)	박형규	0 (0)	이일규	0 (0)
김수환	0 (0)	백기완	0 (0)	이재오	0 (0)
김우중	0 (0)	서기원	0 (0)	장기표	0 (0)

(2) 정치기구들의 분포

① 행정부

앞에서 전체 정치기구들과 상호관련을 가지고 행사되는 중심도를 행정부처 내부에서의 중심도와 비교해 볼 때 재무부의 역할이 격상되고 있으며 상공부의 위상도 외무부와 국방부, 건설부 등의 수준으로 격상되고 있어 행정부처 내부에서 경제관련 기관들의 중심도 수준이 높아지고 있음을 드러내준다. 또 외무부의 위상도 국방부와 건설부를 누르고 상당히 높아져 있음을 알 수 있다. 반면에 내무부와 안전기획부, 보안사, 공보처의 위상은 상당히 격하되어 이들 기관은 행정부처 이외의 정치권력들과 더 많은 상호작용을 가지고 권력을 행사하고 있는 것을 알 수 있다.

<표 16> 행정부처들간의 상호작용에 의한 중심도 분포

(총 30개)

국무총리	7 (10)	은행감독원	2 (2)	교육부	0 (0)
재무부	6 (8)	내무부	1 (4)	교통부	0 (0)
청와대	5 (9)	안전기획부	1 (4)	노동부	0 (0)
경제기획원	5 (7)	보안사	1 (3)	동력자원부	0 (0)
외무부	3 (4)	한국은행	1 (1)	문화부	0 (0)
국방부	3 (6)	농림수산부	1 (2)	보건사회부	0 (0)
건설부	3 (5)	통일원	1 (1)	선관위	0 (0)
상공부	3 (3)	개발연구원	0 (0)	시청	0 (0)
법무부	2 (3)	공보처	0 (2)	증권감독원	0 (0)
국세청	2 (3)	과학기술처	0 (0)	환경처	0 (0)

주: 괄호 안의 수치는 정치기구 63개 전체 네트워크에서 살펴본 중심도 수치임

② 입법부

　행정부와 달리 입법부 내부의 중심도는 전체 기구들과의 상호관계를 고려
한 경우와 별 특이한 차이점이 나타나지 않고 국회, 민자당, 민주당… 등으
로 이어지는 중심도 순위와 같다. 즉 입법부 관련 기구들이 행사하는 정치권
력은 여타 정치기구들(행정부, 사법부, 재야 및 기타)과 골고루 연결되어 행
사되는 상호작용적 정치권력이라는 것이다. 따라서 이들이 전체 정치기구들
의 네트워크내에서 가지는 권력의 중심도는 바로 입법부 내부에서 행사되고
얻어지는 중심도와 그 궤를 같이한다고 볼 수 있다.

<표 17> 입법부들간의 상호작용에 의한 중심도 분포

(총 9개)

국회	8 (27)	공화계	4 (4)
민자당	7 (19)	신민계	4 (4)
민주당	6 (12)	국회의장	2 (2)
민정계	4 (5)	시의회	1 (1)
민중당	4 (4)		

주: 괄호 안의 수치는 정치기구 63개 전체 네트워크
　　에서 살펴본 중심도 수치임

③ 사법부

　사법관련 정치기구들은 사법부 내부의 상호관련성을 기초로 중심도를 측
정해 보면 전체 정치기구를 고려할 때와 별 차이가 없다. 이러한 사실을 사
법부 내부에서의 상호작용을 통해 중심권력을 행사하는 것이 사법부 외부,
부, 즉 행정부나 입법부 등을 대상으로 정치권력을 행사함으로써 중심도를
획득하는 것과 같은 의미가 있음을 나타낸다고 하겠다.

<표 18> 사법부처들간의 상호작용에 의한 중심도 분포

지방검찰청	3 (5)	대검찰청	1 (1)
대법원	1 (2)	헌법재판소	0 (0)
검찰청	1 (1)	치안본부	0 (0)
고등법원	1 (1)	경찰청	0 (0)
지방법원	1 (1)	시경	0 (0)

주: 괄호 안의 수치는 정치기구 63개 전체 네트워크에서
　　살펴본 중심도 수치임

④ 재야 및 기타 기구

재야 및 기타 기구들의 중심도 변화를 살펴보면 전체 수준에서는 평균 이상의 중심도를 보였던 현대와 한국방송공사(KBS)가 이들 기구 사이에서는 별다른 중심도를 획득하지 못하고 있다. 즉 현대와 KBS가 가지는 권력의 중심도는 행정부나 입법부 등 여타 부문의 기구들과의 관계에서 획득된 것이라 할 수 있다. 이것은 현대와 KBS가 경제부문과 언론부문이라는 본래의 역할을 수행함으로써 정치권력을 행사하는 것이 아니라 행정이나 정치부문에 관여함으로써 권력을 획득하고 있다는 사실을 보여주는 것이다. 또한 KBS와 MBC 두 방송사가 동시출현빈도면에서 권력기구로 등장하고 있다는 사실은 한국사회에서 언론이 가지는 기능이 본래의 기능을 넘어서서 권력기구로서 작용하고 있다는 특수성을 나타내는 것이다.

<표 19> 재야 및 기타 기구간의 상호작용에 의한 중심도 분포

현대	1 (5)	상공회의소	0 (0)
KBS	1 (3)	무역진흥공사	0 (0)
삼성	1 (1)	전경련	0 (0)
MBC	1 (1)	전노협	0 (0)
전민련	1 (1)	미대사관	0 (0)
전대협	1 (1)	상공회의소	0 (0)
주한미군	0 (1)	노총	0 (0)

주: 괄호 안의 수치는 정치기구 63개 전체 네트워크에서
　　살펴본 중심도 수치임

4) 중심도 상위집단의 네트워크

이제 위에서 중심도 분포를 중심으로 살펴보았던 한국사회의 정치권력구조의 분석결과를 종합하여 살펴보는 작업이 필요하다고 여겨진다. 따라서 이 장에서는 블록화와 뭉치 연결망을 중심으로 종합적인 정치권력구조의 네트워크를 살펴볼 것이다. 블록이란 각 요소들이 연결되어 있는 상태를 매트릭스로 드러냄으로써 요소들의 연결이 이루어져 있는 양상이 눈으로 드러나는 상태를 알아보는 것이다. 뭉치란 개인들의 집합으로 이루어지는 일련의 군으로서[2] 스코트의 개념정의에 따르면 한 조직에 속하는 단위들간의 커뮤

---

2) J. Scott, *Social Network Analysis*, SAGE Publications, 1991.

니케이션의 망과 정도에 따라 같은 범주로 묶어내기에 유용한 개념이다. 예를 들어 한 가족은 같은 뭉치라고 할 수 있다.

여기서는 각 요소들이 연결되어 있다는 의미로 앞에서 사용한 동시출현빈도 488회 이상이 지엽적인 연결망까지도 드러내고 있어 블록과 뭉치를 좀더 확연히 드러내기 위해 동시출현빈도 732회(28개월간 9개 일간지에 4주에 3회 등장하는 횟수)를 기준으로 삼았다.

(1) 핵심 정치인 24인의 권력 네트워크

전체내에서 중심도 1이상을 가지는 24인의 정치인을 핵심적인 정치권력을 가지는 정치인으로 구분하여 이들 상호간의 권력 네트워크는 어떻게 이루어져 있는지를 알아보기 위하여[3] '네트워크 블록 덴스티(Network Block Density)'를 기준으로 권력 블록을 찾았으며, 각 개인들의 연결망내에서의 위치를 MDS기법으로 분석하여 각 개인이 가지는 관계들을 연결함으로써 권력 네트워크를 알아보았다.

<표 20> 핵심 정치인 24인의 부문별 상황

정부각료	노태우, 박철언, 노재봉, 정원식, 강영훈, 최각규, 이수정, 최호중, 이승윤, 이상옥	10명
여당 정치인	김영삼, 김종필, 박태준, 김윤환, 이종찬, 박준병, 박준규	7명
야당 정치인	김대중, 이기택, 김정길, 노무현, 조윤형	5명
기타	전두환, 정주영	2명

핵심 정치인 24명의 구성을 보면 정부각료가 10명, 여당 정치인 7명, 야당 정치인 5명, 기타 2명인데 기타 2명 중 정주영은 정치권에 진입하려는 보수성향의 기업인이고 전두환은 전 대통령이므로 실질적으로 핵심 정치인은 재야세력이 철저하게 배제된 정부각료와 여·야 정치인으로 이루어졌다고 할 수 있다. 또한 정부각료들의 성향은 친여당성향이므로 여/야 구도로 살펴

---

3) 각 요소들의 관계 매트릭스를 구성하였을 때 의미 있다고 여겨지는 정도의 동시출현빈도를 기준으로 이분(dichotomize)하여 관계의 밀도를 알아보는 방법이다. 이때 유의미한 관계가 있는 경우가 1로 표시되어 매트릭스상에서 블록을 알아볼 수 있다.

보면 여권정치인 17에 대해 야권 정치인 5로 이루어져 있다고 할 수 있다. 이러한 분포는 뒤에서 뭉치 분석을 행할 때 야당 정치인 중 김대중과 이기택을 제외한 3명은 다른 정치인들과 관계망을 가지고 있지 않아 실질적으로 야권 정치인의 정치권력망 구성은 매우 취약하며 따라서 거의 여권 정치인이 독주하는 정치권력 네트워크 판도를 알아볼 수 있다.

위의 권력블록에서 보듯이 중심도 상위 9명은 그들간에 여야의 구별에 따라 각기 다른 권력 블록을 형성하는 것이 아니라 9명이 그들 사이에 매우 치밀한 권력 네트워크를 형성하고 있다. 특히 중심도 상위 3인의 정치인은 다른 하위 정치인들과 대부분 개별적인 연결망을 가지면서 중간매개자 없는 권력 네트워크를 구성하고 있다. 즉 뚜렷한 최고 권력정점 없이 여러 개의

<그림 5> 핵심 정치인 24인의 권력 블록

	1	2	3	4	5	6	7	8	9	10	11	12	13	14	15	16	17	18	19	20	21	22	23	24
1. 노태우		1	1	1	1	1	1	1	1		1	1	1		1	1			1		1	1		
2. 김영삼	1		1	1	1	1	1	1	1		1	1	1											
3. 김대중	1	1		1	1	1		1			1													
4. 김종필	1	1	1		1	1	1		1															
5. 박태준	1	1	1	1		1	1		1															
6. 김윤환	1	1	1	1	1																			
7. 이종찬	1	1		1	1																			
8. 이기택	1	1	1																					
9. 박철언	1	1		1	1																			
10. 김정길																								
11. 정주영	1	1	1																					
12. 박준병	1	1																						
13. 노재봉	1	1																						
14. 박준규																								
15. 정원식	1																							
16. 전두환	1																							
17. 노무현																								
18. 조윤형																								
19. 강영훈	1																							
20. 최각규																								
21. 이수정	1																							
22. 최호중	1																							
23. 이승윤																								
24. 이상옥																								

<그림 6> 핵심 정치인 24인의 권력 네트워크

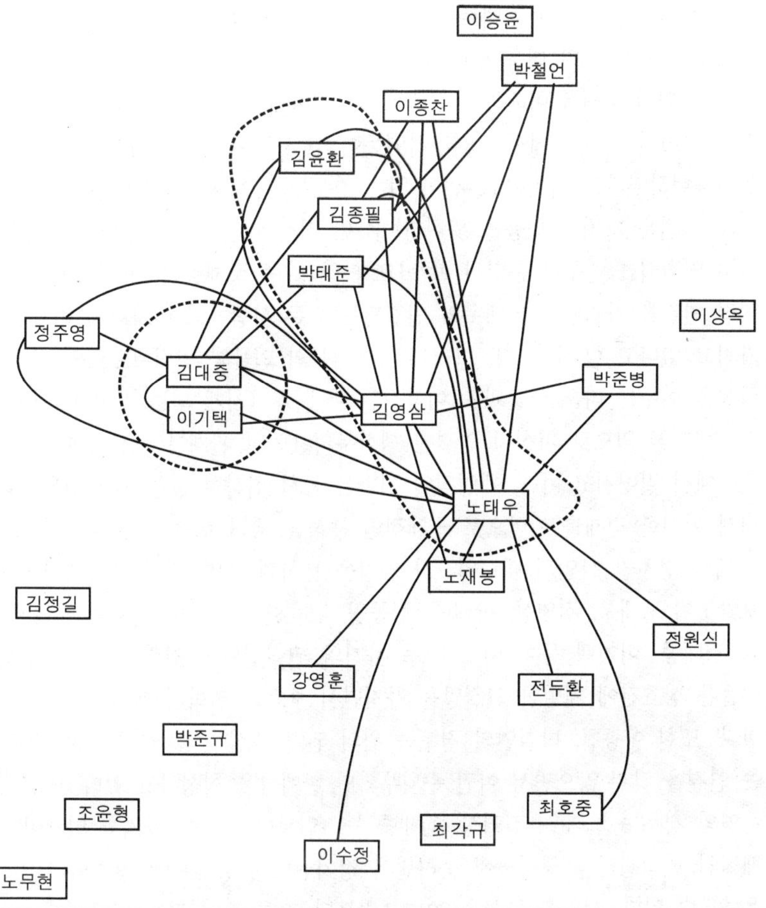

핵으로 구성되는 하나의 권력 블록 자체가 중앙의 권력을 담당하고, 나머지 구성원들은 피라미드형을 따라 점차적으로 하강하는 권력 네트워크를 형성하는 것이 아니라, 바로 중앙의 핵들과 연결되는 수레바퀴와 같은 부챗살 모양의 권력 네트워크를 형성하고 있다. 이러한 사실은 한국의 권력구조가 아래로부터의 탄탄한 기반을 가지는 조직 중심의 위계구조가 아니라 중앙권력자 개인들에 의존하는 개인중심적인 권력구조를 가지고 있다는 사실을 말해 준다.

이런 수레바퀴 모양의 권력 네트워크는 또한 한국사회에서는 중간매개자가 부재하다는 현실, 즉 한국의 정치권력구조가 매우 취약하다는 사실을 드러내 준다. 이러한 권력 네트워크는 다음과 같이 각 개인 사이의 연결망을 뭉치로 나누어 보면 더욱 뚜렷해진다.

우선 위의 도해를 이해하기 위해 몇 가지 전제가 필요하다. 첫째, 그림에서 선이 그어진 것은 앞에서도 설명하였듯이 두 사람이 732회 이상 신문지상에 동시출현하였다는 의미이고, 선이 없는 경우는 732회에는 못미치나 어느 정도의 연결은 가지고 있음을 뜻한다. 둘째, 직접 연결되는 경우와 한두 단계 걸쳐 연결되는 경우를 분명히 할 필요가 있다. 즉 노재봉의 경우는 노태우와 직접 연결을 가지면서 노태우와 연결되는 모든 사람들과 이차적인 연결망을 가지고 있다고 할 수 있다. 그러므로 핵심부의 인물과 연결됨으로써 권력의 핵심을 이루는 다른 핵들과도 이차적인 관계를 가지게 되는 것이다. 그러나 이 말은 곧 역으로 자신이 연결된 핵심부의 1인과 관계가 단절되면 곧바로 권력에서 멀어지고 마는, 개인적인 기반은 몹시 취약한 상황을 나타내 준다. 이제 이러한 전제를 기반으로 구체적인 분석을 행해 보면 다음과 같다.

핵심 정치인 24인의 네트워크상 연결을 분석해 보면, 권력 블록에서 이미 보았듯이 노태우, 김영삼, 박태준, 김종필, 김윤환 등 5인이 이루는 권력집단과 김대중, 이기택 등이 이루는 두 가지의 권력집단이 강력하게 존재한다. 이들은 상호간에 치밀한 연결망을 가지면서 주요한 권력의 핵심부로서 존재한다. 또한 이종찬, 박철언의 경우는 위의 권력 핵심부 중 김대중, 이기택과는 연결을 갖지 않으면서 여권 수뇌부와만 관계망을 형성하고 있다. 또한 정주영의 경우는 노태우, 김영삼, 김대중 등 3인과만 연결을 가지고 있으며 자체적인 권력집단을 형성하지 못하면서 정치권력의 중심부에 연결되어 있음을 알 수 있다. 이러한 분석은 90년 1월부터 92년 4월이라는 연구기간 당시에 정주영의 정치적 위상을 나타낸다고 하겠다. 그리고 괄목할 만한 분석결과는 권력중앙부와 연결망을 가지고 있는 정부관료는 오직 대통령을 통해서만 존재한다는 사실이다. 이같은 사실은 한국의 경우에 행정관료를 등용하는 채널이 대통령 1인을 통한 사적 통로임을 나타내며 따라서 행정관료들의 정치력은 구조적으로 취약하다고 할 수 있다. 당시 총리와 부총리를 지냈던 정원식, 강영훈, 노재봉, 최호중, 최각규 등의 인물이 모두 대통령 1인과 연결될 뿐 정치구조망의 핵심과는 연결고리를 가지고 있지 않다. 당시 대통령

후보로 거론되던 이종찬과 박철언 역시 대통령과 여권 지도자들과만 편협한
연결을 가지고 있어 이들의 경우 정치적 기반보다는 대통령의 의중에 따라
정치적 운명이 좌우되는 양상을 그대로 보여주고 있다.

(2) 핵심 정치기구 21개의 권력 네트워크

전체 정치기구 62개 중에서 중심도가 평균치 이상인 24개를 핵심적인 권
력기구라고 보고 민정계, 신민계, 공화계는 각각 민자당과 민주당의 관계 패
턴을 내부에서 따르고 있으므로 이들 3기구를 제외한 21개를 핵심 정치기구
라고 분류하였다.

<표 21> 핵심 정치기구 21개의 부문별 상황

행정부	국무총리, 청와대, 재무부, 경제기획원, 국방부, 건설부, 외무부, 내무부, 법무부, 상공부, 국세청, 안전기획부, 보안사, 선거관리위원회	14개
입법부	국회, 민자당, 민주당, 민중당	4개
사법부	지방검찰청	1개
재야 및 기타	현대, KBS	2개

정치기구 62개 중 핵심 정치권력기구로 분류되는 기구들은 총 21개로서
그중 행정부 관련 기구는 14개로 전체 정치기구 분포에서와 마찬가지로 압
도적인 수적 비율을 차지하고 있고, 입법부 관련 기구는 4개, 사법부 관련
기구는 1개, 재야 및 기타 관련 기구는 2개씩을 차지한다.

아래의 권력블록을 보면 정치인의 경우처럼 뚜렷한 블록을 형성하고 있지
는 않지만 대체로 1~14까지의 행정부와 15~18까지의 입법부가 대강 중요
한 권력 블록을 형성하고 있는 것을 알 수 있다. 그리고 국회와 민자당, 민
주당은 거의 모든 핵심 정치기구들과 연결되면서 가장 핵심적인 정치권력을
행사하고 있다. 마찬가지로 정치기구들의 권력 네트워크 양상은 각 기구들
간의 연결망을 알아봄으로써 더욱 분명해진다.

21개 핵심정치기구들의 연결망을 분석하면, 국회, 민자당, 민주당, 청와대,
총리 등 5개 기구가 하나의 권력뭉치를 형성하고 있다. 특히 국회는 입법부
관련 기구는 물론 행정부 각 기구들과도 대부분 연결망을 가지고 있어서 정
치권력은 물론 행정실무의 측면에까지 권력망을 가지고 가장 중심적인 권력

<그림 7> 핵심 정치기구 21개의 권력 블록

	1	2	3	4	5	6	7	8	9	10	11	12	13	14	15	16	17	18	19	20	21
1. 국무총리		1					1								1	1					
2. 청와대	1														1	1	1				
3. 재무부				1																	
4. 경제기획원			1						1												
5. 국방부							1								1						
6. 건설부																					
7. 외무부	1				1										1						
8. 내무부															1						
9. 상공부				1																	
10. 국세청																					
11. 법무부																					
12. 안전기획부															1	1					
13. 보안사																					
14. 선거관리위원회																					
15. 국회	1	1			1		1	1			1					1	1				
16. 민자당	1	1									1				1		1	1			
17. 민주당		1													1	1		1			
18. 민중당																1	1				
19. 지방검찰청																					
20. 현대																					
21. KBS																					

기구로서 존재하고 있는 것이 드러난다. 총리의 경우는 청와대와 거의 비슷한 정도의 관계망을 가지고 있으며 중심도 지표에서도 매우 높은 수치를 나타내고 있지만 상대적으로 행정부처와의 연결망이 많아 정치권력의 면에서는 오히려 청와대의 권력이 강력하다고 할 수 있다. 연결망의 존재는 기구의 권력행사 내용과도 관련을 갖고 있는데 선관위의 경우는 민자당과 국회에만 연결망을 가지고 있어 선거관련 권력행사기구임을 드러내고 있으며, 안기부의 경우는 각 정당과 청와대 등과 연결되어 정치권력의 막후 실력자임을 짐작하게 한다. 반면 민주당, 민중당은 행정부처와는 연결망을 가지고 있지 않아서 행정실무 권력의 행사에는 구조적인 취약점이 있음을 드러내 준다. 또한 행정부처간의 연결망 형태에서 재무부, 경제기획원, 상공부 등의 경제관련 부처들은 상호연결되어 경제분야에 있어서 권력의 행사가 밀접하게 관련되어 있음을 나타낸다. 정치인들의 뭉치분석에서와 마찬가지로 현대가 민자

<그림 8> 핵심 정치기구 21개의 권력 네트워크

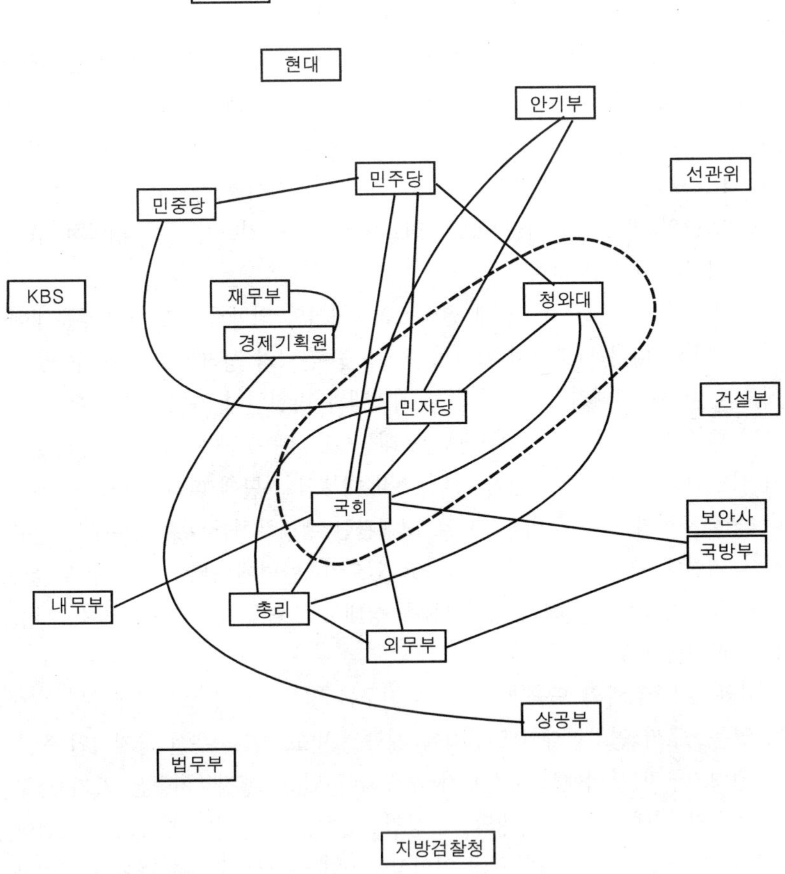

당과 연결망을 가지면서 권력에 접근하고 있는 사실은 역시 당시의 정치상
황으로 이해될 수 있겠다.

4. 요약 및 제언

이제까지 분석한 내용에 따라 본 연구의 결과는 다음의 몇 가지로 요약될

수 있다.

첫째, 한국사회의 정치권력구조는 권력 엘리트의 경우와 권력기구의 경우 모두에서 확연한 중앙집중적 양태를 보여준다.

둘째, 한국에 있어서 권력조직 내부의 구조는 서구형인 피라미드 모델이 아니라 수평적 연결이 없는 방사선형의 모습을 드러내고 있다. 즉 중간매개 자 없이 핵심 권력부에 주변적인 개별 요소들이 직접 연결되고 있다는 것이 다. 이 모델은 한국의 권력구조가 조직적인 위계질서를 가지고 있는 것이 아 니라 권력의 핵심부에 개별적으로 연결되어 있는, 기반이 매우 취약한 구조 임을 나타내 준다고 하겠다.

셋째, 권력의 중심도는 전체 권력조직내에서의 역할과 개별 권력부문내에 서의 역할에 따라 달라지며 따라서 행사되는 권력의 성격을 파악할 수 있다. 예를 들어 권력 엘리트 중 김대중, 이기택과 박철언이 가지는 권력은 개별 조직 내부에서보다는 전체 권력부를 대상으로 한 성격을 가지며, 김정길이 가지는 권력은 반대로 자신이 속한 조직 내부의 역할에 따라 발현되는 것이 다. 권력조직의 경우도 마찬가지로 경제관련 행정부처들은 행정부내의 실무 적인 역할에 따라 중심도를 획득하고 있으며, 반면에 안전기획부와 보안사 등의 정보기관들은 전체 권력기구들을 상대로 권력을 행사하고 있다는 사실 등이 드러나고 있다.

위와 같은 결과의 도출과 함께 본 연구는 몇 가지 연구의 한계점을 가지 고 있음으로써 연구결과의 일반화에 제약을 받고 있다. 우선 국지적인 점으 로 권력기구의 분석에서 체신부가 누락되어 있고, 행정부처들은 각기 세분 화되어 있는 데 반해 국회내의 각 상임위원회들을 한꺼번에 국회로 표현함 으로써 연구대상을 간추리는 데 임의성이 존재하면서 국회를 비롯한 입법부 의 부상을 강조하는 결과를 가져왔다. 이 점은 연구결과를 분석할 때 언급했 다시피 한국적인 취재관행과 함께 고려되어야 할 점이라 여겨진다. 또한 동 시출현빈도를 분석의 기초로 사용함으로써 관계의 강도에는 관심을 가지고 있지만 관계의 성격을 파악하는 데까지는 분석이 확장되고 있지 않다. 이러 한 점들은 앞으로의 후속연구들에 의해 보완됨으로써 더욱 진전된 연구방식 으로 자리잡을 수 있을 것으로 본다.

이 글에서 제시한 몇 가지 초보적인 분석은 한국사회의 구조분석을 위한 연구 프로젝트의 일부에 불과하다. 신문 데이터베이스를 이용하는 사회구조 분석은 컴퓨터에 의하여 자동적으로 동시출현빈도를 측정한다. 일정한 분석 방법론이 수립된 이후에는 자동측정되는 동시출현빈도를 통하여 사회구조를 파악할 수 있으며, 이러한 노력은 다른 매체, 다른 언어로 된 기사로, 시기를 달리하는 구조변화 분석으로 계속 확장되어 보다 역동적인 권력구조를 파악하는 연구로 발전할 수 있을 것이다.

□ 참고문헌

거넬, J. G. 1990, 『주류 사회과학방법론 비판』(김종술 역), 나남.
김구섭. 1982, 「엘리트 민주주의론과 경험적 권력다원론의 비교연구」, 서울대 석사학위논문.
김대영. 1985, 「조직의 권력 게임에 관한 고찰」, 『부산산업대학교 논문집』 제6집.
김석준. 1990, 「의회민주주의 제도화와 국가능력: 사회갈등, 체제, 반체제 세력 및 여야정당의 이익표출 관계를 중심으로」, 《한국정치학회보》 제24집 특별호.
김용학. 1992, 『사회구조와 행위』, 나남.
김운태 외. 1988, 『한국정치론』, 박영사.
김종림·이남영. 1987, 「의회정치와 권력집중화 성향: 한국적 권력집중화에 대한 이론」, 한국의회발전연구회.
김종림. 1986, 「한국의 권력조직 원형에 관한 소고」, 한국의회발전연구회.
김진균. 1990, 「한국사회의 구조적 역동성의 분석을 위한 몇 가지 개념에 관하여」, 『비판과 변동의 사회학』, 한길사.
김학준. 1990, 『한국정치론 사전』, 한길사.
김호진. 『한국정치체제론』, 박영사. 1990
노동일. 1989, 「현대 한국사회의 권력구조 연구」, 서울대 박사학위논문.
룩스, S. 『3차원적 권력』, 서규환 역, 나남. 1992
박노영·이호열 역, 1981, 『현대사회와 정치구조』, 돌베개.
박수영. 1988, 「권력 엘리트와 정부관료의 관계」, 서울대 석사학위논문.
박충선 역. 1989, 『지식형성의 사회학』, 기린원.
성하진. 1987, 「권력이 조직의사결정에 미치는 영향에 관한 연구」, 전북대 박사학위논문.

안병만. 1985, 『한국정부론』, 다산.

양재인. 1985, 「한국정치 엘리트에 관한 연구」, 동국대 박사학위논문.

오원영. 1986, 「권력과 조직구조와의 관계에 대한 연구」, 연세대 석사학위논문.

윤용희. 1992, 『한국정치의 체계분석』, 나남.

윤천주.『한국정치체계』, 서울대 출판부. 1979

윤형섭·신명순, 1988, 『한국정치과정론』, 법문사.

이상윤. 1989, 「권력형성이론에 의한 조직분석에 관한 연구: Mintzberg의 이론모형을 중심으로」, 서울대 석사학위논문.

정홍익. 1983, 「조직권력론 연구」, ≪행정논총≫ 제21권 2호.

진덕규. 1978, 「한국정치사회의 권력구조에 관한 연구: 엘리트 유동성과 이데올로기 연관성의 분석」, 연세대 박사학위논문.

한국정치학회. 1986, 『현대 한국정치론』, 법문사.

______. 1987, 『현대 한국정치와 국가』, 법문사.

한배호. 1984, 『한국의 정치』, 박영사.

한승조. 1988, 『리더십 이론과 한국정치』, 민족지성사.

Albrecht, T. L. & M. B. Adelman. 1987, *Communicating Social Support*, SAGE.

Bachrach, P. & H. S. Baratz. 1970, *Power and Poverty: Theory and Practice*, Oxford Univ. Press.

Berg, W. M. & R. Boguslaw. 1985, *Communication & Community*, Prentice-Hall Ins.

Berger, C. R. & S. H. Chaffee. 1987, *Handbook of Communication Sciences*, SAGE.

Bonacich, P. 1987, "Power and Centrality: A Family of Measures," *American Sociological Review* 52.

Book, C. L. et al. 1980, *Human Communication*, St. Martin's Press.

Borgartti, Everett & Freeman, 1992, *UCINET* 4: *Reference Manual* 1, Analytic Technologies.

______. 1992, *UCINET 4: User's Guide*, Analytic Technologies.

Borgman, C. L.(ed.). 1990, *Scholarly Communication and Bibliometrics*, Newbury Park: SAGE.

Burt, R. 1982, *Toward a Structural Theory of Action: Network Mode of Social Structure and Action*, N.Y.: Academic Press.

Burt, R. S. & M. J. Minor. 1983, *Applied Network Analysis: A Methodological*

Introduction, SAGE.

Cashdan, A. & M. Jordin(ed.). *Studies in Communication.*

Cook, T. E. 1989, *Making Laws and Making News*, The Brooking Ins.

Dervin, B. & M. J. Voigt(ed.). 1985, *Progress in Communication Sciences* 4, ABLEX.

Dervin, B., L. Grossberg, B. J. O'Keefe & E. Wartella(ed.). 1989, *Rethinking Communication* 1·2, SAGE.

Devito. J. A. 1981, *Communication: Concept and Processes*, Prentice-Hall Ins.

______. 1985, *Human Communication: The Basic Course*, Harper & Row Pub. Ins.

Domhoff, G. W. 1967, *Who Rules America?*, Prentice-Hall Ins.

Eisenstadt, S. N., *The Political Systems of Empires.*, Transaction Pub., c 1993.

Fan, D. P. 1988, *Predictions of Public Opinion From the Mass Media*, Greenwood Press.

Gudykunst, W. B. 1986, *Intergroup Communication*, Edward Arnold Pub. Ins.

Hall, R. H. 1987, *The Sound of Leadership*, The Univ. of Chicago Press.

Henderson, G. 1968, *Korea: The Politics of the Vortex*, Cambridge: Harvard Univ. Press.

Honigmann, J. J.(ed.). 1973, *Handbook of Social and Cultural Anthropology*, Chicago: Rand McNally.

Hughes, T. P. *Networks of Power.*

Jablin, F. M. et al.(ed.). 1987, *Handbook of Organizational Communication*, SAGE.

Knapp, M. L. & G. P. Miller(ed.). 1985, *Handbook of Interpersonal Communication*, SAGE.

Knoke, D. & E. Laumann. *The Organizational State.*

Layder, D. 1981, *Structure, Interaction and Social Theory*, London: Routledge & Kegan Paul.

Leinhardt, S. 1977, *Social Networks: A Developing Paradigms*, London: Academic Press.

Mann, M. 1986, *The Sources of Social Power* 1, Cambridge Univ. Press.

Mariolis, P. & J. Maria. 1982, "Centrality in Corporate Interlock Networks: Reliability and Stability," *Administrative Science Quarterly* 27.

Marsden, P. V. & N. Lin(ed.). 1982, *Social Structure and Network Analysis*, SAGE.

McQuail, D. 1984, *Communication*, Longman.

Merrian, J. E. & J. Makower. 1987, *Trend Watching*, AMACOM.

Michell, J. C.(ed.). 1969, *Social Networks in Urban Situations*, Manchester: Manchester Univ. Press.

Ockyum, J. "Social Network Patterns of Five Ethnic Group in Hawaii," *Communication Yearbook* 7.

Pace, R. W. & D. F. Faules. 1989, *Organizational Communication*, Prentice-Hall Inc.

Perrow, C. *Complex Organizations: A Critical Theory.*, 1986

Post, J. E.(ed.). 1989, *Research in Corporate Social Performance and Policy* 11.

Reardon, K. K. 1987, *Where Minds Meet: Interpersonal Communication*, Wordsworth, Ins.

Rice, R. E. & G. A. Barnett. "Group Communication Networking in an Informational Environment: Applying Metric Multidimensional Scaling," *Communication Yearbook* 9

Rogers, E. M. & D. L. Kincaid. 1981, *Communication Networks: Toward a New Paradigm for Research*, Macmillan.

Rogers, E. M. 1983, *Diffusion of Innovations* Free Press.

Ruben, B. D. 1988, *Communication and Human Behavior*, Macmillan Pub.

Scott, J. 1991, *Who Rules Britain?*, Polity.

______. 1991, *Social Network Analysis*, London: SAGE.

Stone, D. J., D. C. Dunphy, M. S. Smith & D. M. Ogilvie. 1966, *The General Inquirer*, The MIT. Press.

Tardy, C. H.(ed.). 1987, *A Handbook for the Study of Human Communication*, ABLEX.

Thayer, L. 1987, *On Communication: Essays in Understanding*, ABLEX.

Tuchman, G. 1978, *Making News: A Study in the Construction of Reality*, Free Press.

Weimann, G. "The Strength of Weak Conversational Ties in the Flow of Information and Influence,"

Wellman, B. & S. P. Berkowitz. 1988, *Social Structures: A Network Approach*, Cambridge Univ. Press.

미국 정치선거와 정보공개과정 연구

김학수

서강대 신문방송학과

1. 연구목적

1993년에 소위 문민(文民)정부가 들어서면서 고위 공직자의 재산공개를 비롯한 다양한 공적 정보가 공개되는 방향으로 나아가고 있다. 특히 정치자금의 투명성이 강조되면서 정치인에 대한 정보공개가 한층 강화되고 있다. 그렇다면 정치인의 정보공개와 국가운영의 상호관계에 대한 이론적 의미가 밝혀지면 정보공개의 보다 타당한 방향들이 도출될 수 있을 것이다. 그런 의미에서 정치인의 정보공개가 우리보다 앞서 있는 미국의 경우를 분석해 보는 것은 우리에게 많은 시사점을 던져줄 수 있다.

정치인의 정보공개는 오늘날 미국 민주주의의 실천규범에서 너무나 필수적이다. 특히 선거과정에서 정치후보자에 관한 정보가 다양한 제도적·관행적 방법들에 의해서 가장 극명하게 공개된다. 투표로 뽑히는 정치인은 백 퍼센트 공인(公人, public figure)에 해당된다는 전제를 바탕으로 사생활 보호가 극소화될 정도로 그에 대한 정보공개가 요구되고 있다. 이 연구의 주된 목적은 공적 정보의 공개에 대한 이론적 의미를 살펴보고, 그것에 기반을 둔 미국의 정치선거에 수반되는 정보공개과정들을 사례분석하는 데 있다.

2. 공적 정보공개의 이론적 의미

정치선거는 국민의 위임을 받아 공적인 임무를 수행할 공인을 선출하는 과정이다. 따라서 선거에 출마한 입후보자는 이미 공인이 될 것임을 자임한 이상 공인의 위치에 있다고 볼 수 있다. 그런 의미에서 공인의 자격에 위배되지 않는 사람을 뽑는 것이 매우 중요하다. 이런 까닭으로 정치선거 후보자의 정보공개는 일종의 공적 정보의 공개와 마찬가지 의미를 갖고 있다.

공적 정보의 공개가 갖는 첫 번째 이론적 의미는 공인이 수행하는 직무의 공익성(public interest)에 대한 국민의 감시가 가능해진다는 점에 있다. 다시 말해서 공동체의 위임사항들이 수행되는 과정이 투명화됨으로써 그들에 대한 국민적 평가가 가능하게 된다. 이것은 결과적으로 공적 임무를 수행하는 공인의 개인적인 사익(私益)이 공동체 중심의 공익(公益)에 침입할 가능성을 막아준다. 정치선거 입후보자들의 관련정보들이 공개되어야 할 당위성 중의 하나도 바로 그런 예비 공인의 활동들이 소상하게 밝혀짐으로써 그들이 향후 공동체의 공익과 상충될 수 있는 여지가 얼마나 있는지를 유권자들로 하여금 파악하게 해주는 데 있다.

공적 정보의 공개가 갖는 두 번째 이론적 의미는 합리적인 양질의 공익정책이 도출될 가능성이 커진다는 점에 있다. 이 점은 소위 아이디어의 자유시장(free market of ideas) 원리 내지 다원주의(pluralism) 정신과 상통한다. 즉 많은 아이디어들이 노출되면 그들이 서로 경쟁적 관계를 만들고, 그런 아이디어들의 자유경쟁 속에서 보다 합리적인 아이디어가 최종적으로 생산될 수 있다고 여겨진다. 이런 논리가 공익정책의 분야에 적용될 때 그 중요성은 훨씬 더 증대된다. 왜냐하면 공익정책은 공동체 전체에 미치는 영향이 너무나 막대하므로 합리적이지 않으면 엄청난 손실을 초래하기 때문이다.

이런 공개를 통한 경쟁구조의 창조는 아울러 공공부문(public-sector)의 생산성을 향상시키는 데 기여한다. 공공조직의 정체된 효율성은 일반적으로 경쟁구조의 결핍에서 나오는 결과이다. 특히 사기업과 같은 여타 사회조직들의 높은 효율성과 크게 차이가 나게 되면서 공공조직이 담당해야 할 국가의 선도적 역할을 빼앗길 위치에까지 다다를 수 있다. 이런 점에서 공적 정보의 공개는 공익적 아이디어 생산의 효율성과 합리성을 동시에 확보하는 길이라고 말할 수 있다.

정치선거 입후보자가 내세우는 입장들과 시각들, 심지어 과거에 이미 표출했던 것들까지 모두 공개되어야 하는 이유도 바로 위와 같은 논리에 의해서이다. 그래야만 각 입후보자가 경쟁적으로 정책대안들을 생산하게 되고, 그런 경쟁관계를 통하여 유권자들은 보다 합리적인 정책대안을 찾아내 그것을 입후보자와 연결시키게 된다. 한마디로 예비공인들이 생산하는 예비 정책대안들의 효율성과 합리성도 그들에 대한 정보공개로 확보될 수 있는 것이다.

공적 정보의 공개가 갖는 세 번째의 이론적 의미는 공인 내지 공공조직 종사자들의 공정한 능력평가를 가능하게 한다는 데 있다. 공인들의 활동이 투명화되지 못하면 누가 더 능력 있는 활동을 전개했는지 판단하기 어렵다. 이럴 경우에 공정한 인사가 이루어질 수 없고 자연히 인사정책이 정실(情實)에 좌우될 수밖에 없다. 이것은 나아가 공공조직의 인화(人和)를 해치고 종사원들의 사기를 극도로 저하시키게 한다.

정치선거 입후보자들에 대한 인물평가도 그들의 활동업적들이 소상하게 밝혀지면서 훨씬 공정하게 이루어질 수 있다. 우리나라 선거 입후보자의 경우에는 개략적인 학력과 경력만을 밝히는 경향이 있으나, 미국의 경우에는 일반적으로 매우 자세하게 밝힌다. 예를 들자면 1992년 미대통령 선거에서 강력한 무소속 후보로 등장했던 페로(Ross Perot)가 개인 스스로의 경력에 관해서 밝힌 내용을 보면, 그들의 정보공개가 어느 정도인지 대충 짐작할 수 있다.

마지막으로 공적 정보의 공개가 갖고 있는 이론적 의미는 그 정보에 대한 국민의 활용이 확장된다는 데 있다. 즉 공적 정보가 공개되지 않으면 일부의 사람들에 의해서만 그 정보가 점유, 활용되어 결과적으로 공익성에 위배될 가능성이 커지게 된다. 따라서 공적정보의 공개는 정보의 공정한 분배를 실현시켜 정보복지에 기여하게 된다.

정치선거 입후보자 관련 정보의 공개도 궁극적으로 정보의 분배 확산을 통하여, 모든 유권자들로 하여금 그것을 활용하게끔 돕는다고 하겠다. 예컨대 후보에 대한 인품 내지 정치적 공약들에 대한 평가를 내리는 데에도 후보와 관련된 다양한 정보들이 공개될 때 이성적인 활동이 증대될 것이다. 어떤 의미에서 유권자 하나 하나의 적극적인 참여가 구현되는 진정한 의미의 민주주의 실현은 정보복지를 전제로 하지 않으면 불가능하다고 하겠다.

이상으로 공적 정보의 공개가 갖고 있는 이론적 의미들을 살펴보았다. 특히 정치선거의 입후보자에 관한 정보가 공적 정보임을 전제로 하여 그것이 공개되어야 할 이론적 의미들도 검토되었다. 그러면 이제 이러한 이론적 의미들을 구현하기 위한 미국 정치선거과정의 정보공개제도 및 관행들을 살펴볼 필요가 있다.

3. 미국 정치선거비용 공개제도 분석

미국 정치선거과정에서 정보공개 문제와 가장 먼저 결부되기 시작한 부문은 후보자의 선거비용에 관한 것이다. 왜냐하면 선거운동 비용 사용에 관한 적절한 제한이나 공개가 이루어지지 않는다면 선거경쟁의 공정성이 확보될 수 없다는 염려 때문이었다. 우선 능력보다 재력이 선거결과를 좌우할 가능성에 대한 우려가 높았다. 뿐만 아니라 특정 집단에 의한 정치자금의 지원이 선거 후 당선자의 공익적 활동을 왜곡시킬 가능성에 대한 염려도 컸다. 이런 이유들 때문에 선거비용의 공개(public disclosure requirements)를 통한 선거운동의 공정한 경쟁을 확보하려는 움직임이 태동하기 시작한 것이다.

미국의 경우, 선거운동비를 제한하려는 시도는 이미 1904년과 1905년 루스벨트(T. Roosevelt) 대통령의 연설에서 등장하기 시작했다.[1] 그는 연방의회로 하여금 선거운동비의 완전한 공개를 규정하는 법을 만들도록 촉구하였다. 신민족주의(New Nationalism)를 그가 제창하는 가운데 미국의 정치제도가 완전하다면 금전이 정치를 절대로 지배하지 않아야 된다고 주장하였다. 이런 노력의 결과로 1907년에 와서는 소위 선거비용을 규제하기 위한 첫 번째 법(Tillman Act)이 제정되었고 그것은 기본적으로 기업들이 선거운동에 금전을 지원하는 것을 금하는 것이었다.

---

1) 이에 대해서는 Laura J. Dowling, "The Political and Economical Dimensions of Campaign Finance Reform," degree project for Master of Public Administration, Univ. of Washington, 1991 참조.

1910년에 와서는 소위 공시법(Publicity Act)이 제정되면서 선거 후에 정당들로 하여금 선거운동에 사용된 비용 및 영수증들을 공개하기로 규정하였다. 그러나 이런 진보적인 개혁조치들도 주로 세부적인 문제들에 초점을 맞추고 있었고 포괄적인 문제들을 다루고 있지 않았다. 따라서 그런 제한적인 규정들을 피해 가기 위한 노력들이 오히려 배가되어 커다란 실효를 거둘 수 없었다.

1925년의 부패방지법(Corrupt Practices Act)은 선거운동비 개혁을 포괄적으로 다룬 첫 번째 법이었다. 그 법의 주요 특징은 두 개 이상의 주(州)에서 활동하고 있는 정당들과 연방상·하원의 의원후보들에 의한 선거비 영수증 및 비용명세서들을 공개하는 것, 개인이 그들에게 제공하는 헌금액을 제한하는 것, 그리고 그들이 사용하는 선거운동 준비를 제한하는 것 등이었다.

그러나 이 법은 대통령 및 부통령 선거, 예비 선거, 그리고 한 주에서만 활동하고 있는 정당에는 적용되지 않고 있었다. 그럼에도 불구하고 정치선거 과정상의 선거운동비를 공개하려는 제도적 장치는 지속적으로 발전하고 있었다.

선거운동비에 대한 규제를 포괄적으로 다룬 두 번째 법 제정은 1971년의 연방선거운동법(Federal Election Campaign)이다. 이 법 아래에서는 선거, 헌금 및 비용 등이 매우 포괄적인 의미를 갖도록 규정되었다. 예를 들어 선거의 경우에도 예비 선거, 특수 선거, 후보지명대회, 대표선정대회 등을 포함한 일체의 선거를 모두 가리키고 있었다. 뿐만 아니라 선거운동비의 사용내역에 대한 보소 및 공개규정들을 대폭 강화하였다.

이 연방선거운동법은 워터게이트 사건의 영향을 받아 1974년 대폭적인 개정이 가해졌고 그 개정에 의하여 여섯 명으로 구성된 초당파적인 연방선거위원회(Federal Election Commission)가 설립되었다. 그 위원회는 선거운동법의 법 집행은 물론 선거운동비 관련 제반 법규 및 대통령 선거비용의 공공지원 규정 등에 관한 행정을 맡게 되었다. 아울러 그 개정법에 의해서 선거비용의 기탁에 관한 다양한 제한들이 강화되었다. 무엇보다도 각 선거후보자가 하나의 위원회를 구성하고 그것을 통하여 모든 선거비 관련 정치헌금 및 선거비 지출명세가 보고될 수 있도록 함으로써 선거비용 공개를 한층 강조하게 되었다.

선거비용 공개규정들은 기본적으로 후보자의 선거비용 출처 및 수혜자가 누구인지를 공중(公衆)으로 하여금 모니터할 수 있도록 만들었다. 이것은 결과적으로 거액의 정치헌금을 받는 정치가들의 책임성을 높여줌으로써 그런 정치헌금이 남용되는 것을 억제하여 줄 것으로 기대되었다. 사실 이런 법규들이 효력을 발휘하기 위해서는 유권자들이 매우 양식 있고 교육받은 계층이어야 한다. 그러나 선거운동이 나날이 복잡해지고 변호사나 공인회계사를 고용할 정도로 전문화되면서 일반 공중이 정치보도를 모니터하고 소화하기에 점점 어려워지고 있는 것도 현실이다.

무엇보다 선거운동비가 엄청난 액수로 증대되면서 그것에 대한 관리가 그만큼 더 복잡해지기 시작했다. 예를 들어 1976년에서 1986년까지 10년 사이에 절대 액수에 있어서 일반 생활비가 83% 증가한 반면에 연방상·하원의 평균 의원선거비가 278% 증가하였다. 당선된 의원들만을 기준으로 할 때 평균 선거비용의 증가는 하원의 경우 3백 퍼센트, 상원의 경우 4백 퍼센트를 훨씬 상회할 만큼 더 심했다. 1976년에 연방하원에 당선된 사람의 평균 선거비용이 87,200달러이던 것이 1986년에는 346,000달러에 달했다. 연방 상원의원 당선자의 경우는 1976년에 609,000달러이던 것이 1986년에는 3,099,554달러일 정도로 평균 선거비용이 증대되었다. 이런 증가추세에서 보는 것처럼 선거비용의 규모가 커지면서 그것에 대한 관리와 공개가 더욱 전문화되고, 그에 따라 일반국민이 그것을 일일이 추적하기가 쉽지 않게 되었다.

선거운동비의 철저한 보고 및 공개규정에도 불구하고 빈틈이 있게 마련이고 정치가들은 그것을 교묘히 활용하고 있다. 예를 들어 현 연방선거운동법에는 교육기관과 같은 비영리단체들이 연방선거 입후보자를 대신하여 벌이는 활동들의 비용에 대해서 보고하도록 규정하고 있지는 않다. 이들 재단들은 여행 알선, 공공정책토론회 개최, 투표자 교육 프로그램 개설, 연구 프로그램 마련 및 세미나 개최 등을 통하여 선거활동을 돕고 있는 것이 현실이다. 따라서 향후 법 개정이 있을 경우에는 이것에 대한 조치도 포함될 가능성이 크다. 이러한 끊임없는 개선 노력에도 불구하고 모든 법규 개정이 언제나 현직 상·하원 의원들의 기득권을 보호하는 범위내에서 이루어진다는 점에 유의할 필요가 있다. 그런 의미에서 연방상·하원은 선거운동법에 관한 한

문자 그대로 독점주의자로 활약하고 있는 셈이다.

1971년에 제정된 연방선거운동법에 의하여 연방 차원의 선거운동비 정보공개가 법적으로 제도화되면서 그 영향은 다양한 지방정부 및 지방의회 차원의 정치선거에까지 미치기 시작했다. 여기에서는 그 한 사례로 미국 서북부에 자리잡고 있는 워싱턴 주(Washington State)에서는 어떤 제도들이 나타났는지 살펴보려고 한다.

연방선거운동법이 제정된 지 1년이 지난 1972년 주민발의(州民發議) 276호(Initiative 276)에 의해서 소위 워싱턴 주 공개정부법(Washington State Open Government Act)이 제정, 공포되었다. 그 법의 첫 조항인 정책선언문은 정치선거에 수반되는 재정적 정보가 어떻게 보고되고 공개되어야 하는가에 대한 전반적 범위를 제세하고 있다.[2] 따라서 그들을 구체적으로 하나 하나 살펴보는 것은 주정부의 단위에까지 미친 정치선거 정보의 공개정신을 엿볼 수 있게 만든다.

정책선언문은 우선 그 안에 포함된 내용들이 워싱턴 주 주민(州民)의 완전한 주권(主權)에 의해서 워싱턴 주의 공공정책으로 선언되는 것임을 선포하고 있다. 그 선언안에 포함된 구체적 항목내용들은 다음과 같다.

첫째, 정치선거운동 및 로비 활동의 후원금과 지출은 공중에게 완전히 공개되어야 하고 어떤 비밀도 남아 있어서는 안된다는 것을 워싱턴 주의 공공정책으로 선언한다.

둘째, 주민들은 주정부의 모든 분야에서 그들이 선출한 대표들로부터 그들이 전개하는 활동들에서 최상의 성실성, 정직성 및 공정성을 기대할 권리를 갖고 있다는 것을 워싱턴 주의 공공정책으로 선언한다.

셋째, 주민들은 공공관리들 및 공직 후보자들의 사적인 재정거래들이 공공신뢰와 사적 이해관계 사이에서 어떤 이해의 상충도 보여서는 안된다는 것을 확신받아야 하는 것을 워싱턴 주의 공공정책으로 선언한다.

넷째, 주민의 대표기관인 정부는 어떤 직책에 종사하는 사람들이든 정직하고도 공정하게 주민들을 다룬다면 그들이 수행하는 재정적 및 사업적 활

---

2) The State of Washington, "Public Disclosure Commission, RCW 42.17, Washington State Open Government Act(Initiative 276), As Amended Through 1971."

동들이 완전하게 공개되는 것을 두려워할 필요가 전혀 없다는 것을 워싱턴
주의 공공정책으로 선언한다.

다섯째, 모든 수준에서 정부에 대한 공공의 신뢰는 필수적이고 모든 가능
한 수단들에 의해서 그것이 증진되어야 하는 것을 워싱턴 주의 공공정책으
로 선언한다.

여섯째, 모든 수준에서 정부에 대한 공공신뢰는 모든 공공거래나 결정들
에서 공공관리들이 공평성과 정직성을 주민들에게 확신시켜 줌으로써 가장
잘 유지될 수 있다는 것을 워싱턴 주의 공공정책으로 선언한다.

일곱째, 정치선거운동에 개인 기부자들의 재정적 참여를 증대시키려는 정
신은 연방하원이 제정한 1971년의 조세법의 통과에 의해서 장려되는 바이며
그것의 결과로서 주 수준에서도 법제화를 이룩하는 것이 바람직스럽다는 것
을 워싱턴 주의 공공정책으로 선언한다.

여덟째, 선거운동 재정조달의 공개와 제한의 정신들은 연방하원이 제청한
1971년의 연방선거운동법의 통과로 수립되었고 그 결과로 주 수준에서도 법
제화를 이룩하는 것이 바람직스럽다는 것을 워싱턴 주의 공공정책으로 선언
한다.

아홉째, 개인 기부자들에 의한 소액의 정치헌금 기부는 장려되어야 하며
그런 소액의 기부금들을 반드시 보고하도록 하지 않는 것이 그런 기부를 촉
진시킬 가능성이 있다는 것을 워싱턴 주의 공공정책으로 선언한다.

열 번째, 정치선거운동 및 로비 활동의 재정조달과 선출직 관리 및 선거
후보자들의 재정활동들에 관하여 주민들이 알아야 할 권리는 이들 사항들이
비밀 및 사적으로 남아 있어야 할 어떤 권리보다도 우선한다.

열한 번째, 사생활에 대한 개인의 권리와 정부 행정의 효율성을 감안하면
서 모든 수준에서 정부활동 관련 정보에 대한 완전한 접근이 자유사회의 건
전한 통치를 취한 근본적이고 필수적인 전제조건으로서 확보되어야 한다는
것을 워싱턴 주의 공공정책으로 선언한다.

공개정부법의 조항들은 전체적으로 선거운동 및 로비 활동의 재정조달과
선출직 관리 및 선거후보자들의 재정활동에 관한 모든 정보가 완전하게 공
개되는 것을 촉진하고 있다. 또한 선거의 공정성 및 통치과정들에 대한 지속
적인 공공신뢰를 확보하고, 공공이익의 완전한 보호가 보장되게끔 공공기록

들에 대한 완전한 접근이 이루어지는 것을 그 규정들이 촉진하고 있는 것으로 해석할 수 있다. 그러나 이런 완전한 공개를 촉진하는 데 있어서 공개된 정보가 자의적이고 변덕스러운 목적으로 오용되지 않도록, 아울러 법에 따라서 정보를 공개하는 사람들이 그 정보를 바탕으로 괴롭힘과 부당한 주장으로부터 보호받아야 하는 것을 그 법은 또한 보장하고 있기도 하다.

위에 옮긴 워싱턴 주의 공개정부법 제1조에 나오는 정책선언문 내용에서 보는 것처럼 정치선거과정에 수반되는 재정사항들을 포함하여 선출직 공직자들의 통치행위 등에 대한 완벽한 정보공개 및 일반국민의 완전한 정보접근이 주정부 차원에서도 모두 보장되고 있음을 엿볼 수 있다.

뿐만 아니라 정보공개를 규정한 그 주민발의 276호에 의해서 공공정보공개위원회(Public Disclosure Commission)가 탄생하였고 이 위원회가 공개정부법의 집행을 책임맡았다.3) 따라서 정치선거 입후보자 및 선출된 공직자의 재정사항들, 선거운동비의 재정조달상황, 정치관고의 후원자들, 그리고 로비활동에 소요된 비용 등에 관한 정확한 정보를 일반주민들에게 제공하는 책무를 지고 있다. 또한 주정부 및 여타 정부(예: 시, 군 등)가 갖고 있는 대부분의 내용에 대한 기록들에 주민이 접근하는 것을 보장하는 규정도 관장하고 있다. 그 공공정보공개위원회는 주지사가 임명하고 주상원의 동의를 얻은 5명의 위원으로 구성되어 있다.

이상 정치선거과정에 개재되는 정보공개에 관한 미국 연방법규와 워싱턴 주를 사례로 본 주정부 차원의 법규들을 살펴보았다. 특히 선거운동비의 철저한 정보공개와 그것에 대한 국민의 완전한 정보접근을 보장함으로써 공공기관 및 공직자들에 대한 국민의 신뢰를 확보하기 위한 노력이 경주되어 왔음을 볼 수 있다. 예를 들어 1992년의 워싱턴 주 공공정보 공개위원회가 발행한 문답식의 해설은 주정부 차원의 규정이 얼마나 구체적이고 세세한 것인가를 단적으로 잘 보여주는 사례라고 여겨진다. 예를 들면, 선거운동비 보고절차, 정치헌금의 규모 및 종류까지 모두 명세화되어 있다. 심지어 예를 들어 정치광고의 막후 정보들, 예컨대 광고후원자 및 광고주체 등도 공개되도록 규정함으로써 유권자가 이성적인 판단을 내리게끔 유도하고 있다.

---

3) The State of Washington, "Washington Adinistrative Code, WAC 390."

4. 미국 정보자유법 분석

미국의 정치선거과정에서 정보공개를 촉진하는 두 번째의 제도적 장치는 아무래도 정보자유법(The Freedom of Information Act)의 활용이라 하겠다. 즉 이 법에 의해서 국민 누구나 연방기관들의 상당한 정보에 대한 접근을 요청할 수 있다. 따라서 정치선거 입후보자의 상당수가 이미 공공직책을 맡았었거나 아니면 어떤 형태로든 공공활동과 관련을 맺었던 과거가 있기 때문에 이 정보자유법을 이용한 요청에 따라 그 활동들이 낱낱이 공개되는 경향이 있다. 특히 대중매체가 선거후보자의 공공활동들을 추적할 때 적극적으로 그 법을 활동할 가능성은 더욱 크다고 하겠다.

1966년 전까지만 해도 미국의 연방하원이 통과시킨 대부분의 법들은 어떻게 하면 정부기관의 정보를 공개하지 말아야 하는 것인가에 대한 것들이었다. 그러나 여러 해의 공청회와 증언 및 작업을 거쳐 드디어 1966년에는 기본적으로 공공정보를 열어볼 수 있도록 규정한 정보자유법이 연방의회에서 통과되었고 실제적인 효력은 1967년 7월 4일부터 발생하기 시작했다.[4]

이 법은 넓은 의미에서 모든 미국인이 아홉 개의 예외 항목들을 제외하고는 모든 연방기관들의 공공기록에 접근할 권리가 있음을 명확히 하는 것이었다. 예외 항목 중 소수는 1974년과 1976년에 새로이 개정되기도 하였는데 개정 후의 정보접근이 금지된 아홉 가지 예외들은 다음과 같다.

첫째, 국방 내지 외교정책의 이해관계로 비밀이 유지되도록 행정 최고책임자가 규정한 기준에 따라 구체적으로 허가받은 정보내용들과 그러한 기준령에 준하여 적절히 분류된 정보들에 대한 공공접근은 금지된다.

둘째, 정부기관의 순전히 내적인 인사규정 및 관행들에 연관된 정보들에 대한 공공접근은 금지된다. 예를 들면 휴가일정, 휴식시간의 규정, 주차장 할당 등이 그런 종류에 속한다.

셋째, 어떤 자유재량도 남겨 놓지 않고 정보공개를 금지하고 있거나 금지를 위한 구체적인 기준들을 세우고 있거나 아니면 사회보장제도 및 소득세 기록과 같은 공개되지 말아야 할 구체적인 사안들을 법이 설정해 놓고 있으

---

4) 여기에 대해서는 다음 책을 많이 참고하였음. Don R. Pember, *Mass Media Law*, Dubuque, Iowa: Wm C. Brown Co., 1977.

면 정보공개가 금지된다.

넷째, 어떤 사람 및 특권 내지 비밀기관으로부터 얻은 거래비밀 및 상업 내지 재무정보에 대한 공공접근은 금지된다. 예컨데 융자 내지 특허신청을 보증해 주기 전에 연방주택 행정부가 주택소유자에게서 받는 재정자료 등이 바로 그런 항목에 속한다.

다섯째, 사적인 사람이나 집단이 정부부서를 상대로 소송을 제기한 상태에서 법에 의해 사적 상대방의 손에 들어가 있지 않은 정부부서 사이의, 그리고 정부부서내의 메모들과 서한들에 대한 공공접근은 금지된다.

여섯째, 명백하게 개인적인 사생활을 침해할 우려가 있는 인사(人事)및 의료관련 정보에 대한 공공접근은 금지된다.

일곱째, 법 집행을 목적으로 작성된 조사기록 중 그 기록의 공개가 법 집행을 방해할 가능성이 있는 정보, 공정한 재판을 받을 어떤 사람의 권리를 박탈할 가능성이 있는 정보, 비밀정보원의 신분 및 형사사건과 국가안전기밀 조사사건의 경우 비밀정보원이 제공한 비밀정보를 노출시킬 가능성이 있는 정보, 그리고 법 집행관리의 생명 내지 육체적 안전을 위태롭게 할 가능성이 있는 정보에 대한 공공접근은 금지된다.

여덟째, 재무관련 기관들의 규제 및 감독을 책임맡고 있는 정부기관에 의해서 그 기관을 대신해서 또는 그 기관이 사용할 목적으로 준비된 정보에 대한 공공접근은 금지된다. 예컨대 연방준비은행(Federal Reserve Board)에 보고한 은행의 재정상태에 대한 보고서 등이 그런 항목에 해당된다.

아홉째, 유전(油田)에 관한 지질학적이고 지구물리학적인 정보나 자료에 대한 공공접근은 금지된다. 그런 자료에는 지도도 포함된다.

1974년과 1976년 정보자유법의 주요내용들이 위의 것들처럼 개정되기 전에는 원래의 입법취지들이 거의 실현되지 않았었다. 즉 초기에는 언론인이나 변호인들이 약간의 도움을 받을 수 있을 뿐, 공공정보의 대부분이 공개되기 힘들게 정보공개의 예외를 폭넓게 인정하고 있었다. 연방 공공기관들은 이전에 비밀로 보관했던 자료들을 내놓기 싫어 하기 때문에 쓸데없는 구실을 덧붙이기 일쑤였다. 예컨대 공공정보의 공개조치에 대한 의도를 좌절시키기 위하여 커다란 거짓말을 고안하기 시작했고, 따라서 정보공개가 자꾸만 지연될 수밖에 없었다. 그렇다고 법에 호소하여 정보공개를 강제로 유도하는 것은 매우 귀찮고 비용이 많이 들며 시간소비가 큰 일이었다. 특히 많은 시간소비는 언론인이 뉴스 작성을 위해서 공공정보를 필요로 하는 경우 그 정보가치가 재빨리 상실되기 때문에 더 큰 문제였다. 설상가상으로 법원들은 그 법의 제정 역사를 잘못 읽고서 마치 정부가 기록들을 비밀로 보관하기에 용이하도록 만들기 위해서 정보공개법을 제정한 것처럼 그 법의 정신을 거꾸로 해석하고 있었다. 한마디로 정부가 하는 일에 대한 진행과정 및 정보저장들을 공개하기 위한 정보자유법의 철학과 정신이 개정되기 전의 운영에서는 완전히 무시되었다.

　물론 이런 공공기관의 악용에 덧붙여서 정보자유법을 적절히 활용할 수 있었고, 활동했어야 할 언론의 무관심도 초기의 정보자유법을 무용지물로 만드는 데 기여하였다. 1973년 행해진 한 연구결과에 의하면,5) 언론인들 사이에 그 법에 대한 인지도가 매우 낮았던 것으로 발견되었다. 그리고 그들이 그 법에 대해서 무지한 것은 언론관련 전문집단들이 그 회원들에게 그 법의 내용을 알리는 일을 거의 하지 않았기 때문이다. 다시 말해서 언론이 그 법을 적극적으로 활용하려는 결단력을 갖고 있지 않았었다.

　1974년의 법개정도 엄청난 우여곡절 끝에 이루어진 결과였다. 당시 포드 대통령과 연방 공공기관들은 정보자유법에 대한 개정안에 결사적으로 반대하였다. 연방의회가 개정안을 통과시키자 포드 대통령은 비토권을 행사하여 의회로 다시 회부시켰고 연방의회는 그 비토권을 묵살하기 위해서 2/3 찬성 표결로 재통과시켰다. 개정안의 주요 골자는 말할 나위도 없이 본래의 입법정신인 정보를 보다 크게 공개시키기 위한 조치들에 관한 것이었다. 그러기 위해서 시민 및 언론이 보다 쉽게 공공정보를 추구할 수 있는 절차들이 마련되기도 하였다.

　지금 공공기관은 일반국민이 공공정보를 이용할 수 있도록 지침을 정하여 공보(公報)에 공고하도록 되어 있다. 그리고 그 지침에는 국민이 정보를 청구할 수 있는 장소, 관계부서, 청구절차, 청구방법 및 청구요건을 기술해야 할 뿐만 아니라 필요한 서류의 입수방법 및 비치장소를 알리도록 되어 있다.6) 공공기관의 해당 부서는 각종 공공기록 및 서류의 정보에 대한 청구요

---

5) Robert D. Smith, "The 1966 Freedom of Information Act: The Executive, The Congress, and The Press," Master's thesis, Univ. of Washington, 1973.

청이 있을 시 10일 이내에 해답을 주어야 한다. 만약 해당부서가 공개를 거부하고 나서 정보요청자가 직접 그 공공기관 자체를 상대로 재요청을 하게 되면 20일 이내에 공개할 것인지 안할 것인지를 결정해야 한다. 그리고 각 공공기관은 1년 4분기 중 매 분기마다 그 기관이 보관하고 있는 서류 및 기록들에 대한 목록을 작성, 출판하도록 되어 있다. 만약 어떤 기관이 기록을 찾고 복사하는 것에 대하여 정보청구자에게 비용을 물린다면 모든 청구자들에게 동일한 기준을 적용시켜야 한다. 그리고 비용도 공정하고 합리적인 수준에서 산정된 것이어야 한다. 그리고 공공기관은 매년 어떤 정보들이 공개되었는지, 거부되었는지, 그리고 그것에 소요된 비용이 얼마인지를 가리키는 일련의 목록을 연방의회에 제출하여야 한다. 만약 어떤 시민이나 언론인이 정보를 청구하였으나 거부당하여 법을 통하여 강제적으로 공개를 받아냈다면 그 해당 공공기관은 정보청구자의 소송 및 재판비용을 모두 부담하여야 한다.

뿐만 아니라 지금 공공기관의 공직자는 정보청구를 인가하거나 거부하는 데 대하여 개인적으로 책임지도록 되어 있다. 사실 공공기관들은 이런 책임부담에 대하여 격렬히 반대했었다. 정보청구를 거부하는 공직자는 정보청구자들에게 그 신분을 알려주어야 하고, 만약 그 거부가 자의적이고 변덕스런 양태로 이루어진 것이면, 해당 공직자는 국민봉사위원회(Civil Service Commission)의 제재를 받을 수 있다. 1974년의 법 개정을 통한 이런 일련의 절차상 개정들이 정부의 많은 기록 및 서류들을 국민들에게 개방시키는 데 매우 효과적으로 작용한 것은 사실이다.

1974년 법 개정에서 연방회의는 또한 정보공개의 가장 큰 장애물로 작용했던 국가안보 및 법 집행에 기인된 공개의 예외조항들을 개정하는 데 초점을 두기도 하였다. 1966년 언론자유법이 탄생될 당시의 제1예외조항의 대상은 "국방 내지 외교정책의 이해의 관점에서 행정 최고책임자가 비밀유지를 요구한 사항들"이라는 것으로 단순히 언급하고 있었다. 이런 예외 조항의 포괄적 규정은 그 의도가 좋았으나 실제에 있어서 심하게 남용되었고, 특히 닉슨 행정부에 의해서 그렇게 되었다. 단순히 해석에 의하면, 그 예외 조항은

---

6) 변재옥, 「현대 사회에 있어서 정보공개와 인권보장」, 한국법학원 주최 법률학 심포지엄에서 발표된 글, 1991. 12. 5.

비밀로 분류된 어떤 자료도 공개될 필요가 없다는 것을 언급하고 있었다. 예를 들면, 닉슨 대통령은 워터게이트 사건과 관련된 많은 일들에서 국가안보의 이름하에 공공정보를 공개하려 들지 않았다. 이런 일들은 분명히 정보자유법의 입법정신을 위반하는 것이었다. 그러나 설상가상으로 법원들이 부분적으로 그런 대통령의 조치를 지지하고 나서기도 하였다.

연방법원들은 일단 정보가 분류되고 나면, 그 분류에 도전할 수 없다는 자세를 취하고 있었다. 예컨대 1970년 일단의 학자들이 제2차 세계대전 후 반공 러시아인들을 강제로 송환조치한 것에 대한 비밀분류자료를 요청한 바 있는데, 고등법원은 그 분류를 점검할 권한을 갖고 있지 않다고 판결하였다. 다시 말해서 분류에 대한 어떤 정당화도 요구되지 않았기 때문에 공공기관이 법정에 가서 그 분류자료가 비밀이라고 주장만 하면 되는 것이었다. 미연방 대법원도 똑같은 자세를 취하고 있었다. 1973년 한 여성 하원의원이 알래스카에서의 핵실험을 승인한 환경보호청의 자료를 요청한 바 있다. 그때 그 여성의원은 법원이 그 비밀분류자료를 자체적으로 검토하고 그 비밀분류가 적절히 행해진 것인지 또는 정부가 단순히 논쟁적인 자료를 공중으로부터 숨기려는 것은 아닌지를 결정할 수 있어야 한다고 주장했다. 그러나 당시 법원은 이런 견해에 동의하지 않으면서 연방의회가 첫째의 예외 조항을 만들 때 비밀분류자료의 내용에 대한 법원의 검사권을 구체적으로 제외시키고 있음을 지적하였다.

그러나 1973년 봄까지는 그 첫째의 예외조항을 수정하려는 분위기가 완전히 무르익어 있었다. 따라서 앞에서 본 바와 같은 1974년의 개정내용에 의해서 두 가지 결과가 이루어졌다. 첫째로 이제 법원이 비밀분류정보가 적절히 분류되어 있는지를 비공개로 검사할 수 있는 권한을 갖게 되었다는 점이다. 즉 이제 행정부는 비밀정보를 분류하는 데 따르는 기준을 분명히 제시하여야 한다. 예컨대 유럽에서의 미군사력에 대한 자료가 비밀로 분류되어야 한다는 등의 선언이 요구된다. 그리고 나서 법원은 그 비밀분류정보가 정부가 설정한 기준을 충족시키고 있는지를 결정할 수 있다. 둘째로 법원은 국민의 정보청구 요구를 유보한 정부기관의 결정들이 적절한 것이었는지 또는 그들 결정들이 자의적인 것은 아닌지를 심사할 권한도 갖게 되었다.

이런 변화들과 연관되어 지적할 만한 내용 중 하나는 법원이 그런 권한들을 반드시 수행해야 된다는 것이 아니라 수행할 수도 있다는 것을 강조한 점이다. 한 연방고등법원은 1975년에 구체적인 비밀정보가 적절히 분류된 것인지에 대한 심사를 요청한 어떤 원고의 요구를 기각한 바 있다. 그때 법원은 그런 판단을 내릴 전문적 지식이 부족하다고 주장하면서 본래 정보창구를 거부한 공공기관을 묶어서 소송을 제기할 것을 판결하였다. 이런 조치가 그 개정된 내용에 대한 좋은 징조로 간주될 수는 없다. 그러나 재판관들로 하여금 정보청구를 보다 진지하게 허용할 그들의 책임을 음미하는 계기가 된 것으로 믿을 수 있다.

1974년의 법 개정을 통하여 보다 명료화된 일곱째의 예외 조항도 그 이전에는 법집행의 목적하에 수집된 모든 수사자료는 공개대상에서 제외되는 것으로 되어 있었다. 그러나 그럴 경우 기밀정보로 분류될 필요가 없는 것까지 포함하여 상당한 정보가 은폐될 수 있는 가능성이 있었다. 따라서 새로운 개정조항에서는 수사를 직접적으로 방해하거나 공정한 재판을 받을 권리를 위태롭게 하거나 사생활을 침해하거나 비밀로 남겨두어야 할 정보원을 드러내게 만들거나 수사기법을 밝히게 만들거나 법집행요원을 위험에 빠뜨리게 하는 등등의 정보들에 국한하여 정보공개를 금지할 수 있음을 명시하였다. 한마디로 이 개정은 법집행 수사를 담당하는 기관들도 불가피한 수사자료의 일부분만을 제외하고 일체의 나머지는 공개하여야 한다는 것을 의미한다.

위에 열거되었던 세 번째의 예외조항은 1976년에 하원에 의해서 개정된 것이다. 이것도 개정 전에는 매우 포괄적으로 규정되어 있었으나 새로운 개정에 의해서 공개금지가 가능하기 위해서는 세 가지 기준을 충족시켜야 되는 것으로 바뀌었다.

현재의 정보자유법이 공공정보 접근을 위한 최상의 법이라고 볼 수는 없다. 그러나 국가이익이나 기업의 비밀 내지 프라이버시를 한편으로 보호하기 위해서는 표현의 자유를 위시한 정보자유법의 한계가 엄연히 존재할 수밖에 없다. 어쨌든 미의회가 행정부의 강력한 압력을 받고 있다는 점을 상정할 때 그런 정보의 법제화도 매우 성공적이라고 볼 수 있다. 특히 정보공개의 아홉 가지 예외 조항들이 매우 구체적이고 제한적이게 된 것은 의회의 노력이 컸다는 것을 의미한다. 오히려 이제 남은 과제는 정보자유법의 활용을 넓히는 문제이다. 그러기 위해서는 정보자유법에 대한 국민교육을 확대하여 널리 이용토록 하는 것이 필요하다. 그리고 그것에 대한 공공기관의 저항이 있을 경우 법적 해결이 날 때까지 끝까지 매달려서 공공정보의 공개영역을 넓혀 가는 끈기가 매우 절실한 것처럼 보인다.

1986년에 정보자유법에 대한 대폭적인 개정이 또 한 차례 일어났는데 그것은 주로 미국의 일반국민이 정보자유법을 보다 적극적으로 이용하게끔 유도하는 절차에 관한 것들이었다.[7] 예를 들면 일반국민에 대한 공공기관의 정보공개 의무를 보다 강하게 부과하는 내용으로 되어 있다. 공공정보를 얻을 수 있는 장보 및 방법, 공공기관의 기능이 결정되는 경로, 각종 양식, 일반적으로 적용되는 규칙 등을 일반국민에게 제공해야 하고 사건의 심판에 관련된 최종 결정문, 각 기관에 의하여 채택된 정책과 그에 대한 해석, 공중에 영향을 미치는 행정처리 지침서 등을 일반 국민이 조사하고 복사할 수 있도록 제공해야 할 의무를 지우고 있다.

이와 아울러 그런 공공정보의 청구에 수반되는 요금징수 원칙도 1986년에 개정되었다. 기본적인 원칙은 공공정보의 상업적 이용을 목적으로 한 것과 그렇지 않은 것 사이에 차별적인 요금을 적용시키려는 노력이었다. 개정법에 따라서 연방예산관리국(Office of Management and Budget)은 연방공공기관들의 정보청구에 수반되는 요금책정지침을 작성하여 전국에 시달하였다. 우선 상업적인 정보청구자의 정보요청은 대·소규모의 상업 또는 소득이익을 신장하는 사용이나 목적으로 정보청구를 하는 것으로 정의내렸다. 이런 경우에는 정보의 검색, 복사, 조회에 대하여 상당한 요금을 징수하도록 하였다.

그러나 학문적 내지 과학적 연구를 목적으로 하는 교육기관 및 과학기관 또는 뉴스미디어의 대표자에 의하여 이루어지는 정보청구는 낮은 요금을 징수하도록 규정하였다. 교육기관은 교육부법의 규정에 따라 유치원, 공·사립 국민학교, 중·고등학교, 대학교, 대학원, 직업교육기관 또는 학문연구를 위한 프로그램을 수행하는 교육기관을 가리킨다. 그리고 비상업적 과학기관은 상업적 기초에 의해서 활동하지 아니하고 오직 과학적 연구를 수행할 목적으

---

7) 노영보, 「현대사회에 있어서 정보공개와 인권보장—사법부 업무전산화와 관련된 몇 가지 문제점에 관한 고찰」, 한국법학원 주최 법률학 심포지엄에서 발표된 글, 1991. 12. 5.

로 활동하며, 그 연구의 결과가 어떤 특정 제품이나 산업을 신장할 의도를 갖고 있지 않은 기관으로 정의내리고 있다. 뉴스미디어 대표자는 일반 국민을 대상으로 뉴스를 발간하거나 방송할 목적으로 조직되고 활동하는 실체를 위하여 실제적으로 뉴스를 수집하는 자라고 규정하고 있다.

또한 요금징수에 대한 개정법은 각 공공기관이 요금의 평가와 징수절차에 대한 규정을 제정할 것을 요구하고 있다. 그러나 아래의 네 가지 지침은 모든 공공기관이 지켜야 될 공통사항들이다. 첫째, 연체대금에 대하여 지연배상금을 정해야 하며 둘째, 검색이 실패할 경우 요금이 25달러를 초과할 것으로 예상되면 동 요금에 대하여 정보청구자에게 이를 알려주어야 하며, 셋째 요금의 부담을 피하기 위하여 정보청구를 나누어 할 경우에는 이를 합산하여 산정할 수 있고, 넷째 정보청구 요금이 250달러를 초과할 것으로 예상되지 않거나 정보청구자가 다른 요금을 미납하고 있지 않는 한 요금예납을 요구할 수 없다는 것 등이다.

이상의 정보자유법 논의는 기본적으로 '연방소속' 공공기관들에 적용되는 사항이다. 그러나 이에 준하여 미국의 각 주는 또는 주소속 공공기관들의 공공정보에 대한 청구를 자유롭게 하는 법제도들을 갖추고 있다. 그러나 그 내용이 정보자유법의 기본틀을 벗어나지 않고 있음은 말할 나위도 없다. 이런 정보자유법이 이제는 비단 정통적인 연방소속 공공기관뿐만 아니라 예산의 약 85%를 연방재정의 지원으로 충당받고 있는 스미스소니언 박물관(Smithsonian Institution)같은 독립기관에까지 적용되는 것으로 재판판결이 나오고 있는 실정이다.[8]

정보자유법을 가장 잘 활용할 수 있는 사람들은 아무래도 뉴스 자료를 수집하는 언론인들이다. 텍사스 주의 105개 신문들을 대상으로 실시한 1985년의 서베이는[9] 미국의 언론인들이 얼마나 정보자유법을 잘 활용하고 있는지 어느 정도 암시해 주고 있다. 54개 신문들의 편집국장들이 응답해 준 바에 따르면 과거 2년 동안에 정보자유법을 이용하여 공공정보를 청구해 본 경험 있는 신문들은 총 54개 가운데서 21개(39%)에 이르렀다. 그 중에서 12개 신

---

8) The Seattle Times, "Smithsonian is subject to Freedom of Information Act, judge says," 1992. 5. 19, p.A13.

9) Lawrence C. Sutherland, "How Texas Journalists View Status of FOI Act," *Journalism Quarterly* 64, 1987(Spring), pp.202-203.

문들은 한 번에서 세 번에 이르는 정보청구를 하였고 다른 두 개 신문들은
네 번에서 여섯 번 사이, 다른 한 신문은 일곱 번에서 아홉 번 사이, 다른 두
개 신문들은 열 번에서 열두 번 사이, 다른 한 신문은 열세 번에서 열다섯
번 사이, 그리고 나머지 세 개 신문은 25번 이상 정보청구를 한 것으로 응답
하였다.

정보자유법을 이용한 21개의 신문들은 최소한 한 번 정부로부터 정보를
받아낼 수 있었다. 특히 가장 많이 활용한 두 신문들은 약 75%의 확률로 청
구한 정보를 얻어낼 수 있었다고 응답하였다. 결국 이 서베이 조사의 결과는
대다수의 신문사들이 정보자유법을 활용하고 있지는 않지만 일단 활용해 본
경험이 있는 신문들은 보다 적극적으로 이용하고 있음을 가리키고 있다.

지금까지 본 것처럼, 미국의 경우 정보자유법은 공공기관의 정보공개에
커다란 기여를 하고 있으며, 그로 말미암아 국민의 알 권리를 충족시키는 데
상당한 역할을 하고 있음을 알 수 있다. 따라서 미국의 정치인들이 기본적으
로 공공기관들과 끊임없이 관련을 맺고 지내기 때문에 그들의 관련활동들에
대한 국민의 정보접근이 정보자유법을 통하여 얼마든지 투명화될 수 있다.
그런 점에서 정보자유법은 미국의 정치선거 과정에서 정보공개를 촉진하는
주요한 제도적 장치라고 하겠다. 특히 미국의 언론이 정치선거에 출마한 사
람들의 과거 공직활동들을 들추어 내어 국민적 판단을 하게끔 하는 데 정보
자유법의 역할은 매우 소중하다고 하겠다.

5. 미국 신문 정치선거 입후보자 지지선언제도

앞에서 살펴본 미국 정치선거비용 공개제도와 정보자유법은 정치선거과
정에 대한 투명성을 확보하기 위하여 법률적으로 규정하고 있는 공공제도들
이다. 그러나 지금 여기에서 분석하려고 하는 미국신문 정치선거 입후보자
지지선언제도(newspaper endorsement)는 그런 법률적 공공제도가 아니라 사
회적으로 활용되고 있는 비공식적 관행이다. 즉 미국의 신문들은 거의 미국
의 신문이 태동한 시기부터 약 2백 년 동안 각종 정치선거 입후보자들에 대
한 심사를 통하여 특정인을 공식적으로 지지하는 관행을 실천해 왔다. 예컨

대 신문편집인들을 대상으로 한 1983년 서베이에 의하면 미국의 총 신문들 중 오직 12%만이 각종 선거 때에 특정 후보자에 대한 지지선언을 결코 하지 않으며, 3/4 이상이 전국적인 선거 때에 특정 후보자에 대한 지지선언을 하는 것으로 밝혀졌다.10) 이런 전통의 기본 정신은 정치인들의 선거공약 및 인적 사항들에 대하여 자세한 정보를 갖추기 힘든 일반 독자들로 하여금 바른 판단을 할 수 있도록 유도하기 위한 노력이다.

1992년 11월 3일 동시에 실시된 미국의 대통령, 주지사, 연방 및 주의 상·하원, 기타 다른 종류의 정치선거를 앞두고 워싱턴 주의 가장 큰 도시인 시애틀 시에서 발간하고 있는 두 개의 신문들이 보여준 특정 후보 지지선언과정은 이 제도의 이해를 쉽게 도울 수 있을 것이다. 우선 그곳에는 ≪시애틀 타임스(*The Seattle Times*)≫와 ≪시애틀 포스트-인텔리전서(*Seattle Post-Intelligencer*)≫라는 두 개의 커다란 지역신문들이 발행되고 있다. 전자는 신문발행 부수 공사기구(Audit Bureau of Circulation)의 1990년 통계에 의하면 약 23만 부의 발행 부수에 미국 내 일간신문 중 제44위를 차지하고 있으며 후자는 1983년에 19만 부까지 발행되었으나 현재에는 편집권을 제외한 경영권이 넘어간 상태에 있다. 어쨌든 이 두 신문들은 각 직급별 특정 정치선거 입후보자에 대한 지지선언을 하였다.

≪시애틀 타임스≫의 경우 투표일 6개월을 앞둔 1992년 5월 당시 주요 대통령 입후보자들인 부시(G. Bush: 공화당), 브라운(Jerry Brown: 민주당), 클린턴(B. Clinton: 민주당)에게 주요 쟁점사항들에 대한 설문을 보내서 얻은 응답을 보도한다. 이런 것이 바로 지지선언을 하기 전에 정치인들의 정보공개를 밝혀 내는 과정이다. 그리고 선거를 한 달 앞둔 10월 4일에 그 신문은 공식적인 사설(社說)로 클린턴과 고어(A. Gore)의 민주당 정·부통령후보들에 대한 지지선언을 하였다. 그리고 나서 투표일 5일 전인 10월 29일에는 모든 선거직 후보자들에 대한 주요 안건별 공약들을 일목요연하게 묶은 소책자를 만들어 모든 독자들에게 배포하였다. 이것은 독자들의 판단을 돕는 데 상당한 기여를 할 것으로 믿어졌다. 마침내 선거일 이틀 전인 11월 1일 대통령직을 포함한 모든 선거직들에 대한 특정후보자 지지선언을 하게 되었다. 그

---

10) Ernest C. Hynds, "Editorials, Opinion Pages Still Have Roles at Most Newspapers," *Journalism Quarterly* 61, 1984(Autumn), pp.634-639.

것에는 지역단체장 선거입후보자는 물론 심지어 선거직 재판관 및 교육감에 이르기까지 다양하게 포함되었다. 이런 총괄적인 지지선언은 ≪시애틀 포스트-인텔리전서≫에도 마찬가지로 수행되었다. 바로 이런 일련의 과정은 미국 신문이 관행으로 삼고 있는 특정 정치후보자에 대한 지지선언이 어떻게 이루어지고 있는가를 반영하고 있는 사례이다.

이런 정치인 지지선언은 신문에만 전통으로 자리잡았고 방송에는 시행되지 못했다. 왜냐하면 방송전파는 희소자원으로서 국민 소유에 해당되므로 특정 정치인을 지지할 수 없는 공평의 원칙(fairness doctrine)을 지켜야 했기 때문이다. 위 사례에서 본 것처럼 신문의 정치인 지지제도는 종국적으로 특정인에 대한 지지 내지 투표를 유도하는 것이지만 그 선정과정은 일반국민들이 보다 잘 알 수 있도록 정치인들에 대한 정보의 공개화 내지 투명화를 촉진시키는 제도이다. 염격하고도 독립적인 비교평가가 없이 특정인을 지지하는 것은 신문사에게 엄청난 손실을 끼칠 수밖에 없기 때문에 특정 정치인에 대한 지지선언을 하기 위해서 매우 치밀한 조사를 시행하기 않을 수 없다. 바로 이것이 미국 정치선거의 정보공개에 기여하는 점이라 하겠다.

물론 일반 연구자들은 신문의 정치선거 입후보자 지지제도가 그런 정보공개과정에 끼친 영향보다 투표결과에 미친 효과연구에 더 많은 관심을 보여주었다. 사실 투표결과에 미친 효과가 확인되는 경우, 그런 지지제도의 중요성이 더욱 부각될 수밖에 없고, 그것은 역으로 정보공개과정의 신중성을 고양시키는 데 기여할 수 있다. 그러므로 미국 신문의 지지선언들이 각종 선거에 미친 영향에 관한 연구들을 살펴보는 것도 그런 정보공개과정의 중요성을 확인하는 간접 경로가 된다고 하겠다.

신문의 지지선언이 끼친 영향에 관한 본격적인 연구는 1965년에 와서야 나타나기 시작했다. 11개의 캘리포니아 주 신문들이 1948년에서 1964년까지 했던 지지선언들을 연구한 한 논문에 의하면,[11] 전국 및 주단위의 지지선언보다 소지역 후보자들에 대한 지지선언이 투표결과에 더 큰 영향을 끼치고 유권자들이 접근할 수 있는 정보 소스들이 별로 없을 때 신문의 지지가 더 영향력을 발휘하고 그리고 신문이 일반적으로 지지하지 않는 정당에서

---

11) James E. Gregg, "Newspaper Editorial Endorsements and California Elections," *Journalism Quarterly* 42, 1965, pp.532-538.

나온 후보자가 신문의 지지를 받게 될 때 더 많은 도움을 얻는 것으로 밝혀졌다. 이것은 결국 제한된 정보환경에서 신문을 통한 정치적 지지가 영향력을 발휘함을 나타내는 것이다.

또한 1972년의 대통령 선거 및 그 이전의 전국 선거들에서 신문의 지지선언과 투표결과와의 상관관계를 분석한 바에 따르면,[12] 신문을 통하여 선거과정을 추적해 온 유권자들 중 주로 비당파적 무소속 유권자들을 주축으로 한 약 7%가 그 신문의 지지선언에 영향을 받았던 것으로 밝혀졌다. 이런 무소속 유권자들에게 끼친 신문의 지지선언 영향은 지방의 시장 및 검찰총장 선거에서도 확인된 바 있다.[13] 이런 것은 신문의 지지선언이 정당소속감을 갖고 있는 유권자들에게는 별 효과가 없는 것을 가리킨다.

과연 신문의 지지선언이 정치적 정보가 부족한 환경에서 또는 무소속 유권자들에게 상당한 영향을 주고 있는지 확인하기 위하여 실험실 실험을 수행한 연구도 있다.[14] 가상적인 주의원 선거를 설정하고서 대학생들을 대상으로 실험연구를 수행한 결과, 선거입후보자들에 대한 정보가 매우 약하게 주어진 상황에서는 신문의 지지선언이 투표결정에 압도적인 영향을 발휘하는 것으로 밝혀졌다. 마찬가지로 정보가 부족한 상황에서 선거입후보자들의 정당들이 밝혀진 상황에서는 응답자의 특정 정당소속감이 투표결정에 영향을 끼치는 것으로 발견되었다. 그러나 정당 및 신문의 지지선언 중 어느 것이 더 투표결정에 영향을 끼치는지를 검증해 본 결과 신문의 지지선언이 더 영향력 있는 것으로 나타났다. 이들을 총체적으로 결론지으면 선거후보자에 대한 정보가 부족한 상황에서는 정당보다 신문의 지지선언이 투표결정에 더 강력한 영향력을 발휘하는 것을 의미한다. 이것은 거꾸로 말해서 선거입후보자에 대한 신문의 철저한 정보조사 및 공개가 얼마나 중요한 것인가를 말해 주는 것이기도 하다.

---

12) John P. Robinson, "The Press as King-Maker. What Surveys from the Last Five Campaigns Show," *Journalism Quarterly* 51, 1974, pp.587-594.

13) Paul L. Hain, "How an Endorsement Affected a Non-Partisan Mayoral Vote," *Journalism Quarterly* 52, 1975, pp.337-340; Howard Scarrow & Steve Borman, "The Effects of Newspaper Endorsements on Elction Outcomes: A Case Study," *Public Opinion Quarterly* 43, 1979, pp.388-393.

14) Byron St. Dizier, "The Effect of Newspaper Endorsements and Party Identification on Voting Choice," *Journalism Quarterly* 62(3), 1985(Autumn), pp.589-594.

비록 신문에 특정 선거입후보자에 대한 지지를 선언할지라도 일반 정치 뉴스의 전달에서 객관성을 벗어나 편향되게 보도하는 것은 아니다. 예컨대 지지를 선언받지 못한 입후보자에게 불리하게 일반기사를 취급하지는 않는다. 일반기사의 객관성과 신문사라는 법인체의 독립적 평가를 분명하게 구별하려고 노력한다. 그럼에도 불구하고 특정인에 대한 신문사의 공식적인 지지가 그 신문의 다른 의견기사들에까지 영향을 미치지 않을까에 대한 의구심을 불러일으키는 것도 사실이다.

1984년의 공화당 대통령 후보인 레이건(R. Reagan) 및 민주당 대통령 후보인 먼데일(W. Mundale)의 대결에서 보여준 미국 신문들의 지지경향에 관한 조사연구는[15] 시사하는 바가 많다. 5만 부 이상의 판매 부수를 가진 일간신문들 중 85명의 논설 페이지 편집장들이 응답해 준 설문조사 결과에 따르면 46%가 그들 신문들이 정치적인 '안건'에 대한 신문사의 입장을 결정하는 데 발행인이 적극적인 역할을 수행한다고 응답하였다. 한편 신문사들의 '선거입후보자' 지지결정을 하는 데 대한 발행인의 강력한 입김을 인정한 편집장들은 81%에 달하였다. 1984년의 선거시에 조사대상의 신문사들 중 레이건은 57%, 먼데일은 33%의 지지를 얻었고 나머지 10%는 지지선언을 하지 않은 것으로 밝혀졌다. 이것은 미국 전체의 신문들을 조사한 ≪에디터 & 퍼블리셔(Editor & Publisher)≫ 지의 통계에서 나온 레이건의 58%, 먼데일의 9% 지지획득과 상당히 다른 결과이다.

반면에 조사대상 편집장 자신들의 투표성향을 물어본 결과 먼데일의 55% 대 레이건의 34%의 비율로 먼데일을 더 많이 지지했다. 먼데일 지지자들 중 43%는 레이건을 지지하는 신문들의 논설을 쓰고 있었고 오직 한 사람의 레이건 지지자만이 먼데일을 지지하는 신문에서 일하고 있었다. 그들 논설 페이지 편집장들 중 43%는 일반적으로 민주당 후보, 그리고 18%는 공화당 후보를 향해서 표를 던지고 나머지 39%는 무소속에 속한다고 응답하였다. 그러나 그들은 자신이 소속한 신문사의 발행인이 공화당에 속한다고 응답한 분포가 49%였고, 민주당에 속한다고 응답한 분포가 오직 17%, 그리고 나머지 34%는 무소속 분포였다.

---

15) Byton St. Dizier, "Reputation Endorsements, Democratic Position: An Editorial Page Contradiction," *Journalism Quarterly* 63, 1986(Autumn), pp.581-586.

이렇게 논설 페이지 편집장들이 그들 신문의 발행인들과 상당히 다른 견해를 갖고 있었다고 생각하고 있음에도 불구하고 그들의 85%는 자신들 신문의 선거입후보자 지지결정과정에 만족하고 있었다. 어쨌든 그 설문조사 결과는 특정 후보자를 지지선언할 때 왜 정치적 안건들을 거론하지 않는지를 설명하는 데 도움을 준다. 왜냐하면 위에서 본 것처럼 대부분의 정치적 안건에 대한 신문논설의 입장은 그것을 담당하는 편집장의 것과 동일한 민주당 지지에 주로 속하는 반면에 입후보자에 대한 신문사의 지지는 발행인의 입장에 가까운 공화당 쪽에 압도적으로 더 많이 기울어 있기 때문이다. 그러므로 특정 후보자에 대한 지지를 사설에 선언하면서 정치적 안건마저 건드리는 것은 오히려 신문의 모순된 입장만을 드러내는 계기가 될 것이다. 결과적으로 논설 페이지 편집장들은 그들 신문의 특정 후보 지지선언과 실제적인 논설내용의 입장이 상충되는 것에 관하여 별로 개의치 않는 것처럼 보인다.

미국 신문들의 대통령 입후보자 지지선언에서 보수적인 공화당 후보를 압도적으로 더 크게 지지하는 경향은 1976년, 1980년 및 1984년의 세 번에 걸친 통계에서도 잘 나타나고 있다.[16) 그 기간에 약 1천 5백 개의 신문들을 조사해 본 결과 거의 80%의 확률로 공화당후보를 지지했던 것으로 밝혀졌다. 이것은 또한 특정 후보 지지를 결정하는 데 신문발행인의 입김이 크게 작용하고 있는 것을 간접적으로 나타내는 것이다. 한편 그 연구에 의하면 신문 체인에 속하는 신문들과 체인에 소속되지 않은 신문들을 비교해 본 결과 전자가 후자보다 더 집중적으로 특정 정당의 후보를 선호하지 않는 것으로 나타났다. 그러므로 미국 신문들은 특정 후보에 대한 지지선언을 할 때 소속된 체인과는 무관하게 독립적으로 결정하고 있다고 하겠다.

이런 신문의 지지선언에 관한 연구는 비단 대통령 선거뿐만 아니라 의회 선거에 관해서도 이루어졌다. 1978년 전국의회 선거 전에 110명의 선거취재 담당 정치부기자들과 99명의 논설 페이지 편집장들을 대상으로 조사한 바에 따르면[17) 신문의 지지선언 결정을 위한 신문사 자체의 토론회에 참여했다고

---

16) John C. Busterna & Kathleen A. Hansen, "Presicential Endorsement Patterns by Chain-Owned Papers, 1976~84," *Journalism Quarterly* 67(2), 1990(Summer), pp.286-294.

17) Peter Clark & Susan H. Evans, "'All in a Day's Work': Reporters Covering

응답한 정치부 기자는 40%에 달하였다. 그리고 의원후보에 대한 지지선언을 하려는 신문사들의 경우, 그들 신문의 발행인들이 특별히 정치적 사안들에 적극적인 관심을 갖고 있는 것으로 발견되었다.

미의회 선거에 대하여 신문의 지지선언이 끼친 영향을 알아보려는 조사연구가 1982년의 전미(全美)의회 선거시에 또한 이루어지기도 하였다.[18] 돈이 안 드는 전통적인 선거운동 방법들은 뉴스 보도, 지도층 내지 신문의 지지선언 그리고 사람 만나기 등이다. 그리고 그 각각은 또한 다양한 방법들을 갖고 있다. 예컨대 지도층의 지지선언 등 여러 가지 방법들이 가능하다. 이런 방법들을 얼마나 활용하는지 의회선거 입후보자들에게 물어본 바에 따르면 현직에 있는 입후보자들은 신문의 지지선언을 세 번째로 가장 빈번히 활용하는 방법으로 응답하였으나 비재직 후보자들은 일곱 번째의 방법으로 응답하였다. 이렇게 현직 입후보자가 신문의 지지선언을 더 자주 활용하는 것은 매체의 지지선언을 획득하는 데 보다 유리한 위치에 있는 현직의 이점을 최대한 이용한다는 주장을 뒷받침해 주는 것이기도 하다.

한편 비재직 입후보자가 신문의 지지선언을 확보하는 데 불리하지만 일단 확보하기만 하면 그것이 표를 획득시켜 주는 데 가장 큰 기여를 하는 것으로 밝혀졌다. 이것은 달리 말해서 비재직 입후보자들의 선거전략으로 비록 어렵지만 신문의 지지선언을 얻기 위해서 최대한 노력해 보는 것이 매우 중요하다는 것을 가리키는 것이기도 하다. 특히 매체들의 일반적인 뉴스 취재에서 주목을 얻으려 하다가 통제불능의 상태에서 오히려 불리한 사태에 직면하기보다 분명한 지지선언을 획득하기 위하여 보다 많은 시간을 할애하는 것이 비재직 입후보자에게는 보다 유리한 선거전략인 것 같다.

뉴멕시코 주에서 1981년 이후 일어난 시장(市長) 선거에서 특정 입후보자를 지지선언한 신문들의 16명의 정책결정자들을 대상으로 조사한 바에 따르면[19] 신문사 발행인에 의한 특정후보 지지결정이 50%의 확률이고 발행인과

Congressional Campaigns," *Journal of Communication* 30, 1980(Autumn), pp.112-121.

18) Ruth Ann Weaver-Lariscy & Spencer F. Tinkham, "News Coverage, Endorsements and Personal Campaigning: The Influence of Non-Paid Activities in Congressional Elections," *Journalism Quarterly* 68(3), 1991(Fall), pp.432-444.

19) Ruth Ann Regland, "How Mayor Candidates Seek Endorsements in New

편집인의 합동결정이 29%의 확률, 논설위원실의 결정이 14% 그리고 편집인의 독자적인 결정이 7%의 확률인 것으로 나타났다. 이것은 신문의 지지선언이 여러 갈래의 방법에 의해서 결정되고 있다는 것을 보여주는 것이기도 하다.

이상 미국의 대통령 선거, 의회선거 내지 시장선거를 앞두고 일어났던 신문의 지지선언 연구들을 살펴보았다. 미국 신문들의 정치선거의 특정 입후보자를 공개적으로 지지선언하여 독자들의 지지결정을 간접적으로 돕는 것은 대단히 보편적인 현상임을 알 수 있다. 물론 그런 신문의 공식적인 지지선언과 일반 뉴스 내지 의견기사는 서로 독립적으로 취급되고 있기 때문에 독자로 하여금 지지결정을 하는 데 특정 후보에 대한 편향된 정보만을 얻도록 하고 있지는 않다. 그리고 신문의 발행인들이 신문의 지지선언에 가장 큰 영향력을 발휘하고 있지만 그것이 순전히 단독으로 결정되기보다 신문사내에 상당한 여과(濾過)과정을 거친다고 볼 수 있다. 그런 여과과정은 정치선거의 입후보자에 대한 보다 철저한 정보공개과정을 독자를 대신하여 신문사내에 갖게 할 수밖에 없다. 왜냐하면 선정이 잘못 이루어질 경우 신문사 자체의 권위와 신뢰에 타격을 가져오기 때문이다. 그러므로 미국 신문의 지지선언 관행은 정치선거의 또 하나의 정보공개과정이라고 볼 수 있다.

6. 맺음말

정치선거의 입후보자는 일단 공적 임무를 수행하려는 사람이기 때문에 공인의 자격을 갖는다. 그러므로 그가 하는 모든 활동은 기본적으로 국민의 위임사항이기 때문에 국민이 알아야 할 권리가 있다. 따라서 정치선거과정에 개입되는 모든 정보가 공개되어 선거입후보자에 대하여 국민들이 정당한 평가를 하게끔 만드는 것은 너무나 당연한 일이다. 그런 정치선거과정의 정보를 투명화시키는 제도가 가장 잘 발달된 나라 중의 하나가 미국이다. 이 연구의 기본 목적은 미국의 사례를 분석적으로 제시하는 것이다. 이를 통하여 앞으로 우리나라의 정치선거과정에서 민주적인 공적 정보의 공개화과정을

Mexico," *Journalism Quarterly* 64, 1987(Spring), pp.199-202.

발전시켜 나갈 때 참고를 할 수 있으리라 여겨진다.

이 논문에서는 우선적으로 공적 정보의 투명화가 왜 중요한지에 대한 이론적 논의를 다루었다. 공익적 직무에 대한 국민 감시, 양질의 공공정책이 도출될 수 있는 가능성, 공인에 대한 공정한 능력평가, 공공정보의 폭넓은 활용 등이 성취될 수 있기 때문에 공적 정보의 공개화가 매우 중요하다고 주장되었다.

미국의 정치선거과정에서 정보공개를 촉진하는 대표적인 제도들은 정치선거비용 공개제도, 정보자유법, 그리고 특정 선거입후보자에 대한 신문의 지지선언 등이다. 이들 중 신문의 지지선언은 일종의 관행에 해당되는 것이고 앞의 두 개는 법으로 규정하고 있는 제도들이다. 이 세 가지 제도들에 의해서 미국의 정치선거과정은 거의 백일하에 드러난다고 볼 수 있다. 그리고 유권자들은 그런 공개된 정보를 바탕으로 독립적이며 이성적인 판단을 내리게 된다.

정치선거비용 공개제도는 기본적으로 선거경쟁의 공정성을 확보하려는 노력에서 탄생한 것이다. 아울러 특정 집단의 정치헌금이 공익활동을 왜곡시킬지도 모른다는 우려에서 선거자금의 공개화가 더욱 촉진되었다. 이에 따라서 현재 미국의 정치선거제도는 거의 완벽하게 선거자금이 공개 내지 추적될 수 있도록 제도화시켜 놓고 있다.

정보자유법은 정치선거과정에 개입되는 공적 정보는 물론 어떤 공공정보도 투명화시키기 위한 노력에서 제정된 것이다. 즉 공공정보에 대한 국민의 접근권을 보장시켜 놓고 있는 것이 정보자유법의 기본 정신이다. 정치선거입후보자의 경우 공직의 경력을 갖고 있는 경우가 많기 때문에 자연스럽게 그런 과거 공직활동들에 대한 정보접근이 정보자유법에 의해서 가능해진다. 이것이 곧 정치인에 대한 정보공개로 이어짐은 말할 나위도 없다.

미국 신문의 지지선언 제도는 선거를 앞두고 독자들의 판단을 돕기 위해서 생겨난 일종의 관행이다. 즉 독자들을 대신한 정치선거 입후보자들에 대한 면밀한 조사를 바탕으로 어떤 후보자가 당선되면 유권자들에게 더 유익할 것인가를 판단내려 준다. 그러므로 신문사에서 그런 판단을 내리는 과정은 신문사내뿐만 아니라 신문내용을 통해서도 정치선거의 정보공개과정을 더욱 촉진시킬 수밖에 없다. 그런 의미에서 특정 입후보자에 대한 신문의 지지선언 관행도 미국의 정치선거과정에 게재되는 공적 정보의 공개화를 더욱 부채질하는 사회제도라고 볼 수 있다.

이들 세 가지 제도 중 우리나라에는 아직까지 어느 하나도 구비하지 못한 상태에 있다. 따라서 보다 투명화된 정치선거과정을 만들려고 할 때 이런 미국 사례들의 분석은 좋은 참고자료가 되리라고 여겨진다. 정치선거과정에 투명화될 때 국민의 알 권리가 충족됨으로써 선거입후보자들에 대한 유권자의 올바른 평가가 가능하게 되고 나아가 선거결과의 정당성이 확보된다고 볼 수 있다. 그리고 그것은 궁극적으로 선진민주사회를 창조하는 데 크게 기여할 것이다.

□ 참고문헌

노영보. 1991. 12. 5, 「현대사회에 있어서 정보공개와 인권보장―사법부 업무 전산화와 관련된 몇 가지 문제점에 관한 고찰」, 한국법학원 주최 법률학 심포지엄 발표논문.

변재옥. 1991. 12. 5, 「현대사회에 있어서 정보공개와 인권보장」, 한국법학원 주최 법률학 심포지엄 발표논문.

Busterna, John C. & Kathleen A. Hansen. 1990(Summer), "Presidential Endorsement Patterns by Chain-Owned Papers, 1976~84," *Journalism Quarterly* 67(2).

Clark, Peter & Susan H. Evans. 1980(Autumn), "'All in a Day's Work': Reporters Covering Congressional Campaigns," *Journal of Communication* 30.

Dizier, Byron St. 1985(Autumn), "The Effect of Newspaper Endorsements and Party Identification on Voting Choice," *Journalism Quarterly* 62(3).

______. 1986(Autumn), "Republican Endorsements, Democratic Positions: An Editorial Page Contradiction," *Journalism Quarterly* 63.

Dowling, Laura J. 1991, "The Political and Economic Dimensions of Campaign Finance Reform," degree project paper for Master of Public Administration, Univ. of Washington.

Gregg, James E. 1965, "Newspaper Editorial Endorsements and California Elections," *Journalism Quarterly* 42.

Hain, Paul L. 1975, "How an Endorsement Affected a Non-Partisan Mayoral

Vote," *Journalism Quarterly* 52.

Hynds, Ernest C. 1984(Autumn), "Editorials, Opinion Pages Still Have Vital Roles at Most Newspapers," *Journalism Quarterly* 61.

Pember, Don R. 1977, *Mass Media Law*, Dubuque, Iowa: Wm C. Brown Co.

Ragland, Ruth Ann. 1987(Spring), "How Mayor Candidates Seek Endorsements in New Mexico," *Journalism Quarterly* 64.

Robinson, John P. 1974, "The Press as King-Maker. What Survey From the Last Five Campaigns Show," *Journalism Quarterly* 51.

Scarrow, Howard & Steve Borman. 1979, "The Effects of Newspaper Endorsements on Election Outcomes: A Case Study," *Public Opinion Quarterly* 43.

Smith, Robert D. 1973, "The 1966 Freedom of Information Act: The Executive, the Congress, and the Press," Master's thesis, Univ. of Washington.

The Seattle Times, 1992. 5. 19, "Smithsonian is Subject to Freedom of Information Act, Judge Says."

The State of Washington. "Washington Administration Code, WAC 390."

______. 1991, "Public Disclosure Commission, RCW 42. 17, Washington State Open Government Act(Initiative 276), As Amended through 1991."

Sutherland, Lawrence C. 1987(Spring), "How Texas Journalists View Status of FOI Act," *Journalism Quarterly* 64.

Weaver-Lariscy, Ruth Ann & Spencer F. Tinkham. 1991(Fall), "News Coverage, Endorsements and Personal Campaigning: The Influence of Non-Paid Activities in Congressional Elections," *Journalism Quarterly* 63(3).

한국 신문 선거보도의 정보적 성격에 관한 연구

채백

부산대 신문방송학과

1. 머리말

현대 정치의 특징을 일컬어 매체정치(media politics)라는 표현이 자주 사용되고 있다. 이는 현대의 정치에 있어서 매스컴의 역할이 그만큼 결정적인 부분을 차지한다는 것을 시사해 주고 있다. 과학기술의 발전과 경제 수준의 상승에 힘입어 각종의 다양한 매체들이 개발되고 그 보급이 보편화되면서 언론은 사회 각 부문에 막대한 영향력을 행사하게 되었다. 이러한 매스컴의 영향력은 정치과정에도 변화를 가져오고 있다. 매스컴이 정치과정에 직·간접으로 깊숙이 개입되고 매스컴의 활용 여부가 정치의 성패에 결정적인 역할을 하게 된 것이다. 아쿠토(Akuto)는 이러한 정치의 새로운 양상을 '새로운 정치(new politics)'라는 말로 표현하고 있다(Akuto, 1988). 매체정치는 이 '새로운 정치'에서 핵심적인 부분을 차지하고 있는 것이다(이효성, 1991: 135).

정치의 꽃이라 불리는 선거에 있어서도 매스컴은 역시 중요한 역할을 한다. 오늘날 대다수의 유권자들은 후보자나 정당, 그리고 선거에 관한 정보의 대부분을 매스컴에 의존하고 있다. 정치과정으로부터 소외되어 있는 대다수 유권자들로서는 매스컴 이외에는 정치에 관한 정보를 구할 수 있는 채널이 거의 없기 때문이다. 1992년도의 대통령 선거 직후 연합통신이 실시한 전국 여론조사에 의하면 자신이 지지한 후보를 결정하는 데 가장 참고가 되었던 것으로 52.5%의 사람이 텔레비전을 꼽았으며 16.4%가 신문을 선택하였다. 주위 사람들(9.8%)이 가장 많은 참고가 되었다거나 스스로 결정(5.8%)하였

다는 응답자를 제외하고는 거의 대부분이 매스미디어에 의존하고 있음을 잘
보여주는 사례라고 하겠다(≪부산매일신문≫ 1992. 12. 22).

　이렇게 대부분의 유권자가 선거에 관한 정보를 매스미디어에 의존하고 있
음을 고려할 때, 매스미디어가 유권자들에게 정확하고 유용한 정보를 신속
하고도 충분하게 제공해 주어야 한다는 당위성은 충분히 그 근거를 인정받
을 수 있을 것이다. 유권자들이 과연 누구를 지지할 것인지에 대해 합리적으
로 판단하기 위해서는 여러 가지 정보가 필수적으로 요구된다. 투표에 관한
여러 정보에서부터 선거가 갖는 역사적·정치적 의미, 각 후보자가 정당이 내
세우는 공약, 그리고 후보자의 성품이나 경력, 능력 등 여러 측면의 정보들
이 있어야 이를 바탕으로 후보자들은 합리적인 선택을 할 수 있는 것이다.

　그렇다면 과연 매스컴은 유권자들에게 이러한 정보를 충분히 제공해 주고
있는가? 이것이 바로 본 연구의 주된 과제이다. 선거 시기면 지면의 많은 부
분을 차지하는 선거관련 보도를 분석하여 과연 유권자들에게 유용한 정보가
어느 정도 비중을 차지하는가를 체계적이고 실증적으로 분석해 보려는 것이
다.

　선거보도에 관한 기존의 연구들은 대부분 선거보도의 경향과 문제점에 대
한 비판에 초점이 맞추고 있다. 그 비판의 주요 내용들은 언론의 선거보도가
유권자들의 합리적 판단에 도움이 될 만한 내용은 별로 없고 공정하지 못한
보도나 흥미 위주의 보도로 채워진다는 비판이 많다.[1] 그러나 이러한 비판
들도 주로 단편적인 비평의 수준에서 논의되거나 전반적인 경향의 분석에
그치는 경우가 대부분이다. 따라서 한국 언론의 선거보도가 안고 있는 문제
점을 체계적인 방법론을 사용하여 실증적으로 분석하는 연구의 필요성은 매
우 높다고 하겠다. 그래서 이 논문은 그간 한국 신문의 선거보도에 관해 이
루어진 비판들을 체계적인 방법을 통해 경험적으로 검증해 보는 것을 목적
으로 하고 있다.

　본 연구에서 핵심이 될 '정보성'이라는 개념은 미국의 언론학자인 레머트
(J. Lemert)가 제시한 '실용적 정보(Mobilizing Information)'의 개념을 원용하

---

1)　선거보도의 문제점에 관한 국내의 주요 연구들은 백선기(1992c)에 잘 정리되어
　　있다. 한편 선거보도에 관한 미국의 연구경향에 관해서는 레머트(Lemert, , 1989:
　　74-82)를 참조하기 바람.

고자 한다. 레머트가 사용한 실용적 정보라는 개념은 수용자들이 자신들의 태도를 실제 행동에 옮기는 데 도움을 주는 정보를 말한다. 예컨대 어떤 정치적 집회가 있다고 하면 장소나 시간, 주관 단체의 전화번호, 사무실 위치 등이 실용적 정보에 포함될 수 있겠다. 이런 정보들이 보도에 포함된다면 그 집회에 관심이 있고 참여할 의사가 있는 수용자들은 이 정보를 가지고 그 집회에 참여하는 데 도움을 얻을 수 있는 것이다. 레머트에 의하면 실제 매스컴의 보도에는 이러한 실용적 정보들이 배제되는 경우가 많다는 것이다. 다시 말해 매스컴의 보도, 특히 정치관련 기사들은 실용적 정보를 제공하여 국민들의 정치참여를 높이기보다는 오히려 반대의 경향을 보여준다고 비판하고 있다. 정치기사들은 이 실용적 정보를 배제하는 경향이 다른 분야의 기사보다 더 심하다는 것이다. 그래서 매스컴은 정치적 아웃사이더인 국민들을 정치에 참여시키는 데 기여하기보다는 구경꾼으로 머물게 하는 데 기여한다는 것이 레머트의 주장의 요지이다.[2]

레머트가 원래 이 개념을 사용한 주된 적용 대상은 일상적인 정치기사들이었다. 그러나 이 개념은 선거보도에 적용시켜도 매우 유용한 분석틀이 될 수 있을 것으로 보인다. 즉 선거보도의 내용들이 유권자들의 참여 의욕을 높여 주고 실제 투표행위를 하는 데 도움이 되는 정보를 포함하고 있는지를 분석하는 데에도 이 개념은 유용하게 사용될 수 있으리라는 것이다.

그래서 본 연구에서는 이 개념을 한국 신문의 선거보도에 적용시켜 유권자들에게 도움이 될 정보가 과연 어느 정도 지면을 통해 제시되고 있는지를 밝혀보고자 한다. 구체적으로 말하면 본 연구는 한국 신문의 선거보도를 내용분석하여 전반적인 특성과 경향을 고찰해 보고, 실용적 정보들이 어느 정도 비중을 차지하는지를 체계적으로 분석하려 한다. 이러한 연구를 통하여 한국 언론 선거보도의 문제점을 구체적이고 경험적으로 파악해 낼 수 있을 것이며 이를 토대로 바람직한 선거보도로의 개선방향을 구체적으로 찾아갈 수 있을 것이다.

물론 정보라는 것이 내용분석을 통해서 충분히 규명될 수 있는 성격은 아니다. 동일한 메시지라 하더라도 수용자에 따라 그 메시지는 정보가 될 수도

---

2) 이에 관한 자세한 내용은 레머트(1981: ch.6)나 그의 다른 논문들을 참조하기 바람.

있고 그렇지 않을 수도 있는 것이다. 결국 어떤 메시지의 정보적 성격이라는 것은 수용자에 따라 달라질 수 있다. 그런데 본 논문에서 사용하는 내용분석 방법으로는 정보의 이러한 수용 측면에 대해서는 규명해 낼 수가 없다. 이것은 본 연구의 한계로서 후속 연구들에 의해 보완되어야 할 문제라고 하겠다.

이러한 한계는 있지만 본 연구에서는 우선적으로 모든 유권자들에게 공통적으로 필요한 정보들이 선거보도에 어느 정도 포함되어 있는가를 내용분석을 통해 밝혀보려 한다. 다시 말해 정보성의 필요충분조건은 아니지만 필요조건들을 분석해 보려는 것이 본 논문의 목적이라고 하겠다.

2. 연구의 대상과 방법

1) 연구의 대상

본 연구는 지난 1992년도에 있었던 제14대 국회의원 및 대통령 선거를 대상으로 당시 신문지면에 실렸던 선거관련 보도를 분석하고자 한다. 신문 중에서는 각각 전국지와 지방지 1개씩을 선정하였다. 구체적으로는 전국지 중에서는 가장 많은 독자를 확보하고 있는 ≪조선일보≫를, 지방지 중에서는 부산에서 발행되는 ≪부산일보≫를 분석대상으로 선정하였다.

분석대상 기간은 일단 총선과 대선, 각기 선거일이 공식적으로 공고된 이후부터 투표 전날까지, 즉 법정 선거운동기간으로 잡았다. 구체적으로 말하면 14대 총선의 경우는 1992년 3월 7일부터 3월 23일까지이며 14대 대선의 경우는 1992년 11월 20일부터 12월 17일까지가 대상이 된다.

이 기간 중에서 다시 표집과정을 거쳐 구체적인 분석대상을 정하였다. 본 연구에서의 표집방법은 체계적 표집방법을 사용하였다. 즉 두 신문 공히 총선 기간에는 홀수 날만을 선정하였으며 대선 기간에는 짝수 날만 선택하였다. 그리하여 최종적인 분석대상으로 선정된 신문은 총선 기간의 ≪조선일보≫는 9일 치가, 그리고 ≪부산일보≫는 8일치가 선정되었다.3) 대선기간에

---

3) ≪조선일보≫는 일요일도 휴간 없이 매일 발행하는 한편 ≪부산일보≫는 일요일자가 발행되지 않는다. 분석대상기간 중에 홀수의 일요일이 한 번 있었기 때문에

는 ≪조선일보≫가 14일치, ≪부산일보≫는 12일치로 합계 총 43일치가 본 연구의 분석대상으로 최종 확정되었다.

이렇게 선정된 날짜의 해당 신문지면에 실린 선거관련 기사를 분석하였다. 단 본 연구에서는 화보기사나 만화, 만평, 독자투고, 북한란, 텔레비전 프로그램 소개란은 분석에서 제외시켰다. 주로 정치면과 사회면, 경제면, 지방면, 문화면에 실린 선거관련 기사를 분석하였다. 본 연구의 분석대상이 된 기사의 건수는 다음의 <표 1>과 같다.

<표 1> 분석대상 기사의 건수

선거별	신문		전체
	조선일보	부산일보	
총선	201(37.7%)	227(44.4%)	428(41.0%)
대선	332(62.3%)	284(55.6%)	616(59.0%)
전체	533(51.1%)	511(48.9%)	1,044(100.0%)

2) 연구방법

본 연구에서 사용된 분석방법은 내용분석 방법이다. 신문지면의 선거관련 기사를 내용분석하여 그중에 유권자들에게 유용한 정보들이 어느 정도 포함되고 있는지를 살펴보려는 것이다. 분석의 단위는 독립된 제목을 가진 기사 단위로 하였다. 정해진 내용분석틀을 각 기사단위에 적용하여 분석하였다.

분석에서 사용된 주요 변인들은 게재면, 기사가치, 가시유형, 기사내용, 소재 및 논조 등을 조사하였으며 각 기사의 정보성을 조작적으로 정의하여 제목의 정보성과 본문의 정보성을 따로 조사하였다.

게재면은 기사가 실린 면을 말하며, 기사가치는 그 기사가 어느 정도의 비중으로 평가되었는가를 평가하는 것이다. 기사의 유형은 기사의 종류를 말하는 것으로 주로 기사의 형식과 내용을 가지고 평가하였다. 기사의 내용은 기사가 주로 다루고 있는 주제를 말한다. 한 기사 안에서 여러 가지 중복된 내용이 포함되는 경우는 제목을 기준으로 어떤 내용이 주로 부각되고 있

≪조선일보≫와 ≪부산일보≫가 하루치가 차이가 나는 것이다. 이러한 사정은 대선기간 중에도 마찬가지이다.

는가를 판단하여 분석하였다. 소재 및 논조는 기사가 다루고 있는 소재가 어떤 성격의 것이며, 그것을 다루는 시각이 어떤가를 종합적으로 분석하였다.

한편 본 논문에서 핵심적인 변인이 되는 정보성은 조작적으로 정의하여 유권자들에게 실질적인 도움이 되는 정보적 요소를 포함하고 있는가를 분석한 것이다. 제목 및 본문의 정보성을 판단하는 요소로는 정치학 분야에서 나온 한국인의 정치행태에 관한 연구들(박찬욱, 1993; 안광식·최선열, 1990; 안병만, 1993; 이정복, 1993 등)이나 선거기간에 행해진 여론조사(본 연구의 대상이 된 《조선일보》와 《부산일보》 지면을 통해 소개된 여론조사 결과를 참조하였다. 구체적으로는 《조선일보》 1992년 3월 17일자와 12월 3일자, 《부산일보》 1992년 3월 17일자와 3월 19일자, 12월 1일자와 12월 11일자 등)들을 참조하여 유권자들이 후보를 선택하는 데 중요시하는 것으로 알려진 요소들을 참조하여 다음과 같은 기준을 마련하였다. 다음에 열거된 요소들이 포함된 기사는 '정보적'인 것으로 그렇지 않은 기사는 '비정보적'인 것으로 분류하였다.

① 투표행위에 필요한 것: 선거일정, 투표장소, 투표방법, 명부열람 방법, 부재자 투표방법, 후보자 등록현황 등
② 유세 참여를 위해 필요한 것: 구체적인 장소나 시간, 연사 등에 관한 예고, 이미 행해진 유세에 관한 기사는 제외하였으며 예고라 해도 구체적 일시와 장소가 나오지 않은 것은 제외하였다.
③ 유세 외 후보자에 관해 알 수 있는 방법에 대한 구체적인 안내: TV 유세나 경력방송 일정 등
④ 투표의사 결정을 위해 필요한 것:
  • 후보자의 정책, 이념, 공약
  • 후보자의 경력
  • 후보자의 인품이나 능력
  • 후보자의 신상 정보(출신 지역, 학교, 종교 등)
  • 소속 정당의 이념이나 정강 등
  • 선거의 쟁점에 관한 것(정책이나 후보자의 능력이나 경력에 관련된 쟁점만을 포함시켰으며 불법 시비를 둘러싼 쟁점 등은 제외시켰다)

각 기사의 제목과 본문에 위와 같은 정보적 요소들이 포함되어 있는가를 판단하여 각 기사의 정보성 여부를 분석하였다. 한편 본 연구에서 사용된 각

변인의 분석 유목을 정리하면 다음의 <표 2>와 같다.

<표 2> 한국 신문 선거보도의 내용분석 유목표

변인	내용분석 유목
신문 종류	조선일보/ 부산일보
선거 종류	총선/ 대선
면별	종합면/ 정치면/ 경제면/ 사회면/ 지방면/ 기타
기사가치	면톱/ 준톱 혹은 중간톱/ 박스 기사/ 단신, 토막기사/ 고정란/ 특집
기사유형	보도/ 사설, 칼럼/ 해설, 기획/ 스케치, 가십/ 기타
기사의 내용	선거공약/ 정부의 선거대책 및 방침/ 선거관련 정보/ 정당의 선거전략 및 운동/ 판세분석 및 전망/ 후보자의 신상에 관한 내용/ 공명선거/ 불법·타락선거/ 선거관련 스케치/ 선거의 의미와 중요성/ 선거법 관련/ 선거의 사회경제적 영향/ 여론조사/ 선거쟁점/ 기타
소재나 논조	긍정적·중립적/ 부정적·비판적
제목의정보성	정보적/ 비정보적
본문의정보성	정보적/ 비정보적

3. 한국 신문 선거보도의 현황과 특성

1) 총선 보도의 현황과 특성

먼저 총선기 선거관련 보도의 현황과 특성을 분석해 보았다. 앞의 <표 1>에서 제시한 바대로 총선기 분석대상 기사의 총 건수는 ≪조선일보≫가 201건, ≪부산일보≫가 227건, 합계 428건이다. 여기서 특징적인 것은 ≪조선일보≫는 총 9일 치가 분석대상이며 ≪부산일보≫는 8일 치가 분석대상임에도 불구하고 선거관련 기사의 건수는 ≪부산일보≫가 더 많다는 점이다. 두 신문에 실린 선거관련 기사의 일별 분포를 보면 아래의 <표 3>과 같다.

<표 3> 총선기간 선거관련 기사의 일별 분포

(단위: 건수)

신문	월	3	3	3	3	3	3	3	3	3	계	1일 평균
	일	7	9	11	13	15	17	19	21	23		
조선일보		19	15	20	21	18	25	26	26	31	201	22.3
부산일보		21	20	30	23	-	32	31	35	35	227	28.4

<표 3>에서도 알 수 있는 바와 같이 작게는 15건, 많게는 35건까지 실리고 있으며 1일 평균을 산출해 보면 《조선일보》가 22.3건, 《부산일보》가 28.4건으로 《부산일보》가 더 많은 선거관련 기사를 게재하고 있음을 알 수 있다. 선거일이 가까워질수록 게재되는 기사의 건수도 많아지는 경향을 보여주고 있다. 다음으로는 선거관련 기사를 게재면별로 분석해 보았다. 그 결과는 다음의 <표 4>와 같다.

<표 4> 총선기간 선거기사의 면별 현황

(단위: 건수)

게재면	신문		전체
	조선일보	부산일보	
종합면	25(12.4%)	26(11.5%)	51(11.9%)
정치면	84(41.8%)	88(38.8%)	172(40.2%)
경제면	4(2.0%)	8(3.5%)	12(2.8%)
사회면	29(14.4%)	59(26.0%)	88(20.6%)
지방면	4(2.0%)	33(14.5%)	37(8.6%)
기타	55(27.4%)	13(5.7%)	68(15.9%)
전체	201(47.0%)	227(53.0%)	428(100.0%)

주: x^2=58.98236, df=5, p=0.00000.

위의 표를 보면 두 신문의 편집 스타일에 차이가 있음을 알 수 있다. 선거관련 기사가 가장 많이 실렸던 면은 두 신문 모두 정치면이었다. 전체 선거관련 기사의 약 40% 내외가 정치면에 실린 것으로 밝혀졌다. 신문의 얼굴에 해당하는 제1면 종합면에는 두 신문 모두 25건 내외로 12% 정도의 비중을 차지하였다.

두 신문이 차이를 보인 면은 지방면과 기타의 면이다. 전국지인 《조선일보》는 지방면에 선거관련 기사가 4건으로 전체의 2.0%에 불과했으나 지방지인 《부산일보》는 전체의 14.5%인 33건의 기사가 지방면에 실렸다. 이는 지방지라는 특성과 총선이 갖는 지역적 특성이 맞물려 나타난 현상으로 볼 수 있겠다. 한편 《조선일보》는 기타의 면도 상당한 비중을 차지하고 있는 것으로 나타났다. 문화면, 생활면, 매체면, 독자면 등이 여기에 포함되는데 《조선일보》는 이들 면에 실린 선거기사가 전체의 27.4%나 차지하였다. 이는 선거관련 기사도 다양한 측면에서 접근하려는 《조선일보》의 편집경향을 잘 보여준다고 하겠다.

총선기간 선거관련 기사들이 각기 어떠한 비중으로 처리되었나를 분석한 것이 <표 5>이다.

<표 5> 총선기간 선거기사의 가치별 현황

(단위: 건수)

기사가치	신문		전체
	조선일보	부산일보	
면톱	14(7.0%)	30(13.2%)	44(10.3%)
준톱·중간톱	16(8.0%)	9(4.0%)	25(5.8%)
박스기사	20(9.9%)	17(7.5%)	37(8.7%)
단신·토막기사	81(40.3%)	107(47.1%)	188(43.9%)
고정란	39(19.4%)	30(13.2%)	69(16.1%)
특집	31(15.4%)	34(15.0%)	65(15.2%)
전체	201(47.0%)	227(53.0%)	428(100.0%)

주: x^2=11.37932, df=5, p=0.04436.

분석대상이 되었던 기간 중 선거관련 기사가 종합면이나 정치면, 경제면, 사회면 등에 톱 기사로 처리되었던 것은 ≪조선일보≫가 14건, ≪부산일보≫가 30건이었던 것으로 드러났다. 선거기사를 면톱으로 처리한 것은 ≪부산일보≫가 훨씬 많았다는 말이다. ≪조선일보≫는 선거기간 중에도 다른 기사들이 면톱으로 등장한 경우가 많았음을 말해 준다. 반면 가장 많은 빈도를 보였던 것은 단신, 토막기사로서 두 신문 모두 40%가 넘는 비중을 보여주었다.

이 기사들을 다시 유형별로 분류해 본 결과가 바로 <표 6>이다. 유형면에서는 두 신문이 상당히 유의적인 차이를 보였다. 선거기사에서는 두 신문

<표 6> 총선기간 선거기사의 유형별 현황

(단위:건수)

기사유형	신문		전체
	조선일보	부산일보	
보도	89(44.3%)	139(61.2%)	228(53.3%)
사설, 칼럼	24(11.9%)	14(6.2%)	38(8.9%)
해설, 기획	45(22.4%)	30(13.2%)	75(17.5%)
스케치,가십	28(13.9%)	30(13.2%)	58(13.6%)
기타	15(7.5%)	14(6.2%)	29(6.8%)
전체	201(47.0%)	227(53.0%)	428(100.0%)

주: x^2=15.17651, df=4, p=0.0435.

모두 보도기사가 가장 큰 비중을 차지하고 있는 것으로 드러났다. 특히 ≪부산일보≫는 보도기사가 61.2%를 차지함으로써 매우 높은 의존을 보여주고 있다. 보도기사의 의존이 높다는 것은 반대로 해설이나 분석기사가 빈약하다는 것으로도 해석할 수 있을 것이다. 반면 사설과 칼럼, 해설 및 기획기사는 ≪조선일보≫가 ≪부산일보≫보다 많았던 것으로 드러났다.

한편 총선시기의 선거기사들을 그 주요내용을 기준으로 분석한 결과 다음의 <표 7>과 같은 결과가 나왔다.

<표 7> 총선기간 선거기사의 주요 내용별 현황

(단위: 건수)

기사내용	신문		전체
	조선일보	부산일보	
불법타락선거	30(14.9%)	60(26.4%)	90(21.0%)
선거관련 스케치	27(13.4%)	28(10.6%)	55(12.9%)
정당의 선거전략, 운동	27(13.4%)	24(10.6%)	51(11.9%)
정부의 선거대책, 방침	20(10.0%)	20(8.8%)	40(9.3%)
선거관련 정보	20(10.0%)	18(7.9%)	38(8.9%)
선거의 사회경제적 영향	13(6.5%)	15(6.6%)	28(6.5%)
판세분석 및 전망	17(8.5%)	7(3.1%)	24(5.6%)
후보자의 신상관련 내용	20(10.0%)	3(1.3%)	23(5.4%)
공명선거	4(2.0%)	15(6.6%)	19(4.4%)
선거법 관련	11(5.5%)	6(2.6%)	17(4.0%)
선거의 의미와 중요성	3(1.5%)	6(2.6%)	9(2.1%)
여론조사	1(.5%)	3(1.3%)	4(.9%)
선거공약	1(.5%)	2(.9%)	3(.7%)
선거쟁점		2(.9%)	2(.5%)
기타	7(3.5%)	18(7.9%)	25(5.8%)
전체	201(47.0%)	227(53.0%)	428(100.0%)

주: x^2=42.765371, df=14, p=0.00009.

위의 표에서도 알 수 있는 바와 같이 불법, 타락선거와 관련된 내용이 전체의 21%로 가장 많은 것으로 드러났다. 그 다음으로 높은 비중을 차지한 것이 선거관련 스케치나 정당의 선거운동관련 기사들인 것으로 밝혀졌다. 반면 유권자의 의사결정을 위해 중요한 것으로 간주되는 선거공약이나 선거의 쟁점 등에 관한 기사는 각기 전체의 1%에도 못 미치는 비중을 보여주었다. 이러한 사실들은 그동안 매스컴의 선거관련 보도가 건전한 참여 분위기를 조성하기다는 선거의 부정적 측면을 흥미 위주로 부각시켜 정치에 대한 냉소, 혐오 등을 부추긴다는 주장들을 뒷받침하는 결과로 해석된다.

특히 《조선일보》의 경우에는 선거의 쟁점과 관련된 기사는 분석대상기간 중 하나도 없었던 것으로 드러났다. 오히려 지면을 통해 14대 총선의 특징을 "쟁점이 없는 선거"라고 성급하게 규정하려고만 하였다. 예컨대 3월 13일자 3면의 특집기사는 제목을 "쟁점 없는 표밭 '이변' 예고"라는 식으로 뽑으면서 14대 총선을 쟁점 없는 선거로 규정하고 있다. 이러한 보도자세는 많은 문제를 안고 있는 것으로 보인다. 선거에서의 쟁점은 매스컴과 무관하게 만들어지고 존재하기도 하겠지만 다른 한편으로는 매스컴이 찾아서 정리하고 제시해 주는 측면도 많은 것으로 보인다. 이렇게 쟁점을 부각시켜 주는 보도자세야말로 선거의 역사적 의미와 중요성을 부각시켜 주고 유권자들의 참여를 유발할 수 있는 바람직한 자세라고 할 수 있겠다.

언론이 선거의 부정적 측면을 지나치게 부각시킨다는 주장들을 검증하기 위해 기사의 소재와 논조를 함께 분석해 보았다. 소재가 긍정적이거나 논조가 중립적인 것과 소재가 부정적이거나 논조가 비판적인 것으로 분류하여 분석한 결과는 <표 8>에 제시되어 있다.

<표 8> 총선기간 선거기사의 소재 및 논조

(단위: 건수)

기사소재 및 논조	신문		전체
	조선일보	부산일보	
긍정적·중립적	114(56.7%)	94(41.4%)	208(48.6%)
부정적·비판적	87(43.3%)	133(58.6%)	220(51.4%)
전체	201(47.0%)	227(53.0%)	428(100.0%)

주: x^2=9.99872, df=1, p=0.00157.

분석결과는 부정적·비판적 기사가 51.4%로 긍정적·중립적 기사보다 약간 많은 것으로 나타났다. 이러한 결과도 언론이 선거의 부정적 측면을 지나치게 부각시킨다는 기존의 주장들과 맞닿아 있는 것이라 하겠다. 이 분석에서는 신문별로 보면 두 신문이 대조적인 결과를 보였다. 《조선일보》는 긍정적·중립적인 기사가 전체의 56.7%로 많았던 반면 《부산일보》는 부정적·비판적 기사가 58.6%로 더 높은 비중을 보여 주었다. 이는 《부산일보》가

보도기사에 대한 의존이 높아 불법·탈법 사례가 지면에 더 많이 소개되었기 때문인 것으로 보인다.

2) 대선보도의 현황과 특성

다음으로 대선기간 선거관련 보도의 현황과 특성을 분석해 보았다. 대선기간 분석대상기사의 총 건수는 ≪조선일보≫가 332건, ≪부산일보≫가 284건, 합계 616건이다. 두 신문에 실린 선거관련 기사의 일별 분포를 보면 <표 9>와 같다.

대선기간 동안 적게는 15건에서 많게는 37건까지 실리고 있으며 1일 평균을 산출해 보면 ≪조선일보≫와 ≪부산일보≫가 모두 23.7건인 것으로 나타났다.4) 총선기에는 ≪부산일보≫의 평균 기사건수가 많았지만 대선기간에는 비슷한 양상을 보여주어 대조적이다. 한편 총선기간과 마찬가지로 대선기간에도 선거일이 가까워질수록 게재되는 기사의 건수도 많아지는 경향을 보여주고 있다.

<표 9> 대선기 선거관련 기사의 일별 분포

(단위: 건수)

신문	월	11	11	11	11	11	11	12	12	12	12	12	12	12	12	합계	평균
	일	20	22	24	26	28	30	2	4	6	8	10	12	14	16		
조선일보		17	16	16	19	24	15	17	27	31	36	30	27	20	37	332	23.7
부산일보		20		18	21	20	23	17	26	-	26	25	24	32	32	284	23.7

다음으로는 선거관련 기사를 게재면별로 분석해 보았다. 그 결과는 <표 10>이다. 면별 분포는 두 신문간에 상당의 유의적인 차이를 보였다. 그러나 두 신문 공히 선거관련 기사는 정치면에 가장 많이 실리고 있는 것을 알 수 있다. 전체 선거관련 기사의 54.4% 정도가 정치면에 실린 것으로 밝혀졌다. 그 다음으로 많았던 것은 사회면의 23.9%이며 제1면은 14.6% 정도의 비중을 차지하였다. 총선기간과 비교해 볼 때 두드러진 차이점은 지방면에 실린

---

4) 반올림한 결과는 두 신문이 같은 23.7건으로 나왔지만 소수점 2자리까지를 보면 ≪조선일보≫가 약간 더 많은 것으로 나타났다.

기사가 거의 없었다는 점이다. 이는 총선은 지역적 관심이 많이 반영되지만 대선은 전국적인 행사이므로 지방면에 기사소재로는 맞지 않기 때문인 것으로 볼 수 있겠다.

<표 10> 대선기간 선거기사의 면별 현황

(단위: 건수)

게재면	신문		전체
	조선일보	부산일보	
종합면	52(15.7%)	38(13.4%)	90(14.6%)
정치면	178(53.6%)	157(55.3%)	335(54.4%)
경제면	10(2.0%)	2(.7%)	12(1.9%)
사회면	68(20.5%)	79(27.8%)	147(23.9%)
지방면	-	1(.4%)	1(.2%)
기타	24(7.2%)	7(2.5%)	31(5.0%)
전체	332(53.9%)	284(46.1%)	616(100.0%)

주: x^2=16.33213, df=5, p=0.00596.

<표 11> 대선기 선거기사의 가치별 현황

(단위: 건수)

기사가치	신문		전체
	조선일보	부산일보	
면톱	21(6.3%)	22(7.7%)	4(7.0%)
준톱, 중간톱	28(8.4%)	17(6.0%)	45(7.3%)
박스기사	37(11.1%)	20(7.0%)	57(9.3%)
단신, 토막기사	144(43.4%)	107(45.8%)	274(44.5%)
고정란	59(17.8%)	40(14.1%)	99(16.1%)
특집	43(13.0%)	55(19.4%)	98(15.9%)
전체	332(53.9%)	284(46.1%)	616(100.0%)

주: x^2=9.93355, df=5, p=0.07714.

대선에 관한 기사들이 지면에서 각기 어떠한 비중으로 처리되었나를 분석한것이 위의 <표 11>이다. 이 분석에서는 두 신문이 유의적인 차이를 보이지는 않았다. 분석대상이 되었던 기간 중 선거관련 기사가 종합면이나 정치면, 경제면, 사회면 등에 톱 기사로 처리되었던 것은 ≪조선일보≫와 ≪부산일보≫가 각기 21, 22건으로 비슷한 분포를 보여주었다. 반편 가장 많은 빈도를 보였던 것은 단신, 토막기사로서 두 신문 모두 40%가 넘는 비중을 보여주었다. 이 기사들을 다시 유형별로 분류해 본 결과가 다음의 <표 12>이다.

<표 12> 대선기간 선거기사의 유형별 현황

(단위: 건수)

기사유형	신문		전체
	조선일보	부산일보	
보도	165(49.7%)	148(52.1%)	313(50.8%)
사설, 칼럼	41(12.3%)	28(9.9%)	69(11.2%)
해설, 기획	59(17.8%)	44(15.5%)	103(16.7%)
스케치, 가십	35(10.5%)	35(12.3%)	70(11.4%)
기타	32(9.6%)	29(10.2%)	61(9.9%)
전체	332(53.9%)	284(46.1%)	616(100.0%)

주: x^2=1.97635, df=4, p=0.74011.

선거기사에서는 두 신문 모두 보도기사가 가장 많은 비중을 차지하고 있는 것으로 드러났다. 총선기와 마찬가지로 여기서도 보도기사에 대한 의존은 ≪부산일보≫가 더 높았으며, 사설과 칼럼, 해설 및 기획기사는 ≪조선일보≫가 더 많았던 것으로 드러났다. 그러나 ≪조선일보≫는 총선기에 비해서는 해설 및 기획기사의 비중이 감소된 것이 또 하나의 특징이다. 한편 대

<표 13> 대선기간 선거기사의 주요 내용별 현황

(단위: 건수)

기사내용	신문		전체
	조선일보	부산일보	
불법타락선거	88(26.5%)	66(23.2%)	154(25.0%)
정당의 선거전략, 운동	70(21.1%)	55(19.3%)	125(20.3%)
선거관련 스케치	39(11.7%)	25(8.8%)	64(10.4%)
선거관련정보	26(7.8%)	31(10.9%)	57(9.3%)
정부의 선거대책, 방침	26(7.8%)	30(10.6%)	56(9.1%)
선거 쟁점	10(3.0%)	14(4.9%)	24(3.9%)
선거법 관련	17(5.1%)	3(1.1%)	20(3.2%)
후보자의 신상관련내용	8(2.4%)	11(3.9%)	19(3.1%)
공명선거	8(2.4%)	11(3.9%)	19(3.1%)
판세분석 및 전망	6(1.8%)	12(4.2%)	18(2.9%)
선거의 사회경제적 영향	10(3.0%)	4(1.4%)	14(2.3%)
선거공약	3(.9%)	11(3.9%)	4(2.3%)
선거의 의미와 중요성	1(.3%)	4(1.4%)	3(.8%)
여론조사	3(.9%)	1(.4%)	2(.6%)
기타	17(5.1%)	6(2.1%)	23(3.7%)
전체	332(53.9%)	284(46.1%)	616(100.0%)

주: x^2=35.57082, df=16, p=0.00332.

선기의 선거기사들을 그 주요 내용을 기준으로 분석한 결과 <표 13>과 같은 결과가 나왔다.

　기사의 내용을 분석해 본 결과, 유목별 빈도의 분포는 대체로 총선기간과 비슷한 양상을 보여주었다. 이는 대선에서도 다루는 기사의 소재나 시각은 총선 때와 거의 대동소이하였다는 사실을 말해 주는 것이다. 불법, 타락선거와 관련된 내용이 전체의 25%로 가장 많았으며 총선시기(21%)에 비해서도 더 많은 비중을 차지하였다. 그 다음으로 높은 비중을 차지한 것이 정당의 선거운동 관련 기사, 그리고 선거관련 스케치 기사였다. 반면 유권자의 의사결정을 위해 중요한 것으로 간주되는 선거공약, 그리고 선거의 중요성에 대한 기사는 각기 2.3%와 0.8%로 대선기간에도 역시 소홀히 취급되고 있음을 보여주었다. 한편 대선기간 중에는 선거쟁점에 관한 기사는 24건(3.9%)으로 총선기간에 비해서는 많이 증가하였음을 알 수 있다. 이는 대선기간 중에는 총선기간과는 달리 후보자간의 TV 토론문제나 국민당에 대한 경제적 압박, 색깔 논쟁, 부산 기관장 회식사건 등 쟁점으로 부각된 사건들이 많았던 때문으로 분석된다. 한편 대선기간중 선거관련 기사의 소재와 논조를 분석한 결과는 <표 14>와 같다.

<표 14> 대선기간 선거기사의 소재 및 논조

(단위: 건수)

기사소재 및 논조	신문		전체
	조선일보	부산일보	
긍정적·중립적	146(44.0%)	155(54.6%)	301(48.9%)
부정적·비판적	186(56.0%)	129(45.4%)	315(51.1%)
전체	332(53.9%)	284(46.1%)	616(100.0%)

주: x^2=6.88494, df=1, p=0.00869.

　분석결과는 부정적·비판적 기사가 51.1%로 긍정적·중립적 기사보다 근소한 차이를 보이고 있다. 특히 ≪조선일보≫는 총선 때에는 ≪부산일보≫와 달리 긍정적·중립적인 기사의 비중이 다소 높은 것으로 밝혀졌다. 언론이 선거의 부정적 측면을 지나치게 부각시킨다는 비판이 대선기 보도에도 그대로 적용될 수 있음을 보여주는 결과라고 하겠다.

4. 한국 신문 선거보도의 정보성

그러면 이제 신문의 선거보도가 얼마만큼 정보적 내용을 포함하고 있는가를 분석해 보기로 하자. 앞의 연구방법에서도 언급한 바 있지만 본 연구에서는 기사의 정보성을 제목의 정보성과 본문의 정보성의 두 가지 차원으로 나누어 분석하였다. 이러한 정보성을 총선기와 대선기로 나누어 살펴보려 한다.

1) 총선보도의 정보성

총선기간 신문기사의 제목과 본문의 정보성을 분석한 결과는 <표 15>와 <표 16>이다.

표를 보면 정보적인 기사보다도 비정보적인 기사가 압도적으로 많음을 알수 있다. 이 분석에서는 두 신문간에 유의적인 차이도 없는 것으로 나타났다. 제목의 경우는 전체의 14.5%만이 정보적인 기사인 것으로 밝혀졌으며 본문의 경우는 이보다 다소 높아 27.1%가 정보적 기사로 분석되었다. 제목으로 보나 기사본문으로 보나 정보적인 기사는 일부에 불과하고 대부분 유

<표 15> 총선기간 선거기사 제목의 정보성

(단위: 건수)

제목의 정보성	신문		전체
	조선일보	부산일보	
정보적	35(17.8%)	26(11.6%)	61(14.5%)
비정보적	162(82.2%)	198(88.4%)	360(85.5%)
전체	197(46.8%)	224(53.2%)	421(100.0%)

주: x^2=3.20948, df=1, p=0.07321.

<표 16> 총선기간 선거기사 본문의 정보성

(단위: 건수)

본문의 정보성	신문		전체
	조선일보	부산일보	
정보적	59(29.4%)	57(25.1%)	116(27.1%)
비정보적	142(70.6%)	170(74.9%)	312(72.9%)
전체	201(47.0%)	227(53.0%)	428(100.0%)

주: x^2=0.97145, df=1, p=.32432.

권자의 투표참여나 의사결정과는 직접 관련이 없는 기사들이 많다는 사실을 말해주고 있다.

특히 제목의 경우가 본문의 경우보다 정보적 내용이 더 적다는 사실은 중요한 의미를 지닌다. 오늘날 대부분의 독자들은 신문의 기사를 처음부터 끝까지 자세히 읽기보다는 제목만 훑어 보거나 혹은 제목을 보고 본문의 내용을 짐작하여 관심 있는 기사를 선택적으로 읽는다. 신문의 제목은 그 기사에 대한 관심을 끌어 주고 그 내용을 요약해 주는 역할을 하는 것으로서 본문보다도 더 중요하다고 할 수 있다.

그런데 실제 신문지면의 제목들을 보면 대부분 독자의 흥미를 끌기 위한 선정적 내용과 형식이 지배적이다. 선거관련 보도에서도 이러한 양상은 그대로 나타나고 있는 것이다. 그래서 독자들에게 유용한 정보를 차분하게 제공해 주기보다는 알맹이 없는 흥미 위주의 선정적인 보도로 흐르게 되는 것이다.

그러면 이러한 기사의 정보성을 좀더 자세히 교차분석해 보기로 하자. 먼저 면별로 기사의 정보성을 교차분석해 본 결과는 <표 17>과 <표 18>에 나타나 있다.

<표 17> 총선기간 선거기사 게재면별 제목의 정보성

(단위: 건수, 괄호 안은 퍼센트)

신문	제목의 정보성	게재면						전체
		종합면	정치면	경제면	사회면	지방면	기타	
조선일보	정보적	-	20(23.8)	1(25.0)	2(6.9)	1(25.0)	11(20/0)	35(17.8)
	비정보적	21(100.0)	64(76.2)	3(75.0)	27(93.1)	3(75.0)	44(80.0)	162(82.2)
	전체	21(100.0)	84(42.6)	4(2.0)	29(14.7)	4(2.0)	55(27.9)	197(100.0)
부산일보	정보적	4(17.4)	12(13.6)	1(12.5)	6(10.2)	2(6.1)	1(7.7)	26(11.6)
	비정보적	19(82.6)	76(86.4)	7(87.5)	53(89.8)	31(93.9)	12(92.3)	198(88.4)
	전체	23(10.3)	88(39.3)	8(3.6)	59(26.3)	33(14.7)	13(5.8)	224(100.0)

주: ≪조선일보≫: x^2=9.45627, df=5, p=0.9219; ≪부산일보≫: x^2=2.41195, df=5, p=0.78969.

<표 17>을 보면 ≪조선일보≫의 경우 독자들의 주목도가 가장 높은 제1면에는 정보적인 제목이·하나도 없었던 것으로 나타나고 있다. 이는 신문의 편집방식이 실질적인 정보보다는 흥미 위주의 제목으로 사람들의 시선과 관심을 자극시키려는 방향으로 가고 있음을 말해 준다. 한편 사회면에는 두 신

문 모두 정보성의 비중이 상당히 낮은 것으로 나타났다. 사회면은 일반적으로 사건기사 위주의 편집경향을 보여주고 있다. 이러한 경향은 선거관련 기사에서도 그대로 나타나서 선거기사도 '사건기사적 시각'에서 접근하고 있기 때문에 실제 유용한 정보는 포함되지 않는 것으로 보인다.

<표 18> 총선기 선거기사 게재면별 본문의 정보성

(단위: 건수, 괄호 안은 퍼센트)

신문	본문의 정보성	게재면						전체
		종합면	정치면	경제면	사회면	지방면	기타	
조선일보	정보적	2(8.0)	29(34.5)	1(25.0)	4(13.8)	4(100.0)	19(34.5)	59(29.4)
	비정보적	23(92.0)	55(65.5)	3(75.0)	25(86.2)	--	36(65.5)	142(70.6)
	전체	25(100.0)	84(41.8)	4(2.0)	29(14.4)	4(2.0)	55(27.4)	201(100.0)
부산일보	정보적	11(42.3)	34(38.6)	1(12.5)	7(11.9)	2(6.1)	2(15.4)	57(25.1)
	비정보적	15(57,7)	54(51.4)	7(87.5)	52(88.1)	31(93.9)	11(84.6)	170(74.9)
	전체	26(11.5)	88(38.8)	8(3.5)	59(26.0)	33(14.5)	13(5.7)	227(100.0)

주: 《조선일보》 x^2=20.34448, df=5, p=0.00108; 《부산일보》 x^2=25.85409, df=5, p=0.00010)

한편 본문의 정보성에 있어서도 《조선일보》는 종합면의 정보성이 다른 면에 비해서도 매우 낮은 수준인 것으로 나타났다. 반면 《부산일보》는 종합면의 정보성이 다른 면에 비해서 상대적으로 높은 것으로 나타나 대조를 이루었다. 대체적으로 보아 정보적인 기사는 정치면과 경제면, 그리고 기타면에 많았던 것으로 해석할 수 있겠다.

다음으로는 기사가치별로 정보성의 차이를 분석해 보았다. 그 결과는 <표 19>와 <표 20>이다. <표 19>를 보면 편집자가 높은 비중을 부여하는 면톱이나 준톱 기사 등에는 정보적인 제목의 비중이 상당히 낮은 것으로 나타나고 있다. 이러한 경향은 특히 《조선일보》가 심한데 면톱과 준톱에는 정보적인 제목이 하나도 없는 것으로 분석되었다. 반면 단신이나 토막기사는 제목의 정보성이 상대적으로 높은 것으로 나타났다.

이러한 경향은 <표 20>에 나타난 본문 정보성의 경우도 거의 마찬가지이다. 큰 제목과 많은 지면을 차지하는 톱기사들에는 정보적인 내용의 빈도가 매우 낮으며 정보성의 기사는 주로 단신, 토막기사의 형태로 취급되고 있음을 알 수 있다. 이는 실제 유권자들에게 유용하고도 실질적인 정보들이 신문편집과정의 실무자들에게는 소홀히 취급되고 있음을 말해 준다. 그래서

<표 19> 총선기간 선거기사 가치별 제목의 정보성

(단위: 건수, 괄호 안은 퍼센트)

신문	제목의 정보성	기사가치						전체
		면톱	준톱, 중간톱	박스 기사	단신, 토막기사	고정란	특집	
조선일보	정보적	-	-	3(15.0)	4(11.4)	4(11.4)	3(10.0)	34(17.3)
	비정보적	14(100.0)	16(100.0)	17(85.0)	31(88.6)	31(88.6)	27(90.0)	162(82.7)
	전체	14(100.0)	16(100.0)	20(10.2)	35(17.9)	35(17.9)	30(15.3)	196(100.0)
부산일보	정보적	2(6.7)	2(22.2)	4(23.5)	2(7.4)	2(7.4)	2(5.9)	26(11.6)
	비정보적	28(93.3)	7(77.8)	13(76.5)	25(92.6)	25(92.6)	32(94.1)	198(88.4)
	전체	30(13.4)	9(4.0)	17(7.6)	27(12.1)	27(12.1)	34(15.2)	224(100.0)

주: ≪조선일보≫ x^2=16.88055, df=5, p=0.00473; ≪부산일보≫ x^2=5.83504, df=5, p=0.32260.

<표 20> 총선기간 선거기사 가치별 본문의 정보성

(단위: 건수, 괄호 안은 퍼센트)

신문	본문의 정보성	기사가치						전체
		면톱	준톱, 중간톱	박스 기사	단신 토막기사	고정란	특집	
조선일보	정보적	1(7.1)	1(6.3)	8(40.0)	27(33.3)	6(15.4)	15(50.0)	58(29.0)
	비정보적	13(92.9)	15(93.8)	12(60.0)	54(66.7)	33(84.6)	15(50.0)	142(82.7)
	전체	14(7.0)	16(8.0)	20(10.0)	81(40.5)	39(19.5)	30(15.0)	200(100.0)
부산일보	정보적	7(23.3)	3(33.3)	8(47.1)	15(14.0)	9(30.0)	15(44.1)	57(25.1)
	비정보적	23(76.7)	6(66.7)	9(52.9)	92(86.0)	21(70.0)	19(55.9)	170(74.9)
	전체	30(13.2)	9(4.0)	17(7.5)	107(47.1)	30(13.2)	34(15.0)	227(100.0)

주: ≪조선일보≫ x^2=19.12096, df=5, p=0.00183; ≪부산일보≫ x^2=18.642525, df=5, p=0.00224.

신문을 펼쳐 드는 독자들에게는 우선 눈에 잘 띄는 기사들은 별로 직접적인 도움이 되지 못하는 기사들뿐이며, 진짜 유용한 정보들은 신문 지면의 한 귀퉁이에 자리하고 있는 경우가 대부분이라는 말이다. 이러한 뉴스관이나 편집방침하에서는 신문이 선거에 관한 정보매체로서의 역할을 충분히 하고 있다고 평가하기는 어려울 것이다.

이제는 기사 유형별로 정보성의 차이를 분석해보기로 하자. 이를 분석한 결과는 <표 21>과 <표 22>이다.

아래의 표들을 보면 기타의 유형에서 제목이나 본문이나 정보성의 비율이 가장 높은 것으로 나타났다. 기타의 기사들은 비정보적인 것보다 정보적인 것이 더 많은 것이 특징인데 이는 본 연구의 코딩 방침에 의해 나타난 결과

<표 21> 총선기간 선거기사 유형별 제목의 정보성

(단위: 건수, 괄호 안은 퍼센트)

| 신문 | 제목의 정보성 | 기사유형 | | | | | 전체 |
		보도	사설, 칼럼	해설, 기획	스케치, 가십	기타	
조선일보	정보적	10(11.2)	3(15.0)	11(23.4)	1(3.6)	10(66.7)	35(17.8)
	비정보적	79(88.8)	17(85.0)	34(75.6)	27(96.4)	5(33.3)	162(82.2)
	전체	89(45.2)	20(10.2)	45(22.8)	28(14.2)	15(7.6)	197(100.0)
부산일보	정보적	11(7.9)	1(8.3)	6(20.7)	2(6.7)	6(42.9)	26(11.6)
	비정보적	128(92.1)	11(91.7)	23(79.3)	28(93.3)	8(57.1)	198(88.4)
	전체	139(62.1)	12(5.4)	29(12.9)	30(13.4)	14(6.3)	224(100.0)

주: 《조선일보》 x^2=32.48862, df=4, p=0.00000; 《부산일보》 x^2=18.34446, df=4, p=0.00106.

<표 22> 총선기 선거기사 유형별 본문의 정보성

(단위: 건수, 괄호 안은 퍼센트)

| 신문 | 본문의 정보성 | 기사유형 | | | | | 전체 |
		보도	사설, 칼럼	해설, 기획	스케치, 가십	기타	
조선일보	정보적	15(16.9)	5(20.8)	19(42.2)	10(35.7)	10(66.7)	59(29.4)
	비정보적	74(83.1)	19(79.2)	26(57.8)	18(64.3)	5(33.3)	142(70.6)
	전체	89(44.3)	24(11.9)	45(22.4)	28(13.9)	15(7.5)	201(100.0)
부산일보	정보적	19(13.7)	6(42.9)	14(46.7)	10(33.3)	8(57.1)	57(25.1)
	비정보적	120(86.3)	8(57.1)	16(53.3)	20(66.7)	6(42.9)	170(74.9)
	전체	139(61.2)	14(6.2)	30(13.2)	30(13.2)	14(6.2)	227(100.0)

주: 《조선일보》 x^2=21.75648, df=4, p=0.00022; 《부산일보》 x^2=28.15148, df=4, p=0.00001.

이다. 즉 신문지면에 실린 합동연설회 일정 등에 관한 안내기사들이 모두 이 기타란에 포함되었기 때문이다. 이 기사들은 지역별로 구체적인 합동연설회나 정당연설회의 일시와 장소까지 제시하고 있어 정보적인 기사로 분류되었다.

그밖에 제목의 경우에는 해설, 기획기사가 상대적으로 정보성의 비중이 높으며, 본문의 경우에는 스케치, 가십 기사가 제목의 경우에 비해 정보성의 비중이 높은 것이 특징이다. 이는 해설, 기획기사들은 각 정당이나 후보자의 공약내용이 제목으로 뽑히는 경우가 많았고, 스케치, 가십 기사 중에는 주로 선거운동 스케치 기사들에서 각 지역의 후보자가 연설회에서 제시한 특징적인 공약들이 간략하게 소개한 내용들이 많았기 때문이다. 이러한 기사들은 후보자의 유세 중 독자의 관심과 흥미를 끌 만한 내용을 거두절미하고, 제시하는 경우가 대부분이라 실질적인 정보로서는 미흡하지만 일단 이 연구에서는 정보적인 기사에 포함시켰다.

또 하나 중요한 특징은 신문의 핵심이라 할 수 있는 보도기사가 정보성의 측면에서 가장 낮다는 점이다. 이는 두 신문 모두 마찬가지였다. 선거관련 기사에서 스트레이트성의 보도기사들은 대부분이 불법, 타락선거에 관련된 내용들이고 독자들에게 유용한 정보는 찾아보기 어려운 형편이다. 다음으로는 소재, 논조에 따른 정보성의 차이를 분석해 보았다. 그 결과는 <표 23>이다. 아래의 표를 보면 부정적·비판적 소재나 논조에서는 정보적 기사의 비중이 높을 수가 없다는 사실이 확인된다. 정보적 내용은 긍정적·중립적 기사들에서 높은 비중을 보여주고 있다. 이는 신문의 선거보도가 부정적 측면 위주로 되는 것이 정보를 저하시키는 하나의 원인이 되고 있음을 말해 준다고 하겠다.

<표 23> 총선기 선거기사의 소재, 논조별 제목 및 본문의 정보성

(단위: 건수, 괄호 안은 퍼센트)

| 신문 | 제목의 정보성 | 소재, 논조 | | 전체 | 본문의 정보성 | 소재, 논조 | | 전체 |
		긍정적/ 중립적	부정적/ 비판적			긍정적/ 중립적	부정적/ 비판적	
조선일보	정보적	33(28.9)	2(2.4)	35(17.8)	정보적	51(44.7)	8(9.2)	59(29.4)
	비정보적	81(71.1)	81(97.6)	162(82.2)	비정보적	63(55.3)	79(90.8)	142(70.6)
	전체	114(57.9)	83(42.1)	197(100.0)	전체	114(56.7)	87(43.3)	201(100.0)
부산일보	정보적	20(21.5)	6(4.6)	26(11.6)	정보적	43(45.7)	14(10.5)	57(25.1)
	비정보적	73(78.5)	125(95.4)	198(88.4)	비정보적	51(54.3)	119(89.5)	170(74.9)
	전체	93(41.5)	131(58.5)	224(100.0)	전체	94(41.4)	133(58.6)	227(100.0)

주: 제목의 정보성 ≪조선일보≫ x^2=23.15227, df=1, p=0.00000; ≪부산일보≫ x^2=15.18562, df=4 p=0.00010.
　본문의 정보성 ≪조선일보≫ x^2=30.05729, df=1, p=0.00000); ≪부산일보≫ x^2=36.32620, df=1, p=0.00000.

2) 대선보도의 정보성

이제부터는 대통령 선거기간의 신문 보도를 대상으로 제목과 본문의 정보성을 분석해 보기로 하자. 대선기간 신문기사의 제목과 본문의 정보성을 분석한 결과는 <표 24>와 <표 25>이다.

<표 24> 대선기간 선거기사 제목의 정보성

(단위: 건수)

제목의 정보성	신문		전체
	조선일보	부산일보	
정보적	49(15.1%)	42(14.8%)	91(15.0%)
비정보적	276(84.9%)	241(85.2%)	517(85.0%)
전체	325(53.5%)	283(46.5%)	608(100.0%)

주: x^2=0.00662, df=1, p=0.93517.

<표 25> 대선기간 선거기사 본문의 정보성

(단위: 건수)

본문의 정보성	신문		전체
	조선일보	부산일보	
정보적	78(23.5%)	74(26.1%)	152(24.7%)
비정보적	254(76.5%)	210(73.9%)	464(75.3%)
전체	332(53.9%)	284(46.1%)	616(100.0%)

주: x^2=0.54070, df=1, p=0.46214.

　제목과 본문의 정보성에 관한 분석 모두 두 신문간에 거의 차이가 없는 것으로 밝혀졌다. 위의 표를 보면 총선기간과 마찬가지로 대선기간에도 정보적인 기사보다 비정보적인 기사가 압도적으로 많음을 알 수 있다. 제목의 경우는 전체의 15%만이 정보적인 기사인 것으로 밝혀졌으며 본문의 경우는 이보다 다소 높아 24.7%가 정보적 기사로 분석되었다. 제목의 정보성은 총선기간보다 약간 높아졌지만 본문의 정보성은 오히려 더 낮아지는 경향을 보여주었다. 제목의 경우가 본문의 경우보다 정보성이 더 낮다는 문제점은 대선기간에도 역시 마찬가지였다.

　대선기 선거기사의 정보성을 좀더 자세히 교차분석해 보기로 하자. 먼저 면별로 기사의 정보성을 교차분석해 보았다. 그 결과는 <표 26>과 <표 27>이다.

　두 신문 모두 면별 분포에서는 상당히 유의적인 차이를 보여주었다. 위의 표를 보면 대선기에는 총선기에 비해 종합면의 정보성이 다소 높아진 것으로 나타났다. 그러나 사회면은 두 신문 모두 여전히 정보성의 비율이 가장 낮은 것으로 드러났다. 반면 본문의 정보성은 종합면의 경우는 제목의 정보성보다 상당히 높은 것으로 드러났다. 본문에는 소개되는 정보적인 내용도

<표 26> 대선기 선거기사 게재면별 제목의 정보성

(단위: 건수, 괄호 안은 퍼센트)

| 신문 | 제목의 정보성 | 게재면 | | | | | 전체 |
		종합면	정치면	경제면	사회면	기타	
조선일보	정보적	6(13.3)	41(23.0)	-	2(2.9)	-	49(15.1)
	비정보적	39(86.7)	137(77.0)	10(100.0)	66(97.1)	24(100.0)	276(84.9)
	전체	45(13.8)	178(54.8)	10(100.0)	68(20.9)	24(7.4)	325(100.0)
부산일보	정보적	8(21.6)	32(20.4)	1(50.0)	-	1(14.3)	42(14.8)
	비정보적	29(78.4)	125(79.6)	1(50.0)	80(100.0)	6(85.7)	241(85.2)
	전체	37(13.1)	157(55.5)	2(.7)	80(27.9)	7(2.5)	283(100.0)

주: 《조선일보》 x^2=22.76632, df=4, p=0.00014; 《부산일보》 x^2=21.06007, df=4, p=0.00079.

<표 27> 대선기 선거기사 게재면별 본문의 정보성

(단위: 건수, 괄호 안은 퍼센트)

| 신문 | 본문의 정보성 | 게재면 | | | | | 전체 |
		종합면	정치면	경제면	사회면	기타	
조선일보	정보적	11(21.2)	64(36.0)	-	2(2.9)	1(4.2)	78(23.5)
	비정보적	41(78.8)	114(64.0)	10(100.0)	66(97.1)	23(95.8)	254(76.5)
	전체	52(15.7)	178(53.6)	10(100.0)	68(20.5)	24(7.2)	332(100.0)
부산일보	정보적	15(39.5)	56(35.7)	1(50.0)	1(1.2)	1(14.3)	74(26.1)
	비정보적	23(60.5)	101(64.3)	1(50.0)	79(98.8)	6(85.7)	210(73.9)
	전체	38(13.4)	157(55.3)	2(.7)	79(27.8)	7(2.5)	284(100.0)

주: 《조선일보》 x^2=39.57509, df=4, p=0.00000; 《부산일보》 x^2=37.72978, df=4, p=0.00000.

제목을 뽑는 데에는 배제되는 경향이 여전히 높음을 알 수 있다. 대선기에는 두 신문 공히 경제면의 정보성이 제목 및 본문 모두에 있어 매우 낮은 수준인 것이 또 하나의 특징이라고 하겠다. 한편 사회면은 제목의 정보성이나 본문의 정보성이나 거의 차이가 없는 것으로 나타나고 있다. 이는 사회면에 실리는 선거기사들은 그 제목이나 본문 내용에 있어 유권자들에게 필요한 정보와는 상당한 거리가 있음을 나타내 주는 현상이다.

다음으로 기사가치별로 정보성의 차이를 분석해 보았다. 그 결과는 <표 28>과 <표 29>이다. 아래의 표를 보면 면톱이나 준톱 기사 제목의 정보성이 총선 때에 비해 다소 높아진 것으로 나타났다. 대선기에도 정보성이 가장 높은 기사들은 주로 단신이나 토막기사들인 것으로 나타났다. 이는 실제 유권자들에게 유용하고도 실질적인 정보들이 신문 편집과정의 실무자들에게는 소홀히 취급되는 경향이 대선 때에도 계속되었음을 말해 준다. 반면 총선 때에 비해 박스 기사나 고정란의 경우는 정보성이 오히려 감소된 것으로 나타났다. 이는 전반적으로 해설이나 의견 제시들이 빈약했던 것으로 해석할 수 있겠다.

<표 28> 대선기 선거기사의 가치별 제목의 정보성

(단위: 건수, 괄호 안은 퍼센트)

신문	제목의 정보성	기사가치						전체
		면톱	준톱, 중간톱	박스 기사	단신 토막기사	고정란	특집	
조선 일보	정보적	2(9.5)	3(10.7)	2(5.4)	23(16.0)	2(3.8)	17(39.5)	49(15.1)
	비정보적	19(90.5)	25(89.3)	35(94.6)	121(84.0)	50(96.2)	26(60.5)	276(84.9)
	전체	21(6.5)	28(8.6)	37(11.4)	144(44.3)	52(16.0)	43(13.2)	325(100.0)
부산 일보	정보적	2(9.1)	4(23.5)	3(15.0)	26(20.0)		7(12.7)	42(14.8)
	비정보적	20(90.0)	13(76.5)	17(85.0)	104(80.0)	39(100.0)	48(87.3)	241(85.2)
	전체	22(7.8)	17(6.0)	20(7.1)	130(45.9)	39(13.8)	55(19.4)	283(100.0)

주: 《조선일보》 x^2=28.92726, df=5, p=0.00002; 《부산일보》 x^2=11.32013, df=5, p=0.04539.

<표 29> 대선기 선거기사 가치별 본문의 정보성

(단위: 건수, 괄호 안은 퍼센트)

신문	본문의 정보성	기사가치						전체
		면톱	준톱, 중간톱	박스기사	단신 토막기사	고정란	특집	
조선 일보	정보적	3(14.3)	7(25.0)	4(10.8)	29(20.1)	10(16.9)	25(58.1)	78(23.5)
	비정보적	18(85.7)	21(75.0)	33(89.2)	115(79.9)	49(83.1)	18(41.9)	254(76.5)
	전체	21(6.3)	28(8.4)	37(11.1)	144(43.4)	59(17.8)	43(13.0)	332(100.0)
부산 일보	정보적	5(22.7)	5(29.4)	3(15.0)	30(23.1)	6(15.0)	25(45.5)	74(26.1)
	비정보적	17(77.3)	12(70.6)	17(85.0)	100(76.9)	34(85.0)	30(54.5)	210(73.9)
	전체	22(7.7)	17(6.0)	20(7.0)	130(45.8)	40(14.1)	55(19.4)	284(100.0)

주: 《조선일보》 x^2=35.36036, df=5, p=0.00000; 《부산일보》 x^2=15.373305, df=5, p=0.00888.

이제는 기사유형별로 정보성의 차이를 분석해 보기로 하자. 이를 분석한 결과는 <표 30>과 <표 31>이다. 대선기간에도 정보성의 비율이 가장 높았던 것은 기타 유형의 기사들이다. 총선 때와 마찬가지로 이 기사들은 더 높은 것으로 나타났다. 이러한 결과가 나오게 된 것은 총선 때와 마찬가지로 합동연설회나 정당연설회, TV 유세 일정 등에 관한 안내기사들이 모두 이

<표 30> 대선기간 선거기사의 유형별 제목의 정보성

(단위: 건수, 괄호 안은 퍼센트)

신문	제목의 정보성	기사유형					전체
		보도	사설, 칼럼	해설, 기획	스케치, 가십	기타	
조선일보	정보적	8(4.8)	2(5.9)	16(27.1)		23(71.9)	49(15.1)
	비정보적	157(95.2)	322(94.1)	43(72.9)	35(100.0)	9(28.1)	276(84.9)
	전체	165(50.8)	34(10,5)	59(18.2)	35(10.8)	32(9.8)	325(100.0)
부산일보	정보적	12(8.1)		6(13.6)	2(5.7)	22(75.9)	42(14.8)
	비정보적	136(91.9)	27(100.0)	38(86.4)	33(94.3)	7(24.1)	241(85.2)
	전체	148(52.3)	27(9.5)	44(15.5)	35(12.4)	29(10.2)	283(100.0)

주: ≪조선일보≫ x^2=109.249444, df=4, p=0.00000; ≪부산일보≫ x^2=97.81176, df=4, p=0.00000.

<표 31> 대선기 선거기사 유형별 본문의 정보성

(단위: 건수, 괄호 안은 퍼센트)

신문	본문의 정보성	기사유형					전체
		보도	사설, 칼럼	해설, 기획	스케치, 가십	기타	
조선일보	정보적	19(11.3)	10(24.4)	21(35.6)	3(8.6)	25(78.1)	78(23.5)
	비정보적	146(88.5)	31(75.6)	38(64.4)	32(91.4)	7(21.9)	254(76.5)
	전체	165(49.7)	41(12.3)	59(17.8)	35(10.5)	32(9.6)	332(100.0)
부산일보	정보적	20(13.5)	6(21.4)	15(34.1)	10(28.6)	23(79.3)	74(26.1)
	비정보적	128(86.5)	22(78.6)	29(65.9)	25(71.4)	6(20.7)	210(73.9)
	전체	148(52.1)	28(9.9)	44(15.5)	35(12.3)	29(10.2)	284(100.0)

주: ≪조선일보≫ x^2=75.46645, df=4, p=0.00000; ≪부산일보≫ x2=56.671415 df=4 p=0.00000)

기타란에 포함되었기 때문이다.

그밖에 제목의 경우에는 해설, 기획기사가 그리고 본문의 경우에는 사설, 칼럼이 총선 때에 비해 정보성의 비율이 다소 높아진 것으로 나타났다. 반면 스케치, 가십 기사는 총선 때에 비해 본문 정보성의 비율이 상당이 낮아진 것이 특징이다. 신문의 핵심이라 할 수 있는 보도기사는 총선 때와 다름없이 정보성의 측면에서 가장 낮은 것으로 나타났다. 대선 때에도 스트레이트성의 보도기사들은 대부분이 불법, 타락선거에 관련된 내용 위주였던 때문으로 해석할 수 있겠다.

다음으로는 소재, 논조에 따른 정보성의 차이를 분석해 보았다. 그 결과는 다음의 <표 32>이다. 전반적인 경향은 총선 때와 큰 차이를 보이지 않았다. 역시 정보적인 내용은 긍정적·중립적 기사에서 많았으며 부정적·비판적 기사에서는 정보성의 비율이 낮은 것으로 나타났다. 이는 신문의 선거보도가 부정적인 측면 위주로 가서는 정보성을 높이는 것이 어렵다는 것을 말해준다.

<표 32> 대선기간 선거기사의 소재, 논조별 제목 및 본문의 정보성

(단위: 건수, 괄호 안은 퍼센트)

신문	제목의 정보성	소재, 논조		전체	본문의 정보성	소재, 논조		전체
		긍정적/ 중립적	부정적/ 비판적			긍정적/ 중립적	부정적/ 비판적	
조선 일보	정보적	45(31.3)	4(2.2)	49(15.1)	정보적	65(44.5)	13(7.0)	78(23.5)
	비정보적	99(68.8)	177(97.8)	276(84.9)	비정보적	81(55.5)	173(93.0)	254(76.5)
	전체	144(44.3)	181(55.7)	325(100.0)	전체	146(44.0)	186(56.0)	332(100.0)
부산 일보	정보적	40(25.8)	2(1.6)	42(14.8)	정보적	67(43.2)	7(5.4)	74(26.1)
	비정보적	115(74.2)	126(98.4)	241(85.2)	비정보적	88(56.8)	122(94.6)	210(73.9)
	전체	155(54.8)	128(45.2)	283(100.0)	전체	155(54.6)	129(45.4)	284(100.0)

주: 제목의 정보성 ≪조선일보≫ x^2=52.82191, df=1, p=0.00000; ≪부산일보≫ x^2=32.60382, df=1, p=0.00000.
　　본문의 정보성 ≪조선일보≫ x^2=64.10070, df=1, p=0.00000; ≪부산일보≫ x^2=52.21072, df=1, p=0.00000.

5. 요약 및 결론

1) 연구결과의 요약

지금까지 한국 신문의 선거보도를 총선기와 대선기로 나누어 전반적인 경향과 특성을 분석해 보고 그 정보성을 여러 가지 측면에서 교차분석해 보았다. 선거보도의 정보성에 관한 앞에서의 연구결과를 요약하면 다음과 같은 몇 가지로 정리할 수 있을 것이다.

첫째, 전체적으로 정보적 내용을 담고 있는 기사보다는 비정보적인 기사가 압도적으로 많았다는 점을 지적할 수 있다. 이는 언론의 선거보도가 실제 유권자들에게 도움이 되는 내용은 별로 없다는 기존의 비판들을 경험적으로 뒷받침하는 결과라고 하겠다.

둘째, 제목과 본문의 정보성을 비교해 보면 본문에 정보적 내용을 담고 있는 경우에도 제목에는 이것이 반영되지 않는 경우가 많은 것으로 드러났다. 특히 이러한 경향은 독자들의 열독률이 높은 제1면이나 사회면 등에서 더 심한 것으로 분석되었다. 이는 기존의 신문편집 관행과 관련하여 매우 중요한 의미를 지니는 사실이다. 신문의 편집이 독자의 관심과 흥미를 끌기 위해 경쟁적으로 선정적인 제목을 뽑는 것이 일반적인 경향이다. 때문에 독자들에게 유용한 정보들은 제목을 뽑는 편집자들에 의해 소홀히 취급되는 경우가 많은 것이다. 이는 현대의 독자들의 신문 읽는 습관이 본문보다는 제목 위주로 흐른다는 점을 생각할 때 매우 심각한 문제라 아니할 수 없다.

셋째, 정보적인 기사들은 대부분 단신이나 토막기사들의 형태가 많았다는 점을 지적할 수 있다. 독자들의 시선을 끌어 모으는 톱 기사들은 상대적으로 이 정보성의 비율이 훨씬 낮은 것으로 분석되었다. 정작 독자들이 필요로 하고 도움이 되는 정보들은 독자들의 눈에 잘 안 띄는 구석에 배치되는 경향이 많다는 말이다. 이는 신문이 독자들의 정보욕구에 부응해야 한다는 당위성에 역행하는 편집 태도라고 하겠다.

마지막으로, 언론의 가장 기본적이고 핵심적인 내용이라 할 수 있는 보도기사들이 상대적으로 정보성은 낮은 것으로 드러났다. 이는 특히 사회면에서 심한 것으로 밝혀졌다. 보도기사들은 대부분 불법 선거운동이나 타락선거 등 부정적 측면에 관한 내용이 많았다. 이렇게 부정적인 소재를 많이 다루는 편집도 정보성을 저하시키는 하나의 요인이 된다는 점을 지적할 수 있다.

2) 맺음말

결론적으로 말하면 한국 신문의 선거보도는 유권자들에게 도움이 될 만한 정보를 제공해주는 데 기여하지 못한다고 말할 수 있다. 정보제공이라고 하면 언론의 가장 기본적인 기능으로 손꼽힌다. 언론의 역사적 기원이라는 것도 따지고 보면 이 정보에 대한 욕구에서 비롯된 것이다. 그런데 언론이 자본주의의 발전과 함께, 기업화, 상업화되어 가면서 이러한 본질적 모습에 상당한 변화가 초래된 것이다.

현대의 선거에 있어서 언론이 유권자들에게 유용한 정보를 제공해 주지 않는다면 유권자들의 합리적 선택이란 기대할 수 없는 것이다. 정보가 부족한 상태에서는 유권자들은 기존의 관행대로 지연이나 학연, 혈연에 따르는 투표행태를 보이거나 기권할 수밖에 없는 것이다. 선거 때만 되면 각 언론은 유권자의 공명의지와 합리적인 선택을 강조한다. 그러나 이를 원론적인 수준에서만 강조할 것이 아니라 실질적으로 유권자들이 합리적인 선택을 할 수 있는 기반을 조성해 주어야 할 것이다. 현대 사회에서 이 역할의 상당 부분은 언론이 짊어질 수밖에 없는 것이다.

본 연구에서 체계적으로 분석되지는 않았지만 진행과정에서 느낄 수 있었던 점은 그간의 학계나 여러 단체들의 많은 비판들이 있었던 때문인지 선거보도가 과거보다는 나아지고 있다는 것이다. 공약이나 선거법 등에 관해 정보와 해설을 제공하려는 노력들이 지면에서 적지 않게 눈에 띈 것이 사실이다. 예컨대 ≪조선일보≫의 '총선문답'이나 '대선문답,' '후보들이 말하는 나의 이력' 등의 기획을 들 수 있다. 이러한 기획들이 시도되었다는 점은 매우 긍정적인 노력으로 평가할 수 있겠다. 그러나 아쉬운 점은 이러한 기사들이 실제 내용에 있어서는 유권자의 필요와는 거리가 있었다는 사실로 독자들의 대다수를 차지하는 유권자들의 입장에서 그 내용이 선정되지 못했다는 점을 지적할 수 있다. 예컨대 '대선문답'에서 "신문사가 정당광고를 거부할 수 있나"(≪조선일보≫ 1992. 12. 10)하는 문제나 "미성년자 투표 참관할 수 있나"(≪조선일보≫ 1992. 12. 12)와 같은 문제들은 실제 유권자들과의 관심과는 거리가 있는 내용들이다. 실제 유권자들에게 도움이 되는 내용들은 예컨대 "투표통지표 분실해도 투표가능"(≪조선일보≫ 1992. 3. 19)이나 "선거인명부 누락 뒤늦게 확인 땐 이의기간 지나도 11일까지 가능"(≪조선일보≫ 1992. 12. 8)과 같은 내용들일 것이다. 이는 언론 종사자들이 좀더 독자의 시각에서 접근해 갈 필요가 있다는 점을 말해 준다. 새로운 코너를 기획하는 데에만 머물지 말고 그 내용에 있어서도 독자의 입장에서 필요성이나 유용성을 점검해 가는 자세가 필요할 것이다.

이 연구는 한국 신문의 선거보도에 관한 기술적 연구의 성격을 띤다. 즉 신문의 선거보도가 정보적 내용을 담아 내지 못한다는 주장을 경험적으로 검증하는 여러 가지 요인들에 대한 분석 연구는 앞으로의 과제로 남겨 두고자 한다. 이러한 측면에 관한 연구들은 언론인들이나 그들의 관행에 대한 조사나 참여관찰 등의 방법들을 사용해서 가능할 것으로 본다. 또한 서두에서도 언급했지만 이 연구에서는 정보적 성격이 수용자에 따라 달라지는 측면은 분석해 낼 수 없었다. 이 역시 앞으로의 후속 연구과제로 남겨두고자 한다.

□ 참고문헌

강명구. 1991, 「TV 광역의회 선거보도에 대한 정치적 상징분석」, 한국언론학회 제5차 <쟁점과 토론> 포럼 '선거와 언론보도' 발표논문.

권혁남. 1991, 「선거여론조사 보도의 문제점과 새로운 방향: 13대 대통령 선거와 국회의원 선거보도를 중심으로」, ≪신문학보≫ 제26호.

김정탁. 1991a, 「공정치 못한 선거보도: 부자유스러운 언론상황이냐 반직업적 언론인 의식이냐」, 한국언론학회 제5차 <쟁점과 토론> 포럼 '선거와 언론보도' 발표논문.

______. 1991b, 「정치사회화 모델에 입각한 한국인의 투표행태 연구: 제13대 대통령 선거를 중심으로」, 한국언론학회 가을 정기학술발표회 발표논문.

박정찬 외. 1992. 12, 「특파원이 본 미국 언론의 대통령 선거보도」, ≪신문과 방송≫ 264호.

박찬욱. 1993, 「유권자의 선거관심도, 후보인지 능력과 투표참여 의사: 제14대 총선 전 조사결과를 중심으로」, ≪한국정치학회보≫ 제26집 3호.

백선기. 1992a, 「한국 신문의 선거보도에 있어서 공정성: 14대 총선에 대한 몇 가지 제언」, 한국언론학회 제6차 <쟁점과 토론> 포럼 '공명선거와 언론보도' 발표논문.

______. 1992b, 「'제14대 대통령 선거'의 신문보도 분석」, 한국언론학회 제11차 <쟁점과 토론> 발표논문.

______. 1993, 「'제14대 대통령 선거'의 방송보도 분석」, 한국방송학회 발표논문.

부산·경남 언협 준비모임 편. 1993, 「14대 대통령선거와 언론의 공정성」(모니터보고서 자료집).

선거보도감시연대회의 편. 1992, 「14대 총선보도와 시민언론운동」(선거보도감시연대회의 심포지엄 자료집).

______. 1993, 「제14대 대선 보도감시활동 종합보고서」, 선거보도감시연대회의.

안광식·최선열. 1990, 「커뮤니케이션과 투표행태: 제13대 대통령 선거를 중심으로」, ≪신문학보≫ 제25호.

안병만. 1993, 「제14대 총선에 있어서 유권자들의 정당관여와 투표행태」, ≪한국정치학회보≫ 제26집 3호.

양승목. 1991, 「지방의회 선거와 언론보도: 3개 신문의 내용분석을 중심으로」, 한국언론학회 제5차 <쟁점과 토론> 포럼 '선거와 언론보도' 발표논문.

우병동. 1992, 「선거보도의 문제점과 공정성 확보방안: 지방과 중앙일간지의 보도내용 비교」, 제1차 부경언론학회 심포지엄 발표논문.

이정복. 1993, 「한국인의 투표행태: 제14대 총선을 중심으로」, ≪한국정치학회보≫ 제26집 3호.

이효성. 1991, 「선거방송의 원칙과 법적·제도적 검토」, ≪저널리즘≫ 겨울호.

조선일보사 편. 1992, 「제14대 국회의원 선거 자료집」, 조선일보사.

______. 1993, 「제14대 대통령 선거 자료집」, 조선일보사.

<특집> 1992, 「14대 총선을 말한다」, ≪신문과 방송≫ 제25호(봄/여름).

<특집> 1992, 「한국 언론과 대선」, ≪저널리즘≫ 제26호(가을).

한국언론연구원. 1992, ≪보도논평 비교≫ 제108집, 한국언론연구원.

______. 1993, ≪보도논평 비교≫ 제117집, 한국언론연구원.

Akuto, H. 1988, "Media and Politics in the United States: Elections and News Coverage in the TV Age," *Studies of Broadcasting* 24.

Atterton, F. C. 1978, "Campaign Organizations Confront the Media-political Environment," in J. D. Barber(ed.), *Race for the Presidency: The Media and the Nominating Process*, Englewood Cliffs, N.J.: Prentice-Hall.

Bybee, C. R. 1982, "Mobilizing Information and Reader Involvement: An Empirical Test," *Journalism Quarterly* 59(Autumn).

Clarke P. & Susan H. Evans. 1983, *Covering Campaigns: Journalism in Congressional Elections*, Stanford: Stanford Univ. Press.

Graber, D. 1993, *Mass Media and American Politics*, 4th. ed., Washington D.C.: Congressional Quarterly Press.

Hungerford, S. E. & J. B. Lemert. 1973, "Covering the Environment: A New Afghanistanism" *Journalism Quarterly* 50(Autumn).

Joslyn, R. 1984, *Mass Media and Elections*, Reading, MA.: Addison-Wesley.

Lemert, J. B. 1981, *Does Mass Communication Change Public Opinion After All?* Chicago: Nelson-Hall.

______. 1984, "New Context and the Elimination of Mobilizing Information: An Experiment," *Journalism Quarterly* 61(Summer).

______. 1989, *Criticizing the Media: Empirical Approaches*, Newbury Park: Sage.

Lemert, J. B. & M. G. Ashman. 1983, "Extent of Mobilizing Information in Opinion and News Magazines," *Journalism Quarterly* 60(Winter).

Lemert, J. B & Roxana J. Cook. 1982, "Mobilizing Information in Broadcast Editorials and 'Free Speech' Messages," *Journal of Broadcasting* 26 (Winter).

Lemert, J. B. & J. P. Larkin. 1979, "Some Reasons Why Mobilizing Information Fails to be in Letters to the Editors," *Journalism Quarterly* 56(Autumn).

Lemert, J. B. et. al. 1977, "Journalists and Mobilizing Information," *Journalism Quarterly* 54(Winter).

Patterson, T. E. 1980, *The Mass Media Election: How Americans Choose Their President*, N.Y.: Praeger.

Patterson, T. E. & R. D. McClure. 1976, *The Unseeing Eye: The Myth of Television Power in National Elections*, N.Y.: G. P. Putnam's Sons.

우리나라 신문의 선거여론조사보도의
문제점과 개선방안 연구

권혁남

전북대 신문방송학과

1. 문제의 제기 및 연구목적

현대정치를 지배하는 중요한 힘으로 매스미디어와 여론을 꼽지 않을 수 없고 이러한 여론과 매스미디어는 불가분의 관계에 있다고 할 수 있겠다. 여론은 그 자체가 힘을 갖고 있다기보다는 그것이 매스미디어를 통해서 지배층과 다수의 공중들에게 전달이 될 때 비로소 위력을 갖게 된다. 또한 오늘날과 같이 정치에서 매스미디어가 중심적인 역할을 차지할 수 있게 된 힘의 원천은 언론이 국민의 여론을 수렴, 형성하여 그것을 다수에게 전달할 수 있는 권한을 갖고 있기 때문이다. 흔히들 언론의 힘을 일컬어 제4부라고 하고 있는데 여론조사(poll)가 바로 이러한 언론의 정치적 힘을 강화시켜 주는 하나의 강력한 도구인 것이다.

언론의 여론조사는 1820년대부터 미국의 언론에 의해 시작되어 오늘날 우리나라를 포함한 거의 모든 민주주의 국가에서 각종의 여론조사들이 활발히 실시되고 그 결과가 언론에 적극적으로 보도되고 있다. 그러나 거의 모든 민주주의 국가의 언론은 주로 정치여론조사를 실시, 보도하고 있으며 정치여론조사는 선거철에 집중되고 있다. 그러나 선거철이 아닌 평상시에도 언론은 대통령을 포함한 공직자 또는 예상 후보들에 대한 평가나 인기도를 계속적으로 조사하여 보도하고 있다. 그래서 오늘날 대통령이나 정치인들은 매일 매일 선거를 치르고 있는 셈인데 이러한 현상을 골린(Gollin, 1980)은 유령선거(phantom election)라 명명하였다. 여론조사의 급속한 확산으로 인해 여론조사는 정치과정에 적지 않은 영향을 미치고 있다. 무엇보다도 선거에 있어서 정당 등의 힘을 점차적으로 약하게 만든 반면 여론조사와 언론으로 하여금 이러한 공백을 메우도록 하고 있다.

언론의 여론조사는 권력자들에게 대항할 수 있는 강력한 도구로 사용할 수 있고, 공중들에게는 그들의 호기심을 충족시켜 주는 동시에 국민의 개인적 의견을 여론이라는 형태를 통해 그들에게 정치적 힘을 부여해 주는 등의 정기능을 수행하고 있지만 이에 따른 많은 문제점을 안고 있다. 즉 여론조사는 질문문장이나 인터뷰 방법, 표집방법 등에 따라 그 결과가 크게 달라질 수 있으며 더욱이 중요한 것은 아무리 정확한 여론조사가 실시되었다 하더라도 언론이 고의적, 비고의적으로 조사결과를 왜곡전달하고 있다는 점이다. 사실 언론의 여론조사가 안고 있는 문제점의 대부분은 여론조사 자체가 갖고 있는 본질적인 문제에서 오는 것이라기보다는 언론의 여론조사 보도과정에서 오는 것이다.

우리나라에서의 언론의 정치여론조사는 1987년 13대 대통령 선거가 중요한 계기로 작용하였다. 그 이전에는 신문사의 창간기념이나 연말연시에 소위 국민생활의식조사에 정치관련 문항들을 포함시키는 것이 고작이었다. 그러나 13대 대통령 선거를 맞아 우리 언론들은 유권자들을 대상으로 선거와 직접 관련된 설문들만을 조사하여 그 결과를 경쟁적으로 보도하기 시작하였다. 이와 같이 우리 언론의 선거여론조사를 포함한 정치여론조사 보도가 활성화된 것은 언론의 여론조사에 대한 인식이 새로워진 것도 원인으로 작용하고 있지만 무엇보다도 1987년 이후 풀리기 시작한 언론의 자유와 깊게 관련된 것으로 보아야 할 것이다.

이와 같이 정치 여론조사가 확산되어 가고 있고 앞으로 더욱 활발해질 것으로 전망되고 있는 현시점에서 본 연구는 우리나라 언론의 선거여론조사에 초점을 맞추어 그것이 갖고 있는 문제점을 실증적으로 진단하고, 이러한 문제점을 해결할 수 있는 방안들을 강구해 보는 것을 연구의 목적으로 한다. 아울러 문헌 고찰을 통해 언론의 선거 여론조사가 갖고 있는 본질적인 문제가 일어나는 원인과 여론조사 보도가 선거에 미치는 효과를 고찰하도록 하겠다.

2. 선거여론조사 보도의 문제점과 원인

1) 선거여론조사 보도의 발달과정

언론의 선거여론조사는 1824년 ≪해리스버그 펜실베이니아(*Harrisburg Pensylvanian*)≫ 신문이 1824년 당시 미국 대통령 선거 캠페인에서 앤드류 잭슨(Andrew Jackson)이 앞서고 있다는 여론조사 결과를 발표한 것이 최초로 기록되고 있다(Crespie, 1980). 20세기 들어 1930년대까지는 여러 신문들에 의해 간이여론조사(Straw Poll)가 실시되다가 1936년 대통령 선거에서 갤럽(Gallup), 로퍼 폴(Roper Poll) 등이 루스벨트(Roosevelt)의 압도적인 승리를 정확히 예측하면서 여론조사는 대통령 선거가 실시되는 해에 하나의 중요한 보도기사로 자리잡게 되었다. 언론의 여론조사 붐이 일기 시작한 1960년대 초반부터 해리스 폴(Harris Poll)은 여론조사뉴스 기사배급을 놓고 갤럽과 경쟁을 하고 있으며, CBS/≪뉴욕 타임스(*New York times*)≫, NBC/AP, ABC/해리스(Harris), ≪워싱턴 포스트(*Washington Post*)≫, ≪LA 타임스(*LA Times*)≫ 등에 의해 전국 여론조사가 정규적으로 실시되고 있다.

그러나 언론의 여론조사보도가 본격화된 것은 1973년 메이어(P. Meyer)가 뉴스 보도에 있어 사회과학방법론의 직접적 적용을 내용으로 하는 정밀 저널리즘(precision journalism)을 주장하면서부터이다(Weaver, McCombs, 1980). 이러한 정밀 저널리즘 운동에 부응한 언론들은 경쟁적으로 여론조사기구들을 만들어 미디어가 스폰서가 된 여론조사(media-sponsored poll)와는 다른 미디어 자체 여론조사(media-conducted poll)를 급격히 확산시켰다. 이에 따라 과거보다 여론조사의 기사가 많아졌을 뿐만 아니라 여론조사와 언론간의 제도적인 유대가 더 강해졌다(Crespi, 1980). 또한 언론은 단순히 다른 조사기관의 여론조사 결과를 보도하는 대신에 자신들이 선택한 주제에 스포트라이트를 주고 질문과 응답문항까지 스스로 작성하여 자신들의 주도하에 뉴스를 창조하고 있다(Gollin, 1980).

2) 선거여론조사의 문제점과 원인

언론의 정치여론조사는 논란이 되고 있는 이슈나 중요한 정치인물 등에 대한 공중의 의견이나 태도를 언론의 주관적인 판단에 근거하지 않고 다수 공중의 의견이나 태도에 근거하는 객관적인 뉴스를 생산해 내는 최대의 이점을 갖고 있다. 그러나 언론의 정치여론조사는 많은 문제점을 갖고 있는데 이러한 문제점은 여론조사 자체가 갖고 있는 본질적인 한계에서 오는 것도 있지만 대부분이 여론조사 결과를 언론이 보도하는 과정에서 일어나고 있다. 아래에서는 그 문제점을 구체적으로 살펴보도록 하겠다.

첫째, 무엇보다도 선거여론조사 결과를 보도할 때 언론은 어느 후보나 정당이 얼마를 앞서고 있는지에 지대한 관심을 갖는 흥미 위주의 경마식 보도(horse-race journalism)를 하고 있다는 점이다. 이러한 지적은 비단 선거여론조사 보도에만 국한되는 문제가 아니라 언론의 전반적인 선거 캠페인 보도에 있어서 가장 많이 비판되고 있는 문제이다. 즉 언론은 선거 캠페인을 보도하는 데 있어서 이슈보다는 각 후보들의 인기도, 후보들의 선거 캠페인 활동과 그 과정에서 일어나는 사건(후보들간의 갈등, 대결)을 중심으로 보도하고 있다는 것이다. 이러한 경마식 보도는 결과적으로 유권자들이 꼭 알아야 될 후보들의 이슈에 대한 입장, 특히 정책 이슈들에 대한 입장을 제대로 전달해 주지 못하고 선거를 심사숙고해서 이성적으로 결정해야 될 대상이라기보다는 흥미 위주의 게임이나 오락으로 인식시키고 있다는 비난을 받고 있다(권혁남, 1990).

둘째, 첫 번째 문제점과 관련된 것으로서 언론의 선거여론조사 보도는 아무리 복잡한 이슈라 하더라도 피상적으로만 보도하고 있으며 그 이슈에 대한 근본적인 분석이 부족하다는 점이다. 예를 들어 언론은 어떤 이슈에 대해 공중이 갖고 있는 찬반 의견만을 초점화시킬 뿐 공중들이 왜 그러한 입장을 갖는지 그 이유에 대한 조사, 보도는 거의 하지 않고 있다. 또한 언론은 백분율 등의 수치를 통한 객관적 보도에 몰두한 나머지 숨어 있는 의미나 배경에는 관심을 두지 않고 있다.

셋째, 언론은 독자들이 여론조사를 평가할 수 있도록 여론조사의 방법이나 절차와 관련된 정보를 제대로 제공해 주지 않는다는 점이다. 이와 관련하여 1969년 AAPOR(The American Association for Public Opinion-Research)
은 언론이 여론조사 결과를 보도할 때 반드시 공개해야 될 8가지 기준(표본
의 크기, 모집단, 질문내용, 조사일시, 표본오차, 스폰서, 자료수집 방법, 무
응답률)을 공표하였다. 또한 여론조사회사들로 구성된 NCPP(National Coun-
cil on Public Polls) 역시 표본오차만을 제외하고 나머지 똑같은 기준을 제시
하였다.

넷째, 언론은 자체 여론조사를 실시하여 스스로 뉴스를 창조하고 있으며,
다른 조사기관의 여론조사는 소홀히 다루는 반면, 자신의 여론조사는 비중
있게 다루고 있다는 점이다. 따라서 객관성을 추구하고 있는 언론이 여론조
사 보도과정에서 자신의 의제(agenda)나 주관을 강요할 수 있다는 점이다
(Gollin, 1980).

다섯째, 여론조사의 급증은 자연히 서로 불일치하거나 상반되는 조사결과
를 양산하고 그것을 전달함으로써 여론조사에 신물난 공중들을 혼란시키게
하거나 여론조사에 대해 더 회의적으로 만들게 된다(Gollin, 1980). 따라서
역설적으로 언론의 여론조사 보도가 활발할수록 여론조사에 대한 신뢰도와
질은 떨어질 가능성이 높다 하겠다.

여섯째, 조사내용이 주로 부정적인 문제에 초점을 두고 있다는 점이다. 예
를 들어 패레츠 등(Paletz et al., 1980)은 텔레비전 여론조사 설문내용을 긍
정적, 부정적, 불분명(혼합, 적용 불가) 등의 세 가지로 나누어 분석한 결과
70%가 부정적 내용인 반면에 12%만이 긍정적 내용이었다.

그러면 이와 같은 언론의 선거여론조사 보도의 문제점들이 어디에서 연유
하는가? 그것은 전술한 바와 같이 여론조사 자체가 갖고 있는 근본적인 한
계에서도 오지만 주로 언론 내부의 구조적 문제에서 일어나고 있다. 그 원인
을 구체적으로 살펴보도록 하겠다.

첫째, 선거여론조사를 포함한 모든 여론조사 보도의 문제점은 대부분이
언론의 지면이나 시간의 부족에서 일어난다. 지면과 시간의 부족으로 특별
한 경우가 아니면 주요 인구통계학적 속성에 의한 차이를 매우 간단히 언급
하는 이상의 분석은 어려우며 아무리 복잡한 이슈라 하더라도 요점만을 간
단히 제시하여야만 한다. 최근에 《뉴욕 타임스》, 《워싱턴 포스트》, 《LA
타임스》 등과 같은 신문의 경우는 자신의 여론조사에 한해 이러한 지면(시

간)제약의 엄격성을 완화하고 있지만 텔레비전의 여론조사 보도는 이러한 지면(시간)제약을 완화시키지 못하고 있다. 통상적으로 TV 초저녁 뉴스에서의 여론조사는 30초짜리 스트레이트 뉴스로 보도되고 있다(Crespi, 1980). 이러한 언론의 지면제약은 압축편집을 요구하고 있으며 압축편집은 곧 전체적인 과대단순화를 일으키고 있다.

둘째, 여론조사에 대한 지식이나 이해가 부족한 언론의 여론조사 담당자의 개인적 실수로 일어난다. 현재 각 언론사들은 기자들의 소속 부서나 출입처나 담당분야를 자주 이동시킴으로써 한 분야의 전문가보다는 모든 분야에 박식한 기자(generalist)를 강조하고 있다. 이러한 경향은 특히 우리나라 언론에서 심한 편인데 이러한 인사정책은 결과적으로 여론조사 전문언론인의 육성을 제약하고 있다.

셋째, 언론은 스피드와 시의성을 매우 높은 가치로 여기고 있는 반면에 여론조사는 일반적으로 느리게 진행된다는 점이다. 뉴스 편집자가 무엇을 보도할 것인가를 결정하는 주요 기준은 시의성이다. 그래서 여론조사는 오늘의 이벤트를 조명해야 하는 것이지 결코 어제의 역사적 기록철이 되어서는 안된다. 이러한 여론조사의 시의성에 대한 언론의 요구는 조사 주체의 선정을 어렵게 만들고 있는데, 조사결과가 보도될 무렵에 그 결과가 이미 뉴스가치를 상실하고 역사적인 관심으로만 남을 가능성이 있는 주제는 조사될 수가 없는 것이다.

넷째, 언론은 가능한 한 명확한 결론에 도달할 수 있는 뉴스 보도를 선호하고 있는 데 반해 여론조사 결과는 대체로 명확한 해답을 제공해 주지 않는다. 이와 같이 추상적이거나 애매한 것을 피하기 위해 언론의 여론조사는 가치보다는 의견에만 국한시키고 있다. 또한 이러한 이유로 언론은 선거여론조사에서 이슈란 후보에 대한 태도 속에 담겨져 있다는 가정하에 후보 자체에 조사의 초점을 두기를 원하고 있다(Wheeler, 1976). 특히 텔레비전은 미묘하고 애매한 것들을 피하고 극적이고 시각적으로 흥미 있는 것만 강조하기 때문에 텔레비전은 여론조사를 보도하기에 매우 적합치 않은 미디어이다.

다섯째, 일반적으로 언론은 객관적이고 사실적(factual)인 뉴스에 높은 가치를 두고 있다. 이러한 저널리즘적 가치는 조사결과에 대한 해석 없이 직접적인 보도만을 요구하기 때문에 언론은 후보의 인기도 순위와 같은 경성 뉴스(hard news)의 보도만을 고수하고 부드러운(soft) 해석이나 코멘트는 피할 것을 강요하고 있다. 이러한 언론의 보도자세는 여론조사가 객관적이라는 이미지를 불러일으킬 수는 있으나 결과적으로 분석의 질을 떨어뜨리고 있으며 피상적인 정보만을 전달시키고 있다.

3) 선거여론조사의 효과

그러면 선거여론조사가 선거에 미치는 효과에 대해 알아보도록 하겠다. 오래 전부터 많은 정치인들이나 학자들은 선거여론조사 보도가 투표행위에 미치는 효과, 즉 우세자 효과(bandwagon effect) 또는 열세자 효과(underdog effect)에 대한 관심이 높았으나 지금은 이것들에 대한 증거부족으로 관심이 거의 사라져 버렸다(Gollin, 1980). 수적으로 많지 않은 선거여론조사 효과연구들의 대부분은 여론조사는 선거에서 어떠한 유의미한 효과를 일으키지 않고 기껏해야 수용자가 이미 갖고 있는 의견을 보강해 주는 것에 지나지 않는 결과들을 보여주고 있다.

그러나 최근에 여론조사의 효과는 강력하다고 주장하는 학자들이 다시 등장하고 있는데 이들은 보도된 여론조사가 여론의 분위기(climate of opinion)에 미치는 효과를 강조하고 있다. 대표적으로 노엘-뉴만(Noelle-Neumann, 1980)은 의견형성이나 선택과정에서 의견의 분위기, 즉 어떤 의견이 지배적인가에 대한 개인의 지각이 결정적인 역할을 한다고 주장하였다. 공표된 여론조사는 선호분위기에 대한 유권자의 인식에 영향을 미칠 수 있어서 침묵의 나선형 효과(spiraling process)를 일으킨다(Weimann, 1983). 따라서 선거과정에서 공중이 다수가 표현한 의견이나 선택 선호는 개인에게 다수의 인기 있는 선호를 따르도록 압력을 가한다는 것이다.

한편 언론의 여론조사 보도는 의제설정 기능(agenda-setting function)의 특별한 경우로 볼 수 있다(Tichenor, 1988). 언론이 스스로 선정한 토픽에 대해 공중들이 의견을 조사하여 그 결과를 보도함으로써 유권자들로 하여금 언론이 보도한 토픽이나 이슈의 중요성(sailence)을 인식하도록 만든다. 따라서 선거 캠페인 과정에서 후보나 유권자들은 언론이 선정해서 강조하고 있는 문제나 이슈에 대해 더 많은 관심을 갖게 된다.

선거에서 여론조사 보도가 미치는 효과에 대해서는 어떤 뚜렷한 결론을 이끌기가 어렵다. 앞으로 새로운 효과관점이 등장하여 이에 대한 좀더 체계적이고 심층적인 연구가 있어야 하겠지만 이미 폐기처리한 기존의 효과관점들(bandwagon, underdog effect)에 대해서도 다시 검토해 볼 필요가 있는 것이다. 노엘-뉴만 등의 주장은 우세자 효과의 존재가능성을 강력히 시사해 주고 있으며 언론의 의제설정기능 역시 여론조사 보도가 선거에 미치는 인지효과를 뒷받침해 주고 있는 좋은 증거물이다.

3. 연구문제

본 연구는 다음과 같은 구체적인 연구문제에 대한 해답을 내용분석을 통해 밝히고자 한다.

① 우리나라 신문의 선거여론조사 보도건수와 면적은 어느 정도인가?
② 어떠한 설문내용을 조사, 보도하고 있으며 질문방식과 응답항목은 제대로 처리되고 있는가?
③ 여론조사방법에 대한 정보들을 얼마나 충실히 전달하고 있으며 조사방법상의 문제점은 없는가[여기에서는 미국이 여론조사협의회(AAPOR)가 언론의 여론조사 보도에 있어서 독자들에게 전달해야 할 조사방법에 관한 8가지 보도기준(모집단, 표본 수, 표본추출방법, 면접방법, 조사시점, 스폰서, 표본오차, 무응답률)을 중심으로 분석하고자 한다]?
④ 여론조사 결과를 제대로 해석하고 있는가?

4. 연구방법

본 연구는 우리나라 신문들이 선거여론조사를 실시, 보도함에 있어서 어떤 문제를 어떻게 조사하여 그 결과를 어떻게 보도하였는지 그 형식과 내용상의 문제점을 실증적으로 규명하고 여론조사 보도의 새로운 방향을 모색하는 것을 목적으로 하고 있다. 이를 위해 본 연구는 선거관련 여론조사가 본

격화되었던 1987년 13대 대통령 선거 이후에 실시된 선거여론조사 보도만을 분석대상으로 하여 분석하였다.

분석대상이 된 여론조사는 1987년의 13대 대통령 선거, 1988년 13대 국회의원 총선거, 1988년 동해 국회의원 보궐 선거, 영등포을 보궐 선거, 1989년 대구서갑, 진천, 음성 보궐 선거에 관한 선거여론조사 보도들이다. 여기에서는 신문사가 자체적으로 조사한 여론조사(in house poll), 그리고 다른 기관이나 단체에 의해 실시된 여론조사 결과를 인용보도한 기사 등을 모두 포함시켰다.

그런데 본 연구에서는 여론조사가 ① 선거기간 중에 실시되었고, ② 모든 질문내용이 선거와 직접 관련되어 있으며, ③ 일반 국민을 대상으로 실시한 조사만을 분석대상으로 하였기 때문에 선거기간 중에 보도된 신문사의 창간 기념 생활의식조사나 독자조사가 선거와 직·간접적으로 관련된 한두 문항을 포함시켰을 경우라도 이를 분석대상에서 제외시켰다. 또한 비록 조사가 선거기간중에 실시되었고 설문문항이 선거와 직접 관련된 조사라 하더라도 국회의원들이나 정치인들을 대상으로 조사한 간이조사 등도 분석에서 제외시켰다.

본 연구의 내용분석을 위해 사전에 훈련을 받은 2명의 코더가 모든 여론조사 기사를 분석하였는데 코더들간의 일치도는 항목에 따라 차이가 있었으나 Scott π가 0.82~0.98 정도로 비교적 높았다.

5. 연구결과 및 논의

1) 선거여론조사 보도건수 및 면적

(1) 보도건수 및 조사기관

본 연구의 분석대상인 13대 대통령 선거와 관련된 여론조사는 모두 30건이었으며 13대 국회의원 총선거 여론조사는 7건, 13대 국회에 들어서 실시된 3차례의 보궐 선거와 관련된 여론조사는 3건으로, 13대 대통령 선거 이후 실시된 선거여론조사는 모두 40건이었다. 그래서 13대 대통령 선거와 관련된 여론조사가 13대 총선이나 보궐 선거에 비해 수적으로 압도적으로 많았다.

선거를 구분하지 않고 각 신문별 여론조사 보도건수를 보면 ≪동아일보≫(12건), ≪중앙일보≫(11건), ≪조선일보≫(9건)가 다른 신문들보다 선거여론조사를 더 적극적으로 보도하였다. 특히 ≪동아일보≫는 13대 대통령 선거 투표일(87년 12월 16일)의 약 3달 전인 87년 9월 20일에 언론사로서는 처음으로 선거여론조사를 실시하여 그 결과를 보도하였으며, 10월에 2차례, 11월과 12월에 각각 4차례 등 모두 12차례에 걸쳐 선거여론조사를 보도하여 우리나라 언론의 선거여론조사 보도 저널리즘을 선도하였다. 그러나 다른 신문들과는 달리 ≪동아일보≫는 13대 총선과 보궐 선거에 관한 여론조사는 단 1건도 보도하지 않은 대신에 13대 대통령 선거에만 집중시킨 점이 두드러진다. 한편 ≪한국일보≫(5건), ≪경향신문≫(3건)은 보도건수에서 상대적으로 적었으며, ≪서울신문≫은 아예 1건도 보도하지 않았다.

이러한 40건의 여론조사 중 신문사가 자체적으로 조사비용을 부담하여 실시한 여론조사는 36건이며, 4건은 타기관에서 실시한 조사결과를 인용, 보도한 것이었다. 그리고 조사를 담당한 조사기관을 보면 대학교수팀이 조사한 여론조사가 14건, 대학연구소 조사가 2건으로 대학의 교수나 연구소가 조사를 맡은 여론조사는 모두 16건으로 다른 조사기관들보다 많았다. ≪중앙일보≫의 SVP와 같은 신문사 자체 부설조사기구에 의해 실시된 여론조사는 11건, 한국 갤럽 등의 전문조사기관에 의한 것이 9건이었고 연구단체에 의해 조사된 것이 3건이었다. 그러나 1건은 누가 조사를 담당하였는지를 파악할 수 없었다.

인용보도가 아닌 신문사가 스폰서가 되어 실시한 여론조사의 경우 신문사마다 조사기관이 일관되게 고정되었는데 ≪동아일보≫와 ≪한국일보≫는 모두 대학에, ≪조선일보≫ 역시 모두 한국 갤럽에 조사를 의뢰하였고, ≪중앙일보≫는 자체 부설기관인 SVP가 독점적으로 조사하였다. 그러나 ≪경향신문≫의 경우 1건은 자체적으로 조사하였고, 1건은 대학에 의뢰하여 조사를 하였다.

(2) 보도량

신문들이 선거여론조사 결과를 보도한 면적은 최하 41cm^2(《동아일보》 1987. 12. 4)로부터 최고 2,004cm^{2}로 한 면의 약 절반(5단광고 면적 제외)에 가까운 면적이었다. 그러나 보도건수에서와 마찬가지로 신문들은 자신이 스폰서가 된 여론조사는 크게 보도하는 반면 외부기관에서 실시된 여론조사는 매우 적게 보도하고 있었다. 신문사가 스폰서가 된 자체조사의 평균면적은 618.6cm^{2}인 데 비해 외부조사는 96.3cm^{2}에 지나지 않았다. 신문사가 스폰서가 된 36건의 여론조사만을 골라 각 신문별로 기사면적을 비교해 보면 대체로 조사빈도가 적은 신문일수록 여론조사 결과를 크게 보도하는 경향이 높았다. 여론조사 건수가 2건으로, 조사빈도가 가장 적은 《경향신문》은 평균 1,546cm^{2}로 가장 많은 지면을 할애하였고, 이어서 4건으로 두 번째로 조사빈도가 낮은 《한국일보》는 평균 872.5cm^{2}이었다. 이에 비해 《동아일보》는 평균 322.1cm^{2}로 가장 적은 지면을 할애하였고, 《조선일보》는 616.1cm^2, 《중앙일보》는 629.4cm^{2}이었다.

2) 조사방법 분석

(1) 모집단 정의문제

여론조사가 전수조사(census)가 아닌 표본조사인 경우 그 조사의 궁극적인 목적은 표본의 성격을 파악하는 데 있는 것이 아니라 표본이 추출된 모집단의 성격을 파악하는 데 있는 것이다. 그래서 표본조사에서 모집단에 대한 정확한 규정은 조사자가 제일 먼저 해야 할 작업이며 동시에 중요한 작업이라 할 수 있다. 그러나 아무리 모집단에 대한 정의를 정확히 내렸다 하더라도 실제 추출된 표본의 성격이 모집단의 성격과 일치하지 않는다면 모집단의 정의는 별다른 의미가 없을 뿐만 아니라 그 표본에서 나온 통계결과를 모집단에 일반화시킬 수 없는 것이다.

이러한 점에서 본 조사의 분석대상이 된 모든 선거여론조사 보도들은 모집단의 범위에 대해서는 제대로 정의하고 있으나 실제 추출된 표본의 성격이 정의된 모집단의 성격과 일치하는 경우는 많지 않았다. 추출된 표본의 대표성문제에 대해서는 뒤에서 자세히 다루기로 하겠다.

(2) 표본오차 표기상의 문제점

본 조사결과 표본오차를 표기한 비율은 50%에 불과하였다. 또한 표본오차 신뢰도 구간을 명기한 비율 역시 45%에 지나지 않아 우리 신문들은 표본오차에 대한 정보를 충실히 전달해 주지 않고 있다. 특히 외부단체나 기관에 의해 실시된 여론조사 결과를 인용보도한 4건 모두가 표본오차를 명기하지 않았다. 이에 비해 신문사가 스폰서가 된 여론조사의 경우 전체 36건 중 20건(55.6%)이 표본오차가 명기되어 대조를 보였다.

또한 신뢰도 수준과 표본오차에 관한 정보가 부정확하게 표현되고 있으며 일부 생소한 용어가 사용되는 경우가 있었다. 예를 들어 "… 본 조사의 신뢰도 95%, 오차 ±3%…"라는 표현이 비교적 자주 사용되었는데 이러한 표현은 통계에 대한 기초 지식이 없는 독자들에게는 마치 '본 조사의 정확도(신뢰도)는 95%이며 그것이 틀릴 확률은 3%'라는 식으로 잘못 전달될 수 있는 표현이다. 따라서 이러한 표기는 "… 95% 신뢰도 수준에서 본 조사의 표본오차는 ±3%…"라는 식으로 표현되어야 할 것이다. 또 다른 경우는 "…오차의 한계는 최소 1.9%, 최대 4.7%"라는 표현(《중앙일보》 1987. 12. 12, 1988. 1. 18)도 사용되었다. 이것은 곧 각 설문문항마다 표본오차가 다르다는 것을 의미하고 있으나 전문적 지식을 갖고 있지 않은 독자들에게는 그 의미가 제대로 전달이 되지 않을 여지가 많다고 하겠다. 따라서 이러한 표기보다는 '…문항마다 차이는 있으나 최소 ±00%, 최대 ±00%'라는 식으로 기술하든가 아니면 최대 표본오차로 표준화시켜 제시하는 것이 오히려 독자들의 혼동을 줄여 줄 수 있을 것이다.

이와 아울러 그 의미가 불확실하고 생소한 용어를 사용하는 경우가 있었는데 표본오차를 "허용오차"(《중앙일보》 1990. 4. 6)로 사용하거나 신뢰도 수준을 "확신도"(《동아일보》 1987. 9. 25)로 사용하는 것이 바로 그것이다.

(3) 표본추출 방법

표본추출 방법에 대해서는 전체 40건 중 31건(77.5%)이 명기를 하였으며, 층화표본추출(stratified sampling) 방법이 가장 많이 사용되었다. 먼저 표본추출 방법 명기에서 31건이 비교적 분명한 표본추출 방법을 밝혔으나 3건은 "무작위 추출" 등의 애매한 표현을 사용하였고 6건은 아예 밝히지 않았다.

표본추출 방법을 전혀 밝히지 않은 6건 중에는 외부단체에서 실시한 여론조사를 인용보도한 4건이 모두 포함되어 있었다. 신문들이 사용하고 있는 표본추출 방법은 층화표본추출 방법이 14건으로 가장 많았고, 이어서 체계적 표본추출(systematic sampling) 방법과 층화표본추출 방법을 혼용한 경우가 9건, 체계적 표본추출 방법이 7건, 층화표본추출과 집락표본추출(cluster sampling) 방법을 혼용한 경우가 1건이었다.

≪한국일보≫ 1987년 12월 13일자와 1988년 4월 5일자에 게재된 여론조사는 성, 연령, 지역을 층화변인(stratification variable)으로 한 비율적 층화표본추출 방법에 대해 비교적 상세하게 설명하면서 "… 이같은 표집방식은 95% 수준에서 상하 2.5%(4월 5일자에서는 2.7%)의 오차밖에 나지 않는 신뢰가 높은 조사방식으로 평가되어 있다…"고 기술하였다. 물론 표본오차의 크기는 표본추출 방법에 따라 달라지지만 무엇보다 표본의 크기에 가장 민감하게 반응한다. 따라서 이러한 기술은 마치 비율적 층화표본추출 방법은 표본의 크기에 관계없이 95% 신뢰수준에서 ±2.5%의 표본오차를 일으키는 표본추출방법으로 인식시킬 수 있는 잘못된 표현이다.

(4) 표본의 크기

본 조사의 분석대상이 된 40건의 여론조사는 표본의 크기에 대해서는 모두 명기하고 있었다. 표본의 크기는 최소 1백 명(≪경향신문≫ 1987. 10. 9)에서 최대 2천 5백 명(≪한국일보≫ 1987. 12. 3)까지 다양하였는데, 전체적으로 5백 명 조사가 11건, 1천 명 조사가 10건으로 가장 많았다. 이어서 1천 5백 명 내외가 8건, 1천 2백 명이 3건, 1천 3백 명이 2건, 7백 명대(717명, 740명)가 2건이고, 100명, 240명, 1천 6백 명, 2천 5백 명이 각 14건씩이었다.

한편 자료수집 방법에 따라 표본의 크기가 달랐는데 전화조사보다는 면접조사에서 표본 수가 더 컸다. 면접조사는 1천 5백 명 조사가, 전화조사는 5백 명과 1천 명 조사가 가장 많았다. 이와 같이 전화조사가 면접조사보다 표본수 가 적은 것은 전화조사의 가장 큰 장점인 시간과 경비를 절감할 수 있다는 점과 깊은 관련이 있는 것으로 판단된다.

(5) 자료수집 방법

자료수집 방법은 전화조사가 27건(67.5%)으로 압도적으로 많았고 면접조사는 8건에 불과하였다. 그러나 자료수집 방법에 대해 명기하지 않은 여론조사는 5건으로 자료수집 방법에 대한 명기율은 90%이었다. 외부단체가 스폰서가 되어 실시한 여론조사는 4건 모두 자료수집 방법에 대해 기술되지 않았다. 각 신문사별로 보면 ≪동아일보≫와 ≪중앙일보≫는 철저히 전화조사에만 의존했으며, ≪한국일보≫도 면접조사 1건, 전화조사 3건으로 전화조사를 더 많이 이용하였다. 반면에 ≪조선일보≫는 면접조사 6건, 전화조사 3건으로 면접조사를 더 많이 한 점에서 다른 신문과 차이를 보였다. ≪경향신문≫은 면접조사와 전화조사가 각 1건씩이었다.

이와 같이 신문사들이 면접조사보다는 전화조사를 압도적으로 많이 이용한 것은 전화조사가 면접조사보다 값싸게 이용할 수 있고 특정 이슈에 대한 유권자들의 반응을 신속히 조사할 수 있다는 점이 고려되었기 때문인 것으로 보인다. 그러나 아직 대도시를 제외한 나머지 중소도시나 농촌지역의 전화보급이 완전치 않은 상태에서의 전화조사에 대한 지나친 의존은 선거결과의 예측을 빗나가게 할 가능성이 높고, 자칫 왜곡된 여론을 전달함으로써 다른 부작용을 일으킬 수도 있다. 따라서 후보나 정당의 지지율 등에 대해서는 면접조사를 활용토록 하며, 시의성이 있는 이슈 등의 문제에 대한 유권자들의 의견이나 평가는 전화조사를 이용하는 등 면접조사와 전화조사를 같이 활용하는 것이 바람직할 것이다.

(6) 표본의 특성 및 대표성

여론조사의 정확성은 무엇보다도 조사자가 정의한 모집단을 잘 대표할 수 있는 표본의 확보에 달려 있다. 조사자가 표본의 대표성을 잘 확보할 수 있는 표본추출 방법을 사용했다고 해서 곧 대표표본이 보장되는 것은 아니다. 조사자가 확보한 표본의 성, 연령, 지역 등 인구통계학적 변인들의 분포가 실제 인구센서스 자료에 나타난 분포와 일치하는 정도에 따라 대표표본이 확보되었는지의 여부를 가릴 수 있는 것이다. 따라서 조사자는 제3자가 표본의 대표성을 평가하고 그 조사의 정확성을 평가하는 데 매우 중요한 단서가 되는 표본의 인구통계학적 특성에 관한 정보를 제공해야만 하는 것이다.

그러나 조사 결과 우리나라 신문들은 표본의 특성에 대한 정보를 제대로 전달해 주지 않고 있다. 전체 40건 중 15건(37.5%)의 여론조사만이 표본의 특성에 관해 비교적 자세한 정보를 제시했으며, 21건(52.5%)은 어떠한 정보도 제시하지 않았고, 4건은 성, 연령, 지역 등 기본적인 인구통계학적인 변인 중 오직 하나의 변인에 대한 정보만을 제시하는 데 그쳤다. 여기에서도 외부단체에 의해 실시된 여론조사들은 표본의 특성에 대한 정보가 전혀 제시되지 않은 데 비해 신문사가 스폰서인 여론조사의 경우 표본의 특성 제시율은 41.7%(36건 중 15건)으로 상대적으로 높았다.

전체적으로 표본의 특성을 제시하는 비율이 낮은 것도 문제지만, 더 큰 문제는 제시된 표본의 특성만을 가지고 판단한다면 대표표본을 확보한 여론조사는 극히 적었다는 점인데 이는 전화조사에서 특히 심했다. 신문들은 자신들이 실시한 여론조사가 표본추출과정이 객관적이기 때문에 표본오차가 적은 정확한 조사라고 주장하고 있지만 표본의 대표성 측면에서 보자면 이러한 주장은 신뢰하기가 어렵다.

<표 1>에 나타난 바와 같이 신문들이 제시한 성, 연령별 분포비율은 각 신문마다 차이를 보이며 대표성 또한 매우 부족하다. 먼저 성별 비율을 보면 C조사(≪동아일보≫1987. 9. 25)의 경우 남녀간에 4.0% 차이가 있으며, E조사(≪중앙일보≫ 1987. 10. 26)는 5.4%의 차이를 보였다. 연령별 비율은 더 많은 차이를 보이고 있는데 전국 규모의 면접조사를 실시한 A조사(≪조선일보≫ 1987. 11. 5)의 연령별 비율은 실제 비율과 매우 비슷한 분포를 보이고 있으나 전화조사를 실시한 나머지 B, C, D, E조사는 실제 비율과 차이를 보였다. 특히 C, D, E조사는 A조사의 분포와 비교해 볼 때 20대 연령층은

<표 1> 표본의 특성 비교

(단위: %)

		A	B	C	D	E
성	남	50.5	50.4	48.0	50.2	52.7
	여	49.5	49.6	52.0	49.8	47.3
연령	20대	33.4	31.8	25.4	25.3	24.4
	30대	24.6	22.4	30.0	29.8	30.6
	40대	17.8	18.4	23.0	29.7	22.1
	50대	24.2	27.3	21.6	23.2	22.9
자료수집 방법		면접	전화	전화	전화	전화

실제보다 약 9%(E조사) 정도 적게 선정된 반면에 30대, 40대 연령층은 최고 12%(D조사)가 더 많이 선정되었다. 그래서 실제 연구에서 가장 많은 비율을 차지하고 있는 20대가 30대보다, 경우에 따라서는 40대(D조사) 보다도 적게 선정되었다. 따라서 이들 세 개의 조사는 모두 연령별 분포면에서는 대표표본으로 보기가 어렵다.

이와 같이 전화조사 방법을 이용한 여론조사들의 표본이 대표성이 확보되지 않는 이유는 비록 각 지역별로 인구비례에 따라 표본수가 할당되었지만 조사대상가구로 선정된 전화보유가정에서의 응답자를 선정하는 과정에서 성, 연령에 따른 할당이 제대로 이루어지지 않았거나, 할당이 되었다 하더라도 전화면접원들이 시간과 노력의 부족으로 이를 따르지 않은 데에서 일어나는 것으로 보인다. 특히 면접자가 직접 응답자의 연령을 확인해 볼 수 있는 면접조사와는 달리 전화조사에서 표본의 대표성 문제는 매우 심각할 것으로 추측된다. 그럼에도 불구하고 거의 모든 전화조사는 모집단을 "전국 20대 이상 유권자" 등으로 표기하고 있으며 표본오차도 동시에 제시하고 있다. 표본오차는 궁극적으로 모집단의 특성, 즉 모수치(parameter)를 추정하기 위해 필요로 하는 통계이기 때문에 이와 같이 대표성이 확보되지 않은 표본조사에서 표본오차의 제시는 불필요한 것이다. 따라서 앞으로 전화조사를 이용한 여론조사의 경우 모집단의 규정을 전화보유가구의 유권자로 제한시키지 않는 한에 있어서는 표본오차의 제시를 피해야 할 것이다.

이와 같이 확보된 표본의 성격이 모집단과 차이가 나는 단점을 극복하기 위해 실제 비율에 맞춰 가중치(weight)를 주는 경우(≪동아일보≫ 1987. 11. 4, 1987. 11. 17)가 있다. 그러나 이러한 가중치를 사용해 실제 인구통계학적 비율로 조정했다고 해서 그 표본이 대표성을 회복할 수는 없는 것이다. 가중치를 부여하는 데에는 반드시 논리적이고 경험적인 근거가 있어야 함은 물론이다. 그러나 그러한 근거가 확보되어 가중치를 아무리 정확히 주었다 하더라도 원자료가 갖고 있는 편파성은 극복할 수 없는 것이다. 따라서 가중치의 사용을 통해 대표표본을 확보할 수 있다는 잘못된 생각을 갖고서 표본추출의 정확성을 기하지 않는 관행은 없어져야 하며 가중치가 갖고 있는 한계를 명확히 인식하여 표본의 대표성을 확보할 수 있도록 노력하는 자세가 필요하다.

(7) 조사일시 및 기간

여론조사 실시일과 기간에 대해서는 비교적 잘 밝히고 있다. 전체 40건 중 34건 (85.0%)이 조사일시 및 기간에 대해 제시하였다. 그러나 2건은 "지난 주" 또는 "최근에" 등과 같이 애매하게 표현했으며, 4건은 아예 여기에 대해 언급이 전혀 없었다. 신문사가 스폰서가 되었는지의 여부에 따라 조사 실시일과 기간에 대한 제시를 비교해 보면 신문사가 스폰서가 된 조사의 제시율이 더 높았으나(36건 중 32건, 88.9%), 외부단체에서 실시한 여론조사는 4건 중 2건만이 제시되었다.

3) 설문내용 분석

설문문항의 내용과 문제점을 파악하기에 앞서 먼저 신문들이 조사된 설문 내용을 얼마나 충실히 공개하였는지에 대해 알아보도록 하겠다. 전체 40건의 여론조사 중 설문내용을 별도의 지면을 할애하여 완전하게 공개한 여론조사는 16건(40.0%)이었고, 별도 지면으로 처리하지는 않았으나 기사 속에서 완전하게 공개한 건수는 2건(5.0%)이었다. 그리고 기사 속에 일부 문항만 완전하게 공개한 건수는 18건(45.0%)이고, 4건은 기사 속에서도 완전한 내용을 공개하지 않았다. 그래서 별도 지면을 마련하거나 기사 속에서 모든 문항의 설문내용을 완전히 공개한 비율은 45.0%에 지나지 않았다.

(1) 설문문항 내용

선거여론조사에서 어떠한 내용의 질문들이 다뤄졌는지를 13대 대통령 선거, 13대 국회의원 선거, 국회의원 보궐 선거로 나누어 각각 분석해 보았다.

먼저 13대 대통령 선거 여론조사의 설문문항내용은 <표 2>에 제시된 바와 같다. 13대 대통령 선거에 관한 여론조사는 모두 30건이며, 30건의 여론조사에서 48개의 문항이 모두 107번 조사되었다. 48개의 문항은 9개의 주제로 재분류시킬 수 있었는데 그것들은 후보단일화(6개 문항), 지지후보(10개), 부정선거 및 선거의 부정적 측면(9개), 선거공약 및 이슈(7개), 선거관심도 및 참여도(5개), 선거제도(5개), 매스미디어 이용도(6개), 선거결과 전망 및 인정(2개), 그리고 기타(1개) 등이다.

<표 2> 13대 대통령 선거여론조사의 설문문항 내용 및 월별 조사빈도

설문문항 내용		설문문항의 월별 조사빈도				
주제	설문문항	9월	10월	11월	12월	계
후보단일화	후보단일화 필요성	1	2	1	2	6
	후보단일화 결정시기	1				1
	후보단일화 가능성 전망	1	2	1	2	6
	후보단일화 결렬시 책임		1			1
	후보단일화는 누구로		1			1
	양 김씨 동시출마 당선가능성		2		2	4
	소계	3	8	2	6	19
지지후보	지지후보 결정여부			3	6	9
	지지후보 변경의사				1	1
	지지후보 결정시기				1	1
	지지후보 결정시 어려움				1	1
	차선의 지지후보				1	1
	후보에 대한 평가			1		1
	후보부인에 대한 평가				2	2
	지지후보 결정기준 요인		1	2	5	8
	대통령 자격요건		2	2		4
	후보선택시 영향원				1	1
	소계		3	8	18	29
부정선거 및 선거의 부정적 측면	지역감정		9			9
	선거양상의 부정적 측면		1	1	1	3
	국민화합 저해요인			1		1
	유세장 폭력			3	1	4
	금품, 향응수수 여부				1	1
	공무원 선거개입				3	3
	흑색선전, 상호비방 심각도				3	2
	공정선거 실시 전망, 평가				2	2
	선거 후 후유증				4	4
	소계		10	5	15	30
선거공약	새정부의 과제		1	2		3
	노후보 당선시 군정인가 여부			1	1	2
	중립내각			1		1
	선거에서 가장 중요한 문제			1		1
	12·12사태 논의로 유리할 후보			1	1	2
	선거공약에 대한 신뢰도				2	2
	민주화 일정 추진방향				1	1
	소계		1	6	5	12

　전체 107개의 질문을 주제별로 보면 '부정선거 및 선거의 부정적 측면'에 관한 내용이 30개로 가장 많고 '지지후보에 관한 내용이 29개로 이들 내용의 질문들이 과반수를 차지하고 있다. '부정선거 및 선거의 부정적 측면'에 관한 내용에서는 지역감정 문항(9개)이 가장 많이 조사되었고, '지지후보'에

<표 2> 계속

설문문항 내용		설문문항의 월별 조사빈도				
주제	설문문항	9월	10월	11월	12월	계
선거관심도 및 참여도	선거관심도		1			1
	유세장 참여			3	2	5
	선거에 관한 대화내용			1		1
	투표참여 의사				2	2
	지지후보에 대한 부부간 상의				3	3
	소계		1	4	7	12
선거제도	최고득표자 50% 미만시 인정		1			1
	1~2위 결선투표		1			1
	소계		2			2
매스미디어 이용도	후보접촉 매체(캠페인 방식)			1	1	2
	TV토론 필요성			1		1
	관훈클럽 토론회 시청			2	1	3
	관훈클럽 토론회의 영향				1	1
	선거정보의 주정보원				1	1
	TV보도의 공정성				1	1
	소계			4	5	9
선거결과 인정	선거결과 전망				1	1
	선거결과 인정				2	2
	소계				3	3
기타	여론조사 후보지지도 공개			1		1
여론조사 건수		1	7	9	13	30

관한 내용에서는 결정여부 문항(9개)과 지지후보를 결정하는 데 기준이 되는 요인문항(8개)이 가장 많이 조사되었다. 후보단일화 필요성, 가능성 전망 등 의 '후보단일화'에 관한 내용은 모두 19번, '선거공약이나 이슈'와 '선거관 심도 및 참여도'는 똑같이 12번, 후보접촉 매체, 관훈클럽 토론회 등의 '매 스미디어 이용도'는 9번, '선거결과 전망 및 인정여부'는 3번, 결선투표제도 등의 '선거제도'는 2번, 그리고 여론조사에서 나타난 후보지지도 공개에 관 한 내용은 1번 다뤄졌다.

한편 13대 대통령 선거에 관한 여론조사는 선거일(1987. 12. 16) 약 3달 전인 9월부터 여론조사가 실시되었는데 각 시기별로 중점적으로 조사된 질 문내용이 달랐다. 9월에는 비록 여론조사가 1건밖에 실시되지 않았지만 이 조사에서는 후보단일화 필요성, 결정시기, 가능성 전망 등 후보단일화에 관 한 질문이 집중 조사되었다. 10월에는 지역감정이 선거에 미치는 영향, 심각

도 등의 지역감정에 관한 질문이 9번으로 가장 많이 조사되었고, 후보단일
화에 대한 질문도 8번으로 여전히 양 김씨의 후보단일화에 대한 관심이 계
속되었다. 그러나 11월에 들어서는 지지후보 결정여부, 지지후보 결정기준
요인 등 '지지후보'(8번)에 관한 내용과 '선거공약 및 이슈'(6번)에 관한 내
용이 많이 다뤄졌다. 선거 막바지인 12월에는 '지지후보'(18번)와 '부정선거
및 선거의 부정적 측면'(15번)에 관한 내용이 집중적으로 조사되었다.

지금까지 13대 대통령 선거와 관련된 여론조사들의 설문문항 내용들을
분석해 보았는데, 여론조사를 통해 나타난 우리 신문들의 선거보도는 이슈
문제, 특히 정책 이슈 문제에 매우 인색한 반면에 부정선거나 후보단일화 문
제 등 선거의 부정적 측면에 초점을 맞추는 보도경향을 발견할 수 있었다.
물론 지난 13대 대통령 선거에서 지역감정이나 유세장 폭력, 공무원의 선거
개입 등의 선거의 부정적 측면이나 후보단일화 문제 역시 중요한 선거 이슈
였지만 엄격한 의미에서 이것들은 이슈라기보다는 선거과정에서 증폭된 선
거의 부정적 양상으로 분류시키는 것이 좋을 것 같다. 한편 13대 대통령 선
거에서 중요한 이슈였던 '군정종식,' '중립내각,' '12·12사태' 등은 각각 겨
우 2번씩 다뤄졌을 뿐이며, 후보들의 정책문제는 전혀 다뤄지지 않았다. 반
면에 후보단일화, 선거의 부정적 측면 등은 그 관심이 증폭되는 경향을 보였
다. 또한 각 후보의 지지도는 공개되지 않았지만 지지후보 결정여부, 지지후
보 결정기준 요인 등의 '지지후보'에 대한 관심 역시 비슷한 양상으로 나타
났다.

이와 같이 우리 언론은 정책 이슈 중심의 차분하고 이성적인 선거분위기
로 유도하기보다는 16년만에 부활된 직접선거라는 과열된 분위기를 오히려
조장했거나 과열분위기에 편승했다는 의심을 지울 수 없겠다.

이어서 13대 국회의원 선거여론조사에서 다뤄진 설문내용을 분석해 보기
로 하겠다. 그 결과는 아래 <표 3>에 제시되어 있는데 13대 총선관련 여론
조사는 7건으로 13대 대선에 비해 매우 적었으며, 모두 18개의 문항이 36번
질문되었다. 분석을 위해 18개의 문항을 7개의 주제로 재분류하였다. 그것은
'야당통합,' '지지후보,' '부정선거,' '선거공약 및 이슈,' '선거참여도,' '선거
제도 및 실시일,' '기타' 등이다.

주제별로 조사된 빈도를 보면 '지지후보'가 11번으로 가장 많고, '야당통

<표 3> 13대 총선 여론조사의 설문문항 내용 및 월별 조사빈도

설문문항내용		설문문항의 월별 조사빈도			
주제	설문문항	88년 1월	2월	4월	계
야당통합	야당통합방식 양 김씨 거취 야당통합시 승리가능성	1 1	2 2 2	1	3 4 1
	소계	2	6	1	8
지지후보(정당)	지지후보 결정여부 지지후보 결정기준 요인			7 4	7 4
	소계			11	11
부정선거	선거양상의 부정적 측면 공무원 선거개입 흑색선전, 상호비방 심각도			1 1 2	1 1 2
	소계			4	4
선거공약 및 이슈	새정부의 과제 새대통령 공약이행도 6공정권 부조리 가능성 5공/6공 관계 노사분규			1 1 1 1 1	1' 1 1 1 1
	소계			5	5
선거참여도	유세장 참여			1	1
선거제도 및 실시일	총선시기 국회의원 선거제도	1 3			1 3
	소계	4			4
기타	언론의 새마을사건 보도 선거결과 인정			1 1	1 1
	소계			2	2
여론조사 건수		1	1	5	7

합'이 9번, '선거공약 및 이슈'가 5번, '부정선거'와 '선거제도 및 실시일'이
각각 4번, 선거참여도가 1번, 기타가 2번으로 '지지후보'나 '야당통합'의 내
용이 대부분을 차지하였다. 설문문항 내용을 13대 총선일인 4월 26일까지
월별로 분석해 보면 선거 초반인 1, 2월은 '야당통합'과 '선거제도 및 선거
일'이 집중적으로 조사되었고 선거 막바지인 4월에는 '지지후보'에 관한 내
용이 많이 조사되어 시기별로 신문의 조사관심 주제가 다르게 나타났다. 그
래서 결국 13대 총선 여론조사에서도 13대 대선 여론조사와 마찬가지로 이
슈, 특히 정책 이슈가 거의 다뤄지지 않았다고 할 수 있겠다.

13대 국회에 들어서 모두 3번의 보궐 선거가 실시되었다. 89년 4월 14일

에 실시된 동해시 선거, 89년 8월 18일에 실시된 영등포을 선거, 90년 4월 3일에 실시된 대구서갑과 진천, 음성 선거이다. 이 3번의 보궐 선거에 관한 여론조사는 각각 1번씩 실시되었다. 동해시 선거여론조사는 선거가 끝난 3달 후인 7월 말에 동해시 유권자들을 대상으로 면접조사한 것이고, 영등포을 선거와 4·3보궐 선거는 선거실시 전에 여론조사이다. 이 3건이 여론조사만을 대상으로 설문내용을 분석해 보았는데 이와 같이 전체적인 문항 수와 질문빈도가 많은 것은 동해시 선거여론조사가 무려 20개의 문항으로 구성된 조사였기 때문이다. 15개의 문항은 '지지후보,' '부정선거,' '선거공약,' '선거참여도,' '선거제도,' '기타' 등의 주제로 재분류시켰으며, 각 주제별 조사빈도를 보면 '부정선거'가 18번으로 과반수를 차지하고 '지지후보'가 6번, '선거참여도'가 3번, 나머지 주제는 1번씩이며, 기타가 3번이었다. 그래서 앞에서 살펴본 13대 대선, 총선에 이어 보궐 선거 여론조사에서도 '부정선거' 주제가 많이 다뤄진 반면에 이슈나 정책 이슈는 거의 조사되지 않았다.

(2) 설문문항의 문제점

이어서 설문의 방식과 내용상의 문제점을 보면 질문과 응답항목의 내용과 방식에서 많은 문제점들이 발견되었다. 그것들을 구체적으로 살펴보겠다.

첫째, 전화조사에서 응답항목이 너무 많다. 구조화된 설문조사에서의 응답항목은 상호배타적(mutually exclusive)이고 가능한 응답항목들이 총망라(exhaustive)되어야 한다는 원칙을 갖고 있다. 그러나 총망라해야 한다는 원칙을 지키기 위해 너무 많은 응답항목을 한꺼번에 제시한다면 응답자에게 혼동을 불러일으킬 수 있다. 특히 면접조사가 아닌 전화조사에서는 응답자가 선택할 수 있는 응답항목이 많을 경우 응답자의 정확한 의견이나 태도를 반영시키기가 어려울 것이다. 그럼에도 불구하고 《경향신문》 1987년 10월 9일자의 전화여론조사에서는 "차기 대통령이 갖추어야 할 요소(자질) 중 가장 필요하다고 생각되는 것을 순서대로 3가지만" 선택하라고 하면서 무려 14개의 응답항목을 제시하였다. 이 조사가 비록 정치전문가들인 정치학자들을 대상으로 한 것이기는 하지만 응답자들에게 14개의 응답항목이 충분히 전달되었는지 의문이 가며, 더욱이 많은 응답항목 중에서 중요도에 따라 1, 2, 3위의 순위를 가리라고 한 것은 응답자들의 정확한 의견을 추출하는 데 무리가 있었을 것으로 판단된다.

둘째, 특정방향으로의 응답을 유도할 수 있는 편향된 질문이 사용되었다. ≪경향신문≫ 1987년 10월 9일자 여론조사에서 "통일민주당의 대통령후보는 꼭 단일화되야 한다고 생각하는가"라는 질문이 던져졌다. 여기서 "꼭"이라는 말이 들어감으로써 양 김씨의 단일화의 당위성을 감소시키는 의미를 전달했을 가능성이 높다. 이것은 조사자의 정치적 의도성을 의심케 하는 질문이라 하겠다.

≪중앙일보≫ 1987년 11월 9일자 여론조사의 "각료 임명권은 헌법상 대통령의 고유권한인데도 일부에서는 대통령 선거를 공정하게 치르기 위해서는 거국적인 중립내각을 구성해야 한다는 주장…"의 질문 역시 강조된 부분이 내각 구성을 반대하는 응답으로 유도하도록 편향되어 있다.

4) 조사결과 분석 및 해석의 문제점

여론조사 결과에 대한 분석과 해석은 대체로 큰 문제는 없었으나 몇몇의 조사에서는 중요한 문제점이 발견되었다. 본 연구에서 발견된 조사결과의 분석 및 해석상의 문제점을 사례를 중심으로 살펴보도록 하겠다.

(1) 근거 없는 주관적 해석

≪한국일보≫ 1988년 4월 23일자에서는 13대 총선을 앞두고 실시된 각 정당에 대한 지지도 조사결과를 이전의 조사결과와 비교하여 평민당과 공화당은 3% 정도 증가하였으나, 민정당과 민주당은 1~2% 정도 줄어들었다고 밝히고 있다. 사실 이와 같은 미세한 차이는 표본오차를 감안한다면 별다른 의미를 줄 만한 변화가 아님에도 불구하고 각 정당의 증감의 원인에 대해 "… 이는 여당 견제심리와 함께 서울 공천의 경우 평민당이 상대적으로 신선한 인물이 많다는 세간의 평과 공화당에 대한 호감 등의 영향이라 풀이된다"라고 아무런 근거 없이 주관적으로 설명하고 있다.

(2) 과장 해석

≪동아일보≫ 1987년 12월 9일자 여론조사의 주제목은 "다른 후보 찍기

로 한 부부 28%"로 되어 있다. 이어서 본문기사를 보면 부부간에 "같은 후보를 찍기로 했다"는 응답이 58.4%이고 "아직 결정하지 못했다"는 응답이 13.6%, "제각기 다른 후보를 찍기로 했다"는 대답이 28.0%나 됐다고 하면서 다음과 같은 설명을 덧붙이고 있다.

"이같은 응답은 우리나라 부부는 대개 같은 후보를 찍는다는 종전의 통념과는 다른 조사결과로 보인다. 이는 여권의식 제고현상과 함께 야당후보의 단일화 실패에 따른 후보선택(야당선호 경우)이 고심거리로 등장한 데다 여야의 선전 및 선심공세 등이 어느 대통령 선거보다 치열한 데에서 연유하고 있는 것으로 풀이된다."

10쌍 중 3쌍 미만의 부부가 서로 다른 후보에게 투표하기로 했다는 조사결과가 과연 대단히 중요하고 깜짝 놀랄 만한 결과인지 쉽게 수긍되지 않는다. 만약에 조사결과가 '같은 후보를 찍기로 했다'라는 부부보다 '서로 다른 후보를 찍기로 했다'라는 부부가 더 많거나 적어도 비슷했다면 이러한 흥분을 수긍할 수 있겠지만 전체 부부의 28%만이 다른 후보를 찍기로 한 결과를 제목화하고 이에 따른 추가해설을 덧붙이는 것은 과장 해석으로 받아들이지 않을 수 없다. 《동아일보》의 이러한 흥분이 과장 해석으로 받아들여지지 않기 위해서는 이 조사결과와 현격하게 차이가 있는 기존 조사결과의 수치를 제시했어야 할 것이다. 그리고 이와 같은 부부간의 지지후보 불일치 현상의 원인을 여권의식 제고, 야당후보 단일화 실패, 여야의 선전, 선심공세 등으로 설명한다는 것은 여론조사 보도에서는 피해야 될 근거 없는 주관적 해석이라 지적하지 않을 수 없다.

두 번째 사례로 《조선일보》 1988년 2월 13일자에는 김영삼 씨의 민주당총재직 사퇴에 관한 찬반의견 조사결과를 기사화하면서 "… 잘한 일이다라는 응답이 62.0%로 절대 다수가 김영삼 씨의 사퇴에 호의적인 반응을 보였고…"라고 하였다. 62.0%의 응답이 분명히 다수이긴 하지만 절대다수라고 할만큼 많은 수치인가에 대해서는 논란이 일 수 있다. 이와 관련하여 조사결과를 분석하면서 흔히 사용하는 양에 관한 부사들인 '상당수,' '대다수,' '절대 다수' 등의 용어사용을 정확히 해야 할 것이며 아울러 이러한 부사들에 대한 양적인 조작적 정의를 명확히 할 필요가 있을 것이다.

세 번째 사례로서 《한국일보》 1988년 4월 23일자 여론조사 보도에는

"… 투표불참이 전체 응답자의 2.9%에 달해 지난번(1.1%)보다 월등히 높아진 점도 여러 가지 해석을…"이라는 표현이 있다. 1.1%에서 2.9%로의 변화가 월등히 증가한 것으로 해석할 수 있을까? 이러한 차이는 표본오차를 감안한다면 거의 차이가 없는 매우 적은 격차인데도 "월등히"라는 표현을 쓴 것은 과장된 것이라 지적하지 않을 수 없다.

(3) 잘못된 해석

《동아일보》 1987년 11월 25일자에서는 "35세 이하의 유권자들은 후보자의 소속정당보다는 정치노선을 후보선택의 중요요인으로 생각하고 있는 등 진보적 성향을 갖고 있는 것으로…"라고 해석하고 있다. 정치노선을 중심으로 지지후보를 선택하는 행위를 과연 진보적 성향으로 해석할 수 있는지 의문이 가지 않을 수 없다.

두 번째로 《한국일보》 1987년 12월 2일자에서는 지지후보 미결정권자들의 인구통계학적 특성을 분석하면서 "… 이념적으로는 중도·보수성향을 가진 유권자들(아주 보수 28.9%, 보수 27%, 중도 32.5%) 가운데 부동표가 많이 분포되어 있다"라고 하였다. 그러나 이 조사에서는 응답자의 진보-중도-보수성향을 어떻게 측정했는지에 대해서는 일체의 언급이 없다. 이러한 생략은 지면의 부족에서 기인한 것으로 판단되지만 이념적 성향을 어떻게 측정했으며 또한 무슨 기준으로 진보-중도-보수성향을 구분하였는지에 관한 최소한의 정보가 제공되었어야 옳았을 것이다.

또한 《조선일보》 1987년 10월 21일자 여론조사에서는 여과설문(filter questionaire)을 통해 추린 응답자들만을 대상으로 한 응답결과를 마치 전체 응답자의 의견인 것처럼 해석하고 제목화하였다. 이 조사에서는 먼저 "대통령 선거에서 최고득표자가 50% 이하일 경우도 대표성을 인정할 수 있겠느냐"는 여과질문을 통해 "인정할 수 없다"라고 응답한 전체 응답자의 34.5%만을 대상으로 "1·2위 득표자에 대해 재투표를 해야 한다고 생각하느냐"는 질문을 하였다. 그 결과 재투표해야 한다는 응답이 58.5%가 나왔는데 이 수치를 전체 응답자의 비율로 환산해서 전체 응답자의 20%만이 결선투표를 지지하고 있다는 식으로 해석하고 있으며, 이러한 해석을 "'50% 득표 없을 때 1·2위 결선투표해야' 20%"라는 제목을 달아 제목만을 본다면 마치 전체 응답자들에게 50% 득표자가 없을 때 결선투표 실시에 대한 의견을 직접적으로 물어 본 것처럼 전달되고 있다. 또한 이러한 해석은 50% 이하 득표당선자의 대표성을 인정하는 사람은 모두 1·2위 득표자간의 결선투표를 반대하는 것으로 가정하고 있는 것이다. 그러나 50% 이하 득표당선자의 대표성 인정과 결선투표방식간에는 그러한 기본 가정이 성립될 수 없는 것이다. 만약 여과설문을 거치지 않고 결선투표방식 자체만을 가지고서 질문을 던졌다면 결과는 다르게 나왔을 것이다.

(4) 잘못된 제목

《조선일보》 1987년 12월 4일자 1면과 2면에 걸쳐 여론조사 결과가 보도되었는데 2면의 부제목 중 하나는 "'공약·정책 고려' 48.2%, '지역 고려' 3.7%"라고 되어 있다. 그래서 이러한 제목만 보면 전체 응답자들에게 지지후보를 결정하는 데 기준이 되는 요인이 무엇인지를 질문한 것으로 판단할 것이다. 그러나 본문의 기사내용을 살펴보면 이 결과수치는 전체 응답자에게 물어 본 결과가 아니라 먼저 지지후보를 결정했는지를 물어 본 다음 지지후보를 결정치 못한 응답자들(전체의 31%)만을 대상으로 "그럼 앞으로 무엇을 고려하여 투표할 후보를 결정하겠는가"라는 물음에 대한 응답결과인 것이다. 만약 전체 응답자들을 대상으로 지지후보 결정기준 요인을 물어 보았다면 다른 결과가 나왔을 것인데, 일부 응답자들(31%)만의 응답결과를 전체 응답자의 의견으로 오해를 불러일으키고 있다.

또한 13대 국회의원 선거를 앞두고 실시된 《중앙일보》의 여론조사 (1988. 1. 18)는 1, 2면에 기사화되었다. 2면의 주제목은 "'총선 전 민주·평민 통합을' 41%"로 되어 있다. 그러나 제목에서의 '41%'는 잘못된 수치이다. 본문 기사내용에 나타난 수치와 '여론조사 질문내용'과 함께 제시된 응답항목들의 응답비율에서는 모두 54%이다. 아마도 편집자가 제목을 달면서 총선을 맞아 양 김씨가 협력해 총선을 치러야 한다는 별도의 설문결과인 41.0%의 수치를 잘못 제목화한 것으로 보인다.

(5) '잘 모르겠다' 처리

《중앙일보》 1987년 11월 24일자 여론조사에서는 "12·12사태 논의로 어느 후보가 유리해질 것이라고 생각하느냐"는 질문결과를 해석하면서 "…
46.1%의 응답자가 잘 모르겠다라고 응답, 12·12사태에 대한 이해도가 전반
적으로 낮다는 것을 드러냈다"라고 하였다. 만약 12·12사태에 대한 물음이
'12·12사태에 대해 어느 정도 알고 있는지' 그 지식 정도를 조사하고자 하
는 물음이라면 이러한 해석은 문제될 것이 없다. 그러나 이 조사에서의 물음
은 어느 후보에게 유리해질 것이냐는 물음이다. 그렇기 때문에 12·12사태에
대한 충분한 지식이나 이해를 갖고 있다 하더라도 그 논의가 어느 후보에게
유리해질 것인지는 예측할 수 없는 것이다. ≪중앙일보≫의 이와 같은 해석
은 이 물음에 대한 응답으로 4명의 후보 중 어느 한 사람이나 "아무도 도움
이 안된다"라고 한 사람들은 12·12사태에 대한 정확한 또는 높은 이해를 갖
고 있다고 전제하는 것이다. 실제 응답결과를 보면 노태우 10.1%, 김영삼
28.2%, 김대중 18.6%, 김종필 5.5%, 아무도 도움 안됨이 9.3%이었다. 객관
적으로 볼 때 12·12사태 논의로 가장 불리할 것으로 생각되는 노태우 후보
의 경우도 10.1%가 나왔는데 이러한 응답이 결코 12·12사태에 대한 정확한
이해에서 나온 것으로 볼 수는 없다.

전반적으로 "모르겠다"라는 비율이 비교적 높았는데, 특히 전화조사에서
는 평균적으로 15% 내외가 되었다. 바로 앞에서 든 예에서도 잘 모르겠다는
응답이 46.1%로 높게 나왔고, ≪중앙일보≫ 1988년 1월 18일자 전화여론조
사에서 바람직한 전국구 국회의원 수에 관한 질문의 경우 응답자의 37.4%
가 "잘 모르겠다"는 응답을, 3.2%가 무응답을 해 전체 응답자의 40.6%가
질문에 제대로 응답을 하지 않았다. 이와 같이 잘 모르겠다라는 응답이나 무
응답이 높다라는 것은 그 질문에 대해 아직 여론이 제대로 형성되지 않았다
는 점을 간접적으로 시사해 주는 것이기 때문에 이러한 질문의 결과를 해석
하는 데에는 많은 주의가 따라야 할 것이다.

(6) 선거결과 예측

사실 선거여론조사의 백미는 조사에서 나타난 각 후보나 정당의 지지율을
통해 선거결과를 예측하는 일이다. 현재 어떤 후보나 정당이 얼마만큼 앞서
고 있는지에 관한 정보는 선거관계자는 물론이고 유권자 모두에게 대단히
중요하고 흥미 있는 정보임에 틀림없다. 동시에 후보의 지지도 및 예상득표

율에 관한 정보는 여론조사의 정확성을 직접 검증할 수 있는 거의 유일한 정보라는 점에서 그 중요성이 더해진다. 아무리 자기네 조사의 정확성을 강조한다 하더라도 실제 선거결과와 큰 차이가 난다면 조사의 정확성을 의심받지 않을 수 없다. 그러나 지난 대통령 선거에서는 선거법상으로 후보의 지지도 공개가 금지되었기 때문에 신문사들이 각 후보에 대한 지지도를 조사하고서도 이를 공개하지 못했다.

이러한 대통령 선거와는 달리 13대 총선에서 신문들은 각 정당의 지지도를 공개하였다. 그것도 투표일을 3~6일 정도 앞두고 공개되었는데, 이를 각 정당의 실제 득표율과 비교해 보면 어느 조사도 선거결과를 정확히 예측하지 못했다. 물론 각 신문이 각 정당의 지지율을 공개하면서 이러한 지지율을 갖고서 직접적으로 선거결과를 예측하지는 않았지만 <표 4>에서 보는 바와 같이 거의 같은 시기에 조사된 3건의 여론조사 모두 민정당이 다수당이 될 것이라는 점과 각 정당의 지지도 순위는 적중하였으나 실제 각 정당의 득표율은 예상득표율과 차이가 있었다.

<표 4> 13대 총선 여론조사의 각 정당지지율 예측 정확도 비교
(단위: %)

	A	B	C	실제 득표율
민정	39.8	31.5	33.3(22.5)	34.0(26.0)
민주	23.3	25.1	17.9(20.2)	23.8(23.2)
평민	17.5	20.9	11.8(12.4)	19.3(26.7)
공화	12.5	13.1	11.4(14.0)	15.6(15.9)
기타정당	5.1	4.9*	2.6	2.6
무소속	2.0		4.5	4.8
무응답		4.9**	18.5	
조사방법	면접	전화	전화	
표본수	1500	1197	1000	

주: 괄호 안은 서울지역만의 비율임
  * 기타정당과 무소속을 포함한 비율임
  ** '투표하지 않겠다'라는 응답비율임

먼저 면접조사를 한 A조사(≪조선일보≫ 1988. 4. 20)는 민주당의 지지율(예측 23.3%, 실제 23.8%)은 거의 정확히 맞췄으나 민정당의 예상지지율은 실제 득표율보다도 5.8%가 높았다. 전화조사를 한 B조사(≪한국일보≫ 1988. 4. 23)는 다른 조사들에 비해 표본오차의 범위(±2.7%)내에서 실제 득표율을 거의 정확히 예측하였다. 역시 전화조사를 한 C조사(≪중앙일보≫ 1988. 4. 23)는 민정당의 득표율은 거의 정확하게 예측하였으나 민주당의 예상득표율은 실제보다 5.9%, 평민당은 7.5%, 공화당은 4.2%가 낮았다. C조사의 경우는 전화조사가 중산층에 편향된 조사라는 점을 단적으로 보여주는 증거이다.

당시 13대 총선에서 비상한 관심의 대상이 되었던 서울지역의 선거결과와 C조사가 밝힌 서울지역만의 예상득표율간에는 많은 차이를 나타냈다. 표에서 보는 바와 같이 여론조사에서는 평민당이 12.4%로 4당 중 최저의 지지율을 보였다. 그러나 실제 선거결과는 평민당이 26.7%의 득표로 서울지역에서 최고의 득표율을 보였고 예상득표율과는 무려 14.3%의 차이를 보였다.

6. 결론

본 연구에서 지적된 우리나라 신문들의 선거여론조사가 안고 있는 문제점들은 주로 조사의 정확성 부족, 시간과 지면의 부족, 언론사 여론담당자의 여론조사에 대한 이해부족이나 실수에서 일어나고 있다. 따라서 앞으로 우리 신문의 선거여론조사는 이러한 문제의 발생원인들을 제거할 수 있는 방향으로 초점을 맞추어야 할 것이다. 그러나 지면의 부족문제는 언론사의 편집정책과 깊이 관련되어 있는 문제이기 때문에 여론조사의 중요성과 필요성에 대한 언론사의 인식이 변화하지 않는 한에 있어서는 그 해결이 어렵다. 이러한 지면부족문제를 제외한 나머지 문제발생원인을 제거하거나 줄일 수 있는 실천방안들을 검토해 보고 신문이 새롭게 추구해야 될 보도방향에 대해서도 같이 모색해 보기로 하겠다.

우선 선거여론조사 보도가 후보나 정당간의 정책 이슈 중심으로 개선되어야 한다. 본 연구에서도 나타난 바와 같이 현재 우리 언론은 부정선거, 유세장 폭력, 지역감정 등의 '선거의 부정적 측면'이나 지지후보 결정여부, 결정기준 요인 등의 '지지후보' 중심의 조사가 이루어지고 있다. 후보의 당락을 예측하는 인기조사를 금하고 있는 선거법(대통령 선거법 65조, 국회의원 선거법 76조) 때문에 각 후보의 지지도에 대해서는 보도가 되지는 않았지만 국회의원 선거에서 각 정당의 지지율은 공개되기도 하였다.

전술한 바와 같이 언론 스스로가 토픽을 선정하고 조사하여 그 결과를 보도함으로써 후보나 유권자들에게 언론이 부각시키는 토픽에 대한 중요성을 인식시키는 언론의 의제설정기능을 고려한다면 언론은 여론조사의 주제선정에 신중해야 할 것이다. 이와 같이 이슈나 정책중심이 아닌 부정적이고 흥미 위주의 여론조사는 유권자들로 하여금 선거를 차분하고 이성적인 심사숙고의 대상으로 인식토록 하여 우리 모두가 가장 이상적인 투표행태로 추구하고 있는 이슈 중심의 선거로 이끌기보다는, 선거를 게임이나 흥미 위주의 대상으로 인식토록 하여 결과적으로 과열, 불법, 타락선거를 조장할 위험성을 갖고 있는 것이다. 앞으로 선거여론조사는 각 후보나 정당간의 정책 이슈에 대한 의견이나 태도, 유권자들이 원하는 정책방향 및 내용을 조사, 보도하여 정책 이슈 중심의 선거분위기를 조성해야 할 것이다.

둘째, 전화조사에 대한 의존도를 줄이고 면접조사를 강화시켜야 한다. 현재 우리나라의 전화보급률은 전국 평균 약 80%를 웃돌고 있는데 이러한 상황에서 전국 규모의 전화조사는 대표표본을 확보하기가 불가능하다. 본 연구에서도 밝혀졌지만 거의 모든 전화조사에서 표본의 인구통계학적 성격은 실제 모집단의 성격과 크게 달랐다. 따라서 앞으로 시의성이 매우 높은 사안에 대해서는 전화보급률이 비교적 높은 대도시 주민만을 대상으로 전화조사를 이용하고 선거결과 예측이나 전국 규모의 조사인 경우는 면접조사를 이용하는 것이 바람직할 것이다.

셋째, 독자가 조사의 정확성과 객관성을 판단할 수 있는 조사방법에 관한 정보를 충실히 밝혀야 한다. 현재 우리 신문들은 조사방법에 관한 정보를 제대로 공개하지 않고 표본의 대표성도 확보되지 않은 자체조사가 가장 객관적이고 정확한 조사라고 강조하고 있다. 조사의 정확성과 객관성은 제3자인 독자가 판단할 일이지 결코 언론사 스스로가 판단할 일은 아닌 것이다. 따라서 앞으로 적어도 미국의 여론조사협의회가 권장하고 있는 8가지 기준인 표본의 크기, 모집단, 질문내용, 조사일시, 표본오차, 스폰서, 자료수집 방법, 무응답률과 여기에 표본추출 방법, 표본의 인구통계학적 특성을 추가한 10가지 정보에 대해서 반드시 밝히도록 하여야 할 것이다.

넷째, 언론사 내부에 전문 여론조사 담당자를 육성하고 이들에 대한 교육을 강화시켜야 한다. 여론조사와 저널리즘의 접목은 거의 전적으로 언론사의 여론조사 담당자의 일이다. 언론사의 여론조사 담당자는 조사의 주제 선정, 여론조사 예산, 조사결과 보도의 지면할당 등에 있어서 결정적인 역할을 하며 때로는 직접 기사를 작성하기도 한다. 현재 우리나라도 몇몇 언론사가 1987년 이후 편집국내에 여론조사부를 신설하고 여론조사 담당자를 두고 있다. 그러나 이들 대부분은 여론조사에 대한 전문적인 이해가 부족한 편이며 또 정기적인 부서이동으로 이들의 전문성 확보를 어려운 실정이다. 따라서 아예 여론조사에 대한 전문지식을 갖고 있는 전문가를 채용하여 이들에게 지속적으로 여론조사업무에 관한 일체의 권한과 책임을 부여하도록 하여야 할 것이다. 이러한 점에서 최근 몇몇 언론사들이 입사시험에서 여론조사기자를 별도로 선발하고 있는 시도는 매우 바람직한 일이라 하겠다.

다섯째, 여론조사회사들의 자세도 새로워져야 한다. 여론조사회사는 자신들의 조사도구와 방법이 갖고 있는 한계에 대한 더 깊은 인식이 있어야 하고 이를 극복하기 위한 연구노력이 강화되어야 한다. 사실 언론과 여론조사의 유착은 언론사와 여론조사회사 모두에게 이익을 가져다주고 있는데, 언론사는 시의성이 있고 독자들의 관심이 높은 주제에 대한 과학의 이름으로 포장된 객관적인 뉴스를 얻고, 여론조사회사는 영업수익과 함께 지명도를 얻게 된다. 그러나 여론조사회사가 얻게 되는 지명도 이익은 모험의 성격을 담고 있는 것으로써 조사가 잘못되었을 경우에는 회복할 수 없는 상처를 입을 수 있는 것이다. 따라서 여론조사회사는 항시 조사과정 하나하나에 정직하고 성실해야 하며 매너리즘에 빠지지 않고 새로운 이론이나 기술을 개발하는 데 힘써야만 한다. 또한 아무리 정확한 조사라 하더라도 그것이 보도되는 과정에서 그 정확성이 깨질 수 있다는 것과 그러한 경우 여론조사회사도 그 책임으로부터 벗어날 수 없다는 사실을 깊이 인식해야 할 것이다. 그리고 주기적으로 여론조사에 대한 여론조사를 실시하여 국민들이 여론조사에 대해 갖고 있는 평가나 신뢰도를 모니터 해야 할 것이다.

여섯째, 여론조사의 생명은 국민들의 여론조사에 대한 신뢰라는 점을 감안하여 여론조사의 질을 평가할 수 있는 감독기구를 신설하여 여론조사에 대한 신뢰도를 확보해야 한다. 현재 우리나라는 정치여론조사를 포함해 각종의 여론조사가 늘어나고 있는데 이렇게 여론조사가 증가할수록 서로 다른 조사결과를 양산하는 등 조사의 질과 신뢰도는 떨어지게 마련이기 때문에 여론조사의 질을 평가, 감독할 수 있는 기구가 있어야 한다. 여론조사 감독기구는 두 가지 방안으로 검토할 수 있는데 하나는 프랑스처럼 정부 차원에서 독립된 권한을 갖는 여론조사위원회를 구성하는 방안이고 또 하나는 여론조사기구들이 중심이 된 자체 감독기구를 만드는 방안이다. 어떠한 방안으로 이루어지든 간에 이 감독기구로 하여금 일반 여론조사기관이 수행한 여론조사의 결과가 외부에 공표되기 전에 여론조사 자체의 정확성과 공정성에 대해 사전심의를 하도록 한다. 그래서 이 위원회의 심의를 거치지 않은 어떠한 여론조사 결과도 언론에 공개할 수 없도록 한다. 이렇게 함으로써 여론조사기관들은 조사의 정확성과 공정성을 위해 노력하게 될 것이고 일반 국민들은 공개되는 여론조사 결과를 보다 더 신뢰할 수 있게 될 것이다.

일곱째, 마지막으로 개인으로서의 언론인과 제도로서의 언론은 선거과정에서 자신들의 막중한 역할과 책임에 대한 철저한 인식이 있어야 한다. 이러한 언론의 역할과 책임은 좁게는 여론조사의 정확성, 공정성, 객관성에 입각한 정보를 유권자에게 충분히 전달해야 하는 것이며, 넓게는 대의정치의 효과적인 기능화와 관련되어 있는 것이다. 이러한 점에서 자주적이고 책임감 있는 자세는 모든 언론과 언론인들이 선거과정에서 준수해야 할 윤리이며 동시에 선거여론조사 보도의 궁극적인 목표가 되어야 할 것이다.

□ 참고문헌

권혁남. 1990, 「신문의 지방선거 보도의 문제점과 개선방안 연구」, 『지방자치와 언론』(한국언론연구원 연구서 1집).

Crespi, I. 1980, "Polls as Journalism," *POQ* 44.

Gollin, A. E. 1980, "Exploring the Liaison between Polling and the Press," *POQ* 44.

Keenan, K. 1986, "Polls in Network Newscasts in 1984 Presidential Race," *JQ* 63-3.

Ladd, E. C. 1980, "Polling and the Press: The Clash of Institutional Imperatives," *POQ* 44.

Miller, M. M. & R. Hurd. 1982, "Conformity to AAPOR Standards in Newspaper Reporting of Public Opinion Polls," *POQ* 46.

Myer, P. 1973, *Precision Journalism*, Bloomington, Indiana.

Noelle-Neumann, E. 1980, "The Public Opinion Research Correspondent," *POQ* 44.

Paletz, D. L. et al. 1980, "Polls in the Media: Content, Credibility and Consequences," *POQ* 44.

Smith, T. J. 1985, "A Critical Analysis of Australian Television Coverage of Election Opinion Polls," *POQ* 49.

Stovall, J. G. & J. H. Solomon. 1984, "The Poll as a News Event in the 1980 Presidential Campaign," *POQ* 18.

Tichenor, P. J. 1988, "Public Opinion and Construction of Social Reality," in J. A. Anderson(ed.), *Communication Yearbook* 11, Sage Publications.

Weaver, D. H. & M. E. McCombs. 1980, "Journalism and Social Science: A Sew Relationship," *POQ* 44.

Weimann, G. 1983, "Pre-elections Polls in the Israeli Press," *JQ* 60-2.

여론조사의 신뢰도를 저해하는 요인에 관한 소고

김광웅
서울대 행정대학원

1. 머리말

요즈음 여론조사가 유행이다. 선거 때가 되면서 신문과 방송이 앞다투어 여론조사를 벌이고, 정당과 후보자 캠프에서도 지지도에 관한 여론조사를 실시해 전략수립의 기초로 삼고 있다. 언론이 통제되던 독재정권에서는 엄두도 못 내던 정치조사가 1980년대 말부터 부쩍 늘게 된 것이다. 이는 국민의 의견을 존중하는 당연한 추이이기도 하다. 미국에서는 1920년대부터 여론조사가 시작되었고 그 예측들이 대략적으로 맞게 되면서 월터 피어스 하원의원 같은 이는 여론조사결과를 공표하는 것을 금지하는 법안을 제출하기도 하였다. 우세한 후보자를 제외한 다른 후보자들은 항상 여론조사자들에게 그 결과들이 선거에 악영향을 미친다고 불평을 늘어놓게 마련이다. 하물며 여론조사과정에서의 실수나 오류가 발생하여 잘못된 조사결과가 나오는 데 머물지 않고 이를 공개적으로 신문이나 방송 등의 대중매체를 통해 발표하는 경우에 치명적인 결과를 낳을 수 있다는 점을 감안할 때 여론조사의 설계와 실제 조사과정에 대한 세심한 주의가 새삼 요청된다고 하겠다.

그런데 이처럼 중요한 여론조사가 정확한지를 따지고 들면 문제가 달라진다. 선거뿐만 아니라 일반국정에 관련된 여론조사 역시 그 정확성에 의문이 있어 이를 바탕으로 수립되는 정책에 자칫 혼선이 생길 위험도 없지 않다.

여론조사의 폐해는 비단 국정운영이나 선거에 국한되지 않는다. 일상생활에 관련된 여론조사도 많은데, 그 중 민감한 사안이면 조사의뢰자의 의도가 결과분석에 반영되는 예도 없지 않아 판단을 그르치는 경우가 흔히 생기기도 한다. 그러나 여론은 알아야 한다는 데 조사의 필연성이 있고, 따라서 한계가 많지만 여론조사를 막을 길은 없다. 단지 기왕에 하는 조사이니 정확하게 해야 한다는 주문이 따를 뿐이다.

2. 척도의 부정확성의 문제

지방선거를 포함한 몇몇 선거와 관련된 여론조사를 보면 여론조사의 기초를 무시한 채 조사를 하고 있다는 사실을 쉽게 알 수 있다. 이러한 오류가 국내 유수의 일간지와 여론조사기관에서 공통으로, 그것도 오랫동안 꾸준히 반복되고 있다는 데 문제의 심각성이 있다.

1995년 5월 말 ≪조선일보≫는 선거예상조사와 관련하여 민선지사가 해결하여야 할 당면 과제로 '지역발전·개발'(16.7%), '교통난 해소'(10%), '농어촌문제'(10%), '지역경제활성'(8.5%), '물가안정'(4.1%), '도청이전'(2.8%) 등을 꼽았다. 일견 이상할 것이 하나도 없는 듯 보이나, 바로 여기에 여론조사의 함정이 도사리고 있다. 그것은 바로 개념 구성이나 용어의 조작적 정의에서 실수를 저지르고 있기 때문이다.

첫째로 지적할 것은 '지역발전·개발'과 '지역경제활성'이라는 개념이 일부 중복되면서 설문작성상 카테고리가 배타적이어야 한다는 원칙을 어기고 있다. 전화조사였으므로 당면 해결과제를 개방식으로 물었다기보다 폐쇄식으로 물었을 가능성이 높다. 즉 앞의 여러 문제를 열거하면서 그 중 하나를 택하라고 주문했을 것인데, 응답자는 물론 지역발전과 개발은 공장이 들어서고 정보과학단지가 생기며, 도로나 교량이 늘어나는 상태를 염두에 두고 답했을 것이지만, 지역발전과 개발이라는 개념은 너무 광범위해서 그 안에 교통, 주택, 환경 그리고 경제발전과 안정 등 온갖 문제가 다 포함되는 매우 추상적인 개념이라는 사실이다.

둘째로 더 허망한 질문은 지사에게 기대할 수 있는 것으로 도청이전 같은 것은 가능하나 물가안정과 지역감정 해소라는 것을 물었다는 사실이다. 물가안정은 지방장관의 소관이 아니라 중앙정부의 공공요금정책을 포함한 여러 복잡한 정책요소가 연계된 사항이라는 사실을 질문자는 모르고 작성한 듯하다. 동시에 지역감정의 해소도 도지사가 해결할 수 있는 사항은 아니다. 만일 이 질문이 폐쇄식이 아니고 응답자가 임의로 답한 것을 정리한 것이라면, 응답자의 수준도 문제려니와 질문자도 잘못 질문한 책임을 면할 수 없다.

셋째는 위에 열거된 7가지 카테고리가 동일차원의 문제들이 아니라는 점이다. 지역(광범위한)에 관한 질문이 셋, 그 다음에 농어촌(그러나 이것도 지역문제이다), 교통, 물가, 도청이전 등인데, 차원도 같지 않을 뿐만 아니라 등가적인 관계도 아니라는 데 문제가 있는 것이다. 다시 말하면 유개념(類概念)과 종개념(種概念)이 마구 뒤섞여버린 것이다.

넷째로 카테고리 구성상 표현도 잘못되어 있다. 어떤 것은 문제로, 어떤 것은 활성, 개발 등 긍정적인 용어로, 또 어떤 것은 이전이라는 중립용어로 표현하고 있다. 한마디로 이 한 가지 질문에 이처럼 많은 문제가 담겨져 있으니 여간 큰 문제가 아닌 것이다. 여론조사는 사람들의 마음, 의식, 의견 등을 자로 재는 것인데, 그 자의 눈금이 이처럼 뒤죽박죽이면 측정 자체가 무의미해지는 것이다.

3. 조사표 작성의 문제

조사표 작성상의 오류는 이처럼 한두 가지가 아니다. 조사표를 만드는 것이 결코 쉬운 일이 아닌데, 아마도 궁금한 것 한 번 물어보자는 안이한 태도로, 심하게 말하면 별 생각 없이 마구 만드는 것이 아닌가 하는 의구심을 갖게 하기에 충분하다. 조사표 작성 중에는 물론 쉬운 것도 있다. 누구를 더 지지하느냐, 또는 선호하느냐고 묻는 것은 다른 테크닉이 필요하지 않다. 찬반에 관한 것을 묻는 것도 쉬운 일 중의 하나이다. 그러나 쉬운 질문인데도 왜 조사마다 결과가 다르게 나올까 궁금증이 생긴다.

지난 1995년 5월 28일자 ≪조선일보≫와 ≪중앙일보≫는 관훈클럽토론 후 서울시장 후보자 3인에 대한 유권자들의 지지율 변화를 조사했다. ≪조선일보≫는 박찬종 후보가 30.7%의 지지율에서 7.5% 포인트가 오른 38.2%,

조순 후보는 19.9%의 지지율에서 4% 포인트가 오른 23.9%, 그리고 정원식 후보는 16.7%의 지지율에서 1.3% 포인트 오른 18%로 분석결과를 발표하였다.

이에 반해 ≪중앙일보≫는 박찬종 후보가 40.2% 지지율에서 4% 포인트 하락한 36.2%, 조순 후보가 26.2% 지지율에서 2.4% 포인트 오른 28.6%, 그리고 정원식 후보는 20.8% 지지율에서 1.7% 포인트 오른 22.5%라고 하였다. 여기서 궁금한 것은 박찬종 후보에 대한 두 신문간의 조사결과이다. ≪조선일보≫는 관훈토론회 이후 7.5% 지지율 상승이라고 한 반면 ≪중앙일보≫는 4% 지지율 감소로 나왔다는 점이다.

또 관훈클럽에서 누가 잘했다고 보느냐는 물음에 대해 ≪조선일보≫는 정원식－박찬종－조순 후보순이었는 데 비해 중앙일보는 조순－박찬종－정원식 후보순으로 발표해 독자들을 어리둥절하게 했다. 조사방법에 따라 그럴 수도 있겠으나, 어쩐지 개운치는 않다.

조사마다 다르다는 또 다른 예를 하나 더 들어본다. 6월 들어서 ≪세계일보≫ ≪중앙일보≫, 그리고 ≪경향신문≫이 각각 부산의 후보자에 대한 여론조사를 실시했는데, 문정수 후보가 각각 32.1%, 36.7%, 32.0%를 얻었다. 여기서 궁금한 것은 노무현 후보는 신문별로 고른 지지를 얻고 있는 반면에, 문정수 후보의 경우는 ≪중앙일보≫(36.7%)와 ≪경향신문≫(23.6%)간에 큰 차이를 보인다는 사실이다. 이유가 무엇인지가 궁금하다.

불과 이틀 동안에 13% 포인트에 달하는 지지율의 차이가 나타나지는 않을 것이다. 두 조사간의 차이에는 분명히 원인이 있을 것이고, 그 원인은 여기서 밝히고 있는 것들이라고 추정해도 크게 틀리지 않을 것이다.

1991년 3월 28일자 ≪동아일보≫ 여론조사는 투표할 때 고려하는 요인으로 '사람됨됨이'(26%), '능력'(41.4%), '주위평가'(12.4%), '공약'(7.8%), '지연'(5.9%)라고 발표했고, 같은 날 ≪조선일보≫는 동일한 조사에서 '인물'(41.9%), '공약'(31.6%), '친여야성'(10.1%), '안면'(6.0%)이라고 발표했다. 동일한 조사를 했는데 왜 공약에 대한 답이 각각 7.8%와 31.6%라는 매우 큰 차이를 보였을까라는 점이 의문으로 남는다.

그 원인은 말할 나위도 없이 앞에서 이미 지적한 대로 설문 카테고리 간에 균형이 맞지 않고 유개념과 종개념이 뒤섞여 있고, 망라적이지 않기 때문이다. 그 가운데 《조선일보》는 '친여야성'이라는 애매한 표현을 빼고는 인물, 공약, 안면 등 서로 배타적일 수 있는 카테고리를 나열했으나, 《동아일보》는 '사람됨됨이,' '능력,' '주위평가' 등이 서로 일부 중복되는 개념들인데도 응답자들은 이들 비슷한 표현 중에 심리적으로 얽매어 선택되는 성향이 있기 때문에 상대적으로 공약에 대한 선호가 적었던 듯하다. 만약 공약의 중요성이 7.8%의 비중밖에 없다면 누가 공약을 개발해 나중에 비록 공약(空約)이 되어버리기는 하지만 열심히 발표하려고 하겠는가.

한마디로 이런 식이다. 사과, 배, 감, 귤, 땅콩, 오징어 중에서 하나를 고르라고 한다거나, 과일, 사과, 배, 감, 과자 중에서 좋아하는 것을 고르라고 하는 것과 같다.

언론의 여론조사는 투표예상률에서도 큰 차이를 보였다. 1992년 3월 7일에서 12일 사이에 《한국일보》 《세계일보》 《경향신문》 《동아일보》 《조선일보》가 각각 조사한 국회의원 선거 예상투표율은 각각 67.1%, 87.7%, 69.5%, 86.2%, 71.2%였다. 67.1%에서 87.7%까지 자그마치 20% 포인트의 큰 차이를 보였다. 결국 실제 투표율인 71.9%에 가까운 조사는 2천 명을 조사한 《조선일보》와 한국갤럽이 공동으로 한 조사와, 1천 2백 명을 대륙연구소가 대신 조사한 《경향신문》의 69.5%였다. 다른 신문은 7백 명, 8백 명 정도밖에 조사하지 않았기 때문에 아무래도 표본오차가 클 수밖에 없었을 것이다. 투표율에 관한 조사는 선거결과 예측에 선행되어야 한다. 만일 투표율이 저조하고 특정후보의 지지층이 주로 기권을 한다면 투표율은 선거결과에 영향을 준다. 선거결과를 예측하기 위한 조사표본은 실지 투표할 유권자만 포함시켜야 한다. 지난 제15대 국회의원선거에서 방송 3사가 일제히 실제와 크게 빗나간 의석 수 예측결과를 발표할 수밖에 없었던 가장 큰 이유가 바로 기권자를 표본에 대거 포함했기 때문이다. 미국에서는 표본추출을 한 후에도 선정된 사람이 투표등록을 하였는지를 확인하여 일부 기권자를 걸러 내고, 다시 '지난 선거에 투표했느냐' 또는 '투표소를 알고 있느냐' 등의 질문으로 실제 투표할 가능성을 고려하여 예상기권자들을 제외한 득표율을 계산하기도 한다.

이상에서 밝힌 몇 가지 조사오류의 사례는 극히 일부분에 불과하다. 그러면 왜 조사에서 오류가 발생하는지를 하나하나 지적하면서 몇 가지 대책을 제시해 보기로 한다.

4. 표본추출의 문제

여론조사든 무슨 조사든 간에 알아야 할 대상을 모두 조사할 수 없으므로 그 일부를 조사해 전체의 성격이나 경향을 유추해 내는 표본조사는 불가피하다. 그러나 이것의 전제는 표본이 전체를 대표하는 대표치여야 한다는 것이다. 신문에서 조사한 결과를 분석·설명하고 끝에 신뢰도 95%의 범위내에서 오차가 ±4.3%라고 하는 것은, 대표는 하되 완전하지 않다는 표시이다. 5%의 범위에서는 전혀 다른 결과가 나타날 가능성이 충분히 있다는 뜻이다. 그리고 오차도 앞뒤로 4%라면 크게는 8%의 차이가 날 수도 있다.

오차의 가능성은 표본의 크기와 직결된다. 표본이 크면 신뢰도수준도 99%가 될 수 있고 오차도 ±3%로 준다. 약 1천 6백 명 정도를 조사하면 충분한 대표성을 확보하게 된다. 그런데 많은 조사가 1천 명 전후이거나 심한 것은 2백에서 3백 명을 조사하고 마치 전체가 그런 듯 호도하여 여론을 오도하고 있다.

비슷한 맥락에서 경기도 지방자치제 선거여론조사에서 5백 50명의 반응을 분석한 것을 보면 1위가 25.0%, 2위가 11.5%, 3위가 4.3%, 그리고 '모르겠다'가 54.9%였다. 반수 이상의 모르겠다는 부동층을 빼고 나면, 2백 20명이 후보자들을 선호한 셈인데 그 숫자는 각각 1백 37명, 63명, 그리고 22명이다. 과학적인 조사는 물론 이 비율이 전체 유권자의 지지비율과 비례한다는 전제인데, 문제는 모집단 5백여만 명을 대표하기에는 표본의 크기가 너무 적다는 것이다.

전화조사의 경우에 전화번호는 무작위 또는 체계적으로 잘 추출되었더라도 그 해당 전화번호의 통화대상은 일부계층으로 편중되기 쉽다. 전화조사에 응하기 쉬운 여성 또는 고학력자 등으로 치우치기 쉽기 때문에 일반적으로 전화조사로는 고학력자와 여성들을 모집단보다 과대표하게 된다. 마찬가지로 가구방문조사도 저소득층을 과다대표할 수 있다.

특히 전화가구에서 인터뷰 대상자를 선정하는 방법과 관련하여 전화를 걸었을 때 받는 사람만을 대상으로 인터뷰를 하면 표본에 편파(bias)가 생겨 조사결과를 신뢰할 수 없게 된다. 따라서 일정규칙에 의해, 예를 들면 먼저 전화가구내의 가장 나이 많은 성인남자를 바꾸어 달라고 하고 없을 경우에 나이 많은 여자를 바꾸어 달라고 부탁하여 성별비율을 맞추는 방법이나 또 가장 최근 생일이 지난 사람을 인터뷰 대상자로 선정하는 방법 등에 의해 표본을 선정하는 방법도 생각해 볼 수 있다. 여론조사 결과보고서에는 이러한 선정규칙에 대한 설명이 반드시 포함되어야 한다.

대부분의 여론조사기관은 대표적 지역을 추출하여 전체 득표율을 예상한다. 그러나 국회의원선거에서는 각 지역의 각 개별 후보들의 인물됨됨이가 중요하기 때문에 추출된 지역이 과연 대표성을 가질 수 있는지는 의문이다. 유권자의 표본을 추출할 때 상당수의 사례를 확보해야 하는 것처럼 각 지역의 표본추출도 통계적으로 유의한 사례 수를 각각 뽑아야 하기 때문에 몇 개 지역만 가지고 전체 득표율을 예상하는 것은 통계학적으로도 맞지 않다.

표본추출은 숫자의 문제에서 끝나지 않는다. 어디까지나 '그럴 것이다'라는 확률로 말하는 것이니까 표본도 확률로 추출해야 객관성이 확보된다. 표본추출은 그래서 여러 방법 가운데 확률표출을 하게 되는데, 몇 단계 표출을 하다가 정작 세대(世帶)를 뽑는 마지막 단계에 가서 무작위추출이 되지 않는다.

이것은 우리나라의 각 지역이 구획정리가 잘 되어 있지 않아서 주소의 배열이 반듯하지 않기 때문이다. 이사율이 높은 데다가 재개발 같은 것도 자주 있어 표본을 들고 현장에 가도 당사자를 만날 확률이 그리 높지 않은 것이다. 따라서 엄격한 의미에서 무작위 추출이 되지 않는 것도 표본의 대표성을 낮추는 원인이 된다. 그러다 보니까 연령층도 젊은 사람이 많거나, 또 직업별 분포도 주부나 학생이 과잉 대표되는 경향을 낳는다.

미디어리서치가 1994년 3월에 전국 남녀 1천 명을 대상으로 정치개혁입법에 관한 조사를 하면서 20~30대 58.6%, 주부 32.5%를 표본으로 삼은 예가 있다. 대륙연구소 조사(1990년 5월)도 6·25관련 국민의식조사에서 미혼여성을 68.5%나 표출하여 균형을 크게 잃은 경우가 있었다.

5. 유도성 질문의 오류문제

우리나라 조사에서 흔히 범하는 또 다른 오류 중의 하나는 정답을 이끌어 내는 유도성 질문을 던진다는 점이다. "이제 깨끗한 정치를 위한 법적, 제도적 장치는 마련됐다고 합니다. 앞으로 깨끗한…"이라고 질문하면 응답자들은 앞으로 선거가 모두 공명선거가 될 것이라고 답하게 마련이다. 응답자의 지식수준이 걱정되어 현안문제에 대해 좀 설명할 필요에서 정의를 내려주거나 시실을 미리 밝혀 주는 것이 불가피할 경우가 없지 않으나 깨끗한 정치가 마련되었다고 단언해 버리면 긍정적인 반응을 보일 수밖에 없다.

그외에도 "우루과이라운드는 전세계 1백여 개 국가 이상이 참여하고 있는 다자간 무역협상입니다. 00님께서는 일부 계층에 불리한 입장이라 하더라도 국가 전체의 이익을 위해서 이 협상에 참여해야 한다고 생각하십니까? 아니면 국제적으로 고립된다 하더라고 일부계층을 보호해야 한다고 생각하십니까?"라고 물은 코리아 리서치의 1993년 12월 조사도 유도성 질문의 전형적인 한 예로 들 수 있다. 또 "김영삼 대통령은 오늘 오후 재산문제, 도덕성 시비 등으로 사회적 물의를 일으킨 일부 장관들을 경질하였습니다. 00님께서는 이같은 일부 내각개편을 잘한 일로 보십니까? 잘못한 일로 보십니까?"와 같은 1993년 3월의 한국갤럽 조사도 91.7%의 찬성을 유도해 낸 질문이라고 할 수 있다. 이런 경우 보다 객관성을 유지하려면 '이번 개각을 어떻게 평가하십니까? 잘한 일입니까? 아니면 잘못한 일입니까?'라고 물으면 된다.

반면에 SRC리서치센터가 1994년 8월에 서울 거주자 7백 명을 조사하면서 "금융실명제 실시로 경제정의 확립에 성과가 있다고 생각하는가?"와 같은 질문은 앞에 군더더기 말 없이 직접 질문에 들어간 것이므로 유도하지 않았고, 따라서 편견이 개입될 소지가 없다. 그러나 이 경우도 전혀 문제가 없다고 할 수 없는 것이 금융실명제가 무엇인지, 또 경제정의가 무엇을 뜻하는지를 모르면서 답하는 경우가 있을 것이라는 점이다.

보통 여론조사 전화를 받아보면 당황할 때가 있다. 면접조사와 달리 상대방의 얼굴을 대하지 못한 채 대화를 나누어야 하기 때문에 질문하는 쪽이나 답하는 쪽이 여간 세심한 주의를 기울이지 않으면 안된다. 그런데 대부분의 경우가 양자는 대화를 하기보다 기계적 질문에 기계적으로 답할 수밖에 없는 상황이 벌어진다. 왜냐하면 응답자 쪽에서 이해가 안되는 것을 질문하면 묻는 쪽에서 잘 설명해 주지 못하기 때문이다. 아마도 조사자들은 질문지 이외에는 보충설명 같은 것을 하지 말도록 훈련을 받았기 때문일 것이다. 질문지 이외의 설명은 잘못하면 내용이 왜곡되고, 따라서 응답자도 오해할 소지가 있기 때문에 이런 위험을 줄이기 위함일 것이다.

그러나 단문과 단답이라면 응답자는 궁금한 경우가 있다. 예컨대 남북한 간의 통일이 '새로운 사회형태의 통일'(49.8%)일 때 '새로운 사회형태'라는 것은 당연하다. 자유와 공산이 공존한다든가, 독일식의 흡수통일이라거나, 남한사회식 통일이라는 표현은 어느 정도 이해할 수 있다.

6. 조사원의 수준향상

문제는 조사원들의 수준인데, 물론 숙련된 조사원도 많지만 아르바이트 정도로 여기고 있는 학생조사원들은 기계적으로 묻는 것을 당연시한다. 워낙 대화나 토론에 익숙하지 못한 우리의 습관과 수준이 이같은 전화조사에서도 그대로 반영된다. 외국의 전화조사는 서로 농담도 하고 긴 설명도 곁들이면서 쌍방간에 충분한 대화로 엮어진다.

우리나라 여론조사가 안고 있는 문제는 한두 가지가 아니다. 조사의뢰자의 의도대로 여론조사가 이루어지는 경우도 있겠고, 또 언론이 조사결과의 일부를 침소봉대해서 전체를 왜곡시키는 경우도 있다. 정계개편의 필요성에 대한 답변에서 66.5%를 절대다수라고 표현한다거나, 실명제를 86.8%가 찬성하면서도 추진상황에 대해 29.2%가 부정적으로 평가한다고 해서 후자에 초점을 맞추어 '불만'이라는 제목으로 뽑는 것은 전체를 왜곡시킬 위험성이 있다.

그러나 조사에서 가장 큰 결함은 앞서 지적한 대로 척도가 정확하지 않다는 것인데, 이것은 적절한 용어의 구사에서 시작해서 문장의 구성력이 매우 취약하다는 점이다. 이론적 설명을 길게 하는 대신에 다시 한 번 최근의 조사를 인용해 보자.

1995년 5월 13일 ≪조선일보≫는 서울시장 후보를 지지하는 이유로 인물

48.7%, 경력 26.0%, 정책 6.8%, 정당 8.6%, 연고 4%, 기타 유명도 7.5%라고 밝히고 있다. 모두(冒頭)에서 분석한 것과 비슷한 논의를 되풀이하는 것은 요즘의 조사가 카테고리 나열에서 매우 수준미달이라는 것과 이런 문제를 극복하지 않으면 여론을 제대로 파악해 낼 수 없다는 것을 강조하기 위함이다.

풀이하자면, 이 질문에서 인물은 생김생김, 허우대만을 말하지는 않을 것이다. 여기서 인물은 인상, 성품, 능력 등을 더한 복합적인 것인데, 생김생김만을 보고 찍는다는 사람이 반수 정도에 이른다는 것은 믿어지지 않기 때문에, 그렇다면 그것은 경력의 산물일 수도 있다는 사실이다. 여기서 다시금 두 단어의 개념이 겹치는 결과를 빚어 서로 배타적이지 않은 것을 선택하게 했다.

나아가 정책과 정당을 분리시켜 묻는 것도 앞으로 삼갔으면 한다. 그 대신 공약이라고 하는 편이 낫다. 차라리 경력을 독립시키고 싶으면, '인물'이라는 말 대신에 '사람됨됨이,' '성품,' '인상,' 또는 '지도력'이라는 용어로 대체하는 것이 낫겠다. 요컨대 설문지라는 도구가 정교해야 사람의 마음을 재서 읽을 수 있는 것이다. 서로 모순되는 도구를 가지고 사람의 의식과 의견을 아무리 밝혀 내려 해도 그것은 원천적으로 불가능하기 때문이다.

7. 여론조사 검증의 필요성

현행 여론조사에서 고쳐야 할 것은 수없이 많지만 대표적인 것만 간추리면 다음과 같다.

먼저 2백~3백 명에 불과한 표본의 크기로 조사를 행하는 등 여론조사를 너무 쉽게 생각하는 데다, 힘들다는 이유로 전문가집단을 조사에서 제외하는 일이다. 일반 시민을 붙잡고 올림픽에서 금메달을 몇 개 딸 것 같으냐고 물으면 그 답은 근거가 미약한 희망이 섞인 생각에 불과하다. 과학적 근거가 전략에 쓸 가치가 없는 것이다.

다음으로 지적할 수 있는 것으로 조사 주체는 반드시 조사과정과 절차를 소상히 밝혀야 한다는 점이다. 전화조사면 실제로 실시한 날짜와 시간대까지 표기해야 한다. 뿐만 아니라 주거용 전화번호를 표집한 구체적인 절차에 대한 명확한 설명이 있어야 한다. 전화조사과정에서 발생하는 무응답의 경우 어느 시간대에 몇 번 전화를 걸어야 하고 전화 벨이 몇 번 울리면 무응답으로 처리하며 응답거부의 경우에는 어떤 방법의 설득을 해야 한다는 규칙을 마련하고 이를 조사원들에게 알려야 한다. 이런 노력 후에도 무응답이나 응답거부의 경우에만 표본에서 제외하고 따라서 응답거부처리규정을 조사결과를 발표할 때 반드시 제시해야 한다.

미국 여론조사연구협의회(AAPOR)는 여론조사 결과 발표시 반드시 공개해야 할 여덟 가지 사항을 협회규약으로 정해 놓고 있는데, 그 중 하나가 시간대의 공개이다. 그리고 이보다 더 중요한 것으로는 조사결과에 대한 해석상의 근거를 밝히는 것이다. 이는 매우 까다롭고 조사이론상 고도의 수준을 요구하는 것이다. 여기서 설문지의 문안을 공개해야 하는 것은 말할 것도 없다.

한번 모은 자료는 많은 시간과 돈과 노력이 투입된 산물인데 이를 나누어 활용하지 못하면 그만큼 자원이 낭비되는 것이다. 또한 앞으로 조사표작성은 관련 분야의 전문가에게 반드시 자문을 구한 후 사용해야 할 것이다. 이것저것 알고 싶다고 원칙을 무시한 채 설문을 만들면 그것은 결국 조사를 무위로 돌리고 마는 원인이 될 뿐이다.

프랑스는 여론조사 때 여론조사위원회의 사전 검증과정을 거치도록 하고 있다. 우리도 그렇게 해야 할지는 좀더 두고 생각해 볼 필요가 있다. 자칫 여론조사의 자유를 억압하는 우를 범할 염려가 없지 않기 때문이다. 그러나 당분간 조사의 수준이 본궤도에 오를 때까지 여론조사기관들의 협의체인 여론조사협의회(KOSOMAR)가 중심적인 역할을 해서 앞서 지적한 결점들을 보완하는 작업을 해준다면 앞서 지적한 오류는 상당히 줄어들지 않을까 싶다.

다만 여기서 한 가지 제언하고자 하는 것이 있다. 여론조사결과의 보존문제에 관해 우리들은 그동안 너무 관심을 두지 않았던 것이 사실이다. 사실 여론조사결과도 좋은 자료로 계속 보존하면 장기간에 걸친 여론 변화추세, 동향에 대한 새로운 시사점을 던져 줄 수 있을 것이다. 특히 언론매체에 보도된 조사결과는 기사로 보존되어 알 수 있다고 하더라도 원자료(raw data)

없이는 새로운 관점에서 다른 변인들을 사용한 입체적 분석이 불가능하다. 미국에서는 여론조사결과가 하나의 기관(Roper Center)에 보내져 조사방법과 결과를 관리하고 있는 것을 보게 된다. 우리나라도 여론조사결과를 보존관리하는 시스템을 만들어 이것을 공동 테이터베이스화하면 여론조사방법의 발전에 큰 기여를 할 수 있을 것으로 사료된다.

□ 참고문헌

강남준. 1995, 「여론조사 보도의 문제점과 개선방향」, ≪신문연구≫ 60호.
김광웅. 1995, 『정책과정에서 여론의 역할에 관한 연구: 여론조사를 중심으로』, 서울대학교 행정대학원.
김재한. 1995, 「한국 선거예측의 방법론적 모색」, ≪한국정치학회보≫ 29(1).
김학수. 1990, 「선거여론조사와 언론」, 김광웅 편, 『한국의 선거정치학』, 나남.
마동훈. 1995, 「신문의 선거여론조사 보도: 6·27지방자치선거를 중심으로」, 바른 언론을 위한 시민연합.
장익진. 1993, 「선거여론조사와 그 보도에 관한 일고찰」, ≪언론중재≫ 제46호.
Campbell, James. 1992, "Forecasting the Presidential Vote in the States," *American Journal of Political Science* 36.
Greene, Jay. 1993, "Forewarned Before Forecast: Presidential Election Forecasting Models and the 1992 Election," *PS* 26.
Lewis-Beck, Michael & Tom Rice. 1992, *Forecasting Elections*, Washington, D.C.: Congressional Quarterly Press.

426

인명색인

간스(Gans) 176
감바렐리(Gambarelli) 16
골드워터(Goldwater) 203
그라노베터(Granovetter) 173
글룩크만(Gluckman) 284

나우만(Naumann) 72
노포스(Norpoth) 223
뉴만(Neumann) 12
뉴컴(Newcomb) 173

달(Dahl) 248

라쉬케(Raschke) 88
라자스펠드(Lazasfeld) 168
레머트(Lemert) 350
레이(Rae) 95

메이어(Meyer) 382
메이요(Mayo) 283
모렌(Moren) 283
밀러(Miller) 17

바라다트(Baradat) 30
바크라크(Bachrach) 273
버틀러와 카바나프(Butler & Kavanagh)
  219
번햄(Burnham) 238
베렐슨(Berelson) 168
브렌타노(Brentano) 72

사르빅과 크레웨(Sarlvik & Crewe)
  205
사토리(Sartori) 244
샤플리(Shapley) 13
설리반과 오코너(Sullivan & O'Connor)
  231

세네트와 콥(Sennett & Cobb) 264
슈마허(Schmacher) 76
스코트(Scott) 283

아데나워(Adenauer) 76
아렌트(Arendt) 240
에지워드와 스미스(Edgeworth &
  Smith) 95
에치오니(Etzioni) 259
워너(Warner) 283
월프(Wolff) 259
유라우(Eulau) 239

잭슨(Jackson) 382
존스(Jones) 246
존슨(Johnson) 203

촘스키(Chomsky) 240

칼데라와 패터슨(Caldeira & Patterson)
  149
켄달과 스튜어트(Kendall & Stuart)
  101
켐벨(Campbell) 206

터프트(Tufte) 103

페레츠(Paletz) 384
페로(Perot) 323
페이지와 브로디(Page & Brody) 211
페이트만(Pateman) 260
피니프터(Finifter) 263

하이더(Heider) 283
한(Han) 216
화이트(White) 176
힌클리(Hinckley) 149

▌ 저자 소개

강명구 한양대 신문학과를 졸업하고 서울대에서 신문학 석사, 미국 Iowa 대학에서 매스컴 박사학위를 취득했다. 현재 서울대 신문학과 교수로 재직중이며 주요 논저로는 「소비대중문화와 포스트모더니즘」(1993), 『한국 저널리즘 이론』(1994) 등이 있다.

강정인 서울대 법대를 졸업하고 미국 Univ. of California, Berkeley에서 정치학 석사 및 박사학위를 취득했다. 현재 서강대 정치외교학과 교수로 재직중이며 주요 논저로는 『자유민주주의의 이념적 초상』(1993) 등이 있다.

권혁남 고려대에서 신문방송학 석사 및 박사학위를 취득했으며 현재 전북대 신문방송학과 교수로 재직중이다. 주요 논저로는 「지역신문의 현안과 문제점, 그리고 발전방향」(1994), 「15대 총선 방송보도 분석」(1996) 등이 있다.

김광웅 서울대 법대를 졸업하고 미국 Hawaii 대학에서 정치학 박사학위를 취득했다. 현재 서울대 행정대학원 교수로 재직중이며, 주요 논저로는 『사회과학 연구방법론』(1976), 『사회과학 방법론』(1983), 『한국의 선거정치학』(1990) 등이 있다.

김선업 고려대 사회학과를 졸업하고 동 대학원에서 사회학 석사 및 박사학위를 취득했다. 현재 고려대 사회학과 강사로 재직중이며, 주요 논저로는 「직업획득과정을 통해 본 한국사회 연줄의 특성」(1992), 「한국사회의 엘리트 문제」(1993) 등이 있다.

김학수 연세대 영문학과를 졸업하고 서울대에서 신문학 석사, 미국 Washington 대학에서 박사학위를 취득했다. 현재 서강대 신문방송학과 교수로 재직중이며 주요 논저로는 『한국 의회정치와 언론역할 연구』(1987), 『정치 커뮤니케이션의 범위와 연구영역』(공저, 1996) 등이 있다.

박길성 고려대 사회학과를 졸업하고 동 대학원에서 석사, 미국 Univ. of Wisconsin 에서 박사학위를 취득했다. 현재 고려대 사회학과 교수로 재직중이며, 주요 논저로는 「세계화: 자본과 문화의 구조변동」(1996), 「동남아시아의 사회계층」(1996) 등이 있다.

배형 성균관대 무역학과를 졸업하고 미국 Wisconsin 대학에서 경제학 석사 및 박사학위를 취득했다. 현재 동국대 경제학과 교수로 재직중이며, 주요 논저로는 "Multitrade Bargaining(1991)," "Search and Inspection(1995)"등이 있다.

유광진 동국대 정치외교학과를 졸업하고 동 대학원에서 정치학 석사 및 박사학위를 취득했다. 현재 동국대 정치외교학과 교수, 행정대학원장으로 재직중이며, 주요 논저로는 「김정일체제의 특성과 전망」(1995), 「해방 후 좌우합작운동의 전개과정에 관한 연구」(1995) 등이 있다.

이남복 성균관대 독문학과를 졸업하고 독일 보쿰대에서 사회학 석사 및 박사학위를 취득했다. 현재 청주대 사회학과 교수로 재직중이며, 주요 논저로는 『정치사상의 사회사』(1992), 『현대 경제사회학』(1996) 등이 있다.

이남영 고려대 정치외교학과를 졸업하고 미국 Iowa 대학에서 정치학 석사 및 박사학위를 취득했다. 현재 숙명여대 정치외교학과 교수로 재직중이며, 주요 논저로는 「한국 대학생 및 고교생들의 민주의식과 안보의식에 관한 실증적 연구」(1988), 『한국의 선거』(공저, 1994) 등이 있다.

이원규 서울대 정치학과를 졸업하고 동 대학원에서 석사, 미국 Missouri 대학에서 정치행정학 박사학위를 취득했다. 현재 전북대 행정학과 교수로 재직중이며 주요 논저로는 "Political Culture in Republic of Korea and Its Effect on Parties and Elections"(1995), 『한국 정당정치론』(공저, 1996) 등이 있다.

이은국 연세대 행정학과를 졸업하고 미국 Chicago 대학에서 정치학 석사 및 박사학위를 취득했다. 현재 연세대 행정학과 교수로 재직중이며, 주요 논저로는 「공무원 인력규모의 팽창위협에 관한 비교연구」(1995), 「남북한 군비경쟁 형태의 실증적 분석」(1995) 등이 있다.

정진민 서울대 외교학과를 졸업하고 미국 Cyracuse 대학에서 정치학 석사 및 박사학위를 취득했다. 현재 명지대 정치외교학과 교수로 재직중이며, 주요 논저로는 「탈산업사회의 정당정치」(1995), "A Generational Analysis of the 1992 Presidential Elections"(1996) 등이 있다.

채백 서울대 신문학과를 졸업하고 동 대학원에서 석사 및 박사학위를 취득했다. 현재 부산대 신문방송학과 교수로 재직중이며 주요 논저로는 「독립신문의 성격에 관한 일연구」(1992), 「독립신문 잡보의 내용과 보도방식에 관한 연구」(1996) 등이 있다.

■ 엮은이 소개

김광웅 서울대 법대를 졸업하고 미국 Hawaii 대학에서 정치학 박사학위를 취득했다. 현재 서울대 행정대학원 교수로 재직중이며, 주요 논저로는 『사회과학 연구방법론』(1976), 『사회과학 방법론』(1983), 『한국의 선거정치학』(1990) 등이 있다.

이갑윤 서울대 정치학과를 졸업하고 미국 West Virginia 대학에서 정치학 석사, Yale 대학에서 박사학위를 취득했다. 현재 서강대 정치외교학과 교수, 공공정책대학원장으로 재직중이며, 주요 논저로는 「제5공화국 국회의원 선거의 분석과 전망」(1985), 「우리나라에서의 투표율 연구의 방법론적 고찰」(1986), 「우리나라 선거과정의 민주화」(1989), 「투표행태와 민주화」(1990) 등이 있다.

정당·선거·여론

ⓒ 김광웅·이갑윤, 1996

엮은이／김광웅·이갑윤
펴낸이／김종수
펴낸곳／도서출판 한울

편집책임／오현주
편집／최서영

초판 1쇄 인쇄／1996년 8월 5일
초판 1쇄 발행／1996년 8월 19일

주소／120-180 서울시 서대문구 창천동 503-24 휴암빌딩 201호
전화／326-0095(대표)
팩스／333-7543
등록／1980년 3월 13일, 제14-19호

Printed in Korea.
ISBN 89-460-2358-9 93340

* 값 25,000원